지역여성운동과 젠더정치

- 경상남도를 중심으로 -

지역여성운동과 젠더정치

– 경상남도를 중심으로

초판 인쇄 2022년 2월 28일
초판 발행 2022년 3월 10일

지은이 이혜숙 ▮ **펴낸이** 박찬익
펴낸곳 패러다임북 ▮ **주소** 경기도 하남시 조정대로 45 미사센텀비즈 F749호
전화 031) 792-1195 ▮ **팩스** 02) 928-4683 ▮ **홈페이지** www.pjbook.com
이메일 pijbook@naver.com ▮ **등록** 2014년 8월 22일 제2020-000029호

ISBN 979-11-92292-01-4 93330

* 책값은 뒤표지에 있습니다

* 이 연구는 2019년도 경상국립대학교 연구년제연구교수 연구지원비에 의하여 수행되었음

지역여성운동과 젠더정치

– 경상남도를 중심으로

이혜숙 지음

패러다임북

　　한국사회의 민주화 과정과 지방자치제의 실시는 지역시민사회의 발전을 가져왔고 지역여성운동의 성장과 다양화를 촉진시켰다. 지역의 여성권익 확보를 위한 활동, 지방화시대에 대응한 여성정책과 생활과제의 발굴 등의 활동을 통해 지역여성운동이 점진적으로 확산되었다. 경남지역에서도 여성문제에 주된 관심을 두는 지역여성운동조직의 활동이 있어 왔으며 지방정부를 상대로 여러 가지 제안과 요구를 해 왔다.

　　경남지역 여성운동단체는 지역 여성문제의 해결을 위해 노력하며 여성권익의 증진, 성평등 의식 확산, 성평등 정책개발 및 대응활동, 여성의 정치세력화 등, 그 활동 영역을 지속적으로 확대해 나가고 있다. 이처럼 민주화과정과 지방자치의 실시 등으로 지역 수준에서도 활발하게 여성운동이 전개되었지만 그에 대한 연구는 많지 않아 전체적인 흐름을 정리할 필요가 있다.

　　필자는 오랫동안 경남지역을 중심으로 지역여성운동과 지역여성정책, 지방자치와 여성의 정치세력화, 지역여성사 등에 관심을 가지고 연구해 왔다. 이 책은 필자의 지역사회 활동 경험과 그동안의 연구결과 등을 토대로 경남지역 여성운동의 흐름과 전망에 대한 전체상을 한 권의 책에서 정리해 보고자 하는 데 집필 목적이 있다. 경남지역에서 여성운동이 활발히 활동하고 있지만 지역여성의 비가시화와 지역여성에 대한 무관심, 지역여성연구에 대한 주변화 등으로 관심이 적은 편이다. 경남지역 여성에 대한 몇 편의 글은 있지만 이론적, 경험적으로 종합적이고 총체적인 입장에서 경남지역 여성운동의 흐름과 현황, 향후 방향과 과제에 대해 정리한 글은 거의 없다. 지방화 시대를 맞이하여 지역여성에 대한 연구가 시작되고 있으나 개별적, 단편적이므로 총체적이고 종합적인 연구가 필요한 것이다.

이 책은 지역 여성주의적 관점에서 지역여성운동과 젠더정치의 동학을 경남지역을 중심으로 구체적으로 살펴봄으로써 그동안 주변화 되어왔던 지역여성운동을 중심으로 경남지역 여성의 삶과 역사, 활동을 정리하고자 했다. 이 책은 지역여성운동을 중심으로 담론과 역사, 현황과 과제 등을 거시적, 미시적으로 다룸으로써 지역여성연구의 활성화에 기여할 수 있다는 점에서 의의가 있다고 하겠다.

이 책은 전체가 3부 10장으로 구성되어 있다.

제1부에서는 지역 여성주의와 경남지역 여성운동의 흐름을 지역여성운동과 지역 여성주의의 모색(1장), 경남지역 여성의 현실과 여성정책의 흐름(2장), 경남지역 여성운동의 형성과 전개(3장)를 중심으로 살펴보았다.

제2부는 경남지역 여성운동과 젠더정치로 구체적으로 경남지역에서 활동하고 있는 여성운동단체들의 사례 연구이다. 진주여성민우회의 형성과 전개과정(4장), 경남여성회의 조직과 세력화(5장), 경남여성단체연합의 활동과 연대(6장)를 중심으로 살펴보았다.

제3부는 경남지역 여성활동가와 여성운동의 방향을 경남지역 여성운동에 참여하고 있는 여성활동가에 대한 설문지 조사를 통해 살펴보고 여성활동가의 성격과 운동 참여경로(7장), 여성활동가의 경험과 의식(8장), 여성활동가의 개인

적 삶과 여성운동(9장), 여성활동가가 본 경남지역 여성운동의 방향과 과제(10장)를 중심으로 살펴보았다. 여성활동가에 대한 연구는 구체적인 현장 속에서 여성운동 주체가 어떤 경험을 하고 있으며 어떠한 문제에 직면하고 있는 가를 생생하게 보여줄 수 있다. 거대 담론의 차원이 아닌 일상의 삶을 미시적으로 들여다봄으로써 여성들이 다양하게 주체화되는 과정을 드러내 줄 수 있는 것이다.

이 책의 집필과정에서 1장, 4장, 5장, 6장은 이전에 필자가 독립된 논문으로 발표한 글의 내용(이혜숙, 2014, 2002, 2012b, 2013a)을 참조하였다. 1장과 4장은 지역여성운동에 대한 이론적 배경과 지역여성운동단체의 초기 형성과정이라 원래 내용을 중심으로 정리하여서 글의 내용이 당시 글을 쓴 시점으로 되어 있다는 점을 미리 밝혀둔다. 5장, 6장의 경우는 지역여성운동단체의 조직과 세력화, 활동과 연대에 대한 사례연구인데 이번에 책을 새롭게 준비하면서 최근의 자료를 넣어 보충하였다.

개인적으로 이 책은 필자가 교수생활을 마무리하면서 그동안의 연구관심을 한 권의 책으로 정리했다는 점에서 의미를 가진다. 그동안 이미 출간되었던 필자의 『지방자치와 지역여성의 전망: 지역여성정책과 지역여성운동의 동학』(2012)과 『지방자치와 여성의 정치세력화』(2016)에서 가졌던 문제의식을 경상남도 여성운동을 중심으로 정리하고 좀 더 최근의 자료를 통해 보완하였다고 할 수 있다. 처음에 책의 내용을 구상했을 때는 좀 더 많은 경남지역 여성운동단체의 사례를 다루고 여성활동가들에 대한 심층조사도 좀 더 깊이 많이 하고 싶었지만 그렇게 하지 못했고 내용과 전체적인 분석틀 면에서도 부족한 점을 많이 느낀다. 그렇지만 이왕 책이 나왔으니 이 책이 지역여성운동의 방향 설정에 이론적, 실천적으로 기여할 수 있었으면 하는 바람이다.

이 책을 집필하는 동안 많은 분들의 도움을 받았다. 우선 개방형 설문지에 성실히 답해 주신 지역 여성활동가들에게 감사드린다. 그 분들의 생생한 답변은 가능하면 이 책에 포함시키고자 했다. 여성운동단체의 내부 자료들을 보내 주신 경남여성회와 경남여성단체연합 대표 및 사무국장님들께도 특별히 감사드린다. 그들의 도움이 없었다면 이 책은 세상에 나오기 어려웠을 것이다. 끝으로 자료수집과 번거로운 표 작업을 도와준 경상대 사회학과 대학원생 송해리 님과 어려운 출판 환경에서도 학술저서의 출판을 기꺼이 맡아 주고 편집을 위해 애쓰신 패러다임북 출판사 측에 깊은 감사를 드린다.

2022년 1월

이혜숙

제3부 경남지역 여성활동가와 여성운동의 방향

제 1부

지역 여성주의와
경남지역 여성운동의 흐름

제 1장

지역여성운동과 지역 여성주의의 모색

1. 한국여성학과 지역여성

여성학은 여성주의 지식을 사회적 담론으로 만들어내며 여성주의 실천의 이론적 근거를 제공한다(김승경·이나영, 2006: 52). 한국에서 여성학 연구가 시작된 이래 여성에 대한 사회적 관심이나 성평등을 위한 제도적 성취라는 측면에서 많은 성과를 이루었고 여성연구도 양적인 측면에서 많이 축적되었다. 여성주의 지식과 이론, 여성학의 제도화는 여성운동과 서로 유기적인 관계를 맺어왔다(김영선, 2010: 340). 여성운동은 정책과제에 영향력을 행사하거나 제도정치의 수단들을 활용하는 참여의 정치를 이루어냈고 여성학은 1995년 북경세계여성회의 이후 성주류화를 중요한 흐름으로 보고 연구를 진행해 왔다. 그러나 지난 기간은 여성과 관련하여 많은 법적·제도적 성취를 이루어낸 기간이면서 동시에 여성운동의 동력이 상실되고 여성학의 위기가 논의된 시기이기도 하다.

한국여성학은 여성주의적 지식생산 체계의 학문적인 틀을 갖추면서 확산되어 태동기(1970-1980년대)와 역동적 성장기(1990년대)를 거치면서 제도화 되었지만(이나영, 2011: 43-53) 2000년대 들어서면서 여성운동의 정체성 위기와 프레임 변화의 지체, 여성주의 의제의 기획·실천과 리더십 부재의 문제, 운동가 충원과 재생산의 어려움, 제도화의 딜레마 등 여러 위기 징후에 직면하게 되었고 여성주의의 전망과 여성운동은 이전 시기에 비해 정체되어 있다고 평가된다(김영선, 2010: 333; 서두원, 2012: 178, 182; 강이수, 2013: 234-236).

제도권 여성학은 대학의 석·박사 협동과정의 구조조정과 존폐의 문제를 가져오기도 하였는데(김영선, 2010: 333) 여성학의 위기는 신자유주의적 대학 개편, 여성운동의 약화, 반여성주의 정서의 확산과 같은 요인들과 관련되어 있다. 이러한 환경 속에서 여성학은 "무엇을 핵심 지식으로 잡아야 하는가, 여성학적 지식은 누구를 대표하는가, 또는 해야만 하는가"(조주현, 2000: 158) 다시 질문하면서 여성학의 핵심 이슈를 제기하고 한국 경험을 맥락화하여 새로운 도약을 모색해야 할 것이다. 여성현실에 대한 보다 실천적인 문제인식을 담은 한국여성학 연구의 모색과 이론화가 중요한 것이다.

지역1)이라는 범주는 여성운동의 대중화와 저변확대, 그리고 여성운동의 구체화 과정에서 중요한 영역이다. 여성운동의 대중화와 관련하여 여성운동 쪽에서는 지역에 대한 관심을 두기 시작했으며 지역여성운동의 과제와 방향 찾기

---

1) 지역은 전체 체제 단위의 하부에 위치하는 국지적 영역을 의미하는 말로 중층적인 개념이다. 전지구를 기준으로 보면 지역은 개별 국가가 될 수도 있다. 그러나 국가를 기준으로 한다면 하나의 국가 속에 여러 지역들이 형성되고 있다고 하겠다(이창남, 2009: 80). 원래 지역은 중앙에 대비되는 지방의 개념은 아니다. 지방이 중앙과 관련되어 상하의 종속적, 수직적 개념이고 위계성을 나타내는 개념이라면 지역은 수평적 개념이다. 그러나 이 글에서 지역이라고 할 때 지역의 의미는 국가를 기준으로 한 것이며 서울 및 중앙과 대비되는 개념으로 사용된다. 최근 번역하지 않고 '로컬'을 그대로 사용하기도 한다(김용구, 2009; 이창남, 2009).

로 지역에 기반을 둔 여성운동, 풀뿌리 조직화 등을 논의하였다. 반면 제도화
된 학문으로서 여성학은 여성들간의 내부 차이를 고려해야 하며 차이를 소통하
는 "인정의 정치"(황정미, 2006: 22-39), 서구 중심주의를 극복하기 위한 "현장"의 중
요성을 언급하고(이상화, 2004; 2007) 여성주의 연구 및 여성학의 과제를 살펴보기는
하였지만(김승경·이나영, 2006; 조주현, 2006; 김영선, 2010; 장해성, 2011; 강이수, 2013) 지역여성들
의 구체적인 삶과 요구에는 관심이 적었다. 그러나 지역은 단지 중심에서 밀려
난 주변적인 존재들의 공간만으로 취급되기에는 많은 역동성과 다양성을 갖추
고 있으며(하정화, 2010: 25) 지역에 기반한 생활정치는 향후 여성운동의 지속가능
성을 향상시킬 유력한 대안이다(주혜진, 2011: 18).

또한 지구화가 진행되면서 국가중심이 아닌 지방화 및 지역의 의미는 더 살
아나게 된다. "전지구적으로 생각하고 지역에서 행동하라"는 말처럼 지구화와
지방화는 동전의 양면과 같은 개념이다. 지역적 사안은 "지역적인 문제로만 접
근할 수 없을 정도로 전지구적 차원의 문제로 확대 및 통합되어 양자의 상호의
존성은 더욱 강화"(임현진·공석기, 2006: 2)되고 있다. 이렇게 "지구화는 국가의 경계
를 넘어서 전 지구를 하나의 체제로 묶어 나가는 통합의 과정인 동시에 국가의
권한을 지방으로 이양시키는 분화의 과정"(전경옥 외, 2011: 37)이다. 따라서 이는 지
구—국가—지역간의 중층적인 새로운 상호관계를 형성하며 역동적인 관계를 가
져올 수 있다.

이 글은 한국여성학의 발전을 위해서는 이론적, 실천적으로 지역여성의 구
체적 현실에 대한 관심과 이를 반영한 이론적 관점이 필요하다는 시각에서 지
역 여성주의 관점의 특성과 중요성를 제시하고 지역여성운동 연구의 중요성과
이론적 자원을 제시하는데 주된 목적을 둔다.

이 글은 중앙과 지역의 이분법을 지양하고 차이와 다양성, 지역의 주체성,

역동성을 한국여성학이 중요하게 다루어야 한다는 입장에서 출발한다. 따라서 지역여성운동의 이론적 관점을 살펴보고 지역 여성주의의 관점의 특성과 중요성을 제시하고자 한다. 지역 여성주의를 살펴보기 위해서는 지역의 여성학 연구와 교육, 지식 생산이라는 측면(김혜경·남궁명희·이순미, 2009; 공미혜, 2014)도 다루어져야 하지만 지역여성운동을 중심으로 검토한다. 여성주의가 가진 실천성은 여성운동과 연결되고 지역적 차원에서의 여성운동의 활동은 지역여성의 주체성과 행위성을 드러냄으로써 지역 여성주의의 특성을 잘 보여주기 때문에 여성운동 사례 분석을 통한 지역 여성주의의 모색은 의의가 있다고 본다. 그러한 검토를 통해 이론적, 실천적으로 지역 여성주의의 전망과 한국여성학의 과제를 살펴보기로 한다.[2]

1) 지역여성연구의 주변화와 최근의 동향

지역은 사람들의 대면 접촉과 상호작용이 가능한 일상이 진행되는 삶의 터전이며 현장이라는 점에서 이론적, 실천적 중요성을 갖는데 오랫동안 여성학 연구에서 지역여성에 대한 관심은 적었다. 그동안 한국여성학이 발전되어 왔으나 한국 사회에 대한 보편적인 여성의 문제에 관심을 두면서 지역여성들의 삶과 경험, 다양한 목소리를 충분히 반영하지는 못했던 것이다. 보편주의적 원칙하에서 행해지는 여성주의적 실천은 여성 내부의 차이나 지역적 차이를 무시하거나 폄하하게 되고 그러한 집단 구성원들은 그러한 가치를 내면화하기도 한

---

2) 필자는 경남지역 대학에 오랫동안 재직하면서 1989년부터 여성학 강의를 했으며 이후 지역여성연구, 여성관련 지역사회 활동을 해 왔다. 주로 경남지역 여성운동과 여성의 정치세력화 연구를 하면서 지역여성운동단체와 밀접한 관계를 맺으면서 지내왔으며 지방자치단체 여성관련 위원회에 속해서 활동한 바도 있다. 이 글은 경남지역 여성에 대한 필자의 연구뿐 아니라 실제적인 경험에서 나온 생각들도 기반 되어 있다.

다. 가치에 있어서나 행동에 있어서 사람들로 하여금 주류처럼 되기를 요구하며 주류에 적응하기를 요구하기 때문이다(이상화, 1998: 185). 이는 "강자와의 동일시"[3] 메카니즘이 작용하게 되어 지역이 국가로부터 동원이나 배제의 대상이 되면서도 또 국가의 논리를 내면화함을 의미한다.

그동안 지역의 차이나 특수성은 중앙의 보편성에 종속되어 왔으며 관심도 적었다. 여성학 연구의 여성운동의 위기나 쟁점, 현황정리(강이수, 2013)에서도 지역여성운동의 연구사적 흐름이나 내용, 구체적 모습 등이 언급되지 않고 있다. 그동안 지역여성연구가 적은 이유는 다음과 같이 정리해 볼 수 있다.

첫째, 전반적으로 중앙중심적인 한국사회에서 지역은 중앙중심적 구조 속에 포섭 또는 배제되어 주변적인 것으로 취급되어 관심이 적은 것과 관련이 있다. 지방자치 실시이후 서울, 인천, 부산, 제주 등에서 다양한 형태의 지역학이 나타났으나(김영화·김태일, 2012) 오랫동안 지역은 보편적 이론과 정책의 적용 대상이나 자료수집 대상이 되어왔다. 대부분 지역에 대한 연구는 "특수 사례로서의 과잉개별화 또는 보편적 논리의 적용대상으로서의 과잉일반화 편향"(김혜순, 2007: 477)을 지니고 있다. 따라서 지역의 특수성은 중앙의 보편성과 우월성에 종속되며 지역연구 자체를 일반화의 면에서 부족하거나 열등하게 생각하는 것이다.

둘째, 한국여성학은 서구이론에 따라 한국여성의 현실을 구성하고 그 이론이 중요하게 생각하고 있지 않은 한국여성의 경험은 연구자의 물음에서 제외되었다는 점이다. 우리의 현실과 경험을 토대로 우리의 질문을 만들기보다 기존 여성주의 이론을 가지고 질문을 만드는 것이다. 여성학이 "서구의 이론들을 대거 수용하는 과정에서 우리 사회에 맞는 우리만의 이론적 인식론적 여성주의를

---

3) 자기 고유의 것을 무시하거나 강자 앞에 굴복한 채 그와 동일시함으로써 생존하려는 전략이다(강수돌 외, 2010: 21)

구축해 가는데 소홀하지는 않았는가에 대한 질문이 필요한 시점이다"(장해성, 2011: 70-71)라는 지적은 지역여성연구에도 해당된다. 한국여성의 경험들 중에서 어떤 경험들이 여성학의 지식으로 만들어지며 여성현실로 자리 잡게 되느냐는 여성학 연구자의 지식체계에 달려 있는데 "보편적 이론에 대한 집착과 서구에서 생산된 이론의 권위에 대한 기생성, 일상성으로부터 유리된 거대담론적 지식 생산을 청산하지 못하는 점"(윤혜린, 2007: 132)이 학문공동체 안에서도 존재했다. 따라서 "지역문제에서는 여성이, 여성문제에서는 지역이 빠진 현실"(주경미, 2013: 167)이라는 표현처럼 지역여성 연구가 주변화 되었던 것이다.

셋째, 여성학 교육의 지역불균등이 존재하고(이나영, 2011: 54-58) 지역에 여성학 전문연구자가 적으며(김혜경 · 남궁명희 · 이순미, 2009: 160-161) 학문적 논의의 장이 중앙에 집중되다 보니 지역을 본격적으로 의제화하는 연구공간이 부족하거나 주변화 되어 있다는 점이다. 이처럼 지역여성연구는 소수 지역거주 연구자들이 진행해 왔다는 점에서 학문적 축적이 상대적으로 적었고 또한 중앙중심적 학술공간에서도 주목도 덜 받아 가시화에도 한계가 있어 왔다(김혜순, 2007). 또한 지역여성에 대한 자료 축적 및 정리가 부족하고 선행연구가 적어서 관심이 있어도 접근하기 어렵다는 점이다.4)

이처럼 지역여성에 대한 연구관심이 적고 주변화 되었기 때문에 한국여성학은 지역여성의 목소리와 지역여성의 현실이 반영되지 않는 보편적 담론을 만들어냈는데 이는 여성학의 위기와 여성운동의 위기와도 연결된다고 본다. 그러나 민주화, 지구화, 지방화 등으로 인해 지역여성운동조직이 형성되었고 지역여성연구가 시작되고 있기는 하다(박기남, 2011: 114-115). 지방자치 실시와 지역시민사회의 발전으로 지역여성운동단체들이 조직되면서 지역여성정책이 필요해지

---

4) 지역에 위치한 여성연구기관의 보고서류 연구들이 있지만 이론적인 면에서는 한계가 있다.

고 지역여성의 현실에 대한 관심이 생긴 것이다.

지역여성의 주체성과 행위성을 강조하면서 관점을 제시하고 있는 지역여성운동에 관한 연구들은 지역여성운동이 지향하는 여성주의가 어떤 모습으로 드러나고 있는가에 대해서 살펴보고 있다. 허성우는 대전지역을 검토하여 서울을 중심으로 한 여성운동 담론과 지역여성운동의 현실 간에는 괴리가 있다는 점을 지적하고(허성우, 1998; 2000) "한국 여성운동 분석에 내포되어 있는 일련의 이분법이 지역여성운동의 경험을 페미니스트 분석에서 전반적으로 배제하는 데 기여했다"(허성우, 2006b: 1)고 보았다. 그러므로 "현재의 국가중심적 젠더정치학이 지역-국가-지구적 수준의 다층적 정치공간을 포함하는 것으로 재구성되어야 한다"(허성우, 2006a: 169)고 제안한다. 따라서 "다중적, 유동적, 분열적 정체성에 대한 인식"(허성우, 2006b: 22)이 다양성을 존중하는 기반이 되며 포용적 연대의 정치학을 통해 "중앙에서 지역으로 진보에서 보수로, 특정한 여성운동/여성주의에서 다양한 여성그룹으로 정치적 영역을 확장할 것"(허성우, 2006b: 21)을 제안한다.

안진은 진보적 여성운동단체들을 중심으로 광주전남지역 여성운동의 성격 변화와 연대를 살펴보고 있으며(안진, 2007: 안진, 2013) 박기남(2011)은 강원지역 여성운동의 검토를 통해 지구화가 가져오는 동질화뿐만 아니라 이질성의 맥락도 충분히 살펴서 지역이 갖는 모순과 역동성을 파악하려는 노력이 이루어져야 한다고 본다(박기남, 2011: 127). 또한 특정 지역을 중심으로 여성운동의 흐름을 정리한 연구들이 있으며(오미란·안진: 2015; 이송희, 2009, 2020a, 2020b) "지역이 한 국가의 하부단위로서 장소와 위치가 아니라 그 자체 독자적이고 부분적으로 독립적인 정체성을 갖는 장소나 위치라면 지역은 전지구적 차원의 세계화에 맞서는 지점이 될 수 있다"(고정갑희, 2009: 9-10)고 보면서 "지구지역 액티비즘"을 모색하는 연구가 있다.5) 이외 부산지역을 중심으로 여성주의 지식생산의 전개 및 전망을 다룬

연구(공미혜, 2014), 광주지역을 중심으로 여성학의 지역현장여성주의의 동학을 살펴본 연구(안경주, 2015) 등이 있다. 그러나 한국여성학 전체로 보면 아직은 지역여성에 대한 연구가 부족하며 이와 관련한 구체적인 연구들이 좀 더 진행되어야 한다.

2) 여성주의의 지역간 차이

지역여성운동은 해당 지역사회의 정치적, 경제적, 사회적 구조와 배경의 맥락에서 활동하고 있다. 대도시와 비교해 볼 때 소규모의 지역은 상대적으로 혈연, 지연, 학연 등 연고주의가 작동하고 있어서 여성의 활동을 제약한다(박기남, 2011: 111). 또한 수도권 중심의 불균형한 자원분배구조 속에 편입되어 있음으로 해서 지역사회의 인적·물적 자원이 열악하다[6].

한국여성운동의 전개과정은 지역마다 차이가 있어서 지역사회에서 활동하고 있는 여성단체의 수, 성격, 활동내용, 여성운동의 전개과정은 지역에 따라 다르다(이혜숙, 2012a: 105-193). 실제로 그 동안 전개되었던 한국의 여성운동이 대중성을 확보하지 못했다는 점이 지역여성의 현실연구에서 드러나고 있다(허성우, 1998; 김혜경, 1999). 즉 "여성문제를 둘러싼 담론이 지역사회에서는 풍부하지 못하며 여성운동이나 페미니즘이 아직도 대다수의 지역여성들에게는 특별한 여성들의 전유물이며 낯선 언설에 불과한 것"(허성우, 2000: 277)이다. 그러므로 지역여성운동의 현실은 일반적으로 보편화하기 어려우며 지역간에 편차가 존재하고 있다.

---

5) 이 외에도 지역여성운동에 대한 김혜경(1999), 강인순(1997, 2007)의 연구를 들 수 있다.

6) 수도권(서울·경기·인천)과 비수도권(그 외 광역지자체)의 격차실태를 경제, 사회·인프라, 혁신 등 3개 부문, 13개 지표를 선정하여 2004년 이후부터 추이를 분석한 결과 대부분의 지표에서 수도권과 비수도권간 격차가 심화되고 있는 것으로 나타나고 있다(마상열, 2013: 2).

이는 지역이 지닌 특수성에도 그 요인이 있겠지만 기본적으로는 한국사회의 전반적인 중앙과 지방의 지역격차에 기인하며 지역여성운동의 경우에도 반영된 것으로 보아야 할 것이다.

　지역에서 대안운동을 하는 여성들의 경우 상당수는 자신들의 활동을 여성주의나 여성운동으로 인식하지 않으며 심지어 거부감을 보이기도 한다(조옥, 2013: 302). 그러나 "여성주의란 저기 어딘가(중앙, 수도권)에 존재하며 우리가 따라가고 모방해서 언젠가 도달해야 하는 객관적 실체가 아니라, 다양한 현장의 여성들 내부에서 끊임없이 논의되고 변형되면서 실현되는 것"(박기남, 2011: 111-112)이라면 지역에서의 여성주의 실천은 발전/비발전 이분법으로 나누기는 곤란한 지점이 있다. 실제로 일부 여성들의 경우는 지역의 풀뿌리 여성들의 활동에 참여하는 것이 의미있는 작용이며 운동의 자원이 될 수 있다고 본다7). "현장의 여성들이 여성주의라는 말을 사용하지 않고 의식하거나 의도하지는 않았지만 활동과정에서 여성주의가 추구하는 가치와 만나고 상호작용 할 수 있는 연결지점을 분명 가지고 있다는 것이다"(조옥, 2013: 302).

　그동안 이분법적 접근은 지역에서 활동했던 다양한 여성단체들의 활동을 보수주의로 보면서 무시하거나 배제하였다. 그러나 이는 발전/비발전이 아니라 여성주의의 지역간 불균등 발전으로 보아야 할 것이며 여성들의 정체성을 다중적, 유동적으로 보아야 함을 의미한다.

---

7) 여성들에게 굉장한 힘, 임파워먼트 과정이라고 생각한다는 것이다(조옥, 2013: 302).

2. 지역여성운동과 이론적 자원

1) 신사회운동론과 자원동원이론

유럽에서 등장한 신사회운동론은 상징과 정체성에 대한 강조, 투쟁의 자율성을 강조하는데 소규모 집단에 기초하고 특수하고 국지적인 이슈를 따라 조직되며 유동적인 위계조직과 느슨한 권위체계를 조직의 특징으로 하고 있다(Scott, 1990). 운동이 지향하는 가치 등에 신사회운동론자는 중점을 두어왔는데 오페(Offe), 뚜렌느(Touraine)에 있어서도 다양한 이슈에 관한 운동의 일관된 기본적인 가치는 자율성과 정체성이다(정수복, 1993). 또한 그것은 분권화, 자치, 자조, 자기결정성에의 지향성과 관련되어 있으며 신사회운동이 관여하는 이슈는 다양하다. 1990년대 이후 한국사회에도 이와 같은 성격을 갖는 신사회운동이 전개되고 있으며 운동의 지향과 방법론, 동원방식, 조직유형의 성격 등으로 보아 한국여성민우회의 지역여성운동은 신사회운동의 성격을 지니고 있는 운동으로 평가된다(이재인, 1999).[8] 그러나 사회운동에 대한 분석은 운동의 목표나 이데올로기에 대한 분석에 그치는 것이 아니라 운동과정에 대한 경험적인 분석이 필요하다.

1970년대 중반을 전후해서 미국에서 등장한 자원동원론은 조직수준에 그 초점을 두고 동원으로부터 목표달성 내지 쇠퇴에 이르는 운동과정을 운동을 규정

---

8) 여성운동을 신사회운동으로 보는 것에 대해서는 "여성운동의 이념적 지평을 좁히는 것인 동시에 실천운동의 측면에서 여성운동 내부에 부정적 영향을 미치기도 한다. 실제 그것은 여성운동의 영역을 문화적 영역으로 한정시키고 그 간의 여성투쟁의 역사를 무시하며 여성운동을 소극적 방어적 측면에서만 정의, 그것이 지닌 적극적이고 공격적 성격을 탈각시켜 버리는 한계를 갖고 있다"(장미경, 1999 : 304)는 지적이 있지만 여기에서는 운동의 성격을 보는데 유용한 점이 있다고 보아 이론적 자원으로 삼았다.

하는 내적, 외적 조건들로 설명하려는 접근 방법이다(McCarthy and Zald, 1977; Tilly, 1978; Jenkins, 1983; McAdam, 1988). 사회운동의 기초가 이념이나 신념에 있는 것이 아니라 합리성과 행위주체의 조직화의 능력과 동원, 기회의 변화에 의해 산출되며 집합적 행위자로서의 사회운동조직의 중요성에 주목한다. 자원동원론은 운동의 과정, 그러한 과정에서 활용가능한 자원의 특성, 그리고 전략적 행위, 동원의 방법 등에 관심을 나타낸다.

자원동원론은 운동의 과정, 그러한 과정에서 활용가능한 자원의 특성, 그리고 전략적 행위, 동원의 방법 등에 관심을 나타낸다. 자원동원론자들은 사회운동을 성공으로 이끌기 위해서 조직의 목적과 연대를 수행할 수 있는 집합적 유인을 제공하는 프로그램의 개발이 관건이라고 보고 있는데(김현아, 2004: 21), 운동조직 및 행위자의 실천전략에 관심을 둠으로써 사회운동에 대한 동적인 접근을 가능케 한다(김태수, 2007: 152).

자원동원론은 신념이나 가치에 공감하는 이들이 어떻게 조직으로 엮어지나? 무엇이 사회운동을 유지하며 발전시킬 수 있는지를 설명하는데 유리하다고 하겠다. 그러나 자원동원론은 운동전략과 관련된 요소를 부각시키는 장점이 있는데 비해 운동의 객관적 조건이라고 할 수 있는 해당 사회의 특수한 조건이나 사회성격을 소홀히 취급함으로써 자칫 공허한 분석을 이끌 가능성이 높다. 한편 신사회운동론은 실제적인 사회변동을 사회운동의 역사적인 맥락에서 설명해 냄으로써 해당 사회의 구조적 특성과 역사성을 부각시킬 수 있는 장점이 있으나 자원동원론이 가지는 운동의 전략적 측면을 소홀히 다루고 있다(조대엽, 1999: 108).

이 두 접근은 1960년대 이후의 서구 사회운동의 변화라는 현실을 공통성으로 가지고 있는데 신사회운동론은 주로 시민사회의 방어와 복권이라는 가치관심에서 자원동원론은 각각의 운동에 고유한 운동목표 달성을 위한 전략적 유효성이라는 관점에서 바라보고 있다고 할 수 있다. 행위양식에 대해서도 자원동원론과 신사회운동론은 상당한 대조를 이루고 있다. 자원동원론의 수단적, 합리적인 행위 모델에 비해, 신사회운동론의 행위 모델은 보다 가치지향적이며 표출적인 것에 중점을 두고 사회운동의 비일상적 성격에 초점을 맞추고 있다. 이렇게 볼 때 운동의 가치나 전략이 가진 양면적인 성격과 역동성을 이해하기 위해서 이 두 접근을 근본적으로 서로 대립하는 것이라고 보는 것이 아니라 양자를 보완적인 존재로 파악하여 현실운동의 상황에 입각해서 분석하는 것이 필요하다. 양자의 이론적 차이는 어떤 본질적인 견해의 대립이라기보다는 기본적인 문제의 관심과 관점의 차이에서 연유한 것이라고 할 수 있다. 코헨(Cohen, 1985)이 새로운 사회운동론을 '정체지향적 패러다임'이라 부르고 전략적 행위에 초점을 두는 '자원동원적 패러다임'과 대조하는 것처럼 전자는 주로 사회운동의 가치나 의미를 묻고, 후자는 전략적 유효성에 중점을 둔다. 멜루치(Melucci, 1981)의 표현처럼 신사회운동론이 전적으로 '왜'(why) 동원되는가'를 묻는다면 자원동원론은 '어떻게(how) 동원되는가'를 문제로 삼는다는 하겠다.

2) 여성운동의 제도화와 세력화(empowerment)

최근에 '영향력의 정치'에서 '참가의 정치'가 논의되고 있으며 운동의 제도화가 이루어지고 있다. 운동의 제도화는 운동이 기존의 제도 속에 편입되어가는 가는 과정을 말한다. 메이어와 태로우(Meyer and Tarrow, 1998: 21)는 운동이 어떤 방식으로 제도에 편입되는 가에 따라 제도화의 형태를 일상화(routinization), 포섭과 주변화(inclusion and marginationalization), 흡수(cooptation)로 구분하고 있다. 일상화란 제도권 행위자와 운동세력이 서로 간에 타협할 수 있는 익숙한 이슈와 방법을 사용하는 것으로 이를테면 운동 목표나 이슈가 제도기관의 프로그램화, 의제화, 법제화 과정을 거치게 되는 것을 말한다. 포섭은 운동조직이 제도적 절차가 보장하는 방식을 채택하거나 제도적 자원을 활용하는 것을 말한다. 마지막으로 흡수는 운동가 개인이 제도권 정치나 의사결정과정에 들어가는 것으로 의회, 각종 위원회, 행정관료 등에 진출하는 것을 들 수 있다. 그러므로 메이어와 테로우의 논의에서 일상화나 포섭, 흡수는 제도화의 상이한 차원을 보여준다고 할 수 있다. 즉 흡수가 개인적 차원에서 이루어지는 것이라면 포섭과 주변화는 운동조직의 차원, 일상화는 운동이슈의 법제정을 포함한 사회적 차원이라 할 수 있다.

이러한 여성운동의 제도화를 여성의 세력화의 성공으로 보는 시각이 있다. 제도화를 통해 여성운동단체가 안정된 재원을 확보하고 여성운동의 저변을 확대할 수 있으며(박인혜, 2007: 225–226) 운동의 제도화가 보수적인 제도를 변화시키고 운동의 목적 실현에 긍정적 효과를 미쳤다는 것이다(장미경, 2006: 122). 그러나 이러한 제도화는 여성운동의 진보성과 역동성의 약화를 가져올 우려가 크다는 입장도 있다. 부정적 측면은 정부의 정책비판이나 대안 수립활동보다는 정부의 정책을 직접 수행하는 활동에서 더 많이 나타나는데 이런 활동에서는 여성운동이 정부의 정책을 단순대행하는 역할에 급급하여 여성운동 본연의 중요한 기능, 즉 정부의 정책을 견제하고 비판하는 기구로서의 역할이 약화되는 여지를 보여줄 수 있다. 비판기능이 약화되면 여성운동의 정책 참여는 '틀바꾸기'가 아니라 단지 '끼어들기'에 머물 수 있다는 것이다. 즉 운동의 제도화에 대해서 제도화가 여성운동단체의 운동성을 소멸시키고 운동가의 정체성을 여성주의 상담원, 서비스 종사자로 바꾸었다고 본다. 여성운동에 대한 국가의 지원이 확대되고 때로는 여성운동 단체가 국가의 여성관련 사업의 대행자로 기능하면서 여성운동의 목표가 스스로 자기검열 되는 경향이 있다는 것이다(강이수, 2003: 121-122).

일반적으로 사회운동의 세력화는 사회운동이 대중적 지지기반과 자원 확보를 통해 조직을 활성화하고 시민사회의 핵심적 행위자로서 국가, 정치사회에 대한 영향력을 획득하는 과정으로 정의할 수 있으며 이는 여성운동에도 적용된다. 지역여성운동의 세력화 목표는 운동조직을 활성화하여 국가와 정치사회, 보다 구체적으로는 지역사회에 영향력을 행사함으로써 성평등한 사회를 만드는 것에 있다.

세력화란 개인, 조직, 사회가 자신의 생활에 대해 지배력을 획득하는 과정이라고 할 수 있다. 세력화의 요건으로 정치적 기회구조, 대중적 기반과 더불어 사회운동 단체의 역량이 중요하며 운동조직에 대한 관심은 운동의 세력화와 관련하여 주요한 부분이다. 조직 수준에서 세력화는 조직의 구성원들이 그들의 삶에 대해 통제력을 획득할 수 있는 기회를 조직이 제공할 수 있는 능력을 의미하며 조직 구성원들 사이에 공인된 지도력이 확립되거나 조직이 재원이나 시설 등 각종 자원을 효과적으로 동원하는 것도 조직수준의 세력화에 포함된다. 또한 정책결정과정에 영향을 미치거나 공공서비스 공급을 위한 효과적인 대안을 모색하는 등 사회문제 해결의 역량을 보유하는 것도 포함된다(Zimmermann, 2000: 51-54; 김현아, 2004: 16).

운동조직 자체에 초점을 둔다면 운동조직의 구조와 자원동원방식, 행위양식 등이 운동단체의 역량 측면에서 세력화의 요건으로 분석될 수 있는 부분이다. 이처럼 조직적 수준에서의 세력화는 사회운동 단체의 역량과 관련되는데 이 때 중요한 문제는 사회운동의 자원동원과 관련된 것들이다(Kroeker, 1995: 752).

3) 연대와 여성운동

여성운동은 여성운동단체끼리의 연대뿐 아니라 다양한 사회운동에 연대의 폭과 활동을 지속적으로 넓혀 왔다. 사실 여성운동은 다른 운동에 비해 네트워크를 형성하거나 경계를 넘는 연대에 강점을 갖고 있는 운동이라고 평가된다. 즉 여성의 문제라는 공통성이 정치적 이념이나 조직의 차이를 넘어 연대할 수 있는 가능성을 높이는 것이다(강이수, 2003: 115).

여성운동의 영역과 연대가 확대될수록 여성운동의 자율성과 정체성은 중요한 문제로 부각된다. 몰리노(Molyneux, 1998 : 226-231)에 의하면 여성운동의 자율성은 운동의 목적, 우선순위, 행동을 규정하는 권위에 따라 독립적 운동(independent movement), 연합적 연계(associational linkage), 직접 동원되는(directed mobilizations) 대상으로서의 여성운동으로 구분될 수 있다. 연합적 연계의 경우 '자율성이냐 통합이냐'라는 극단적인 딜레마를 피하고 연대의 틀을 보다 유연하게 확대시킬 수 있다는 점에서 효과적인 수단으로 평가한다. 그러나 연대가 여성조직의 자율적인 의제 형성 능력을 약화시키는 결과를 초래할 수도 있다. 여성문제의 목표와 의제를 연대사업 속에서 어느 정도 관철시킬 수 있느냐의 문제에 대한 보다 철저한 분석과 전략이 필요하다(강이수, 2003: 121).

최근 여성운동 간의 차이의 인정에 대한 논의는 연대에 대한 관심으로 이어졌다. 여성들간의 차이와 다양성에 기반한 연대가 어떻게 가능할까에 대한 것인데 여성운동과 연대에 대해서는 "차이의 정치학과 현장 여성주의"(이상화, 1998; 2004), "횡단의 정치학(허성우, 2007)", "반성적 연대"(이현재, 2005; 2007), "포용적 연대의 정치학"(허성우, 2006b), "우정의 윤리"(이혜정, 2010)", "차이와 연대를 포괄하는 윤리의 정치"(임국희, 2011) 등등이 있다.

3. 지역 여성주의의 관점

지역은 여성의 삶에 지대한 영향을 미치는 시공간적 위치이며 여성주의 실천 단위로서 중요한 의미를 지닌다. 그동안의 대부분의 여성학 연구는 국가 전체의 수준에서 이루어져 왔다. 국가 전체라는 보편성을 강조하는 여성연구는 여성의 경험에 대한 사회적 담론을 획일화하고 지역적 차원에서의 여성경험의 다양성이나 차이를 보지 못하게 하거나 무시하게 만든다.

이 글에서는 중앙의 시선에 의해 외부로부터 규정되었던 지역에서 벗어나 지역내부, 지역적 차원에서의 여성경험의 차이와 다양성, 주체성과 역동성에 관심을 두고 접근하는 것을 지역 여성주의9)로 보고자 한다. 지역 여성주의는 동시대에 살고 있는 여성들이라 하더라도 환경이나 조건이 서로 다른 공간 속에 존재하면 여성들이 처해있는 상황이 다를 것이고 문제를 의식하는 방식이나 대응들도 차이가 있다는 점에 주목한다(하정화, 2010: 32). 지역 여성주의는 중앙중심주의, 국가중심주의를 탈피하고 개인 삶의 시공간적 위치를 고려하는데 이러한 지역 여성주의의 관점은 탈식민주의적 관점(조순경, 2000; 윤혜린, 2010), 아시아 여성학(김현미, 1999: 태혜숙, 2008; 민가영, 2011), 현장 여성주의(이상화, 2004; 이상화, 2007), 횡단의 정치(Nira Yuval-Davis, 1997) 등 기존 이론들의 논의 구조에서 시사점을 얻을 수 있다.

탈식민주의적 지식생산은 "서구적 원본 대 비서구적, 타자적 파생본의 관계

---

9) '초국적 여성주의', '글로벌 여성주의', '아시아 여성주의', '한국 여성주의'처럼 지역에 주된 관심을 두는 여성주의를 '지역 여성주의'로 볼 수 있다. 그러나 여기에서는 단순히 '지역'을 대상으로 하는 것뿐 아니라 '지역'을 보는 관점을 중시한다. 기존의 '현장 여성주의'가 포괄적으로 여성현실의 현장성에 관심을 두는 것이라면 '지역 여성주의'는 중앙(서울, 수도권)과 지역의 불균등에 보다 더 문제의식을 가지는 개념이다. 기존 연구에서 지역 여성주의 개념은 하정화(2010), 서해숙(2013) 등이 사용한 바 있으며 특히 이 글은 지역 여성주의에 대한 하정화(2010: 174-185)의 글에서 많은 시사점을 받았다.

로서 비대칭적으로 혹은 일방향적으로 위계화 되어서는 안 된다는 문제의식 속에서 탈중심적 학문 실천"(윤혜린, 2010: 10-11)을 의미하는데 자생적 발전과 외래적 수용의 단순한 이분법을 넘어 서로 교류하고 관통하고 있다는 점에 주목한다. 비서구에 대한 재현[10]을 비판하는 탈식민주의적 관점은 아시아 여성을 수동적으로 보지 않는다. "타자화된 여성으로서의 정체성은 출발점부터 부차적이고 파생적이고 비대칭적이다. 외부의 기준을 내면화함으로써 의식적으로건 무의식적으로건 스스로를 다시 타자화하도록 훈련된다. 이 점에서 아시아 여성을 비가시적 존재 혹은 희생자, 무권력 집단, 과거와 전통에 정박된 존재로 재현하는 것은 현실 변화의 추동력을 약화"(윤혜린, 2007: 132)시킨다는 것이다.

아시아 여성학은 아시아 지역여성의 정체성에 기반 해 아시아 여성의 삶을 구체적으로 해석하면서 변화와 대안을 모색하는 이론적이며 실천적인 작업이다. 아시아 여성학은 "여성들이 과거나 전통이라는 고정된 지점에 머물러 있지 않고 주체적이며 역동적인 존재임을 드러내는 일을 해야 한다"(김현미, 1999: 219)고 보는데 이러한 문제의식은 중앙과 지역간의 관계에도 해당된다. 이처럼 지역여성의 경우에도 대상을 타자화, 주변화 시켜서는 안 되며 지역에서의 능동성을 보여주어야 한다. 지역여성을 단지 희생자나 피해자, 수혜자로 인식하는 데 머무는 것이 아니라 사회 변화의 주체로 인식해야 한다. "고유성과 다양성에 대한 외부로부터의 가치폄하나 의식은 지역, 여성, 혹은 지역여성에게 가해지는 폭력"(주경미, 2013. 170)이라는 지적도 이러한 의미라고 본다.

현장 여성주의는 차이의 존재론에 기반하고 있으며 이를 통해 실천적 연대의

---

10) 제3세계 여성들은 무지하고 비합리적이며 가난하고 저학력에 전통적이고 수동적이고 성적으로 억압되어 있는 타자들로 재현되어 왔다. 또한 제3세계 여성은 희생자 외에는 그 어떤 것으로도 될 수 없는 방식으로 정의되었다. 제3세계 여성은 스스로를 해방시킬 수 없으므로 또 다른 누군가에 의해 구해져야 하는 타자로 재현되었다(민가영, 2011: 84).

제1장 지역여성운동과 지역 여성주의의 모색

가능성을 모색하는 이론적 시도이다. 현장 여성주의의 핵심 개념은 공간성이며 비록 여성들이 동시대를 살아감에도 불구하고 다른 공간 속에서 국지화되고 맥락화된 억압에 노출된다는 것과 그에 대한 상이한 문제의식화와 대응이 존재한다는 것을 '현장'(location)이라는 공간적 개념을 통해 설명한다(이상화, 2004: 84). 현장 여성주의는 한 여성 집단 내에 안정된 정체성을 상정하고 이에 기반하여 여성주의적 실천을 제한하는 경향을 벗어나 지역 내의 복합적인 이질성과 유동성에 관심을 두며 여성주의적 관점에서 차이의 생산적 흐름을 활성화하려는 시도이다(이상화, 2004: 79). 이는 억압받는 집단의 연대성을 활성화하는 다양한 조직화의 방식에 대해 개방적이며(이상화, 1998: 186) 차이의 정치학과 연결된다.

여성주의자들은 차이에 의해 여성이 분열되지 않으면서 차이가 동일성 안으로 포섭되지 않는 방법들을 모색하였는데 이 중의 하나가 니라 유발-데이비스(Nira Yuval-Davis, 1997)의 "횡단의 정치" 모델이다. 뿌리내리기(rooting), 이동하기(shifting), 대화(dialogue), 이 세 가지 용어로 설명되는 횡단의 정치는 여성들 간의 연대에 관한 원리를 제공한다. 횡단의 정치는 "자신의 소속감과 정체성 안에 뿌리내리지만 동시에 다른 소속감과 정체성을 가진 여성과 교류하는 상황에 자신을 두기 위해 옮겨 다니려 노력하는 행위이다"(김엘리, 2013: 197). 여성들 간의 차이문제는 여성들이 처해 있는 위치에 따라 여성들의 거점이 다르며 여성의 경험은 주체의 위치들과 입장 그리고 시공간적인 범주들의 복합적인 교차점들 속에서 생성되며 정체성은 변화하고 다중적이라고 본다(김엘리, 2013: 197-198).

이와 같은 탈식민주의적 관점, 아시아 여성학, 현장 여성주의, 횡단의 정치에서 제기하고 있는 문제의식은 중앙(서울)과 지역의 격차가 큰 한국사회의 지역여성을 보는 시각에 유용하게 적용될 수 있다고 하겠다. 이렇게 본다면 지역여성주의는 지역여성의 정체성에 기반하여 지역여성의 삶을 구체적으로 해석하면서 변화와 대안을 모색하는 이론적이며 실천적인 작업으로 지역여성이 주체적이며 역동적인 존재임을 드러내고자 하는 관점이라고 하겠다. 지역 여성주의는 중앙중심적, 국가중심적 여성주의의 한계를 극복하고 "지역 차원에서 보편과 특수의 관계에 대해 지속적으로 '질문던지기"(하정화, 2010: 183)를 하면서 이분법을 해체하고자 하는 지역 차원의 실천적인 여성주의로서의 성격을 가진다. 구체적으로 여성주의적 시각을 가지고 지역을 해석해 내고 지역의 다양성과 역동성을 찾아내는 것으로 볼 수 있다(서해숙: 2013: 231).

지역 여성주의는 여성문제에 대한 집중이라는 여성운동의 독자성 확보와 동시에 보다 많은 여성들의 공감을 얻기 위한 대중성 확보에 대한 요구가 중요하다는 점에서 여성운동의 외연확대에 관심을 갖는다. 권리 중심적인 여성운동이 활발하게 진행될 수 있었던 서구사회와는 달리 가족주의적 성향이 강하고 공동체에 많은 무게를 두는 한국사회에서는 기존의 여성운동이 실천해 온 "여성의 독자적 권리주장, 지위향상 관련한 활동들은 여성들에게 심리적 부담감"(주혜진, 2011: 18)을 준 측면도 있는 것이다.

따라서 지역 여성주의는 여성주의 영역을 가로지르는 보다 더 다양한 사람들에게 관심을 갖는다. 이는 "여성주의 운동에 오랫동안 전적으로 헌신해 왔으면서도 직업으로서의 전문성을 획득하지 못하는 활동가들에게는 유연함을 또한 여성주의운동에 심리적 부담감을 느끼는 많은 관찰자들에게는 참여의 동기를 부여할 수 있는"(주혜진, 2011: 20) 이론적 근거가 될 수 있을 것이다.

지구화는 "정치나 경제 어느 하나로 단일 유형화하거나 고정된 이념형으로 이해하기 어려운 복잡하고 다면적인 과정이다. 공간적인 측면에서도 지구화는 단일한 규정력의 확산이 아니라 통합과 파편화, 중심의 해체와 다중심의 대두, 지구성과 지역성의 동시적 생성 등의 역동적이고 변증법적인 긴장"(윤혜린, 2007:

129)을 내포하고 있다. 이런 점에서 여성이 지구화의 주요한 행위자로 적극적으로 그 모습을 드러내고 있음에도 불구하고 여성은 주로 지구화의 희생자로 묘사되고 있다는 점, 즉 "글로벌과 로컬의 이분법, 글로벌=남성, 로컬=여성의 이분법"에 대한 비판(안숙영, 2012: 25)은 시사점을 준다. 실제로 그동안 지역여성의 경험은 타자화되고 저평가되어 왔는데 지구화가 진행되고 있는 상황에서 젠더 관계가 각각의 공간에 따라 어떻게 다양하게 나타나는지를 지역여성의 주체성과 자율성에 관심을 가지면서 분석할 필요가 있다. 이 때 서술의 주체로서 지역여성을 대상화하지 않고 지식생산 주체로서의 지역여성이 강조되어야 한다. "지역과 지역여성을 중앙중심적 시각으로 타자화/대상화하지 않았는지, 연구의 대상, 교육과 동원의 대상으로만 보지 않았는지 살펴보고 지역여성의 입장에서 살아가기에 대한 연구나 고려는 일천하지 않았는가에 대한 점검이 필요"(김혜순, 2007: 486)한 것이다.

지역 여성주의는 발전과 비발전, 중심과 주변을 통해 중앙과 지역을 구분하고 경계 짓는 이분법적인 접근을 취하지 않으면서 지역여성의 입장에서 지역여성의 경험을 분석하려고 시도하는 데에서부터 출발한다. 중앙의 경험이 절대적 기준이 되거나 지역의 경험을 포착하지 못하면 즉 "우리 스스로 중심/주변의 이분법을 버리지 못하면 타자의 삶과 경험을 전유하는 인식적 폭력으로부터 벗어날 수 없기"(윤혜린, 2010: 10) 때문이다. 또한 지역 여성주의는 지역여성의 역량 강화에 관심을 둔다(하정화, 2010: 180).

지역 여성주의는 여성주의의 지역적 정체성과 주체성에 관심을 두며 지역여성을 희생자나 피해자, 수동적 존재로 보지 않는다. 지역이라는 장소와 공간이 지역민에게 있어서 여전히 중요한 정체성의 요건임을 밝히며 총체론적이면서도 환원론적이 아닌 지구, 국가, 지역 수준의 다층적 공간에 놓여 있는 지역여성의 현실에 관심을 둔다. 따라서 지역여성운동에 대한 경험적 연구의 축적이 매우 중요하며 이론적 · 실천적 차원에서 미시적인 지역여성의 문제를 다루면서도 그것을 지구, 국가, 지역의 다층적인 공간과 거시적 구조와 연결시키는 작업이 필요하다고 하겠다.

그러므로 지역 여성주의 관점의 특성은 다음과 같이 정리해 볼 수 있다. 첫째, 지역여성의 정체성을 미리 주어진 것으로 보지 않고 변화하고 교차하며 다중적이라고 보아 고정되지 않는 복합적 정체성과 다양성에 관심을 가진다. 둘째, 중앙중심적, 국가중심적 시각에서 벗어나 지구 · 국가 · 지역의 다층적 관계에 관심을 둔다. 셋째, 중심/주변의 이분법을 해체하면서 지역여성을 대상화, 타자화, 주변화 시키지 않고 지역적 주체성에 관심을 둔다.

4. 지역 여성주의의 모색과 한국여성학의 과제

중앙중심적, 국가중심적으로 획일화된 거대 담론에서 파악되지 않거나 무시되기 쉬운 미시적 현장은 우리가 사는 지역이다. 특히 한국과 같이 중앙과 지역의 격차가 심하게 드러나고 불균형이 가시화되고 있는 상황에서는 더욱더 지역에 대한 연구가 절실하며 여성학 학문 영역에서도 지역 차원에서의 연구가 활발하게 진행되어야 한다. 지역여성의 현실과 역동성에 관심을 두는 이론적 · 실천적 방안 모색이 필요한 것이다. 여기에서는 세 가지 측면으로 한국여성학의 과제를 정리해 보고자 한다.

1) 여성학과 지역여성운동의 소통

지역 여성주의의 실천을 위해서는 한국여성학과 지역여성운동단체와의 연계와 소통이 필요하다. 최근 여성학회 차원에서 활동가·연구자 공동 교류협력세미나 등을 하고 있어 여성의 실제적인 경험을 이야기 할 수 있는 장이 마련되고 있는데 여성학과 지역여성운동의 소통의 장 마련도 중요한 것이다. "지식생산과 유통과정의 민주화"(조순경, 2000: 192), "여성운동과 여성학 지식 생산공동체와의 연계"(조순경, 2000: 194)가 중요한데[11] 여성학 지식생산과정에 연구자와 운동가가 민주적인 관계로 참여해야 할 필요가 있는 것이다. "연구자—활동가 연합체"(태혜숙, 2008: 312) 같은 것도 고려할 수 있다.

이러한 과정을 통해 지역수준에서 이루어지는 지역여성운동의 특성은 무엇인가, 운동의 활동역량은 어떻게 가능하고 어떤 방향을 모색해야 하는지 구체적인 경험에 기반을 둔 연구가 필요하다. 지역 수준에서의 여성연대의 외연을 확대하는 연대의 방법을 모색해야 하며 지역여성운동은 지역에 기반한 실제적인 의제를 만들어내면서 지역의제의 전국화, 지구화 작업을 해야 한다. 또한 중앙의 여성운동과의 수직적 연대가 아니라 수평적 연대, 지역/국가를 넘어서는 초국적 연대를 모색해야 한다. 따라서 지역여성운동이 정체성과 자율성을 유지하면서 어떻게 세력화를 이룰 수 있을 것인가, 지구화·지방화 시대에서의 앞으로의 지역여성운동의 방향성과 관련한 전망과 과제는 무엇인가, 미시적인 지역의 경험적 사례들을 거시적인 구조와 연결시키는 지역의제를 어떻게 발굴해야 하며 사회이슈 관련 연대에서도 여성운동이 주도성은 어떻게 가능한가를 살펴보아야 한다. 또한 지역에서는 다양한 정체성을 지닌 여성단체들이

---

11) 한국여성학 제도화 전사기(1960-70년대)의 지식생산 동학을 살펴보면 현장 운동성을 자신의 핵심적 학문 정체성에 두었음을 보여준다(김영선, 2013: 137).

활동하고 있다. 이들간의 연대가 어떻게 가능한지 여성학과 지역여성운동과의 소통을 통해 대안을 마련해야 한다.

2) 지역여성에 대한 경험적 사례연구

"지방의 눈으로 세상을 보려는 시도가 지역학의 핵심"(김영화·김태일, 2012: 143)이라는 말처럼 지역여성에 대한 관심은 상황적 지식을 고려하고 지역여성 스스로부터 나오는 이론이 되어야 하며 지역여성들이 그들의 세계를 어떻게 인식하고 해석하는 가를 살피는 것이다.[12]

여성학연구의 재생산과정에 지역여성의 경험과 목소리를 들을 수 있도록 해야 한다. 지역여성은 자신의 삶을 담는 공간으로서의 지역을 이해하고 그것에 대한 지식을 생산하는 주체가 되어야 한다. "일반 시민들뿐 아니라 정규교육을 받지 않은 주변적인 집단도 중요한 지식 생산자가 될 수 있다."(황희숙, 2013: 31)는 것이다. "구체적인 현장에서의 실제적 쟁점들과 과제들을 중심으로 연대와 실천이 활성화될수록 여성들은 그 과정에서 자신의 고유한 문제들을 포착하는 여성 주체로 거듭날 것"(윤혜린, 2007: 134)이기 때문이다. 따라서 지역여성의 개별 경험과 생생한 목소리를 드러내게 해야 한다.[13] 즉 지역여성의 다양한 방식과 형식의 삶을 포착해야 하며 그들 입장과 그들의 언어에 대해서 관심을 가져야 한다.

여성운동과 이론의 확산 과정에서 여성 쟁점에 대한 정치적 동원화와 여성학

---

12) "상황적 지식은 시간, 장소, 정황을 인식하고 개인과 그들의 능력이 자신에 의해 규정됨을 전제하고 있다. 이것은 선험적 가정으로부터 위에서 아래로 내려오는 것이 아니라 구체성으로부터 진행되고 비교일반화를 향해 작동한다"(Rudolph, 2005: 12; 여기서는 김미덕, 2011: 143에서 재인용함).

13) 경남지역에서 활동하는 여성활동가들이 대학의 여성연구소에서 발표 및 토론에 참여한 기회가 있었는데 지역여성의 경험을 생생하게 들을 수 있었다(김희경, 2009; 이경옥, 2010; 김경영, 2011).

교육의 여부 등이 여성주의 의식의 가시적인 지표가 되어 왔다(김미덕, 2012: 239). 그러나 "여성주의 교육의 부재와 제도화된 여성주의 언어의 미사용이 여성주의 의식의 부재로 설명할 수는 없다"(김미덕, 2012: 245)는 주장은 기층 여성에 대한 이해의 어려움과 재현의 왜곡 가능성을 보여준다. 또한 '여성이 행복한 여성운동'이라는 말에서처럼 현재의 여성운동은 개인에 대한 관심과 욕구(박기남, 2012)를 강조하므로 일상생활이나 생활세계와 동떨어진 거대담론의 경우 풀뿌리 여성들의 호응을 받기 어려우며 현실과 유리된 여성학적 논의들은 결국 여성학자들을 여성으로부터 유리시키는 결과를 가져온 것이다. 위로부터 주어지는 보편적 이론이 아닌 아래로부터의 구체성과 현장성을 확보하는 경험적 방법이 이러한 지역여성의 현실을 설명하는데 기여할 수 있다(김미덕, 2012: 211). "'나의 위치에서, 나의 눈'으로부터 시작하는 여성학은 기존의 여성주의가 가지고 있었던 계몽주의적, 엘리트 중심의 한계"(김미덕, 2011: 80)를 보여준다. 따라서 구체적이고 개별적인 사례연구가 필요하며 지역여성의 경험과 목소리를 드러낼 수 있는 질적 방법론이 다양하게 개발되어야 할 것이다.

조순경은 사례 접근식 연구방법을 대안으로 제시한다. 이는 한국 현실에서 연구문제를 먼저 구성하고 이론을 찾아보는 것으로서 여성주의 역사연구 방법을 통해 한국 여성의 경험을 구성하기를 제안하는 것인데(조순경, 2000: 190–191) 지역여성 연구에도 적용해 볼 수 있을 것이다. 여성 구술 생애사 연구를 통해서 양적 연구방법에서 잘 나타나지 않는 여성들의 주관적 경험과 이야기를 드러나게 한다든지 연구하는 여성들을 대상화하지 않고 서술의 주체로 만들 수 있는 연구방법 등에 대한 성찰적인 사고와 인식도 필요하다(윤택림, 2010). "여성을 연구하는 연구에서 더 나아가 여성과 함께 하는 연구"(윤택림, 2002: 223)가 되어야 할 것이다.

3) 지식 생산 과정과 여성학 학문공동체의 역할

지역여성의 현실과 역사와 경험을 드러낼 수 있게 하는 지식의 생산은 어떻게 가능할까? 이를 위해서는 중앙의존성을 해체하고 지역주체성을 정립할 수 있어야 한다. 그러나 "지역 활동가나 연구자의 발언권과 입지는 약화되고 소통에 어려움이 있다고 느끼게 된다"(주경미, 2013: 169)는 지적처럼 학문공동체의 연구주체와 제도화가 중앙중심화 되어 있다. 그러므로 단순히 개별 연구자의 의지와 관심에서 출발하는 것이 아니라 어떻게 지역여성연구를 가능하게 할 수 있을까 검토해야 하는데 제도적 장치14), 학계의 지원, 학문적 네트워크와 연대, 공동연구 등을 모색해 볼 수 있다. 2013년에 출발한 영남여성학포럼15)의 활동은 지역여성의 경험에 좀 더 관심을 둘 수 있게 하는 장과 네트워크로서 기능할 수도 있다고 본다.

지역에 있는 여성관련 기관에서 개별적 지역여성연구가 진행되고 있지만 가시화가 덜 되고 있으며 보고서 형식의 글이 많다. 지역여성에 대한 자료수집과 정리, 연구를 위한 여성학계 차원에서의 관심도 요구된다. 또한 개인적인 경험을 드러내 주는 연구들은 제도화된 학문공동체에서 논문으로 받아들여지지 않고 있는데 다양한 글쓰기의 방식에 대한 여성학계의 학문적 실험도 필요하다. "학문적 글쓰기는 여성주의 지식을 전하는 다양한 스펙트럼 가운데 하나일 뿐이고 이러한 지식이 가장 우월한 지식이라고 생각하도록 하는 것은 이데올로기이며 하나의 패러다임일 뿐"(조순경, 2013: 17)이라는 지적은 다양한 글쓰기 방식의 중요성을 시사해 준다.

---

14) 지역여성운동과 관련된 논문이 많이 나온 성공회대 실천여성학 과정이 하나의 예가 될 수 있을 것이다.
15) 2013년 계명대, 부산대 여성연구소를 중심으로 시작되었는데 2014년에는 신라대, 경상국립대 여성연구소들도 참여하고 있다.

5. 맺음말

이 장에서는 지역여성운동의 다양성과 다층성, 주체성 등을 살펴보았고 지역 여성주의의 전망과 한국여성학의 과제를 여성학과 지역여성운동의 소통, 지역여성에 대한 경험적 사례연구, 여성학 학문공동체의 역할을 중심으로 살펴보았다.

한국 여성주의의 중앙과 지역의 관계는 불균등 발전을 해 왔음을 알 수 있다. 그러나 이를 이분법(발전/비발전)으로 볼 것이 아니라 중층적으로 보면서 지역여성의 경험을 주체적으로 이해해야 함을 알 수 있다. 나아가서 여성학과 지역여성운동이 어떻게 연대하고 소통할 것인지, 지역여성의 경험을 드러낼 수 있는 효과적인 방법은 무엇인지, 연구자들간의 학문공동체 네트워크는 어떻게 가능한지 등 지역 여성주의의 관점에서 보다 적극적으로 관심을 가지는 것이 한국여성학의 발전에 기여할 수 있다고 본다. 지역이 갖는 여성주의적 의미를 찾고 그 차이와 다양성과 기초하여 여성주의의 이론적, 실천적 논의를 진행해 나가는 작업이 필요하며 이러한 접근은 여성학과 여성운동의 괴리를 좁히며 한국여성학과 여성주의 위기의 극복방안이 될 수 있으며 여성주의의 대중화에도 기여할 수 있을 것이다. 지역여성의 경험과 현실을 반영하기 위해 한국여성학의 지식생산 과정과 이론 구조, 핵심 지식을 다변화 시키는 것이 중요한 것이다.

이 글은 지역 여성주의를 통해 중앙과 지역의 이분법을 해체하는 여성학의 필요성을 주장하였다. 평등한 사회적 관계의 다층적 조건들의 형성을 가능하게 하는 여성주의의 실천을 어떻게 생산적으로 결합할 것인가, 공간적으로 위치 지워진 지식생산의 구조를 파악하면서 지역을 환기하는 일과 새로운 실천의 현장으로서의 지역은 어떻게 가능할까, 상대성에 빠지지 않는 횡단의 정치학과 수평적 연대가 어떻게 가능할까 등 이론적 실천적 모색이 한국여성학의 발전과제라 하겠다.

또한 주변화 되어 있던 지역여성들이 지식생산의 주체로 어떻게 변화할 수 있는지도 검토해야 한다. 이론적으로 지역여성연구의 기반이 될 수 있는 개념 틀을 어떻게 만들 수 있고 방법론적 도구를 어떻게 정교화 할 수 있는가를 심도 있게 논의하고 실천 방법에 관심을 가져야 한다. 경계성 허물기와 관련하여 여성학은 유리한 입지를 가지고 있으며 기존의 관점에 저항하면서 발전해 왔다. 한국여성학과 여성주의의 '위기'는 새로운 '기회'가 될 수 있다. 한국여성학의 발전을 위해 지역 여성주의의 이론적, 실천적 방법을 모색해야 할 시점이다.

제 2장

경남지역 여성의 현실과 여성정책의 흐름

1. 경남 현황과 여성의 현실

경남은 남한 전체 면적의 10.5%를 차지하며 16개 시, 도 가운데 경북, 강원, 전남에 이어 네 번째로 크다. 1995년 시군 통합을 하여서 8개 시, 10개 군 314개 읍면동(22읍, 177면, 115동)으로 이루어져 있다. 총인구는 2020년 12월 말 현재 3,340,216명으로 이 중 약 49.7%인 1,658,793명이 여성이다(여성가족아동국, 2021: 3).

2020년 경남의 합계출산율은 0.95명으로 2008년 합계출산율 조사 이후 첫 0명대로 진입한 데 이어 출생아 수 역시 2013년 3만 명 선 붕괴 이후 2019년 1만 명대 진입, 2020년에는 전년 대비 2,400명이 감소한 1만 6,800명으로 급격하게 감소했다. 경남은 이미 2018년부터 출생 수가 사망 수를 밑돌아 인구 자연감소가 시작되면서 노령인구의 구성이 점점 높아져 고령사회가 심화, 18개 시·군 중 12개 시·군이 초고령사회가 되었고 이들 모두 인구소멸 위험지역으로 분류됐다. 현재와 같은 저출산·고령화 지속을 가정한다면 2047년 경남 인구는 296만 명, 도내 전 시군이 소멸위험단계에 진입할 것이라는 예측도 나왔다(한국일보, 2021. 8. 25).

또한 경남의 경우 2001년 85만여 명에 육박했던 청년인구가 2020년 58만 명 수준으로 급락했고 청년인구 순유출도 2015년 3,655명에서 2020년 1만 8,919명으로 최근 5년 동안 6배 이상 폭증했다(한국일보, 2021. 8. 25). 경남의 1인 가구는 전체가구의 29.6%이다. 전국 평균인 30.2%와 거의 유사한 수준이지만 1인 가구의 인구구조는 차이가 있다. 전국 1인 가구는 20대와 30대 청년층이 주를 이루고 있는 반면, 경남은 50대와 60대인 중장년층 비율이 높다. 지역별로는 시 지역보다는 군 지역이 노령화로 인해 노인 1인 가구가 빠르게 증가하고 있다(경남공감, 2021. 5).

경남은 국가경제를 선도했던 조선업이나 자동차산업 등으로 국가경제에 큰 역할을 수행했으나 대외 경제상황과 산업 구조조정 등으로 인하여 지역경제가 심각한 타격을 받았다. 실직으로 인한 가족문제, 외국인 노동자 유입으로 증가하고 있는 다문화가정, 시군간 지역산업구조 차이로 발생할 수 있는 고령여성의 문제 등 경남은 다양한 여성관련 문제를 가지고 있다(김도형(외), 2019: 4). 경남의 여성결혼이민자 수는 약 8천 5백명으로 서울과 경기를 제외한 전국 시도 중 가장 높은 수준이다(김도형(외), 2019: 31). 따라서 다문화가정, 경력단절여성의 경제 참여와 양육문제 해결 등 다양한 정책이 필요한 실정이다. 이 장에서는 경남여성의 경제활동 참여와 정치적 대표성, 성평등지수와 성평등 인식 등을 중심으로 경남여성의 현실을 살펴보고 경남 여성정책의 흐름, 현황과 과제를 살펴보기로 한다.

1) 경남여성과 경제활동 참여

경남여성의 경제활동참가율은 2020년 9월 현재 50.6%로 경남남성의 70.6%
보다 낮게 나타나고 있다.

〈그림 2-1〉 경남의 경제활동인구

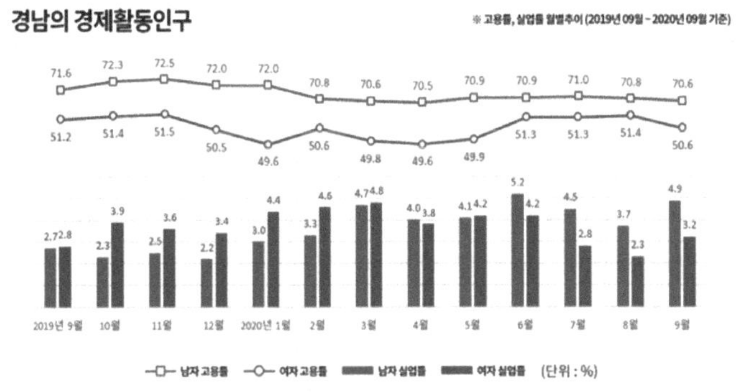

자료 : 경상남도 홈페이지(2021)

2019년 1월 현재 성별 경제활동참가율 격차를 살펴보면 경남은 울산 다음으
로 가장 남녀의 경제활동참가율 격차가 높은 지역으로 파악되고 있다. 여성의
경제활동참가율은 미혼과 기혼 모두 남성에 비하여 낮은데 미혼의 경우 남녀격
차가 10% 내외이며 기혼 남녀의 격차는 30% 내외로 미혼보다 더 크다(김도형(외),
2019: 33). 2018년 현재 경남 여성의 평균임금은 남성 임금의 59%로 전국 시도
중 남녀간 임금격차가 높은 편에 속한다(김도형(외), 2019: 34). 또한 경남의 경력단
절 여성은 11만 8000명으로, 경기(54만4000명) 다음으로 많다. 기혼여성 대
비 경력단절 여성 비중은 19.8%에 달한다(경남신문, 2019. 10. 23). 경남에서 경력단
절 여성이 많은 이유 중 하나는 전통적인 산업 구조를 들 수 있다. 경남의 산업

구조는 조선, 기계, 자동차 등에 집중되어 있어 여성들이 취업할 수 있는 분야가 타지역에 비해 적다.

> "센터를 찾는 경력단절 여성들 가운데는 생물학 전공, 바이오 전공, 문화예술 관련 전공자들이 많은데 도내에서 전공 관련 업체를 찾지 못해 복지 쪽을 새로 공부해서 경력을 살리지 못하고 신입으로 일하는 분들이 많습니다. 경력단절 여성뿐만 아니라 청년 취업자들도 일자리를 찾아 관련 산업이 있는 수도권 등지로 유출되고 있습니다. 안타까운 일이죠. 경남의 전통산업을 특화하는 것도 중요하지만 인공 지능, 빅데이터 등 지능정보기술 융합산업, 정보 · 의료 · 교육 서비스, 문화예술, 연예오락 · 패션산업 등 다양한 일자리 창출을 위한 신산업 생태계가 만들어지면 좋겠습니다."(경남신문, 2019. 10. 23)

진주여성회와 경상남도 비정규직노동자 서부지원센터가 2021년 3월 8일 세계여성의 날을 기념하여 돌봄노동자 고용 및 처우 관련 실태조사를 한 결과를 보면 돌봄노동자들은 저임금, 불안정한 고용형태, 낮은 복지수준 등에 노출된 것으로 나타났다. 이 조사는 2021년 3월 4일부터 20일까지 온라인 응답방식으로 서부경남지역 290명 돌봄노동자(장기요양요원, 아이돌보미, 산모 · 신생아건강관리사, 요양보호사, 노인맞춤돌봄 생활지원사, 장애인활동지원사, 사회서비스제공자)를 대상으로 했다. 일을 하는 주된 이유로 65.6%가 생활비를 벌기 위함이었으며 노후 대비는 15%로 나타났다. 월소득수준은 72%가 100만–200만 원 미만이라고 답했으며 100만원 미만도 17%였다. 월 근무시간은 90시간 이상–120시간 미만이란 응답이 46.4%였으며 120시간 이상도 23%나 됐다. 근무시간은 생활이 가능한 임금을 지급받을 정도로 충분하냐는 질문에 79%가 부족 내지 매우 부족하다고 답했다. 고용상태에 대해서는 불안 37.9%, 매우 불안 25.7%로 63.6%가 불안해하는 것으로 나타났다. 처우개선을 위해 가장 시급한 과제로 명절상여금 등 수당 확대 (37.6%)로 응답했다. 또 법적으로 보장받는 휴가를 사용하지 못하는 노동자가 50.4%를 차지하였는데, 사용하지 못하는 이유에 대해 '대체인력 부족 때문에 (50.1%)', '기관의 눈치가 보여서(16.5%)' 응답이 많았다(경남도민일보, 2021. 3. 30). 유연한 근무 형태로 여성에게 적합한 직업이라고 여기고 있지만 생활을 유지해 나가기에는 부족한 현실인 것이다.

또한 2021년에 실시한 경남의 1990년대생 여성노동자 실태조사에 따르면 여성 노동자들은 주로 보건업, 사회복지서비스업, 교육서비스업에 종사하고 제조업 종사 비율은 10.1%에 불과했다. 조사대상 212명 중 161명인 75.9%가 일자리 혹은 삶의 터전을 바꾸기 위해 다른 지역으로의 이동을 희망하는 것으로 나타나서 지속가능한 일자리에 대한 조건과 방법 모색이 중요하다고 하겠다(이정희, 2021; 경남신문, 2021. 11. 25).

2) 경남여성의 정치적 대표성

경남지역의 경우 보수적인 문화의 특성으로 정계, 공직 등 사회영향력을 미치는 분야에 여성의 진출이 극히 저조하다. 경남지역에서 지배적 영향력을 행사하는 정당의 공천을 받은 사람이 행정과 의회를 장악하게 되는 것이 현실이다(진재문, 2003: 49-50). 경남지역은 오랫동안 국민의 힘 계열인 보수당이 선거에서 지배적인 위치를 차지했다. 특정 정당의 지역적 지지기반이 강한 상황에서 웬만한 여성 이슈는 당락에 영향을 줄 수 없는 상황이라 하겠다.

그런데 2018년 6.13 지방선거 경남지역 당선자 정당분포를 살펴보면 자유한국당이 48.1%(164명)으로 가장 높지만 더불어민주당도 42.9%(146명)를 차지하고 있다. 더불어민주당 당선자 전국 평균 61.9%(2,167명), 자유한국당 29.8% (1,044명)와 비교해 보면 비율면에서 많은 차이가 나타나고 있지만 2014년 경남 지방선거에서 보수당인 새누리당이 71.2%의 압도적 지지를 받았던 것과 비교해 보면 큰 변화라 하겠다. "지방 정당정치 토대가 구축됐다"(경남신문, 2018. 6. 14), "'경남=보수' 지역주의 끊었다"(경남신문, 2018. 6. 14)라는 지적도 이와 같은 의미이다. 지방선거가 실시된 이후 경남지역은 대부분 보수당 체제였지만 2018년 선거에서는 지방권력이 교체된 것이다.

특히 경남도지사가 더불어민주당 소속으로 과거와는 많이 변화를 보여주었다. 보수 텃밭인 경남에서 '온전히 새로운 경남, 힘 있는 도지사'를 내세운 김경수 후보가 '경험 있는 도지사'로 맞불을 놓은 김태호 후보를 누른 것이다. 김경수 더불어민주당 후보의 당선은 '경남=보수정당'으로 연결되는 지역주의를 뛰어넘었다는 의미가 크다.16)

〈표 2-1〉 2018 지방선거 경남지역 정당별 당선자 수 (단위: 명, %)

구분		계	더불어민주당	자유한국당	민중당	정의당	무소속
도지사		1	1(100.0%)				
시장·군수		18	7(38.8%)	10(55.5%)			1(5.5%)
광역의원	지역구	52	31(59.6%)	19(36.5%)			2(3.8%)
	비례대표	6	3(50%)	2(33.3%)		1(16.6%)	
기초의원	지역구	228	89(39%)	113(49.5%)	1(0.4%)	2(0.8%)	23(10%)
	비례대표	36	15(41.6%)	20(55.5%)		1(2.7%)	
전체		341	146(43.1%)	164(48.5%)	1(0.3%)	4(1.1%)	26(7.7%)

자료: 중앙선거관리위원회 선거통계시스템(http://info.nec.go.kr) 참조하여 작성.

---

16) 그러나 2021년 7월 김경수 당시 도지사는 드루킹 사건으로 징역 2년 대법원 확정 판결이 나와 선출직인 도지사 지위가 박탈되었다.

지방선거에서의 경남지역 여성의 정치참여 현황을 보면 이제까지 단체장 및 시·군의 장으로 여성이 선출된 바가 없다. 광역의회의 경우 1-3대 까지는 여성의원이 전무했으며 할당제가 적용되기 시작한 2006년부터 여성의원의 비율은 광역의회의 경우 11.3%, 2010년에 16.7%, 2014년에 14.5%로 나타났다. 기초의회의 경우 여성의원의 비율은 2006년 13.5%에서 2010년 18.5%, 2014년 21.9%까지 꾸준히 증가했다. 전체적으로 비례대표 의원이 많은 편이나 지역구 의원의 비율도 늘고 있다. 지역구 여성의원의 경우 광역의원이 4.2%, 8.2%, 8%로 변화해 왔으며 기초의원의 경우는 0.9%, 7.1%, 9.7%로 계속 늘고 있다(이혜숙, 2019: 204).

2018년 경남 지방선거 결과를 성별로 보면 우선 도지사 및 시·군 단체장 선거의 당선인 중에서 여성이 한 명도 없다. 전체 여성 당선자 수는 76명으로 광역의원은 58명 중에서 8명으로 13.8%, 기초의원은 264명 중에서 68명으로 25.8%를 차지한다. 이를 비례와 지역구로 나누어 살펴보면 광역 비례로 4명(66.6%), 기초 비례로 34명(94.4%)의 여성의원이 당선되었다. 지역구만 본다면 38명의 여성의원이 당선되었는데 광역의원은 7.7%(52명중 4명)으로 전체 평균 13.3% 보다 낮으며 기초 의원도 14.9%(228명중 34명)로 전체 평균 20.7%보다 낮다.

<표 2-2> 2018 지방선거 경남 당선자 성별 비율 (단위 명, %)

구분		전체	남성	여성	여성비율(%)
도지사		1	1	0	0.0%
시장·군수		18	18	0	0.0%
광역 의원	지역구	52	48	4	7.7%
	비례대표	6	2	4	66.6%
	계	58	50	8	13..8%
기초 의원	지역구	228	194	34	14.9%
	비례대표	36	2	34	94.4%
	계	264	196	68	25.8%
전체		341	265	76	22.3%

자료: 중앙선거관리위원회 선거통계시스템(http://info.nec.go.kr) 참조하여 작성.

2018년 경남 지방선거 결과를 2014년도와 비교해 보면 여성 당선인 수는 2014년 65명에서 2018년 76명으로 11명이 늘어났다. 광역의회는 14.5%에서 13.8%로 약간 줄었고 기초의회는 21.9%에서 25.8%로 약간 늘었다. 전국과 비교해 보면 광역의회의 경우 전국 평균보다 계속 낮다가 2014년에 전국평균보다 약간 높아졌으나 2018년에 13.8%로 전국 평균 19.4% 보다 다시 낮아졌고 기초의원의 경우는 2018년 전국 평균이 30.8%인데 경남은 25.8%로 전국 평균보다 계속 낮다.

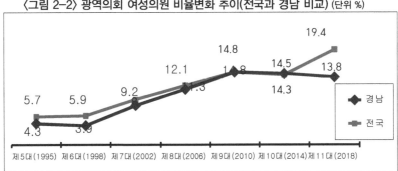

〈그림 2-2〉 광역의회 여성의원 비율변화 추이(전국과 경남 비교) (단위 %)

자료: 중앙선거관리위원회 선거통계시스템(http://info.nec.go.kr) 참조하여 작성.

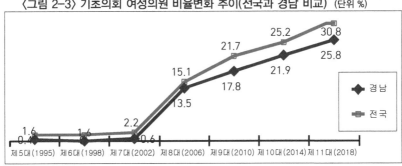

〈그림 2-3〉 기초의회 여성의원 비율변화 추이(전국과 경남 비교) (단위 %)

자료: 중앙선거관리위원회 선거통계시스템(http://info.nec.go.kr) 참조하여 작성.

경남의 경우 도의회에 여성의원이 진입함으로써 경남여성특별위원회가 일시적이나마 활동하여 경남여성의 욕구를 파악하고 경남여성정책의 평가, 여성관련 간담회 및 토론회, 심포지움 개최, 여성정책에 대한 방향제시에 의미 있는 역할을 하였다(경상남도의회, 2004; 경상남도의회 여성특별위원회, 2003; 2004). 특히 2018년 경남도의회 역사상 첫 최연소 여성의장이 탄생했다. 그동안 도의회는 1991년 이후 10대 도의회까지 의장은 보수 정당이 독점했고 남성의 전유물이었다. 2018

제2장 경남지역여성의 현실과 여성정책의 흐름

년의 경우에는 첫 더불어민주당 출신 의장이면서 최초의 여성의장, 최연소 40대 의장이었다는 점에서 의의가 있다.

2020년 제21대 총선에서는 경남 16개 선거구에 모두 74명이 출마했다. 이 가운데 여성후보는 9명밖에 없어서 전국 평균보다 낮았다. 더불어민주당과 미래통합당의 16개 선거구 32명 후보자는 모두 남성이었고 여성은 민생당, 정의당, 민중당에서 1명씩, 국가혁명배당금당에서 6명으로, 전국 평균 18.8%에 밑돌았다. 여성후보 비율은 전국 평균보다 낮거나 지난 총선보다 나아지지 않는 모습을 보였다(MBC 경남, 2020. 3. 31).

2020년 12월 말 기준 여성 공무원은 1만 430명으로 전체 공무원 2만 256명의 47.3%에 달한다. 전체 여성 공무원 수는 2014년 33%에 비해서 14.7%p 상승했다. 그러나 여성 관리자 비율은 다른 시도에 비해 상대적으로 낮은 편이다. 5급 이상 여성 관리자는 전체 1,736명 가운데 324명으로 18.7%에 해당되는데 이는 전국 평균 20.8%를 밑도는 수치로 광역시도 가운데 11번째에 해당된다(경남일보, 2021. 7. 13).

3) 경남지역 성평등지수

지역 성평등지수는 시도별 성평등 수준을 측정하고 비교 분석함으로써 정책 우선순위의 기초로 활용하며 지방자치단체의 다양한 정책 영역에서 성평등 문제를 주요 의제로 다루도록 유도함으로써 지역성평등을 촉진할 목적으로 개발된 정책도구이다. 성평등지수는 성평등한 사회참여와 여성의 인권·복지, 성평등 의식·문화 등 3개 영역, 경제활동, 의사결정, 교육·직업훈련, 복지, 보건, 안전, 가족, 문화·정보 등 8개 분야로 구성하며 완전한 성평등 상태를

100점으로 산정해서 평가한다(김경희(외), 2020: 3-4).

2019년 지역 성평등지수에서 경남은 전국 16개 시·도 가운데 경북·전남·충남 등과 함께 연속 하위지역에 속했다. 등급을 살펴보면 광주·대전·부산·제주가 상위, 경기·대구·서울·충북 중상위, 강원·울산·인천·전북 중하위 지역에 속했다. 경남은 2011년 성평등지수 측정이 시작된 이후 9년 연속 하위-중하위권에 들고 있다. 경남은 2011-2012년 하위권, 2013-2017년 중하위권, 2018-2019년 하위권을 기록했다(경남신문, 2021. 1. 24).

세부적으로 살펴보면 경남은 경제활동 분야의 순위가 낮고, 가족 분야의 순위는 높은 편이다. 경제활동 분야의 순위가 낮다는 건 여성 경제활동참가율이 다른 지역에 비해 낮다는 뜻이다. 남성 위주의 제조업이 산업의 근간을 차지하는 경남의 산업구조 특성 때문으로 볼 수 있다. 여성의 인권·복지 영역도 낮은 편으로 성폭력 예방과 피해자 보호 정책을 포함한 경남 사회 전반에 걸쳐 안전망 구축과 정책 개발, 점검이 필요함을 알 수 있다(경남도민일보, 2020. 1. 26).

〈그림 2-4〉 경남 지역 성평등지수

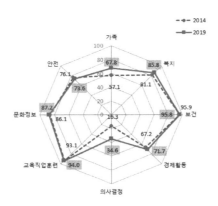

자료: 경남신문, 2021. 1. 24

경남지역은 강간·강제추행과 아동·장애인 성폭력은 줄어들었지만, 불법촬영 등 디지털성범죄 신고가 증가 추세인 것으로 나타났다. 2021년 6월 경남경찰청은 국민적 불안감을 증가시키는 불법촬영 등 성범죄로부터 도민을 보호하고 보다 세심하고 효과적인 피해자 보호를 위한 다양한 정책을 펼쳐나가고 있다고 하면서 성범죄 관련에 이같이 밝혔다. 경남경찰청은 코로나19가 장기화되는 가운데 그동안 성범죄의 주류를 이루던 강간·강제추행은 2020년에 비해 10.4% 감소하였고 특히, 치안서비스 사각지대에 있던 아동과 장애인을 대상으로 한 성폭력 범죄가 35.9%와 11.1% 각각 감소하였다고 했다. 2020년 1월부터 6월 14일 사이 강간·강제추행 425건, 아동성폭력 39건, 장애인성폭력 18건 발생했는데, 2021년 같은 기간에는 381건, 25건, 16건으로 나타났다. 전체 발생 건수 482건에서 422건으로 줄었음을 알 수 있다. 반면 SNS 등 사이버 매체를 이용한 디지털 성범죄에 대한 국민적 인식 수준과 경각심이 커지면서 피해 신고 또한 증가하여 디지털 성범죄는 증가한 것으로 나타났다(오마이뉴스, 2021. 6. 22).

4) 성평등 인식과 체감도

경남도민의 성평등에 대한 인식을 살펴보면 전반적으로 성평등하다고 생각하는 비율은 21.3%이며 남성보다 여성이 불평등을 겪고 있다고 응답한 비율이 높다. 각 분야별로 살펴보면 교육기회 부분이 성평등하다고 생각하는 비율이 71.2%로 가장 높았으며 다음으로는 복지(57.1%), 정치참여기회(34.9%), 문화·관습(25.1%) 순서로 나타났다. 소득·임금(16.8%), 경제활동(16.5%), 승진(13.9%) 부분은 성평등하다고 인식하는 비율이 낮았다.

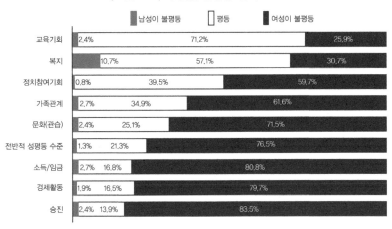

〈그림 2-5〉 부문별 성평등 인식도

	남성이 불평등	평등	여성이 불평등
교육기회	2.4%	71.2%	25.9%
복지	10.7%	57.1%	30.7%
정치참여기회	0.8%	39.5%	59.7%
가족관계	2.7%	34.9%	61.6%
문화(관습)	2.4%	25.1%	71.5%
전반적 성평등 수준	1.3%	21.3%	76.5%
소득/임금	2.7%	16.8%	80.8%
경제활동	1.9%	16.5%	79.7%
승진	2.4%	13.9%	83.5%

자료: 김도형(외)(2019: 73)

경남은 성평등 지수 영역별 성평등정책 추진 사업의 전반적인 인지도가 높지 않은 편이며 남성의 여성정책에 대한 지지도가 낮고 온정적 가부장주의 비율이 높은 편으로 나타났다. 또한 여성관련 현실밀착형 통계가 제대로 조성되어 있지 않으며 여성관련 구체적 정책 연구와 수립 기능이 취약하다. 경남 주민의 정책 체감도가 낮으며 학계, 여성, 노동, 청년 등 다양한 계층과 네트워크 기능이 약하다(김도형(외), 2019: 82). 경남여성의 현실과 관련한 이해관계자 인터뷰 결과를 보면 농촌이나 공업지역에 따라 여성관련 이슈가 달라진다는 점, 다문화가정 관련 차별 및 여성이슈가 중요하다는 점, 여성의 일자리가 부족하다는 점을 지적하고 있다(김도형(외)(2019: 69).

또한 생애 기간 중 여성의 55.7%가, 지난 1년 동안에는 여성의 10.2%가 성폭력 경험이 있다고 응답했다(김희경, 2021: 74-75). 전문가들은 경남에서 성평등 향상을 위해 우선적으로 추진해야 할 의제영역을 '경제적 관한', '일 · 생활 균형 삶', '정치·사회적 대표성' 순으로 제안하고 있다(김희경, 2021: 107).

2. 경남 성 주류화 기반

1995년 지방자치제의 전면적 실시로 지방은 중앙정부에서 입안한 정책을 시행하는 행정적인 기능에서 벗어나 정책의 수립과 집행을 직접 담당하는 주체적인 역할을 하게 되었다. 여성정책과 관련하여도 지역여성의 요구를 수렴하고 이를 반영하는 정책추진이 가능해진 것이다. 지방자치제도의 발전과 함께 지방행정에서도 각 지역의 특수성과 지역여성의 절실한 요구에 바탕을 둔 여성정책이 수행되어야 하며 이것을 통해 지역여성의 삶의 현장이 평등실현의 장이 되도록 해야 하기 때문이다. 지역여성정책의 형성과 변화과정은 중앙의 여성정책의 커다란 흐름 속에서 이루어졌지만 지방자치제라는 지역정치 상황의 변화와 지역여성운동의 역학 관계 속에서 발전을 해 왔다.

실제로 지방자치 수준에서 성 주류화 기반을 확보하는 매우 중요하다. 성 주류화는 성평등을 이루기 위하여 성관점이 사회의 전 영역과 모든 정책과제에 통합되는 것을 뜻하는데 성 주류화 실현을 위한 구체적인 전략으로는 법 및 종합계획, 추진기구, 예산, 담당공무원의 성인지적 관점, 성인지 정책도구, 연구기관, 여성단체 등이 제시되고 있다(김원홍(외), 2004: 14). 여기서는 여성정책 담당기구, 연구기관을 중심으로 경남의 성 주류화 기반을 살펴본다.

1) 여성정책 담당기구

지역여성정책이 활성화되기 위해서는 여성정책 추진체계와 담당기구의 중요성이 크다. 1995년 지방자치제도의 전면적 실시와 더불어 지방자치단체의 조례에 의해 행정조직을 신설하고 개편할 수 있는 권한이 지방정부에게 주어졌다. 여성부서의 개편은 자치단체장의 주도로 이루어졌는데 자치단체장은 여성정책을 부서 명칭으로 사용함으로써 지역여성 업무의 새롭고 발전적인 이미지를 기대하고자 하였다. 지역마다 여성정책 기구 및 정책 업무가 다양한 형태를 가지고 있는데(김경주, 2017: 52) 경남 여성정책 부서의 변화도 중앙 및 지방자치단체의 여성정책 부서의 변화와 그 흐름을 같이 한다.

경남지역 여성정책 담당기구는 1947년 보건후생국 후생과 부녀계의 설치로 시작된 이후 변화를 거듭해 왔는데(김혜정, 2005) 2003년 이전까지 여성아동과라는 이름으로 여성복지계, 여성정책계, 아동계의 1과 3담당이었으나 2003년 5월 직제개편을 통해 여성아동과가 여성정책과로 명칭이 변경되었다. 경남은 2010년부터는 조직개편으로 여성가족정책관을 신설하여 여성정책에 대한 종합계획을 추진했다. 2017년 5월 15일 경남은 행정부지사 직속으로 있던 여성가족정책관을 복지여성보건국 내 여성가족정책과로 격하하는 조직개편안을 입법예고했으나 여성단체들의 반발로 6월 29일 도의회 기획행정위원회와 본회의에서 존치하도록 했다. 2019년에는 고령화사회에 적극적으로 대응하고자 여성가족정책관실의 보육 및 출산아동 기능과 인구전략, 노인일자리 기능을 결합하여 저출생고령사회정책관을 신설하였다. 또한 여성특별보좌관을 신설하여 여성관련 이슈에 적극적으로 대응하고자 하였다(김도형(외), 2019: 43).

경남지역 여성정책 담당기구는 그 후 여성가족청년국으로 되었는데 이에 대해 지역여성들은 "여성정책은 경제에 밀리고 청년문제에 밀리고 여전히 뒷전으로 밀렸다"면서 "경남도가 기구개편을 통해 여성가족정책관실이 여성가족청년국으로 격상했다고 하나, 청년정책의 대응 전략으로 여성과 청년을 한데 묶어 국으로 만든 것 뿐"이라고 했다. 또 이들은 "도지사 직속 개방직 여성특보 설치, 경남여성정책연구기관으로서 경남여성가족재단 출범 등은 겉으로 보기에는 실질적인 성평등 실현을 위한 성과로 볼 수 있겠으나 내용적으로는 경남도가 사회변화에 맞춘 성평등 정책 의제 설계를 위한 패러다임의 전환에 전혀 준비가 되어 있지 않다"고 평가했다. 이어 "그 한 예로 여성정책과에서 성주류화 정책을 담당하던 개방직 6급을 임기 2년 만료를 이유로 재계약하지 않았고, 그 자리에 7급을 공채하고자 하고 있다"고 덧붙였다. 여성고용 등과 관련해, 이들은 "성평등 정책의 공감대 확산을 위한 담론 개발도 부족하고, 성평등 정책 추진을 위한 기초 자료 생산도 부진하다"며 "코로나19 확산 이후 더욱 여성의 삶을 옥죄는 여성고용, 노동, 일자리에서 성인지적 관점의 정책 분석도 찾아보기 힘들다"고 했다(오마이뉴스, 2020. 7. 16). 이후 2020년 경남은 여성정책 담당 기구를 여성가족아동국으로 이름을 바꾸었다. 2021년 현재 여성가족아동국은 3과 11담당 1센터로 구성되어 있으며 부서별로 주요 업무를 수행하고 있다.

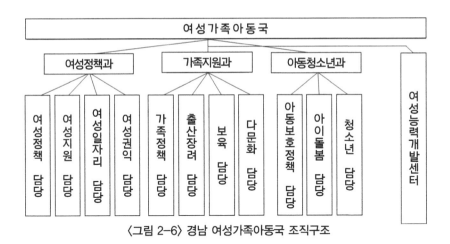

〈그림 2-6〉 경남 여성가족아동국 조직구조

자료: 여성가족아동국 (2021: 1)

〈표 2-3〉 경남 여성가족아동국 부서별 주요 업무

부서	주요 업무
여성정책과	• 여성정책 개발 및 여성의 사회참여 확대 기반 조성 • 성별영향평가, 성인지 교육 등 성평등 정책 추진 • 여성단체 활동 지원 및 활성화 사업 추진 • 여성일자리 사업 발굴·추진 및 여성인력개발 지원 • 경력단절 여성 취업 지원 및 경력단절 예방 지원 • 여성폭력 방지 및 피해자 보호·지원사업 추진 등
가족지원과	• 가족정책개발 및 가족특성에 맞는 가족서비스 제공 • 한부모·미혼모 가족의 생활안정 및 자립기반 조성 • 출산장려 업무 및 모자보건사업 추진 • 보육료 지원, 어린이집·보육교직원 지원, 육아종합지원센터 운영 • 다문화 가족 및 외국인주민지원 정책·사업 추진
아동청소년과	• 아동보호정책 개발 및 아동 자립지원 등 사업 추진 • 학대피해아동 및 요보호아동 등 지원 업무 • 돌봄공백 해소 및 경남형 아이돌봄 체계구축 • 청소년 단체, 상담활동 지원 등 청소년 육성사업 추진
여성능력 개발센터	• 일자리 창출을 위한 기술기능·정보화 교육과정 운영 • 교육 소외지역을 위한 시·군 이동교육 시행 • 잠재능력개발 및 전문상담원 과정을 통한 여성인재 양성 등

자료: 여성가족아동국(2021: 2)

2) 여성정책 연구기관

여성정책 연구기관은 자체적으로 여성정책을 개발, 집행하고 중앙정부의 여성가족부, 고용노동부, 지방자치단체, 그 외 지역 내의 다양한 관련기관과 네트워크 구축을 통한 협력적 거버넌스를 구축하고 있으며 지역특성에 적합한 정책개발, 교육사업, 일자리개선 등을 위해 그 역할을 수행하고 있다(윤광재·김태운, 2019: 105, 115). 시도별 여성정책 연구기관은 독립형 여성전담연구원, 시도연구원의 센터 또는 조직의 형태로 구분된다. 지난 2000년을 전후로 해서 충남을 비롯해 경북, 서울, 경기 등 광역시·도에서는 여성정책을 수립할 전문기관이 만들어졌다(장윤선·김경희·박수범·김수지·정혜선, 2019: 64~71).

경남은 2005년 경남발전연구원(현재의 '경남연구원') 안에 여성정책센터를 만들었고 2008년 여성가족정책센터로 개칭하였으며 그 후 사회여성연구실로 되어 있었는데 인력과 재원이 충분치 못했다. 따라서 "연구원 형태보다 훨씬 축소된 규모 때문에 제 역할을 다할 수 있을지 우려하고 있다. 지방분권화가 본격적으로 진행됨에 따라 여성정책 범위도 보육, 환경, 교육, 경제 등을 포괄하는 방향으로 점점 넓어지고 있는 상태에서 과연 이 많은 여성정책 관련 문제들을 소수 연구원들로 구성된 조직이나 기관이 전담할 수 있을까 문제"(경남도민일보, 2005. 2. 15)라고 지적된 바 있었다.

사실 1998년부터 지역 여성단체를 중심으로 경남의 성평등 실태를 지적하고 여성정책 전담기구를 설립할 필요가 있다는 요구가 시작됐다. 2011년 김두관 도정 당시 전담기구 설립을 위한 용역이 진행됐지만 이후 홍준표 도정으로 바뀐 후 무산되고 말았다. 이후 민선 7기 김경수 도정 들어 설립 논의가 재점화되며 여성과 가족 관련 정책을 아우르는 형태의 재단 설립 계획이 확정되었다(이경옥, 2019: 33~36). 경남은 2019년 재단 설립 타당성 연구용역을 실시했으며, 2021

년 1월 재단 설립 및 운영의 근거가 될 조례가 제정되었다(경남신문, 2020. 2. 19).

이러한 과정을 거쳐 2020년 6월 22일 경남의 여성가족정책 연구와 사업을 총괄하는 경남여성가족재단을 설립하였다. 경남의 성평등 실현과 여성 역량 함양, 가족복지 증진을 도모하고자 출범한 것이다. 연구기획조정실, 성평등정책실, 일생활정책실 3실과 교육개발팀, 성주류화사업팀, 연구지원팀 3팀으로 구성돼 있으며, 수탁기관으로 경남성별영향평가센터와 여성인재 아카데미 지역거점 교육기관을 운영하고 있다(문정희, 2021: 14).

경남여성가족재단은 '도민이 살기 좋은 성평등 경남 실현'을 위해 5대 목표와 15개 추진전략을 마련했다. 5대 목표는 도민과 더불어 성평등한 사회기반 강화, 여성경제공동체 구축을 통한 여성 일자리 창출, 소통하고 연결하는 상호 돌봄환경 조성, 다양한 가족과 함께하는 포용사회 조성, 차별과 배제를 극복하는 성평등 실현이다. 세부 과제로는 경남여성가족정책포럼 창단, 경남여성사 발간, 경남 여성 일자리 실태조사, 비대면·연구개발 기반의 여성친화적 일자리 발굴, 포스트 코로나 시대 사회안전망을 구축하는 여성가족정책 개발 등을 담았다. 또 1인 가구 등 다양한 유형의 가족 지원방안 마련, 청년여성 맞춤형 정주환경 조성, 양성평등 교육 확대로 성평등 문화 확산, 여성가족 폭력예방과 피해자 보호를 위한 통합시스템 구축 등도 포함했다. 재단은 이러한 중장기 계획 속에 중점추진사업으로 경남도 여성가족정책 플랫폼 구축, 동남권 메가시티 여성가족정책 협력사업, 경남형 여성친화도시 확대 3가지를 선정했다. 특히 여성가족정책 플랫폼 구축으로 여성·가족·아동 분야 연구과제를 수행하는 등 경남의 여성가족 실태 분석을 통한 수요자 중심의 정책을 발굴할 예정이다 (연합뉴스, 2021. 3. 23).

"경남지역 여성 문제를 해결하기 위해 연구·교육사업 등을 펼칠 전문적인 기구 설립이 필요하다는 요구가 지속해서 제기돼 왔다. 전문성을 갖춘 재단이 활동하게 되면 체계적인 자료수집과 분석, 시·군에 대한 성평등정책 추진 지원이 가능해질 전망이다. 또 정부 사업 연계, 지역 여성, 여성단체 등과의 협의체 구성·운영에 실효성을 높일 수 있을 것으로 기대된다." (경남신문, 2020. 2. 19)

　　경남성별영향평가센터는 그동안 경남지역에 여성과 성주류화 정책을 담당하는 여성정책연구기관이 없어 경남발전연구원이 2012년도에 최초로 지정받아 운영하다가, 2015년부터는 창원대학교가 운영해 왔다. 경남여성가족재단은 양성평등 실현을 위한 정책 연구와 사업을 담당하는 기관으로서, 이번에 성별영향평가, 성인지 예산, 성인지 교육을 수행할 성별영향평가센터를 함께 운영하게 되어, 앞으로는 경남의 성주류화 제도 지휘본부로 역할을 하게 된다(뉴시스, 2020. 11. 25). 경남여성가족재단은 2021년 7월 15일 경남도내 16개 여성관련 기관 및 단체와 경상남도 여성가족정책 플랫폼 구축 및 공동협력을 위한 업무협약서를 체결했다.

경상남도 여성가족정책 플랫폼 구축 및 공동협력을 위한 업무협약서

제1조 (목적) 본 협약은 경상남도와 경남의 여성·가족 유관기관 및 단체들의 상호교류·협력 확대를 통하여 각 기관의 공동 발전 및 성평등한 경상남도 실현에 기여하는 것을 목적으로 한다.

제2조 (협약내용) 네트워크 참여기관은 제1조의 목적을 달성하기 위하여 다음 각 호의 사항에 대하여 성실히 상호 협력한다.

1. 네트워크 활성화를 위한 교류·협력사업 개발 및 공동 이해
2. 경남의 여성·가족 주요 현안의 발굴 및 공동 대응
3. 여성·가족 관련 정보의 공유 및 연계
4. 여성·가족 정책 현안에 대한 협력 기관의 상호 자문
5. 여성·가족 교육 및 사업 추진에 대한 협력 기관의 상호 협력
6. 기타 성평등 경남 실현을 위해 협력이 필요하다고 인정되는 사항

2011년 7월 15일

자료: 경상남도여성가족재단(2021: 21)

3. 경남 여성정책의 흐름

지방자치제의 실시와 더불어 지역여성정책은 변화하고 있다. 지역여성정책의 형성과 변화과정은 중앙의 여성정책의 커다란 흐름 속에서 이루어졌지만 지방자치제라는 지역정치 상황의 변화와 맞물려 미약하지만 발전도 함께해 왔다. 지방자치제 실시로 지방은 중앙정부에서 입안한 정책을 시행하는 행정적인 기능에서 벗어나 정책의 수립과 집행을 직접 담당하는 주체적인 역할을 하게 되었다. 여성정책과 관련하여도 지역여성의 참여를 통해 그들의 요구와 필요를 수렴하고 이를 반영하는 정책추진이 가능해진 것이다.

여성가족부에서는 거시적인 틀을 제시하고 구체적인 시행은 지방자치단체 산하의 기관에서 주관하여 여성정책은 획일화를 지양하고 다양하게 될 것이며 지역의 독자성이 유지되는 방향으로 진행될 것이다. 또 여성정책의 자율성이 커지고 지역여성의 참여 부분이 늘어날 가능성이 있다. 그러나 지방자치와 여성과의 관계는 간단하지 않다. 주민참여에 성인지적 관점이 포함되어야 하며 지방자치는 지역여성에게 실질적 혜택이 돌아가도록 해야 할 것이다. 지방자치의 기본 구도 안에 성인지적 관점이 반영된 틀을 짤 수 있는 가능성은 젠더정치의 역학관계에 따라서 결정될 것이다. 실제로 여성정책의 변화는 자치단체장의 의지와 개혁성 등 지방정부의 역량과 지역 성인지 세력의 역량과 관계가 있다.

　지방자치시대 여성정책의 활성화는 기본적으로 자치단체장의 의지와 개혁성이 중요하다. 단체장이 지역정책에 대한 최고결정자가 됨으로써 단체장의 여성의식과 여성문제에 대한 관심은 지역여성정책 발전에 중요한 요소이기 때문이다. 더욱이 주민의 직접 선거를 통해 단체장이 선출됨에 따라 선거에 영향을 미치는 여성표에 대해 의식하고 지역여성을 대상으로 하는 새로운 정책을 개발해야 할 필요성이 대두되었다고 할 수 있다.

　과거에는 여성정책이 주로 관 주도로 이루어졌다. 여성단체와 도 관련부서와의 관계는 '좋은 게 좋은' 관계로, 여성단체는 실속이 없더라도 실적은 남는 행사를 기획해서 지원받고 또 일선 사군, 도는 행사 때 여성단체에 '동원'해 줄 것을 '협조의뢰'하는 등 상부상조하였다(경남도민일보, 2002. 1. 30). 과거 여성단체는 중앙단체의 지부가 많았고 스스로 정체성을 확립하지 못했기 때문에 행정기관에 높은 의존도를 보여 왔으며 오히려 기존 질서를 유지해 주는 역할을 해 왔던 것이다. 캠페인성 행사에 참여하거나 1년에 한두 차례 일선 사군과 도에서 여는 여성다짐대회에 참여하였다. 그러나 민선자치 이후에 여성단체들의 자발적 참여가 증대되었으며 내용적으로도 여성정책에의 참여의 질이 변화되는 현상을 보여주고 있다. 경남여성정책의 전개과정을 살펴보아도 여성정책의 기획과 수행이 관 주도의 공무원 중심에서 여성단체 및 지역여성 중심으로 확산되어 왔음을 알 수 있다. 2000년 초반까지만 해도 경남여성단체연합(이하 '경남여연'이라 함)이 토론회를 한다고 할 때는 도에서는 참여하기를 꺼려했다. 따라서 지역여성운동단체는 여성정책 '평가'라는 말보다 여성정책 '토론회'라고 표현을 부드럽게 고쳐서 공무원들의 참여를 유도했다(이혜숙, 2006: 146).

초기 여성정책의 대상은 여성 일반이기 보다는 주로 요보호여성이었으며 여성정책의 접근은 최소한의 인간다운 생활을 유지하기 위한 잔여적 복지접근이었다고 볼 수 있다. 경남의 초기 여성정책도 부녀복지란 이름하에 요보호 여성을 대상으로 최소한의 국고 보조를 하거나 아니면 국가사회의 전체적인 과제에 여성을 동원하는 것을 목표로 짜여 지던 여성정책에 그쳤다. 경남은 1997년에 비로서 여성정책이라는 용어를 쓰면서 부녀복지 차원에서 여성문제를 보는 시각에서 여성정책의 개념을 넓혀가기 시작했으며 여성정책의 발전방향을 제시하였다.

경남은 여성인력 정보체계 구축을 위해 1998년 『경남여성인명록』을 발간하였고 2003년에는 『21세기 경남여성정책 마스터플랜』을 통해 경남여성정책의 기초와 지침을 마련하고 제2차 여성발전기본계획을 수립하였으며 성평등한 경남사회의 구현을 위한 10대 과제를 제시하였다(민말순(외), 2003). 2004년, 2005년에는 『경남여성통계연보』를 발간하였으며 2008년에 『경남여성중기계획(2008-2012)』를 수립하였다. 또한 지역여성들과 함께 2008경남세계여성인권대회를 통해 경남여성인권선언문이 채택되었고 경남여성인권특별위원회를 구성하는 계기가 되었다(2008경남세계여성인권대회추진위원회, 2018; 김경영, 2015: 29). 2010년에는 『여성인권지수 개발사업』, 2011년에는 『2011 경남여성통계연보』를 발간했으며 2014년, 2018년에 『2014 경상남도 성인지통계』, 『2018 경상남도 성인지통계』를 발간하였다.

2015년은 여성발전기본법이 양성평등기본법으로 전면 개정되어 시행된 첫 해였다. 이 때 경남은 양성평등기금 폐지를 위한 조례개정안이 도의회에서 통과되었다. 도의 채무를 갚는다는 명목으로 1997년부터 적립되어온 약 57억 원의 양성평등기금을 전국 최초로 폐지한 것이다. 홍준표 도지사는 부채 청산이란 명분으로 경남여성발전기금을 폐지했고, 경남발전연구원 내에 있던 여성정책센터를 폐쇄했다. 이는 자치단체장의 정치적 입장과 판단에 따라 여성정책의 방향과 목표가 흔들렸던 대표적 사례라 하겠다. 그러나 이후 2016년에는 '남녀 동반적 발전을 위한 여성정책기본계획 수립'을 추진했으며 2018년에는 『경상남도 양성평등정책기본계획(2018-2022 연구』을 실시한 바 있다. 경남은 김경수 도정 때인 2021년 2월 양성평등기본조례를 개정해 양성평등기금 설치근거를 마련하고 양성평등기금 10억원을 확보했다(경남일보, 2021. 11. 29).

이처럼 경남여성정책의 전개과정을 살펴보면 1995년 여성발전기본법의 제정, 지방자치제의 본격적 실시가 성인지적 관점으로의 여성정책의 변화를 촉진시키는 정치기회구조의 역할을 하였음을 알 수 있다. 경남은 오랫동안 보수적인 정당이 지방정치를 지배해 왔으나 2018년 지방선거에서 약간의 변화를 보였다. 당선된 김경수 도지사는 실질적 성평등 실현을 위한 공약을 제시하고 여성가족정책관 내 양성평등 담당관(6급) 채용, 여성특별보좌관(5급) 설치, 성인지 통계, 양성평등기본계획, 여성인재 DB구축 등을 했으며 그것과 더불어 지역의 여성정책 연구기관 설립, 양성평등기금 조성을 위한 추진활동을 진행시켰다. 이는 지역에서 성주류화 기반 조성과정이나 여성정책의 형성과정에서 지역여성운동의 역량 뿐 아니라 지방권력의 성격이 매우 중요함을 시사한다고 본다.

이후 2021년 전국 최초로 경남에 여성장애인 특성 반영 및 기본권 보장을 구체화한 여성장애인기본조례가 제정됐다. 경남 여성장애인 기본조례는 여성과 장애라는 교차성 문제에서 접근했고 유엔 장애인권리협약 정신에 의거 여성장애인의 인권을 보장하고 있으며 여성장애인의 기본권리 보장을 명시했다는 점에서 의미가 있다. 아직 여성장애인기본법이 없는 상태에서 전국 최초로 경남에서 여성장애인의 기본조례 제정을 시도하고 결실을 보았다는 점에서 경남의 성인지 · 장애인지 감수성을 높이는 계기가 되었다고 평가된다(경남도민일보, 2021. 3. 25). 구체적으로 '여성장애' 등 조례에서 사용하는 용어를 정의했고, 여성장애인정책에 관한 기본계획 및 시행계획의 수립·시행, 여성장애인 연구와 실태조사, 여성장애인정책 심의위원회 설치, 운영, 정책에 여성장애인 의견반영을 위한 여성장애인정책네트워크 등이 담겼다. 2021년 5월 21일에는 경남도 여성청소년 생리용품 지원에 관한 조례가 통과되었다.

4. 경남 여성정책의 현황과 과제

1) 경남 여성정책의 현황

2015년 여성발전기본법이 양성평등기본법으로 개정되었고 제1차 양성평등정책 기본계획에 이어 여성가족부는 제2차 양성평등정책 기본계획을 만들었다. 양성평등기본법은 국가 양성평등기본계획과 부응하는 자치단체 추진계획을 수립하도록 법적 근거를 두고 있다.

〈표 2-4〉 제2차 양성평등기본계획(2018-2022)

비전	여성과 남성이 함께 만드는 평등하고 지속가능한 민주사회			
목표	성숙한 남녀평등 의식 함양	여성의 고용과 사회참여 평등	일과 생활의 균형	여성안전과 건강증진
정책 과제	남녀평등 의식과 문화의 확산	1. 대중매체의 성차별 개선 2. 학교에서의 양성평등 교육강화 3. 생활 속 성평등 문화 확산 4. 양성평등 시민교육의 실효성 제고		
	평등하게 일할 권리와 기회 보장	1. 고용기회의 평등성 제고 2. 고용현장의 성차별 개선 3. 노동시장 내 여성지위 개선 4. 여성의 경력유지개발 지원		
	여성의 대표성 제고 및 참여 활성화	1. 정치 공공분야의 여성 대표성 제고 2. 민간기업 등 여성대표성 제고 3. 여성리더십 역량 강화		
	일·생활 균형 사회기반 조성	1. 돌봄의 사회적 책임 강화 2. 근로자의 모·부성권 보장 3. 기업의 가족친화 경영 확산		
	여성폭력 근절과 여성건강 증진	1. 여성폭근절정책 추진기반 강화 2. 다양한 여성폭력 대응력 제고 3. 여성폭력 피해자 보호 강화 4. 성인지적 건강증진 기반 강화		
	양성평등정책 추진체계 강화	1. 성주류화정책 추진기반 정비 2. 성인지적 정책역량 강화 3. 시민사회와 협력체계 강화 4. 평화 통일 활동 및 국제협력 증진		

자료: 여성가족부(2021: 2)

경남은 매년 양성평등기본계획 이행과제를 제출하고 있으며 자치단체의 여성정책은 대체로 중앙정부의 양성평등추진계획의 범주에서 크게 벗어나지 않는다. 경남은 SWOT분석으로 정책환경에 대한 강점과 약점, 기회와 위협을 검토하고 '성평등 사회로 가는 새로운 경남'을 비전으로 하고 '남녀평등 실질지원, 일자리 다양화와 기회제공, 일·가정의 균형 지원, 여성안전과 건강 증진, 대표성 제고 및 참여 활성화, 성평등 추진체계 구축'을 정책과제의 목표로 하였다.

〈그림 2-5〉 경상남도의 잠재력 분석에 따른 SWOT분석

강점(S)	약점(W)
• 완전히 새로운 경남을 위한 정책 기조 변화 • 10여 년 만의 양성평등 계획 수립 의지 • 행정 내 여성가족정책 조직의 위상 높아짐 • 여성특보, 여성정책 전문가 등 정책 추진 전문성 강화 • 성평등 개선 지속적으로 이루어짐 • 여성인권 영역 상위권	• 60세 이상 여성비율 높으나 노후 준비 비중 매우 낮음 • 여성의 고용상태는 남성보다 낮고, 청년 여성 취업 심각 • 기혼여성 중 경력단절은 5명 중 1명 • 경남의 순이동은 정(+)적이나 서부경남 여성유출 비율 높음 • 일상적 두려움이 크고 본인이나 자녀 피해 우려 • 저출생 심각 및 1인가구 증가 • 타지역 설립된 여성정책연구기관 부재
기회(O)	위협(T)
• 문재인 정부와 민선 7기의 시작으로 양성평등 정책 관심 재 제고 • 사회적으로 여성 불평등 개선에 대한 관심과 의지 고조 • 제2차 양성평등기본계획의 새로운 정책틀 시작	• 저출생 기조 심각. 인구문제에 대한 책임과 관심이 여성에게로 집중 • 몇 년간 지속된 경제 불황으로 여성 취업 우선 취약 • 성별 임금격차 지속 • 1인가구 증가와 가족개념 변화 • 각종 사건사고로 여성안전환경 위협

자료: 경상남도(2018: 115)

<표 2-6> 여성정책의 비전, 목표, 정책과제

비전	성평등 사회로 가는 새로운 경남			
목표	남녀평등 실질지원	일자리 다양화와 기회 제공	일과 생활의 조화	여성안전과 건강 증진
정책과제	남녀평등 실질지원	1. 양성평등 문화 발굴 2. 생활 속 양성평등 문화 확산 3. 양성평등 실효성 제고		
	일자리 다양화와 기회 제공	1. 여성의 역량개발 2. 고용현장 성차별 개선 3. 여성의 경력유지		
	일·가정의 균형 지원	1. 돌봄의 사회적 책임 강화 2. 출산·보육 환경 조성 3. 다양한 가족지원 4. 기업의 가족친화 경영확대		
	여성안전과 건강증진	1. 다양한 형태의 여성폭력 예방 및 근절 2. 여성폭력 피해자 보호 3. 여성건강증진 4. 건강한 출생지원		
	대표성제고 및 참여 활성화	1. 공공분야 여성대표성 제고 2. 여성리더십 개발 3. 참여와 연대활성화		
	성평등 추진체계 구축	1. 성주류화 기반 정비 2. 성주류화정책 역량 강화 3. 성주류화정책 추진 활성화		

자료: 경상남도(2018: 155)

경남의 2021년 여성정책 목표는 "참여하는 여성·함께하는 가족·건강한 아동"이다. 5대 정책과제는 "여성이 행복하고 살기좋은 환경 조성, 소통하고 함께하는 새로운 가족문화 조성, 아이 낳고 키우기 좋은 경남, 아동과 청소년의 건강한 성장 지원, 새로운 시대를 이끌어 갈 여성인재 양성"(여성가족아동국, 2021: 9)이다. 이 중 여성정책과의 주요 업무계획은 "도민이 체감할 수 있는 양성평등 정책 강화, 여성의 사회참여 확대 및 양성평등 문화 확산, 여성의 경제활동 촉진 및 경력단절 예방, 여성폭력 피해자 지원 및 안전 사회 구현"(여성가족아동국, 2021: 13)이다. 여성능력개발센터의 주요 계획은 "여성의 역량강화를 통한 사회참여 확대, 수요자 중심의 교육 편성 및 운영"(여성가족아동국, 2021: 31)이다.

경남은 외면상으로는 여성정책에 진일보 면이 있었으나 코로나19로 인한 재난상황으로 여성의 일자리문제, 성폭력문제, 가사·돌봄 문제가 우선 해결되어야 할 사회적 문제로 대두되었음에도 불구하고 여성문제는 여전히 경제문제, 청년문제 등의 후순위로 밀려났고 성평등 정책으로의 정책적 변화는 미비하였다고 평가되고 있다(경남여연 제20차 정기총회 자료집, 2021: 40).

성별영향평가는 정부 정책이 성별에 미치는 영향과 성차별 발생을 합리적으로 개선함으로써 실질적 성평등을 실현하기 위한 제도이다. 법령·계획·사업 등 주요 정책을 수립·시행하는 과정에서 성별영향평가서를 작성하고 개선안을 마련해 이를 정책에 반영한다. 2019년도 경남도에서 성별영향평가를 실시한 과제 수는 총 1,749개로 법령이 1,115개, 사업이 630개, 계획이 4개이다. 이 중에서 정책개선을 해야 할 과제는 959개였으며 실제 개선이 완료된 과제는 456개로 정책개선 비율은 47.5%로 전년도에 비해 14.4%p 증가하는 성과를 보였다. 특히 사업의 정책개선 비율이 전년도에 비해 16.3%p로 가장 높게 증가한 것으로 나타났다. 이는 성별영향평가 실시 과제 선정 기준을 마련하고 담당 공무원을 대상으로 직무 교육과 1:1 대면 컨설팅을 강화하는 등 성별영향평가 추진체계를 강화한 결과이다. 사업 성별영향평가의 경우 2019년부터 성평등 목표와 지역성평등 지수 향상을 고려해 공통주제에 해당하는 사업 분야를 우선 선정했다. 선정 분야는 일자리 관련 사업, 4차 산업혁명 관련 사업, 청년 지원 사업 안전 사업이다. 사업 성별영향평가를 통해 정책이 개선된 사례로는 화장실 개·보수 시 비상 안심벨 설치, 도시공원 보안등 조도 조절 등 '안전' 분야의 공공시설에 대한 정책개선이 두드러져 도민이 일상생활 속에서 체감할 수 있는 성평등한 환경 조성에 기여한 것으로 평가됐다(뉴스렙, 2020. 9. 24).

경남도는 2020년 성평등 문화를 확산하고 관련 교육 실효성을 높이기 위해 '성인지 교육 표준 강의안'을 개발했으며 그동안 도민 대상 '성인지 교육'을 했다. 하지만 교육내용·강의안은 강사 역량에 따라 질적 차이를 보였다. 이에 경남도와 경남성별영향평가센터는 우선 초등학생을 대상으로 하는 맞춤형 표준 강의안을 만들었다. 초등학생이 현재 교육 수요가 가장 많기 때문이다.

> "표준 강의안은 생활 속에서 성 역할 고정 관념과 편견·차별 사례를 담았다. 이를 통해 성평등 개념을 이해하게 했다. 근본적으로 인권은 성과 관계없이 동등하게 존중돼야 한다는 내용이다. 특히 이번 표준강의안은 시청각설명회(PPT)를 활용하고, 참여식 교육도 병행할 수 있도록 했다."(경남도민일보, 2020. 11. 4)

여성친화도시는 지역정책과 발전과정에 여성과 남성이 평등하게 참여하고 여성의 역량강화, 돌봄 및 안전이 구현되도록 정책을 운영하는 지역을 대상으로 2009년부터 여성가족부가 지정하고 있다. 여성친화도시는 단계별(1단계 진입지역, 2단계 발전지역, 3단계 선도지역)로 5년간 운영, 여성을 비롯해 아동, 청소년, 장애인, 노인 등 사회적 약자에 대한 배려가 충족되도록 성인지적 관점에서 종합적인 정책을 추진하는 지역을 말한다. 경남은 2021년 '도민 참여·주도의 여성친화도시 조성과 확산'을 지역 성평등 수준을 견인할 전략과제로 정하고, 도민 모두가 일상생활에서 평등하고, 안전하고, 가족친화적 환경을 체감할 수 있게 여성친화도시를 확대한다고 밝혔다(머니투데이, 2020. 12. 3). 2021년 12월 현재 경남의 여성친화도시는 고성, 김해, 남해, 양산, 진주, 창원 총 6개 시군이다.

> "여성친화도시로 지정받은 시·군이 2단계와 3단계로 안정적으로 재지정받을 수 있도록 여성친화도시 활성화 사업비를 지난해보다 대폭 확대 지원(3000만원→8000만원)하고, 1단계 신규 지정을 준비하는 시·군에도 추진체계 구축을 위한 사업비를 지원하고 있다"(세계일보, 2021. 4. 15).

젠더정치의 맥락에서 볼 때 경남여성정책의 전망은 어떠한가? 여성정책의 활성화는 기본적으로 자치단체장의 의지와 개혁성이 중요하므로 성인지적 시각을 갖춘 자치단체장을 뽑는 게 중요하다. 여성정책의 활성화는 지방정부 내 여성정책기구를 강화시킴으로써 관료제 내부에서 젠더 이해를 관철시킬 힘을 갖고 여성세력화를 지원하는 정책을 시행하느냐에 달려 있다. 즉 정책개발, 인재 발굴, 참여정치, 여성주의 관료의 충원, 여성정책 담당기구의 확대와 전문인력의 도입, 관련 규정의 입법화, 예산확보 등이 중요한 것이다. 제도, 의식, 능력, 평가기능, 환류기능 강화, 감시, 감독 시스템 등 지역여성의 참여를 확대할 수 있는 제도적 조건이 마련되어야 한다.

현재 경남지역에는 여성운동단체들이 경남여연과 경남여성연대를 만들어서 활동하고 있으며 경남여성정책에 많은 관심을 보이고 있으며 방향을 제시하고 있다. 많은 여성운동단체들이 예전과 마찬가지로 관의 정책 수행의 주체로 참여하고 있으나 예전과 달라진 점은 관 주도의 행사에 일회성으로 단순히 동원되거나 수동적으로 관의 명령을 따르던 방식에서 일정 정도의 자율성과 여성관련 전문 활동이라는 특성을 가지고 정책을 수행하는 변화를 보여주고 있다. 지역여성정책의 발전은 이러한 지역여성운동의 역량과 밀접한 관계가 있다고 하겠다.

2) 경남여성정책의 활성화를 위한 방향과 과제

한국 지방자치의 역사가 짧기 때문에 지역의 여성정책은 민선단체장의 개인적 성향에 따라 변동이 생길 가능성이 높다. 여성정책을 중심으로 지방자치의 문제점을 살펴보면, 가장 우려되는 점은 단체장의 관심여하에 따라 여성정책의 비중이 더욱 줄어들 염려가 있다는 점이다. 이와 더불어 공무원들의 성인지적 관점의 부족, 지방정책 결정과정에서 여성의 배제 및 5급이상 여성공무원의 낮은 비율, 여성정책 예산의 부족 등을 들 수 있다(김원홍(외), 2004: 24).

또한 요보호여성 중심의 부녀복지행정 중심이 여전하다. 여성정책이 복지정책의 일환으로 요보호여성, 저소득층을 중심으로 이루어지고 있다. 따라서 지방자치단체의 여성정책 예산지출내역을 보면 실제 예산집행에 있어서는 아직도 요보호 여성을 주요 대상으로 하는 사업에 집중되어 있고 아동복지, 여성회관과 발전센터운영 등에 책정되어 있는 예산이 여성정책 총예산의 많은 비중을 차지하고 있다. 이처럼 지방자치단체의 여성정책 사업비 구성에서 국가보조사업이 주를 이루고 있는 것은 한국 여성정책의 주요 영역들은 중앙정부에 의해 수행되고 있으며 예산과 인프라가 약한 지방정부의 여성 부서에서는 중앙정부에서 포괄하지 못하는 잔여적인 정책들을 주로 수행하고 있음을 나타내 주는 것이다.

몇몇 사업내용들은 기존의 성역할의 변화보다는 그것을 강조함으로써 성평등이라는 목표달성에서 오히려 멀어져 있다. 이는 결국 전통적인 성역할 분리 체계나 성차별적 구조를 개선하는 것을 목표로 설정하지 못했다는 점을 의미한다. 오히려 여성을 주변집단으로 또는 정부시책의 보조자로 또는 동원의 대상으로 머무르게 한다. 성인지적 여성 정책의 추진보다는 전시성, 행사성 위주의 사업이나 요보호 여성중심의 복지사업에서 크게 벗어나지 못하고 있는 것이다. 이처럼 지방자치가 생활정치로서 여성의 삶의 질 향상을 위한 특화 사업이 별로 보이지 않는다는 것이다. 지역 성평등 및 여성정책의 개선 방향은 다음과 같이 정리해 볼 수 있다.

〈참고자료 2-2〉

지역 성평등 정책의 개선 방향

1) 지역의 특성을 반영한 성평등 정책 수립
2) 여성 일자리 확대를 위한 과제 도출
3) 가족 변화에 대응하는 가족정책 추진 필요
4) 여성 대표성을 제고 및 역량강화를 위한 과제 필요
5) 일가정 양립을 위한 남성의 참여 활성화 과제 필요
6) 젠더폭력 대응 시스템 마련
7) 젠더-거버넌스 시스템 강화

자료: 김혜정(2019: 74)

경남여성정책의 활성화를 위한 방향과 과제를 제시해 보고자 한다.

(1) 효율적인 여성정책 전담기구의 설치와 충분한 예산의 확보

1995년 북경세계여성회의에서 성평등을 실현하기 위한 전략으로 성 주류화를 강조하였는데 성 주류화 전략은 여성문제가 특정 영역에서 다루어지기 보다

는 모든 분야의 국가정책 영역에서 중요하고 본질적인 주제로 다루어져야 한다는 것이다. 즉 여성대상만의 정책을 넘어 남성을 변화시키고 남녀의 사회적 관계를 변화시키고, 나아가 사회전반의 성차별을 제거하기 위해 정책의 전 분야에 성인지적 관점을 적용하는 것을 의미한다(민경자, 2011: 14). 그러므로 성 주류화를 위한 기반 강화와 그에 따른 장기적이고 종합적인 전망과 계획이 수립되어야 한다.

여성정책을 실질적으로 실현하기 위해서는 여성관련 부서의 일관된 체계와 강화가 이루어져야 한다. 여성정책을 다루는 부서는 여러 부서와 연관된 다면적 과제를 수행할 수 있는 조정과 협력의 권한을 가져야 하며 여성정책 과제에 적합한 유연성과 적응성을 갖는 조직구조가 요구된다. 여성가족아동국을 중심으로 여성정책의 주요 업무가 실질적으로 수행되어야 한다. 이와 더불어 정책 추진에 있어서 입법화는 가장 필수적인 절차이다. 기존의 조례 등을 검토하여 성차별적 규정들을 개정하고 새로운 정책수립을 위해 필요한 규정들을 입법화해야 한다. 또한 여성정책을 시행하기 위해서는 충분한 예산의 확보가 중요하다. 그러므로 여성정책과 관련한 적절한 조직의 형태와 전문 인력 확충, 예산에 대한 면밀한 검토가 필요하다.

(2) 여성업무 담당공무원의 정책역량 제고

여성정책을 담당하고 있는 공무원이 업무 수행과정에서 당면하고 있는 애로점은 전문적인 지식과 정보의 부족이다. 이러한 문제가 특별히 제기되는 것은 여성정책이 여러 분야에 걸친 여성문제를 다루어야 하는 종합적인 성격을 지니고 있기 때문이다. 이러한 문제점을 보완하기 위해서는 여성업무에 대한 교육이 필요하고 특히 다양한 분야의 정책과제를 종합적으로 분석하고 다룰 줄 아는 교육에 중점을 두어야 한다.

또한 여성정책의 전문화를 유도하기 위해서는 무엇보다 업무영역 및 관련기관에 전문인력을 대폭 확충해야 한다. 지역차원에서의 여성정책을 발전시키기 위해서는 지방행정의 담당자로서 여성공무원의 수가 보다 많아지고 이들이 모든 행정분야와 모든 수준의 직위에 고르게 참여되어야 하고 중요 정책을 결정하고 영향을 미치는 지방정치에 여성이 참여할 수 있는 제도적 장치가 전제되어야 한다. 현행 지역관료 조직 속에서 새로운 정책수행자로서 여성공무원들의 역할은 매우 중요하기 때문이다.

여성업무를 담당하는 공무원은 어느 분야를 맡고 있든 해당분야의 전문성과 여성정책에 대한 전반적인 연계성을 볼 줄 아는 시각이 필요 한다. 여성정책에 대한 주변의 인식이 낮아 정책수행 환경이 열악한 현실에서는 더욱더 여성정책 담당 공무원의 역할과 의식이 중요하다. 또한 지역의 관료조직 속에서 여성공무원들은 수적으로나 혹은 비공식적인 후견인의 부재로 말미암아 세력화되기 어려운 특성을 보이고 있다. 따라서 여성정책개발과 정보제공이 제도적으로 이루어질 수 있는 장치가 마련되어야 한다. 공무원을 대상으로 한 성별영향평가 교육 등을 실행하고는 있으나 형식적인 것이 많으므로 실제 실효성을 가질 수 있도록 해야 한다.

(3) 지역의 특성과 지역여성의 욕구를 반영한 여성정책 수립

여성정책의 추진사업 대부분이 중앙의 사업과 병행, 추진되고 있으며 지역여성들의 특수성이나 조건들이 여성정책에 반영되지 않고 있다. 여성관련 사업이 주로 교육과 행사에 치중하면서 형식적으로 흐르며 전시행정적인 요소가 다분하고 전국적으로 사업이 거의 비슷하기 때문에 지역의 특성을 반영한 독창

성을 찾아보기 어렵다. 생활정치로서 여성의 삶의 질 향상을 위한 지방자치단체의 특화 사업이 별로 보이지 않고 있으며 지역의 다양한 여성의 여론수렴 과정도 결여되어 있다.

지역여성정책은 그 지역이 특수하게 지니고 있는 여성문제나 지역사회의 성격에 맞도록 수립되어야 한다. 여성문제는 보편적으로 일어나고 있지만 지역마다 특수성이 있을 수 있고 여성정책의 구체적인 방향을 설정하기 위해서는 지역여성의 실태와 의식을 알아야 하기 때문이다. 그동안 지역 수준에서 여성의 현황이나 실태에 대한 조사가 약간 이루어졌으나 충분하지는 않다고 본다. 지역의 성평등 현황이나 지역여성의 정책욕구 파악을 위한 주기적인 실태조사가 필요하다. 즉 지역의 여성정책을 개발하기 위해서는 지역의 여성들이 경험하고 있는 문제들을 파악하여 이를 공적 의제화하는 작업이 필요하다. 이를 위해서는 여성문제에 대한 실태파악이 우선되어야 하며, 파악된 다양한 문제들을 중심으로 정책의제화의 우선순위를 정하고 장단기 계획을 수립하는 것이 필요하다. 또한 여성들이 경험하고 있는 문제를 여론화하고 공론화 하는 작업이 필요하다. 지난 2020년 설립된 경남여성가족재단을 중심으로 지역여성에 대한 다양한 실태조사와 정책개발을 추진해야 할 것이다.

(4) 젠더 거버넌스와 민·관·학 협력체계의 구축

지역여성정책의 계획, 실시, 평가 과정에 지역여성이 참여함으로써 지역사회의 변화에 민감하게 반응할 수 있도록 해야 한다. 지역사회의 모든 구성원이 사업의 목적에 대하여 올바른 이해를 하도록 홍보하여 자발적으로 참여하도록 유도하여야 한다. 참여의 방식으로는 우선 공식적인 참여확대를 들 수 있다. 이러한 제도적 공식적인 참여의 대표적인 형태는 지방의회 의원으로 참여하는 경로와 지방의회 각종 위원회의 위원으로 참여하는 경로를 들 수 있다. 또한 여성정책발전위원회 등 관련 위원회가 실질적으로 지역여성의 욕구와 의사를 반영할 수 있도록 운영되어야 한다. 공식적인 참여확대가 단기간 내에 이루어지기 어려운 조건에 있을 때 비공식적인 참여의 중요성은 더해진다. 지방자치단체는 공식적인 참여구조가 없다고 하여 여성들의 의사를 무시해서는 안 될 것이다. 따라서 이들의 의견을 수렴할 수 있는 비공식적 의사전달체계를 활용하여야 한다.

여성단체들과의 대화의 시간, 여성단체들의 구성원들과의 간담회, 설문조사 등 현재 가동이 가능한 여성단체들과 지속적인 대화의 창구를 가진다면 상당한 성과를 거둘 수 있을 것이다. 특히 다양한 여성들의 의견이 반영될 수 있는 젠더 거버넌스가 이뤄져야 한다. 지역의 여성정책을 개발하기 위해서는 지역의 여성들이 경험하고 있는 문제들을 파악하여 이를 공적 의제화하는 작업이 필요한데 이러한 여성조직과 여성네트워크를 통해 여성들이 경험하고 있는 문제를 여론화하고 공론화 할 수 있기 때문이다.

성주류화 정책추진을 위한 실행 주체로서 선출직 의원 및 공무원 등 정책기구에서 일하는 집단, 연구 및 교육기관에 종사하는 전문가 집단, 시민사회 여성단체 활동가 집단 등이 모여서 협력한다면 지역 여성정책의 활성화에 기여할 수 있을 것이다. 정책기구에서 일하는 선출직 의원 및 공무원의 경우는 성평등 정책 추진기구의 위상과 권한 증대, 담당공무원의 성평등에 대한 인식 제고의 필요성, 선출직 의원의 대표성 확보 등의 차원에서 중요한 정책주체로 인식되고 있으며 연구 및 교육기관에 종사하는 전문가의 경우는 사회현상에 대한 이론적 근거 제시, 성주류화를 위한 정책 도구 생산, 공무원 및 일반 대중의 성인지적 관점 확산을 위한 교육자료 산출 등의 차원에서 중요한 정책주체로 인식되고 있다. 또한 시민사회 여성단체 활동가의 경우, 성평등 이슈의 발굴과 성평등 가치의 홍보, 성평등 정책 모니터링, 지역사회에 정치적 개입력 강화 등의 차원에서 중요한 정책주체로 인식되고 있다(주경미, 2008: 42-43). 지역여성정책의 활성화를 위해서는 이들간의 민·관·학 협력체계를 구축하는 것이 중요하다.

(5) 지역여성의 역량강화

여성정책의 대상이 요보호여성을 대상으로 하는 복지나 보육관련에서 일반여성을 대상으로 하는 수준으로 변화되어 나가야 한다. 여성정책에는 성차별적 사회구조나 제도 속에서 발생하는 제반 여성문제를 해결하거나 여성들을 사회형성 세력으로 참여시키려는 의지가 충분히 반영되어야 한다. 그러나 오히려 여성을 주변집단으로 또는 정부정책의 보조자로 또는 동원의 대상으로 머무르게 하며 여성의 역량개발에 대해서는 체계적인 서비스를 제공하지 못하고 있는 실정이다. 따라서 정책의 내용면에서 볼 때 성차별 근절과 평등문화 확산정책, 일반 여성의 역량강화의 비중이 보다 커져야 한다. 따라서 여성정책의 대상을 일반 여성까지 확대시키고 단순히 여성교양 교육의 차원이 아니라 정책결정 과정의 여성참여 확대에 관한 정책, 여성고용 촉진 및 안정에 관한 정책 등을 포함하는 적극적인 의미에서의 여성사회참여 정책과 사회전반 부분의 남녀평등 지향정책을 여성정책의 주 목표의 하나로서 확립해야 한다.

현재 지역내 여성문제에 대한 전문적인 식견과 경험을 가진 사람들을 발굴하는 작업이 필요하다. 지역내 각 대학, 기관, 연구소, 사회단체나 여성단체, 정당과 지방의회 등에서 여성문제전문가에 해당되는 사람들을 발굴하여 이를 자료화하여야 하다. 이것은 하나의 인력정보가 되어야 하며 정보망을 통해 여성단체들이 교육과 자문에서 전문가들을 필요로 할 때 이들과 쉽게 연계되어야 할 것이다. 또 지방자치단체는 이러한 전문인력을 확보하여 여성단체나 지방행정에 유효한 정보를 연계하는 역할을 해야 할 것이다. 지역의 참신한 여성들이 더 많이 지방의회에 진출하도록 지속적인 발굴, 교육 및 훈련 작업이 필요하며 지역여성의 의식과 능력을 개발하고 특히 시 · 군의 여성인재를 발굴하여 그들의 내적인 힘을 키우고 기회를 제공하며 이들을 묶어내는 다양한 프로그램을 운용해야 한다.

(6) 여성정책 홍보의 중요성과 정기적인 평가

여성정책 대상의 확대와 홍보가 중요하다. 보호여성의 보호와 복지증진에서부터 시작한 여성정책이 지금은 사회참여 촉진정책에 힘입어 그 대상을 점차 확대해 나가고 있다. 그러나 많은 여성들이 자신이 어떤 정책의 수혜 대상자가 될 수 있는지 잘 알지 못하다. 모든 여성들이 자신의 권리를 알고 이를 향유할 수 있게 하는 대상과 제도의 확대 및 홍보가 보다 적극적으로 시행될 필요가 있다.

지금까지의 홍보방식을 재검토하여 지역여성들에게 보다 가까이 다가갈 수 있는 홍보방법을 개발하기 위한 노력을 기울여야 한다. 지역여성통계시스템 구축과 여성관련 정보 홈페이지를 활성화한다면 지역여성들이 지역여성정책에 대한 현황을 보다 쉽게 알 수 있을 것이다. 이러한 여성정책의 홍보나 성평등의식 확산을 위해서는 보다 실질적으로 내용이 풍부한 여성정책평가회 또는 세미나 등을 개최하는 방법을 고려해 볼 필요가 있다.

여성정책을 지속적으로 효율적으로 추진하려면 여성정책에 대한 체계적이고 주기적인 평가가 필요하다. 그동안 지역여성정책에 대해서 장기적 계획을 세워 왔지만 그것이 어느 정도 실현되었는가에 대한 본격적인 평가는 없다. 그동안 지역여성운동단체들을 중심으로 지역정책이 평가되어 왔지만 선거나 상황에 따라 평가하는 것보다 연 1회 이상 도에서 예산을 책정해서 정기적으로 여성정책을 평가하는 자리를 마련해야 할 것이다.

여성정책을 세울 때 성평등 원칙을 반영했나, 정책을 집행하는 인력은 성평등 의식을 갖추었나, 정책집행 결과 성평등 원칙이 얼마나 달성됐나, 정책수혜자인 여성들이 정책효과에 얼마나 만족하는가 등이 평가지표가 될 것이다. 사업의 평가에 있어서는 그것이 몇 회의 강연회와 몇 명의 수강생을 대상으로 실시되었는가 하는 수량적 평가 뿐 아니라 그와 같은 내용의 사업이 결정되게 된 과정과 그 사업의 수행으로 인하여 지역사회 내에 혹은 여성 개인의 삶에 미친 영향의 정도와 질에 대한 평가가 의미 있게 포함되어야 할 것이다.

제 3장

경남지역 여성운동의 형성과 전개

1. 한국여성운동의 흐름과 대중적 확산

1) 한국여성운동의 흐름

여성운동은 페미니즘의 이론적 기반을 바탕으로 정치, 경제, 사회, 문화 전반에서 여성 차별과 억압을 철폐하고 성평등을 이루기 위한 지속적이고 조직적인 활동이다. 해방이후 1960-1970년대 여성운동은 관과 행정부의 지원 아래 성장한 여성단체들에 의해 이끌려져 왔다. 이 시기 대표적인 쟁점은 가부장적 가족법 개정과 소비자로서의 여성역할, 여성의 사회참여와 같은 요구였다. 이후 성장한 여성노동자들과 진보적인 여성들은 여성 인권문제와 노동문제를 부각시키기 시작했다. 이 시기 주요한 여성문제는 가족법 개정운동으로 대표되는 가부장적 차별과 한국 자본주의 발전과정에서 나타난 여성노동자 등 기층 여성들의 불평등으로 집약된다. 1970년대 후반부터는 민주화운동이 활발해지고 이와 함께 진보적인 지식인 여성집단들이 형성되어 서구 여성학을 도입하고 성평등, 여성주의 이념을 사회에 알리기 시작하였다(허성우, 1998: 17-19).

1987년 이후의 민주화 과정은 성평등과 여성이슈를 공적 의제로 제기하면서 여성들이 정체성을 드러내고 집단으로서 목소리를 본격적으로 내기 시작한 계기가 되었다. 여성운동을 이끄는 여성단체들은 국가를 협상의 대상으로 보고 여성의 지위향상과 처우개선을 요구하면서 여성의 평등권 실현을 위한 법제도 개선운동을 전개하였다. 결혼퇴직, 고용불안정, 차별임금, 모성보호 등 일하는 여성들의 문제와 자녀양육 문제 등이 중요한 사회적 관심사로 제기되었다.

1987년 2월 18일에는 여성운동세력의 요구를 통일적으로 관철시켜 나가는 구심체로서 한국여성단체연합(이하 '한국여연'으로 함)이 결성되어서 여성운동은 좀 더 도약의 계기를 맞았다. 한국여연은 1987년 민주화 운동과정에서 부천서 성고문 사건, 시청료 납부 거부 등을 의제로 6월 항쟁을 고조시켰으며 1990년대 이후 한국 여성운동의 한 흐름을 주도하고 있다. 제도적으로도 1982년 이화여대 대학원에서 여성학과가 설치되고 1984년 한국여성학회가 창립되면서 여성문제에 대해서 이론적 차원의 접근이 시작되었다.

1990년대 국내외 정치사회 구조의 변화와 새로운 사상의 유입은 여성운동계에도 많은 변화를 가져다주었다. 사회주의권의 붕괴, 군사정권에서 문민정부로의 이행 등 국내외 정치구조의 변화와 더불어 가족구조의 변화, 포스트모더니즘의 유입 같은 변화가 여성운동에 영향을 미친 것이다. 따라서 1980년대까지 주목받지 못하던 영역, 즉 몸의 권리나 섹슈얼리티 영역을 비롯하여 환경, 평화, 문화, 소비 등 다양한 영역이 관심을 갖게 되었고 각 영역에서 실천 활동이 활발히 이루어졌다. 1991년 한국성폭력상담소가 개소되어 성폭력의 문제를 드러내고 입법화할 수 있는 바탕을 마련하였으며 문화운동도 중요하게 등장하였다. 여성 문화예술 계획이 설립되고 문화운동가를 중심으로 '이프'지가 탄생하기도 하였다. 운동 방법의 다변화는 여성운동의 공간을 확대시켜주어 많은 저변층을 확보할 수 있었고 운동의 대중성을 얻을 수 있는 여건을 마련하여 주었으며 운동의 지속성과 전문성을 가져다주었다.

1995년 북경세계여성회의에서는 성평등이라는 궁극적인 목표를 이루기 위한 전략으로 성 주류화(gender mainstreaming) 개념을 공식적으로 채택하였다(한국여성개발원, 1995). 성 주류화는 성평등을 이루기 위해 성 관점이 모든 과정에 통합되는 것을 의미한다. 이는 구체적으로 세 가지 내용을 포함하는데 첫째, 사회의 모든 분야에 여성의 질적, 양적 참여의 확대를 의미하는 여성의 주류화(mainstreaming of women), 둘째, 모든 정책 분야와 이를 다루는 기관에 성 관점이 통합되어야 함을 의미하는 성 관점의 주류화(mainstreaming of gender) 셋째, 기존의 남성 중심적으로 조직되어 있는 정부와 주류 영역이 성인지적으로 재편되어야 함을 의미하는 주류의 변환(transforming the mainstreaming)을 말한다. 성 주류화는 남성은 부양자, 여성은 피부양자라는 젠더 위계의 전제로부터 탈피하여, 개인으로서의 여성과 남성의 평등한 지위를 추구하는 전략이라는 점에서 의미를 지니고 있다. 성 주류화는 그 자체가 목적이 아니라 전략이기 때문에 이를 위한 도구와 방법이 개발되어 왔는데, 정책의 모든 영역에서 성인지 통계를 생산하고 성별영향평가, 성인지 예산을 제도화했으며 성인지 교육을 중요하게 보았다.

이후 여성운동의 세력화를 기반으로 성평등을 지향하는 다양한 정책과 제도개선이 활발하게 진행되었다. 1995년에 제정된 여성발전기본법은 성평등과 여성의 사회참여 확대, 그리고 여성 권익 증진에 많은 영향을 미쳤으며 2001년 여성정책 전담기구인 여성부(현재의 '여성가족부')의 설치, 여성의 정치 참여를 확대하기 위한 국회의원 비례대표 여성할당제 도입이 이루어졌다. 가부장적 가족제도의 상징이 었던 호주제가 2005년 폐지되었는데 이는 여성운동의 성취를 보여준다. 이처럼 한국 여성운동은 반독재, 민주화투쟁에서 시작하여 이슈 파이팅, 거리시위, 여성 이슈의 제도화 그리고 제도권의 개입 또는 진입에 이르기까지 그 활동의 범위가 다양했다. 여성운동단체들이 독자적인 여성주의 정책의제를 중심으로 광범위한 연대활동을 전개하였고 이는 국가페미니즘 전략들을 통해 국가와 일정한 파트너 십을 형성하였다(배선희, 2007). 여성발전기본법은 2014년 5월 양성평등기본법으로 바뀌었다. 현재 한국사회의 여성운동의 지형을 이념적, 세대적 경향에 따라 분류 해 보면 세 가지 흐름으로 분류할 수 있다.

첫 번째 흐름은 다소 자유주의적 성향을 지닌 온건한 여성운동의 흐름이다. 직 능단체 중심의 한국여성단체협의회(이하 '한국여협'이라 함)와 YWCA 등 오랜 역사를 지 닌 전통적 여성단체가 이에 속한다. 중앙보다는 지방에서 젊은 층보다는 나이 든 층에서 영향력을 발휘하고 있으며 여성운동 의식이 다소 미약하고 여권운동적 성격이 강한 특징을 지니고 있는데 이 단체들은 1990년대 중반 이후 서울을 중 심으로 한 도시권에서는 세력이 약화되는 모습을 보여준다.

두 번째 흐름은 1980년대 중반 경에 뚜렷한 여성주의적 색채를 띠고 출현한 여성운동이다. 전통적 여성단체가 보여준 여성운동의 목적성이 미약한 한계를 극복하고 1987년 이래 성장을 이룩한 한국성폭력상담소, 한국여성노동자회, 한 국여성민우회, 한국여성의 전화 등 한국여연 소속 단체들이 이에 속한다. 이 집 단은 분명한 여성해방 의식을 가지고 있으며 조직력과 활동력을 바탕으로 이론 적, 실천적 측면에서 탄탄한 기반을 형성하고 있다.[17]

---

17) 1985년부터 2020년까지 한국여연을 중심으로 각종 여성단체들이 연대하여 거행하는 한국여 성대회의 기념의례 분석과 슬로건에 대해서는 신상숙(2016)과 허윤(2020: 244-246)을 참조할 것.

세 번째 흐름은 1990년대 중반 이후 대학가를 중심으로 급속하게 성장한 여성운동의 흐름으로 영페미니스트 그룹이다(권김현영, 2017; 손희정, 2017). 이들은 '여성'이라는 범주에 대해 새롭게 고민하기 시작하였으며 수평적인 운동의 조직 방식, 거대구조보다는 일상의 정치와 문화적 개입 방식, 사이버 공간의 젠더에 대해서 관심을 두었다(정연보, 2015: 39-40). 연세대 여성자치 언론 '두입술'과 서울대에서 여성운동을 하던 '관악여성모임연대' 출신 졸업생들이 만든 페미니스트 웹진 '달나라 딸세포', 경제적 자립을 위한 여성경제 네트워크 '프리 워'(Free-War), '들꽃' 등을 대표적인 조직으로 들 수 있다. 이들은 그 지형이 다양함에도 대체로 여성운동을 진보적/보수적이라는 이분법으로 이해하는 현상, 그래서 진보적 여성운동만을 진정한 여성운동이라고 보는 주장에 대해 비판한다.

이 운동들은 웹진, 사이버커뮤니티, 인터넷언론 등 사이버여성주의 담론 영역을 중심으로 의제와 쟁점을 만들어 내고 개인들, 소그룹들은 카페와 게시판 등의 온라인과 오프라인의 경계를 넘나들며 자발적 네트워크를 형성한다. 그들은 개인 삶의 가치와 관심사를 중심으로 모이고 소통한다. 운동은 희생을 감내하는 힘든 일이 아니라 개인 삶의 경험과 비전에 따라 새로운 의제와 실천을 만들어 내는 일이다. 이들은 비제도적이며 소그룹적이고 게릴라적인 운동을 통해 새로운 여성운동의 전형을 보여주고자 한다. 이들은 학생운동권의 남성중심성과 가부장성을 강하게 비판하고 거대 담론보다는 일상의 문제에 주된 관심을 쏟고 있으며 대규모 거리집회보다는 각종 축제와 문화제, 퍼포먼스 같은 문화 이벤트를 활발하게 개최하고 새로운 여성주의적 운동방식을 모색한다.

2) 페미니즘에 대한 반격과 대중적 확산

취업 경쟁의 심화로 압박감을 느끼는 남성청년들에게 군 가산점제 위헌판결 (1999)은 박탈감을 주었고 남성들이 오히려 역차별을 받고 있다는 불만이 표출되었다. 남성청년들의 불안감과 박탈감은 2005년경부터 인터넷에 유행한 다양한 여성 비하 풍자시리즈로 표출되었다. 명품을 좋아하는 여성들의 허영심을 풍자하는 '된장녀'가 유행했고 대략 2010년경부터는 노력은 하지 않고 좋은 것만 취하려고 '무임승차'하는 여성들을 빗대어 표현한 '김치녀'가 널리 퍼졌다. 지하철에서 이른바 '무개념녀'를 촬영한 사진과 동영상이 일파만파로 확산되고 해당 여성을 추적하는 신상 털기가 이어지며 일종의 신드롬을 낳았다(박권일, 2014, 전혜원·천관율, 2015, 여기서는 황정미, 2017: 37쪽에서 재인용). 여성을 비하하는 인터넷 담론은 여성가족부를 비난하고 폐지를 요구하는 목소리로 이어지기도 했다. 이처럼 청년 세대에 있어서 젠더 평등은 세대 및 계층간 재분배의 문제와 맞물리면서 논쟁과 갈등의 대상이 되고 있다(김보명, 2019b).

그러나 페미니즘은 제도 밖으로 좀 더 대중적으로 확산되면서 그동안 성평등 제도개혁이 실패한 측면, 즉 법적 제도적 대응이 간과하고 있는 성폭력 의제들을 드러내고 친밀한 공간과 일상생활의 관행에서 반복되는 가부장적 문화를 급진적으로 비판하고자 했다. 2015년을 전후에 디지털 공간과 대중문화 영역에 만연한 '여성혐오'에 대한 저항이 페미니즘 재부상 현상이다(김보명, 2018).

특히 2016년 5월 발생한 강남역 여성 살인사건은 대중적인 페미니즘 담론을 더욱 촉발시켰다(이나영, 2016; 2019). 경찰과 보수언론은 '정신질환자의 묻지마 살인'으로 사건을 덮으려 했지만 비통한 심정으로 현장을 찾은 수많은 여성들은 이를 여성혐오에 의한 살인으로 인식했다. 많은 여성들이 '여성혐오'를 자신의 문제로 공감하였다. 이 사건이후 여성들은 '나는 오늘도 운 좋게 살아 남았다.' '남아있는 여성들이 더 좋은 세상 만들게요' 등 수많은 포스트잇을 붙이면서 잇따른 추모 집회와 거리 발언을 통해 피해여성을 추모하여 일상에서 드러내지 못했던 불편한 느낌들과 차별과 폭력의 경험들을 함께 나누었다(한국여성민우회 엮음, 2016). 수개월 동안 이어진 공감 속에서 그들은 일상에 만연한 여성비하와 여성혐오의 실상을 폭로하였다.

2015년 온라인 커뮤니티 '메갈리아'가 사용한 전략은 상대방의 언어를 거울에 반사시키듯 그대로 되돌려주는 전략 즉 '미러링'(김리나, 2017)이었다. 즉 기존의 인터넷 남초 커뮤니티에서 통용되어 온 여성혐오의 언어를 모방하여 폄하와 조롱의 대상을 여성에서 남성으로 뒤바꾼 패러디를 사용하는 것인데 이와 같은 과정을 통해 일상의 불편함을 적극적으로 드러내고 명명하며 한국사회의 불평등한 성별 구조에 대해 지속적으로 문제를 제기하였다. 이에 대해서는 혐오를 재생산하며 성별 대립이 격화되는 문제를 낳았다는 비난이 있지만 한국사회의 젠더질서에 대한 패러디를 통해 그 과정에서 은폐된 권력과 여성억압을 가시화하고 궁극적으로 한국사회의 젠더 질서를 재구성하고 해체하는 실천의 공간으로서 갖는 의의가 있다는 평가도 있다(신혜빈, 2016). 실제로 이들은 남초 커뮤니티 중심의 여성혐오에 대한 담론 전쟁뿐만 아니라 화장실 불법촬영 근절운동, 성매매 정보나 폭행 모의까지 등장해 결국 '소라넷' 폐지를 위한 서명운동 등 실질적인 여성권리 보호를 위해 적극적 오프라인 활동을 펼치기도 했다(하수정, 2017: 74). 이후 메갈리아 내에서 성소수자 혐오는 인정할 수 없다는 운영진의 결정에 반대하는 회원들이 메갈리아를 떠나 새로운 사이트 '워마드'를 만들었다.

2017년 10월 미국에서 미투운동이 일어났고 한국에도 이어지면서 연예계를 시작으로 하여 문학계, 미술계, 학계로 이어지다가 정치계로까지 연결되었다. 이러한 과정 속에서 2018년 5월 '불편한 용기' 주최의 경찰 편파수사에 대한 수만 명의 시위 등은 새로운 양상의 여성운동의 흐름을 주도하고 있다. 혜화역 시위는 여러 가지 면에서 이전의 여성운동 시위와는 차이를 보인다. 첫째, 이 시위의 참여 조건은 '생물학적 여성'이다. 두 번째는 이 시위를 주관했던 '불편한 용기' 운영진들은 철저하게 전문시위꾼의 속칭인 '꾼'을 배척했다. 셋째, 기존의 여성운동이나 거대 여성운동단체에 대한 불신과 거부감을 통해서 대리자 여성운동이 아닌 당사자 여성운동을 지향하고 있다(김민정b, 2020: 75).

2016년 9월 발표된 보건복지부의 임신중절시술에 대한 처벌 선언에 맞서 시작된 '검은 시위'는 낙태죄의 폐지 및 재생산 정의에의 요구를 전면으로 부상하게 했다. 이들은 디지털 공간과 대중문화적 감수성, 여성으로서의 공통의 경험과 정체성에 기반을 두는 새로운 저항의 정치학을 보여주었다(김보명, 2018: 117-121). 임신과 출산이 국가의 유지와 재생산을 위한 수단이 아니라 여성들의 몸과 성을 통해 일어나는 생애사적 사건이자 선택으로 이해되어야 한다는 것이다(김보명, 2019a: 199). 대법원은 2019년 4월 낙태죄 '헌법 불합치' 결정을 내림으로써 임신의 유지와 중지는 '낙태죄'가 아니라 '재생산 권리'라는 시각을 보여주었다. 미투선언, 불법촬영 편파수사 규탄 시위, 낙태죄 폐지 운동은 여성정책의 역사적 성과에도 불구하고 불충분하게 남아 있는 젠더 정의와 여성시민권을 좀 더 직접적이고 집합적인 실천을 통해 이루어내고자 하는 시도라 할 수 있다(김보명, 2019a: 189).

이 주체들은 10-20대 젊은 여성으로 자신들의 긴급한 이슈를 드러내는 가운데 디지털 성범죄 등을 중심으로 오프라인 세계와 연결된 정치행동을 확대해 가고 있다. 그 과정에서 다른 정체성을 지닌 여성 또는 다른 사회적 관계에 있는 존재들과 어떻게 관계 맺고 연대 혹은 대립할 것인지에 대한 입장이 형성 중에 있다고 하겠다(오김숙이, 2021: 149).

2. 경남지역 여성운동의 형성

지역사회 이슈투쟁, 여성교육, 상담 등의 활동을 통해 주부, 전문가 등 다양한 층이 지역여성운동에 점진적으로 참여하는 추세이다(이송희, 2009). 이는 여성운동이 지역성과 전국성을 동시에 추구할 수 있는 조직적인 토대를 갖추어 가는 것으로 평가할 수 있다. 이처럼 지역이란 범주는 여성운동의 대중화와 저변확대에 있어서 그리고 여성운동의 구체화 과정에서 핵심적인 범주로 부상하고 있는 실정이다. 여성운동은 추상적인 구호나 이념으로서 존재하는 것이 아니라 결국 삶의 현장인 지역사회에서 구체적인 변화와 발전을 이루는 것이어야 하기 때문이다.

지역에서 여성들이 느끼는 문제는 지역주민의 삶의 질을 대변하며, 지역여성들은 주민들의 의식과 실천을 담보할 수 있는 실천적 단위이다. 지역여성단체는 그 동안 비정치적 영역으로 간주되어 왔던 여성들의 일상생활과 지역사회 활동에 정치적 의미를 부여하고, 그 동안 제도정치에서 배제되어 왔던 여성들의 의사수렴의 채널 역할을 할 수 있다(김경애, 2001). 지역현실에 기반한 지역여성운동은 각각의 지역공간에서 살아가는 여성들의 다양한 이해와 욕구에 구체적인 관심을 가지며 다양한 운동방식과 대안을 제시하고자 한다.

지방은 서울 중심의 중앙집권적 발전과정에서 주변적인 위치에 있었으며, 여성은 사회발전의 중심에서 배제와 차별을 경험하면서 주변적인 존재로 살아왔다. 지역여성운동은 한국의 전체 여성운동에 대한 담론 형성에서 비교적 소외받아온 측면이 있으며 타자화되어 있다. "지역여성들은 그동안 지역사회 연구에서 관심을 받지 못했고 국가정책과 제도 구현의 대상으로 전국 여성운동 조직화의 대상으로 객체화되고 주변화되고 타자화된 존재였다"(허성우, 2000: 283)는 것이다. 그러나 지역여성들은, 지역주민들을 대변하고 지역사회의 주체가 될 수 있는 무한한 가능성을 지니고 있으며 지역이라는 구체적 공간을 기반으로 한 지역여성운동의 활동이 중요하다.

경남지역 여성운동의 시작은 일제 식민지시대까지 거슬러 올라간다(신영숙, 2011). 1920년대 근우회의 경남지회는 21개 지역에 조직되어 전국에서 그 조직 수가 가장 많았으며 활발히 활동한 지역 중의 하나였다. 1930년 근우회 해산 이후 지하화 했으나 해방이후 건국부녀동맹의 여성운동으로 이어졌다(경상남도, 2020: 881-882). 그러나 해방 3년과 분단을 거치면서 여성운동의 흐름은 전체적으로 위축되었다. 해방이후 1980년대 후반까지 지역의 몇몇 여성단체 활동은 주로 여가활동이나 취미활동, 몇몇 명망가 위주의 봉사활동 등 비정치적인 활동이 주류를 이루고 있었다. 경남지역의 경우에도 1980년대 이전 여성단체들이 조직되어 있었지만 직업적 이해에 따라 그리고 취미생활이나 자원봉사를 목적으로 조직되어 여성운동단체로서의 성격은 약했다. 이런 단체들은 권위주의정권 때 여성문제를 해결하기 보다는 정부정책을 홍보하는 역할을 하는 등 보수적인 성향을 지녔다고 할 수 있다.

1980년대 이후의 사회경제적 변화는 가부장적 성격이 강했던 경남사회에도 변화를 가져왔다. 경남에서 여성들의 경제활동 참여가 늘어나면서 경남여성들은 주체적인 의식을 느끼면서 사회민주화 운동에 참여하기 시작했다. 6월 항쟁은 지역사회를 민주적으로 변화시키고 시민사회를 활성화하는 계기가 되었다(이송희, 2020) 6월 항쟁이후 결성된 지역여성운동단체의 결성은 민주화 운동의 확산과 학생운동에서 배출된 역량의 축적을 통해서 가능했다(이송희, 2009: 36; 강인순, 2011a). 6월 항쟁에 경남여성들의 적극적인 참여는 여성이 지역민주화에 있어 주체가 될 수 있다는 자신감을 갖게 하는 계기가 되었다. 가부장적 성격이 강했던 경남 지역사회에서 여성이 목소리를 내기 시작했으며 여성 스스로가 자발적으로 여성운동단체를 조직하게 되었다(강인순, 2007). 여성문제는 사회구조 변화를 통해 함께 이루어야 한다는 문제인식과 함께 사회민주화와 통일, 그리고 여성의 권익을 실질적으로 확보하기 위한 대안적인 여성단체의 필요성이 제기된 것이다. 이러한 단체들의 결성은 1990년대 여성운동이 활성화되는데 기반이 된다. 6월 항쟁이후 경남지역에서 여성운동단체의 조직화가 시작되었고 1990년대 경남 여성운동의 기반이 되었다.[18]

경남지역 여성운동의 단초를 열었던 경남여성화는 1986년 12월 지역의 주부와 사무직 여성들을 대상으로 여성주의를 공부하고 여성의 주체성을 높이고자 반모임을 시작으로 하였고[19] 학습한 것을 일상생활에서 실천하는 활동을 하였다. 경남여성화는 여성들을 주체로서 인식하는 교육과 사회 민주화 운동, 주부 회원들의 저소득층 공부방 활동, 학부모 회원들의 참교육 학부모 운동 등을 적극적으로 했다. 또한 사무직 여성 회원들의 각 직장 노조운동과 여직원회 지원활동을 전개하였다.

1980년대 말 경남의 여성운동은 여성문제의 올바른 인식교육 활동에 치중했고, 이러한 교육을 통해 배출된 여성들이 이후 지역여성운동이 분화되고 확대되는 시기에 주도적인 역할을 하게 된다. 경남여성회의 여성운동을 시작으로 1990년대 경남여성운동이 지역적으로 확산되고 분화, 발전한 것이다. 정부주도가 아닌 여성들이 자발적으로 조직한 경남여성회의 결성을 시작으로 하여 1990년대로 넘어가면서 여성운동단체의 조직화는 활발해졌다.

1990년대 여성운동은 제도화와 함께 운동의 영역과 주체의 확장을 기반으로 한 여성운동의 지역화와 대중조직화를 주요 전략으로 설정하였다. 1980년대까

---

18) 이하 경남지역 여성운동의 성격에 대한 내용은 필자의 기존 연구들(이혜숙, 2012b, 2013a, 2013b)을 주로 참조하였다.

19) 이후 1987년 4월 경남여성문화연구회로 발전하였으며 1988년 6월 경남여성회로 단체 명칭을 바꾸었다. 따라서 이 글에서는 경남여성회의 출발을 1986년 12월로 본다.

지의 여성문제에 비해 1990년대 여성문제는 훨씬 구체적이고 보다 다양한 쟁점들을 가지고 있다. 여성운동이 추상적 이념운동이 아니라 구체적인 생활과 결합한 운동으로, 소수활동가 중심에서 여성대중조직화 모색으로, 이슈 중심의 과제별 운동에서 지역운동을 통한 여성의 정치세력화로, 선전중심의 활동에서 정책에 대한 대안을 만들고 정부에 요구하는 제도적 투쟁 등으로 새로운 이념과 운동방식을 추구하게 된 것이다. 또한 여성운동은 지역사회의 생활세계에서 제기되는 문제들을 해결하는 조직 활동에 주력하는 경향을 보였다. 종전까지 중앙조직 중심으로 전개해 온 여성운동이 지역사회에 뿌리내리는 소규모의 조직체로 결성되어 그 지역의 특수성에 따른 구체적인 문제들과 일상적 실천과제들에 관심을 가지게 된 것이다(이혜숙, 1999b).

3. 경남지역 여성운동의 성장과 분화

경남지역[20]의 경우 1986년 마산에서 경남여성회가 결성되었으나[21] 각 지역에서 여성문제에 주된 관심을 두는 여성운동단체들이 결성되고 조직적으로 확대된 것은 1990년대 문민정부가 들어서고 지방자치제가 실시되면서부터이다.

1990년대 이후 민주화가 진행되고 시민사회가 활성화되면서 가정폭력과 성폭력, 성희롱 등의 심각한 문제가 커다란 사회적 이슈가 되었으며 대중매체에서도 이러한 문제들에 관심을 가지게 되었다. 또한 한국사회의 중요한 변화 중의 하나

---

20) 1987년 6월 이후 경남 창원지역을 중심으로 한 전반적인 시민운동의 대두와 조직화에 대해서는 강인순(2011a)을 참조할 것.
21) 경남여성회의 성립과정은 1980년대 중앙집중적인 한국 사회운동의 풍토에서 주목할 만한 일이었다고 볼 수 있다. 경남여성회의 구체적인 성립과정과 주요 활동에 대해서는 경남여성회(2011: 84-256), 이혜숙(2012b: 46-49)을 참조할 것.

는 지방자치의 실시이다. 1995년 지방자치제의 전면적 실시는 지역여성운동의 성장과 다양화를 촉진시켰다. 지방정부의 권한이 강화되면서 책임의 소재가 분명해졌고, 지방 정치의 결과가 일상을 통해 쉽게 경험할 수 있는 것이어서 다양한 의제 설정이 용이했기 때문이다. 뿐만 아니라 적정한 규모의 활동으로 여성들간의 이해를 결집시킬 수 있었던 점도 영향을 주었다. 지방자치시대를 맞아 지역수준에서도 시민사회운동이 전반적으로 활성화되고 이러한 분위기 속에서 필수적으로 여성운동도 활성화되지 않으면 안 된다는 문제의식이 확산되었다. 지방자치제 실시와 더불어 지역여성정책과 관련한 지역여성운동단체들의 활동이 활발해 졌다고 하겠다(안진, 2007: 91-101; 이송희, 2009: 54-57; 이혜숙, 2012b: 99-102).

지방자치제의 실시와 함께 지역의 여성권익 확보를 위한 활동, 지방화시대에 대응한 여성정책과 생활과제의 발굴 등의 활동을 통해 지역여성운동이 점진적으로 확산되었다. 경남지역에서도 여성문제에 주된 관심을 두는 지역여성운동조직의 활동이 있어 왔으며 지방정부를 상대로 여러 가지 제안과 요구를 해 왔다. 경남지역 여성단체는 여성에게 사회활동과 여성문제에 대한 공유 기회를 제공하고 여성권익의 증진, 성평등 의식 확산 등 그 활동 영역을 지속적으로 확대해 나가고 있다.

경남지역에서 1990년대 여성운동은 1980년대 보다 활성화되고 운동의 이슈에 따라 분화되었다. 이에 따라 경남에서 조직된 여성단체들의 성격과 운동의 주체 그리고 운동의 대상이 다양해졌다. 1995년에 창원여성의전화가 창립되었으며, 1997년 진주여성민우회, 2000년 김해여성회, 김해여성의전화, 2001년 진해여성의전화, 경남여성장애인연대, 양산여성회, 2004년 통영여성장애인연대 등이 창립되어 각기 지역사회를 거점으로 활동하게 되었다[22]

---

22) 서울에서는 1980년대 말 여성운동단체가 생겼으나 지역은 1990년대 말과 2000년대 들어와서

1990년대 지방자치 시대를 맞이하여 경남의 여성운동은 분화되고 확대된 것이다. 경남여성회를 중심으로 한 주부, 사무직 여성들의 여성운동이 한국여성의전화 창원지부(현 창원여성의 전화)의 창립으로 여성폭력방지를 위한 여성 상담운동으로 독립하였고, 1992년 마산창원여성노동자회가 창립되어 1999년 결성된 여성노조 마창 지부와 여성사업자의 노조를 중심으로 한 여성노동자운동으로 분화되어 지역적으로 확대되기 시작하였다. 여성농민운동은 지역적으로 1993년 거창여성농민회, 1994년 진주여성농민회, 1997년 고성여성농민회, 1998년 합천여성농민회가 결성되면서 지역적으로 조직을 넓혀 나갔다(이혜숙·강인순, 2015: 296).

1990년대 여성운동은 주로 가부장적인 법과 제도를 개선하면서, 일상생활에서의 성 평등 의식 제고를 위한 교육, 성차별과 성 불평등 문제를 파악하기 위한 실태조사에 치중되었다. 이런 활동을 통해 여성운동단체의 조직적 확대와 지역사업, 여성문제의 사회적 이슈화와 해결을 위한 활동 등을 하였다. 경남지역 여성운동단체들은 1998년 경남여성정책을 최초로 평가했으며 2012년에는 경남여연 부설 여성정책센터를 개소하면서 정책위원을 중심으로 계속 경남여성정책의 현황과 과제를 검토하고 예산을 분석함으로써 방향을 제시하고 있다(김경영, 2016a, 41; 김윤자, 2016; 이경옥, 2019: 31). 또한 지자체 담당공무원이 토론회에 참석하여 경남여성정책의 방향과 과제에 대하여 민간과 행정이 함께 생각을 모으는 계기가 되었다(경남도민일보, 2002. 2. 7).

한국여연은 2005년부터 생활 속 여성운동의 중요성을 인식하고 지역여성운동의 역량을 강화하기 위해 지역운동센터를 발족하였다. 이를 기반으로 한국여연은 2007년부터 전국에서 다양한 활동을 펼치고 있는 생활 여성운동가들의 성과를 공유하고 향후 바람직한 운동방향을 모색하기 위한 '풀뿌리여성 조직가 대회'

여성운동단체 활동이 활발해졌다는 점에서 시기별 차이를 보여준다.

를 매년 개최하였다(이숙련, 2011: 24). 이처럼 1990년대 이후 시민사회의 활성화, 지방자치제의 실시, 여성주의 시각의 확산 등은 지역여성운동단체의 설립에 유리한 정치기회구조[23])로 작용했으며 운동 영역도 확대되었다.

지구화·지방화 시대에는 국가 이외에 다양한 행위자들이 동등한 구성원으로 참여하고 있으며 여성운동도 성평등을 향한 운동의 지평을 지구, 국가, 지역 차원의 모든 수준으로 확대해 나가고 있는데 일본군 '위안부' 이슈를 다루는 단체들도 경남지역에서 활발하게 활동하고 있다. 일본군 '위안부' 문제와 관련해서 경남정신대문제 대책을 위한 시민연대모임이 1997년 10월 1일 창립되어(경남 정신대문제 대책을 위한 시민연대모임, 1997) 2002년까지 활동하였는데 일본군 '위안부' 관련 활동뿐만 아니라 일제시기의 강제징용 문제나 한국전쟁 중의 민간인학살의 전쟁범죄에 대한 활동도 하였다(이경희, 2019: 66). 이후에는 2004년 경남여연에서 일본군 '위안부' 피해자 지원활동을 하게 되는데 이후 독자적인 조직의 필요성이 대두되어서 2007년 5월 15일 일본군 '위안부' 할머니와 함께하는 마창진시민모임이 창립하게 된다. 이들은 일본군 '위안부' 피해자 지원, 일본군 '위안부' 문제 알리기 위한 다양한 문화행사와 캠페인, 서명운동, 청소년 교육활동, 일본군 '위안부' 역사해결 및 피해자 명예회복 사업, 기념사업 등을 하였고 청소년 국제대회, 청년대학생 국제포럼 등 국제활동도 하였다(이경희, 2018: 7; 이경희, 2019: 67-69). 한편 2002년 일본군 '위안부' 할머니와 함께하는 통영거제시민모임(이하 '통영거제시민모임'이라 함)이 조직되어 '위안부' 문제해결을 위한 활동을 하고 있다(이혜숙, 2013b).

이들 단체들은 우선 경남지역 지방의회의 일본군 '위안부' 결의안 채택운동을 전개해 나갔으며,[24) 일본군 '위안부' 문제해결을 위한 일본의회의 입법을 촉구하

---

23) 정치기회구조란 집단행동의 성공과 실패에 대한 판단에 영향을 미침으로써 사람들로 하여금 사회운동에 참여할 동기를 부여하거나 박탈하는 일정한 정치환경을 의미한다(Tarrow, 1994: 85).

는 탄원엽서보내기운동, 일본군 '위안부' 교육기념사업활동으로 일본군 '위안부' 피해자 추모비 건립운동, 경남 일본군 '위안부' 역사관 건립운동, 일본군 '위안부' 생존피해자 일대기 역사교육자료 제작 지원활동을 하였다[25](김경영, 2012a). 일본군 '위안부' 문제해결을 위한 경남지역의 활동은 지역 내에서 다양한 시민사회단체들과 연대활동을 통해[26] 일본군 '위안부' 문제해결에 대한 지역사회의 관심을 이끌어 냈으며 지역 외부와도 전국여성인권포럼을 공동으로 개최하는 등 연대활동을 하고 있다.

최근에는 "일본군 '위안부' 피해자 명예인권회복 및 역사정의회복 실현, 일본군 '위안부' 문제 조사 및 연구, 자료수집 및 보존 전시, 일본군 '위안부' 문제교육, 일본군 '위안부' 피해자 추모, 기념, 경남지역 여성인권 플랫폼, 여성인권 확립과 평화의 가치실현으로 아시아 및 세계 여성인권, 평화에 기여"(송도자, 2019: 62)를 목표로 기록과 기억의 장치로서의 경남지역 일본군 '위안부' 역사관 건립을 위한 활동을 하고 있다.[27]

일본군 '위안부' 이슈는 국가수준의 이슈에서 초국적, 지구 수준으로 이어졌고 지역 이슈가 되었다. 경남지역을 중심으로 한 일본군 '위안부' 문제해결을 위한 지역여성운동의 검토는 지구화·지방화시대에 국가수준, 지구수준의 이슈가 지

---

24) 대구시의회와 부천시의회에 이어 통영시가 전국에서 세 번째로 거제시가 네 번째로 결의안을 채택하였고 12월에는 전국에서 네 번째로 경남도의회가 결의안을 채택하였다. 이는 2010년 1월에 창원시와 합천군으로 이어져 경남지역 전체 21곳(마창진 통합 이전) 의회 중 14곳에서 채택된 것으로 전국에서 가장 많은 지방의회 결의안 채택을 이끌어 내었다(송도자, 2012: 31).

25) 이러한 과정에서 경남도교육청이 2013년 3월 통영에 거주하고 있는 최고령 생존자 김복득 할머니의 일대기를 다룬 『나를 잊지 마세요』 역사교육 자료를 전국 최초로 발간했다(경상남도교육청, 2013).

26) 일본군 '위안부' 문제해결을 위한 경남시민행동이 활동하고 있으며 97개 시민단체로 구성된 경남지역 일본군 '위안부' 역사관 건립추진위원회는 2019년 10월 28일 공식출범한 이후 모금운동을 하고 있다(경남도민일보, 2020. 7. 23).

27) 경남의 평화비 연대와 일본군 '위안부' 운동에 대해서는 김명희(외)(2019)를 참조할 것.

역에서 어떻게 다루어지는가를 보여주는 좋은 사례이며 자구화·지방화시대 운동의 확산과 전개과정을 잘 드러내 주고 있다. 이는 자구화·지방화시대 지역여성의 역량이 지역사회의 변화를 이끌어 냈다는 점에서 지역여성운동의 주체성과 젠더정치의 측면을 잘 보여주는 예라 하겠다.

4. 경남지역 여성운동과 연대

1990년 후반으로 넘어가면서 경남 전역으로 여성운동단체들이 조직되고 주요 이슈에 따라 여성운동이 전문성을 띄어가자 개별 여성운동단체나 지역 시민사회 단체와의 연대활동이 필요해졌다. 개별 여성운동단체와의 연대활동은 여성관련 법·제도 투쟁, 3.8 세계여성대회, 여성의 정치세력화, 그리고 지역에서 발생하는 여성 현안 문제 등을 중심으로 이루어졌다.

실제로 경남지역에는 여러 성향의 여성단체와 관련 연대조직이 활동하고 있다. 경남여연과 경상남도여성단체협의회(이하 '경남여협'이라 함)는 지역의 여성 단체 연대조직체로서 각각 지역의 진보 성향의 여성단체와 보수 성향의 여성단 체들을 포괄하고 있다. 그 외 풀뿌리조직과 통일문제에 관심이 많은 경남여성연대, 성희롱·성폭력 예방 및 상담소 활동과 관련한 연대조직체 등이 있다. 구체적으로 살펴보면 다음과 같다.

해방이후 1980년대 후반까지 지역의 여성단체 활동은 주로 여가활동이나 취미활동, 몇몇 명망가 위주의 봉사활동 등 비정치적인 활동이 주류를 이루고 있었으며 이는 현재에 까지도 이어져 내려와 활동하고 있다. 1983년 5월에 창립된 경남여협은 여성의 권익증진, 여성의 능력개발과 사회참여 확대, 여성 일자리 창출, 돌봄 사업 등을 포함해 여성관련 법과 제도 개선을 해오고 있다. 즉 여성의 권익증진을 위한 정책 개발 및 실천사업, 여성의 능력개발과 사회참여 확대를 위한 교육사업, 여성의 건전한 의식전환과 지역사회봉사사업, 여성지도자 양성사업 및 국내외 여성조직과의 교류사업, 국가와 지역사회발전에 기여하는 사업, 각 단체 간의 사업협의 및 정보교환 사업 등을 수행하고 있다(경남여협 홈페이지, 2021).

하지만 경남여협 회원단체 중에서는 직업적 이해를 기반으로 한 여성단체이거나 정부주도로 결성된 여성단체가 많아 순수한 의미의 여성운동단체라고 보기가 어려우며 단체의 구성원이 주로 여성인 봉사단체, 혹은 직능단체가 대부분이다. 단체의 기능과 역할에서 1980년대 이후로 서울 및 수도권 대도시 지역에서는 그 세력이 약화되어 왔지만, 지역에서는 여전히 회원 수가 가장 많으며 경남여협의 회원단체 중 일부 단체는 지방정부로부터 재정적 지원을 받아 여전히 지방자치단체와 행정적으로 밀착되어 행사에 동원되는 관계를 유지하기도 한다(김희경, 2009: 8-10). 그러나 문민정부 등장 이후 경남여협의 회원 여성단체들 중 일부분은 3.8 여성대회나 직장 내 성희롱방지를 위한 법제정, 남녀고용평등법 등 성평등이나 성차별 금지와 관련된 법제정 및 개정, 성평등제도 마련에 여성운동단체들과 연대를 하고 있다(경상남도, 2020: 888)

〈참고자료 3-1〉

경남여성단체협의회 회원단체(설립년도)

경남.울산재향군인회여성회 (1991)
경상남도새마을부녀회 (1980)
경상남도여약사회 (1954)
고향을생각하는주부들의모임경상남도지회 (1993)
대한간호조무사울산·경남간호조무사회(1945)
대한간호협회경상남도간호사회(1963)
대한미용사회경상남도지회(1957)
대한조산협회경상남도조산사회 (1962)
생활개선회경상남도연합회(1994)
소비자교육중앙회경상남도지부(1972)
아이코리아경상남도지회 (1980)
울산.경남 간호조무사회 (1974)
한국부인회경남도지부 (1969)
한국여자의사회경남지회 (1954)
한국자유총연맹경상남도여성협의회(1989)

비고: 소비자교육중앙회경상남도지부는 전국주부교실중앙회경상남도지부가 2015년 명칭
　　　이 바뀐 것임
자료: 경남여성단체협의회홈페이지(2021), 각 단체 홈페이지 등(2021) 참조하여 작성함

1990년대 경남의 여성운동은 조직이 성장하고 분화되면서 큰 틀에서 연대하기 시작했다. 개별 여성운동단체들이 조직적으로 연합해 연대조직운동이 활성화되면서 전문화되고 발전하였다. 2002년 2월 5일 창립한 경남여연은 한국여연처럼 진보적인 성향의 지역여성연대조직이라 할 수 있는데 한국여연이 1987년에 조직되었다면 경남지역에서는 개별 여성운동조직들이 어느 정도 성립된 이후인 2002년에 만들어졌음을 알 수 있다. 경남여연은 2002년 2월 5일 경남여성장애인연대, 경남여성회, 진해여성의 전화, 김해여성회, 마산창원여성노동자회, 진주여성민우회, 김해여성의 전화, 창원여성의 전화의 8개 단체가 모여 창립하였다. 이후 디딤장애인성인권지원센터, 전국여성노동자조합경남지부, 창원여성살림공

동체, 통영여성장애인연대가 가입하여 2021년 현재 12개 회원단체가 가입되어 있다.

〈참고자료 3-2〉

경남여성단체연합 회원단체(설립년도)

경남여성장애인연대 (2001)
경남여성회 (1986)
김해여성의전화 (2000)
김해여성회 (2000)
디딤장애인성인권지원센터 (2016)
마산창원여성노동자회 (1992)
전국여성노동자조합경남지부 (1998)
진주여성민우회 (1997)
진해여성의전화 (2001)
창원여성살림공동체 (2009)
창원여성의전화 (1996)
통영여성장애인연대 (2004)

자료: 경남여성단체연합 홈페이지(2021), 각 단체 홈페이지(2021), 경남여연 제20차
정기총회자료집(2021: 205) 참조하여 작성함

진보적 여성운동단체연합인 경남여연의 성립과정을 살펴보면 여성문제에 주된 관심을 두는 지역여성운동이 발생되는 시기나 맥락이 중앙의 여성운동과 차이가 나며 지역여성의 현실과 상황도 다르다는 것을 알 수 있다. 지역에서 여성운동이 활발하게 등장하는 시점은 1990년대 중반 이후로 서울 지역과는 차이가 나며 현재까지도 여전히 경남여협을 중심으로 하는 풀뿌리 보수주의가 지방정부와 친밀한 관계를 맺고 있다. 이처럼 중앙집권적 한국의 발전과정에서 지역의 상황은 중앙이나 서울과 다르기 때문에 특히 지역여성운동과 젠더정치의 맥락에서 보면 지역에서는 풀뿌리 보수주의와 지방정부의 제도적 선택성(institutional selectivity)[28]이 강하다고 할 수 있다.

경남여연은 여성에게 사회활동과 여성문제에 대한 공유 기회를 제공하고 여성 권익의 증진, 성평등 의식 확산 등 그 활동 영역을 지속적으로 확대해 나가고 있으며 경남지역 여성정책에 대한 평가 등 지방자치단체에 대응하는 다양한 활동을 하면서 여성운동연합체의 기능을 수행하고 있는데 사안에 따라 공동대응을 함으로써 운동 영역을 넓혀 나가고 있다.

새 시대를 여는 여성의 힘 경남여성연대(이하 '경남여성연대'라 함)는 2008년 2월 16일 경남지역 여성운동단체들이 모여 만든 연대조직이다(경남여성연대, 2008). 경남여성연대는 여성 해방, 민족 자주, 6 · 15공동선언 실현, 신자유주의 세계화 반대, 반전 평화 실현, 여성들의 정치세력화를 목적으로 결성되었다. 여성농민, 여성노동자, 진보정당 등 다양한 계층, 다양한 부문의 지역여성들이 모여 2007년 7월 창립한 전국여성연대와 긴밀한 관계를 유지하고 있다. 경남여성연대는 창립 후 여성에 대한 차별 철폐와 성 평등 사업, 총선시기에 맞추어 정책 토론회 등을 통한 여성 의제 개발, 공교육 강화 · 보육 공공성 확대 등 아이들을 위한 미래사업 등을 펼쳤다. 경남여성연대는 2021년 현재 남해여성회, 민주노총경남본부 여성위원회, 사천여성회, 양산여성회, 전국학교비정규직노동조합 경남지부, 진주여성회, 창원여성회, 전국여성농민회경남연합으로 구성되어 있다. 이들은 풀뿌리 조직에 대한 문제의식과 목적의식이 강하며(강경란, 2013: 32-33) 이 조직의 형성과 활동은 창원지역과 농촌지역 등 기층 여성에 기반하고 있다.

---

28) 정치제도가 제도에 친화적인 운동을 수용하고 기성 제도와 어긋나는 운동을 배제하는 것을 말하는데 이를 여성운동과 젠더-거버넌스에 적용한 연구로는 신상숙(2011)을 참조할 것.

〈참고자료 3-3〉

경남여성연대 회원단체(설립년도)

남해여성회 (2006)
민주노총경남본부 여성위원회(2003)
사천여성회 (2005)
양산여성회 (2001)
전국학교비정규직노동조합 경남지부(2011)
진주여성회 (2005)
창원여성회 (2006)
전국여성농민회경남연합 (1997)

비고: 진해여성회(2005), 함안여성회(2006)는 참관단체임
자료: 경남여성연대(2021), 각 단체 설립연도는 경남여성연대 대표를 통해 확인함

한편 경남지역 여성복지와 인권을 위해 상담소 활동을 하는 각 단체들이 긴밀한 유대관계를 가지고 공동사업을 수행함으로써 여성폭력을 추방하고 성평등한 사회를 이루기 위해 1999년 경남여성복지상담소시설협의회(이하 '경남상시협'이라 함)가 결성되었다. 여기에 속한 단체들은 여성운동단체라고 보기 힘든 점도 있지만 여성문제에 관심을 가지고 있으며 지역사회에서 활동하고 있다. 경남상시협은 주로 성희롱, 성폭력, 성매매 등과 같은 여성인권 및 여성문제를 중심으로 여성 긴급전화 1366, 가정폭력상담소, 성폭력상담소, 성매매인권상담소, 가정폭력·성매매지원시설 등 경상남도 내 40여개 기관이 참여하고 있다.

그 외 아동과 여성을 대상으로 하는 범죄 예방 및 피해자 보호를 위한 지역 내 관련기관 간 네트워크인 경남아동여성안전지역연대가 활동하고 있다. 경남아동여성안전지역연대는 아동과 여성을 대상으로 하는 범죄 예방 및 피해자 보호를 위한 지역 내 관련기관 간 네트워크를 구축하여 폭력피해자의 복합적 욕구 충족과 정책의 실질적 효과를 기대하기 위해 만들어 졌다. 경남아동여성안전지역연

대는 경남여성폭력방지협의회(2002)가 경남아동여성인권연대(2009)로 되었다가 2014년 현재 경남아동여성안전지역연대로 된 것으로 민·관·경 협력 연계기구라고 할 수 있는데 경찰청, 교육청, 의료기관, 보호시설, 성폭력상담소 등 지역의 유관 기관과 단체로 구성되어 있다(경상남도아동여성안전지역연대. 2014). 경남도 및 시군 단위 관련기관 간 협력체계를 구축해 아동·여성관련 폭력예방 교육 및 홍보 사업을 추진하고 있다(경남일보, 2019. 11. 19).

이처럼 경남지역에는 현재 여러 성향의 여성단체들과 관련 연대조직이 활동하고 있다. 보수적 여성단체들이 속한 경남여협에 여성들이 많이 속해 있으며 여성단체들의 연대가 조직되어 활동을 시작한 시기가 서울과 차이가 있음을 알 수 있다. 경남지역에는 1990년대 후반 등장하여 진보운동 내부의 가부장성과 성차별적 문화를 비판했던 영페미니스트(전희경, 2008)의 존재가 활발하지 않다는 점에서 서울과 차이를 보인다. 그러나 이러한 활동의 차이를 무조건 여성주의의 낙후성, 보수성으로 봐야 할지는 좀 더 신중해야 할 것이며 다양한 정체성을 가지고 지역에서 활동하고 있는 여성단체가 존재하고 있다고 봐야 할 것이다. 여성들의 정체성은 미리 주어지는 것이 아니라 변화하고 교차하며 다중적이다. 정체성이란 "구성되고 발전되는 과정에 있는 것이며 시간적이고 공간적인 여건에 따라 동일한 개인이나 집단적 정체성도 지속적으로 변화하는 것이다"(김영선, 2010: 345).

지역에서 활동하는 다양한 성향을 가진 여성단체들에 대해서 관심이 적었던 것은 여성 정체성의 동질성을 강조하는 시각과 여성주의/가부장주의(반여성주의) 이분법이 크게 작용했다고 봐야 한다. 실제로 지역에는 다양한 성향의 여성 관련 단체들이 활동하고 있으며 이들간의 정체성의 차이와 다양성을 보여주고 있다. 이처럼 여성주의의 대중성과 확산 정도는 중앙과 차이가 있는데 정체성의 차이와 다양성에 대한 지역 여성주의 관점에서 이들의 경험에 대한 관심이 요구된다. 지역여성운동의 발전은 지역마다 그 과정과 모습이 다르지만(이혜숙, 2012a) 지역여성운동의 성립과정과 활동사례들을 보면 지역여성들의 주체성이 드러난다. 따라서 이를 중앙과 지역의 발전/비발전 이분법으로 접근하면서 지역여성의 경험과 현실에 대한 이해를 소홀히 해서는 안 될 것이다. 다만 경남지역에도 최근에는 20,30대 지역여성들이 참여하는 페미니즘 책 스터디 소모임이 조직되어 활동하고 있으며(이경옥, 2019: 42) 대학가를 중심으로 페미니즘 동아리가 활동 중이다(경남도민일보, 2921. 8. 4).

경남여성들의 힘들을 모아 이룬 성과들 중에서 의미가 있었던 것은 2008년 경남세계여성대회였다. 이 대회는 지방자치단체로는 처음으로 '상생의 꿈 하나로, 여성의 힘 세계로'라는 슬로건으로 치러진 세계여성대회였다. 세계 여성계와 연대를 강화하고 여성의 기본적인 인권과 자유의 존중을 위해 노력하고 성평등 사회를 실현하기 위해 세계여성인권 60주년, 세계여성폭력추방의 날을 기념하기 위해 2008년 11월 25일-27일 간 진행되었는데 민관협치의 성공적인 사례가 되었다(경상남도·2008경남세계여성인권대회, 2008a). 대회 마지막에는 경남여성인권선언문이 채택되었다(경상남도·2008경남세계여성인권대회, 2008b: 94-95). 경남여성인권선언문은 대회 준비위원회의 4개 분과위원회에서 진행된 사전 세미나와 워크숍을 통해 논의하고 발굴한 조례제정과 제도개선 사항을 바탕으로 작성되어 보다 현실적이고 실천적인 과제로 이루어졌고 경남여성의 힘들이 모아졌다는 것이 특징이고 성과라고 할 수 있다.

여성운동단체들은 여성의 정치참여 확대를 위해 노력해왔으며 선거 국면에서는 연대조직을 구성해서 활동해 왔다. 지역에서는 지방의회 감시활동에서부터 지자체 예산 분석, 조례의 제·개정 운동에 이르기까지 다양한 방식으로 지방정치에 참여해 왔으며 쟁점이 되는 여성 이슈에 개입하는 지역여성운동을 전개하였다. 이후 지역여성들에게 지방정치 참여의 중요성을 연계하는 것이 필요하고 지역에서 여성의 정치세력화를 주된 목표로 하는 여성정치조직이 필요성에 대해서 논의가 되어 왔다. 이런 점에서 2018년 지방선거를 앞두고 그 해 1월 발족한 (연합뉴스, 2018. 1. 15) 경남여성정치포럼은 지역 수준에서 여성의 정치세력화에 주된 관심을 두는 여성정치조직으로서 출발했다는 점에서 의미가 있으며 "지역여성의 낮은 정치적 대표성과 사회적 권한 배분의 기형성에 대해 문제를 드러내고 이를 공론화하는 것"(경남여성정치포럼·경상남도선거관리위원회, 2018: 9)을 주요 활동목표로 하고 있다 "제도적 수준에서의 성평등은 어느 정도 달성한 것으로 평가하고 있지만 일상에서의 관행적 차별과 폭력은 전혀 줄어들지 않았다. … 여성의 현실을 제대로 대변하고 정책에 반영해 줄 수 있는 성평등적 정치인이 매우 부족한 현실은 한국 사회 민주주의 발전의 지체 현상에 대한 방증이며 정의롭고 더 나은 민주주의로의 길이 요원함을 말해준다"(경남여성정치포럼, 2018)는 발족 선언문처럼 여성의 정치참여 확대 없는 민주주의는 무의미하고 민주주의의 완성은 성평등임을 분명히 하고 있다.

경남여성정치포럼은 생활정치시대 여성의제와 지역의제 개발, 교육과 유권자운동, 여성후보 발굴과 지원을 통해 여성 정치인들이 의회나 자치단체에 더 많이 진입할 수 있는 길을 모색하고자 한다. 지역 상황에 대한 인식에 기반한 다양한 전략을 취하는 것이 중요하기 때문이다. 특히 지역여성조직으로서 선거 국면에만 한시적으로 활동할 게 아니라 지속될 수 있어야 한다. "선거 후에도 의정활동의 모니터링과 평가, 그 대안 제시에 이르기까지 여성정치인에 대한 다양한 지원과 여성주의 연대가 필요하다"(이혜숙, 2018b)는 것이다.

제 2부

경남지역 여성운동과 젠더정치 :
지역여성운동단체 사례연구

제 4장

진주여성민우회의 형성과 전개과정

1. 지역여성운동연구의 필요성

1990년대 이후 한국의 사회운동은 시민사회의 성장과 더불어 활발해지고 있다. 그리고 이전의 사회운동보다 운동의 이슈, 조직, 행위양식, 대중기반 등에 있어서 폭넓고 다양하게 전개되고 있다. 지역여성운동의 성장과 발전은 이러한 한국사회의 시민사회의 성장, 시민운동의 성장과도 맥을 같이 하고 있다. 이 장에서는 지역여성운동의 형성과 전개과정을 경남 진주지역에서 활동하고 있는 진주여성민우회를 중심으로 살펴봄으로써 지역여성운동의 현황과 성격을 밝히고 지역여성운동에 대한 이론적 함의를 살펴보고자 한다.

여성운동에 대한 여성주의적 연구는 일반적인 수준에서 여성운동의 전반적 성격과 운동노선에 대한 관심에 머물러 왔다(이승희, 1994). 지역여성에 관심을 두는 기존의 연구들도 지역여성단체의 활동을 검토하는 수준에 머무르고 있으며

(지은화정외영유옥순신경혜, 1994; 한정자함인화김인순, 1999) 지역여성운동에 대한 이론적, 실천적 관심은 이제 논의가 시작되고 있다(한국여성민우회, 1999, 허성우, 1998, 2000). 그러므로 이 글은 다음과 같은 점에서 그 필요성과 의의가 있다.

첫째, 무엇보다도 여성운동에 대한 사회운동론적 연구가 필요하다는 점이다. 기존의 사회운동 연구를 보면 1990년대 사회운동의 중요한 핵심세력으로서 여성운동을 주목하고 있음에도 불구하고 여성운동에 대한 관심 자체가 적었고 여성주의적 연구에도 사회운동조직이나 사회운동 자체에 대한 논의보다는 운동외적 조건이나 운동노선의 분석에 몰두하는 경향이 있다. 이러한 경향은 기존의 사회운동 연구에도 전반적으로 해당된다고 할 수 있는데 각 부문운동들의 현황과 당면한 과제에 대해 관심을 가짐으로써 사회운동을 객관적인 연구의 대상으로 분석한다기보다는 연구 자체의 실천적, 당파적 성향을 보여왔다(조대엽, 1999: 40). 실제로 여성운동단체의 조직적 특성이나 내부의 동학, 그리고 다른 운동단체들간의 역학관계에 대한 연구는 이제 시작 단계에 있다(조은, 1998). 그러므로 여성운동의 형성과 전개, 운동의 성격에 대한 다각적이고 종합적인 분석을 시도하는 것이 이 시점에서는 매우 필요하다.

둘째, 지역여성운동은 여성운동에 대한 거대담론의 체에 걸러지지 못하고 빠져나간, 지역의 구체적 여성을 가시화시키고 있는 미시담론의 장이다. 지역여성운동은 성평등 실현의 구체적 출발 지점이며 여성문제가 구체화되는 현장인 것이다. 따라서 지역여성운동에 대한 관심은 기존의 중앙중심 여성연구29)

---

29) 여기에서 중앙중심이란 서울 및 수도권 중심을 말한다. 지역여성운동이라고 말할 때 개념상 지역 범주에 서울지역을 제외할 필요는 없다. 그러나 그 동안의 연구들은 서울을 중심으로 하는 지역적 특성을 고려하지 않고 일반론적으로 접근해 왔다. 지역여성연구는 지방을 포함한 지역여성들의 현실을 구체적으로 드러내 줌으로써 서울 내지는 중앙중심 여성연구의 한계를 극복할 수 있을 것이다. 이런 점에서 허성우(2000)는 지역여성운동을 중앙이나 서울과 구분되는 지역에서 일어나고 있는 여성운동으로 보고 있다.

의 한계를 극복할 수 있다는 점이다. 한국 여성운동 담론은 여성문제를 가부장제와 자본주의라는 거대담론의 영역에서 정의하고 있는데 이러한 정의는 추상적이고 원론적인 것으로서 문제를 너무 보편화시킴으로써 지역여성들의 경험을 설명하는 데에 한계를 가진다(허성우, 1998). 한국여성의 발전을 위해서는 지역여성운동 및 지역여성들의 현실에 대한 구체적인 연구가 필요하다.

셋째, 지방화 시대를 맞이하여 지역연구의 필요성은 점점 더 커지고 있다. 지역사회의 균형있는 발전을 위해서는 지역의 객관적 실태와 조건, 지역사회가 당면하고 있는 문제와 주민들의 요구사항들에 대한 현장 연구가 무엇보다 필요하기 때문이다. 지역연구를 위해서는 지역사회에 산재하는 지역문제에 대한 면밀한 조사가 우선되어야 하며 지역에서 출발한 지역여성운동과 운동조직에 대한 연구는 그 기초를 이룬다고 하겠다. 특히 지역여성운동은 지역발전과 지역차원에서의 여성정책수립, 여성의 정치세력화 등과 관련지어 볼 때 중요하다. 지역여성운동에 대한 연구는 지역여성의 욕구를 파악하고 지역여성의 활동을 살펴봄으로써 보다 종합적인 지역연구의 활성화에 기여할 것이다.

이 장에서는 우선 진주시 사회운동의 흐름과 여성문제의 흐름을 정리하고 지역여성운동의 형성과 전개과정은 주로 진주여성민우회라는 여성운동조직의 사례를 중심으로 검토한다. 진주여성민우회는 경남 진주 지역에서 1997년 6월 창립되었는데 한국여성민우회의 지방 지부 중 처음으로 생긴 조직이다. 진주지역을 중심으로 여성문제 전반에 주된 관심을 두고 있는 운동단체이며 자생적으로 생긴 조직이라는 점에서 지역여성운동의 형성과 전개과정을 살펴보는 사례로서 적당하다. 이 글은 사회운동에 대한 이론적 논의들을 이용하여 지역여성운동의 현황을 살피고자 한다. 구체적인 관심은 다음과 같다. 첫째, 진주지역에서 여성문제의 흐름은 어떠한가? 둘째, 지역여성운동은 어떻게 형성되고 전개되고 있나? 셋째, 지역여성운동의 성격은 어떠한가? 넷째, 지역여성운동의 가능성과 한계는 무엇인가? 다섯째, 지역여성운동을 통해서 본 이론적 함의는 무엇인가? 등이다.

　이 글은 지역여성운동의 형성과 전개과정을 진주여성민우회를 중심으로 검토하는 사례연구이며 진주여성민우회의 정기, 부정기 간행물과 회의록, 자료집 등을 이용한 문헌연구, 설문지를 이용한 조사연구, 심층면접 등 다양한 방법을 이용하였다. 구체적인 자료의 성격과 자료수집 방법을 살펴보면 우선 진주여성민우회 소식지인『진주여성』은 진주여성민우회의 성격을 알 수 있는 중요한 자료이며 정기총회 자료와 회의록, 간행물 등 내부자료들도 주된 자료들이다. 그리고 진주여성민우회의 대표 및 상담소장 등을 역임한 회원이 진주여성민우회에 대해서 쓴 "현지조사보고서"30)는 이 글의 주요 자료이다. 그 외 그 회원에게 개방된 문항을 설문지로 만들어서 자유롭게 그 내용을 쓰게 하는 방식으로 진주여성민우회의 성격에 대한 자료를 수집했으며 부족한 부분에 대해서는 심층면접을 함으로써 보완하였다. 또 그러한 바탕 위에 쓰여진 이 논문의 초고를 보고서 및 설문지 작성자에게 읽어 보도록 하여 내용에 문제가 없는지도 확인하였다.31)

　사회운동의 전개과정을 보다 역동적으로 이해하기 위해서는 운동과정의 종

---

30) ○○대 대학원에 제출한 강문순의 기말보고서를 말한다(강문순, 2000)

31) 이런 점에서 이 글은 강문순의 입장에 많이 의존되어 있지만 필자 자신도 창립 때부터 회원으로서 참여관찰할 기회가 있었기 때문에 이와 같은 과정을 통한 전체적인 내용을 파악하고 해석하는데 무리가 없다고 본다. 그러므로 주를 일일이 달지 않고 해석하는 부분은 이러한 설문지와 심층면접, 참여관찰을 통한 것이라 할 수 있다. 회원현황 파악을 위해 개별 회원들에게도 각각 설문지를 돌렸지만 회수율이 높지 않았고 활동하는 회원 수도 많지 않으니 빈도를 제시하는 것이 그리 의미가 없을 것 같아 다시 시도하지 않았다. 회의록 내용의 구체적인 부분들은 생생한 자료이지만 지면의 양이 제한되어 있기 때문에 일일이 직접 인용하지 못하였음은 아쉬움으로 남는다.

합적인 도식의 확립이 필요하다(사회문화연구소, 1993: 202). 이 연구는 운동의 형성, 운동주체, 운동의 동원과정, 운동조직의 특성, 운동의 지향성과 행위양식, 네트워크와 연대 등에 대한 신사회운동론과 자원동원론의 논의들을 주된 이론적 자원과 분석틀로 삼아 진주여성민우회를 중심으로 지역여성운동이 어떻게 형성되고 전개되고 있는가? 그 성격은 어떠한가를 살필 것이다. 그리고 한국여성운동의 발전과 관련하여 지역여성운동 연구가 갖는 이론적 함의가 무엇인가를 살필 것이다.

2. 진주여성민우회의 형성과정

1) 진주시 사회운동의 흐름

진주는 서부경남 지역의 중심도시로서 오랜 역사를 지니고 있다.[32] 진주는 서부경남의 교육 및 상업관련 전문직, 사무직, 서비스업이 주종을 이루고 있으며 제조업이 매우 취약한 상태에 있다(경남지역사회연구원, 2000: 149). 해방이후 진주시 사회운동의 흐름을 한 눈에 알 수 있는 체계적인 자료는 없지만 지역문제를 해결하기 위한 다양한 움직임이 지역운동의 맥락에서 전개되어 왔다(장상환, 1993: 61-62). 지역운동으로 자리잡기 시작한 시민운동의 대표적인 사례는 진주 YMCA의 활동을 들 수 있다(진주YMCA 50년사 편찬위원회, 1998). 그 후 전문적 분야로 분화되기 시작한 시민운동의 대표적인 사례는 '남강을 지키는 시민의 모임'이었는데 1994년 '진주환경운동연합'으로 바뀌면서 지역사회에서 강한 영향력을 가지고

---

32) 진주시의 전반적인 사회경제적 환경에 대해서는 최태룡(1996)을 참조할 것.

활발한 활동을 하고 있다(조창래, 1994: 24). 그 외 진주시의 시민단체들은 TV 수신료 반대, 공선협활동, 지역범민족대회, 지리산양수발전소 반대 등의 활동 등에서 이미 하나의 연대로 발전해 나갈 수 있는 가능성을 보여주었다. 이처럼 진주시 시민운동은 시민운동의 자율성을 확보하고 지역사회 과제에 대한 공론형성 및 공동행동을 위해 노력하고 있다.

진주시의 본격적인 여성들의 활동은 1960년대 이후 여성단체가 조직되어 활동하기 시작된 이후부터라고 할 수 있다. 그러나 여성문제의 제기와 대안 제시에 미흡하고 피상적인 모습을 보이고 있다. 여성문제에 관심을 갖는 모임들이 본격적으로 생겨나기 시작한 것은 1980년대 말, 1990년대 초반부터라고 볼 수 있다(이혜숙, 1999a). 1980년대 이전에 활동을 시작한 여성단체 중에서도 1978년 설립한 YWCA같은 경우에는 여성운동의 불모지였던 진주에서 여성문제에 관심을 가지고 활동하기 시작한 단체이다. 그러나 활동목표가 다양하고 광범위하기 때문에 본격적인 여성운동단체로 규정짓기에는 무리가 있다. 2000년 현재 운동단체로서 '진주여성민우회', '진주여성농민회'가 활동하고 있으며 기존에 진주지역에서 활동하던 여성단체를 이끌어왔던 여성들이 주축이 되어 진주여성의 힘을 하나로 모아 여성의 발전과 후원을 실현하자는 뜻을 가지고 설립한 '여성발전을 위한 모임'이 활동하고 있다.

2) 지역여성운동 조직의 형성 성추행사건과 진주여성민우회의 창립

1990년대 한국사회에는 특화된 이슈를 중심으로 운동을 전개하는 조직들이 다양하게 출현하였는데 지역정서에 따라 운동조직이 자발적으로 이루어지는 경우와 지역의 특별한 이슈를 계기로 운동조직이 형성되는 경우로 구분될 수 있다. 지역여성운동이라는 측면에서 볼 때 진주여성민우회는 지역에서 일어난

이슈에 대한 대응과정에서 만들어졌다. 즉 1996년 5월에 일어났던 진주지역 유치원 성추행사건이 직접적인 계기가 된 것이다. 피해 여교사들이 원장을 검찰에 고발하고 지역 시민단체인 YMCA에 알림으로써 지역사회에 드러난 이 사건은 교육현장과 사회 곳곳에서 행해지고 있는 성폭력에 대해 지역민의 관심을 불러일으키는 기폭제가 되었다. 이 사건 대응을 위해 결성된 "유치원원장 성추행피해교사를위한대책위원회"(이하 '대책위'라 함)는 상담소 개소 준비를 시작했던 것이다. 이처럼 지역에서 발생한 성추행사건[33]을 계기로 확산, 심화된 진주지역 여성문제에 대한 인식과 공감을 기반으로 진주여성민우회가 창립된 것이다. 그러나 이러한 조직의 형성은 어느 날 갑자기 이루어지는 것은 아니다. 진주여성민우회의 창립이라는 지역여성 운동조직이 형성되는 배경과 과정을 좀 더 구체적으로 살펴보기로 한다.

(1) 정치기회구조와 동원의 맥락

사회운동의 성공여부는 사회운동이 처한 정치기회구조(political opportunity structure)의 영향을 받는다(McAdam, 1982, McAdam, McCarthy and Zald, 1996, Tarrow, 1994, Tilly, 1978). 정치기회구조란 집단행동의 성공과 실패에 대한 판단에 영향을 미침으로써 사람들로 하여금 사회운동에 참여할 동기를 부여하거나 박탈하는 일정한 정치환경을 의미한다(Tarrow, 1994: 85). 정치기회구조가 확장될 때 사회운동은 성공할 확률이 높아지며 반대로 정치기회구조의 축소는 사회운동의 실패로 연결된다.

1990년대 이후 시민사회가 활성화되면서 가정폭력과 성폭력, 성희롱의 심

---

33) 유치원 원장은 성추행 혐의로 징역 1년의 실형 선고를 받았고 항소심에서 징역 1년에 집행유예 2년 선거를 받았으며 대법원에 상고하여 1998년 1월 상고 기각 판결을 받았다(유치원 원장 성추행 피해 교사를 위한 대책위원회, 1999).

각한 문제는 커다란 사회적 이슈가 되었으며 대중매체들에서도 이러한 문제들에 관심을 가지게 되었다. 또한 한국사회의 중요한 변화 중의 하나는 지방자치의 실시이다. 지역사회단위의 지역발전은 각 지방정부가 안고 있는 최대의 과제이며 시민참여행위 그 자체가 지방자치의 본질이다. 지방자치 시대를 맞아 지역수준에서도 시민사회운동이 전반적으로 활성화되고 이러한 분위기 속에서 필수적으로 여성운동도 활성화되지 않으면 안 된다는 문제의식이 확산되었다. 성문제에 대한 대중적 관심, 여성주의 시각의 확산, 시민사회의 활성화, 지방자치의 실시 등은 진주지역의 여성운동조직의 형성에 유리한 정치기회구조로 작용했다고 하겠다.

그러나 거시구조적 요인들만으로는 사회운동의 형성과 전개과정을 설명할 수 없다. 맥아담(McAdam, 1988)은 거시구조와 미시적 정치과정을 연계시키기 위해서는 미시적인 동원의 맥락이 분석되어야 한다고 주장하였는데 먼저 참여자의 참여결정에 영향을 미치는 인식적 해방과 집합적 귀속, 사회운동의 성공에 대한 기대 등이 분석되어야 한다고 하였다. 사회운동 참여자들은 기존의 체제 또는 제도가 정당성을 상실하였다는 인식이 확산될 때, 종전에는 체념하고 있던 사람들이 변화에의 요구를 자신들의 권리로 인식하기 시작할 때, 무력감에 빠져 있던 사람들이 환경을 변화시킬 수 있다는 정치적 효능감을 갖게 되었을 때 인식적 해방을 경험한다(임희섭, 1999: 97-98). 당시 사회분위기로 보아 1990년대 중반 지역사회 수준에서도 성추행의 문제점에 대한 의식이 어느 정도 확산되어 었었음을 알 수 있다. 그런데 성추행 사건에 대한 경찰과 검찰의 수사과정에서 피해자의 고통은 철저히 무시당하고 피해자를 죄인 취급하는 편파적인 수사 행태를 경험하게 되자(강문순, 1997) 변화에의 요구를 여성의 권리로 인식하기 시작했고 대책의 필요성을 실감했던 것이다. 이와 같은 분위기는 상담소의 필요성과 준비동기에 잘 나타나 있다.

〈참고 자료 4-1〉

상담소의 필요성과 준비동기

1. 오늘날 한국사회의 성폭력은 그 심각성이 정도를 넘은지 이미 오래다

2. 특히 지방 중소도시인 진주에서의 성폭력, 성차별은 뿌리 깊은 남성우월주의, 가부장적 제도, 남아선호사상 등의 중첩된 원인으로 인해 더욱 심각한 상태이다.

3. 이러한 사회분위기 속에서 여성은 성폭력을 당해도 개인적으로 법에 호소하여 해결하는 것이 불가능할 뿐만 아니라 오히려 죄인 취급당하고 가해자는 무용담을 늘어 놓는 영웅이 되는 기이한 현상이 일어나고 있다.

4. 결국 여성이 이러한 인권유린과 차별을 받아도 마땅히 호소하고 자신의 인권을 보호받을 수 있는 기관이 전혀 없다.

5. 이러한 상황에서 96년 5월 진주에서 유치원장이 여교사들을 수년간 성추행한 사건이 세상에 알려지게 되었다.

6. 이의 올바른 해결을 위해 종교, 사회, 여성단체가 대책위원회를 구성하였고 이러한 사건들을 지속적으로 담당할 수 있는 성폭력상담소를 준비하기로 하였다.

자료: 진주 성폭력상담소 개소 주비위(1997).

상담의 목적과 방향은 다음과 같이 정리하고 있다.

〈참고자료 4-2〉

상담의 목적과 방향

1. 피해자들이 자유롭게 자신의 피해상황을 정확하고 신속하게 알리고 상담할 수 있게 한다.

2. 피해자들이 우선 육체적, 정신적 치료를 받아 가정과 사회에서 정상적인 생활을 다시 할 수 있도록 도와 준다.

3. 피해자가 법적, 사회적으로 부당한 대우, 불리한 처지에 놓이지 않도록 여론을 형성하고 법률적 대응을 한다.

4. 성폭력이 발생하지 않도록 예방적 차원에서 올바른 성교육을 실시하고 폭력적인 사

회, 성에 대한 상품화 등을 감시하고 개선을 위한 연구와 행동을 취한다.

자료: 진주 성폭력상담소 개소 주비위(1997).

결국 성폭력, 성차별의 문제점에 대한 의식이 확산되고 그에 대한 문제제기는 여성의 정당한 권리라는 점을 인정하게 되었고 이에 지속적인 상담과 체계적인 대응을 할 필요성을 느낀 것이다. 또한 빠른 시간 내에 대책위를 조직하게 된 점도 지역여성운동 조직의 결성을 추진하게 된 구체적 배경이 되었다고 하겠다. 대책위에는 진주지역에서 경상대(현재의 '경상국립대') 총여학생회, 서부경남 인권위원회, 여성권익신장을 위한 모임, 진주 평강교회, 여성농민회, 진주 YWCA, 진주 YMCA 참사랑회, 대학YMCA시협의회, 대학 YMCA동문회, 전교조 진주지회, 진주 MBC여직원회, 마산, 창원지역에서 창원여성의 전화, 성폭력상담소, 여성평화를 위한 변호사모임, 창원 YWCA, 여성의 쉼터, 마산사랑의 전화, 경남여성회, 마창여성 노동자회, 부산경남여대생협의회, 전교조경남지부, 그 외 지역에서 울산여성의 전화, 진해사랑의 전화가 참여했다(유치원 원장 성추행 피해 교사를 위한 대책위원회, 1999).

(2) 자원동원: 인적 자원과 재정적 자원

사회운동의 형성과 전개에 있어서 인적 자원과 재정적 자원의 동원은 가장 기초가 된다. 우선 인적 자원을 보면 당시 상담소개소 준비위원으로 참여한 사람들은 89명으로 실무위원을 살펴보면 '여성권익신장을 위한 모임', '진주 YMCA 참사랑회', '진주환경운동연합 여성분과' '총여학생회', 'YMCA 간사' 등 여성학 소모임에서 활동하거나 진주지역 시민단체나 시민단체의 여성분과에서 활동한 사람들이 주된 구성원이었다. 즉 진주에서의 여성문제에 대한 관심과 여성운동단체의 필요성을 진작부터 절감해 오던 인적 자원들이 있었기에 바로 사업을 시작할 수 있었다고 하겠다. 또 1997년 6월 19일 진주여성민우회가 창립될 때까지 200여명의 발기인 등 후원자를 확보할 수 있었던 것 등 지역사회를 중심으로 한 동맹과 연대의 확보가 중요하게 작용하였다.

재정적인 자원은 운동이 형성되는 초기에 매우 중요하다. 재정적인 바탕은 1996년 12월에 지역에서 있었던 인권토론회였다. 여성인권 발제자로 주비위원회 측에서 참석했는데 인권토론회에서 각 발제자가 속한 단체에 활동기금으로 100만원씩을 기증했고, 이와 함께 준비위원회 핵심성원 중에서 회원 6명이 각 100만원, 1명이 50만원을 내어 발기인 모집과 기부금 모집에 더욱 박차를 가할 수 있었다. 따라서 대책위 활동기간 중 1,900만원가량이 모금되었는데(강문순, 1997) 이를 바탕으로 조직형성의 재정적 자원을 확보할 수 있었다. 또한 일단 상담소를 만들면 어느 정도의 정부지원이 가능하다는 점34)이 재정적인 뒷받침이 될 수 있었다.

(3) 동원의 프로그램

인적 자원과 재정적 자원이 확보되면 구체적으로 어떤 프로그램으로, 운동을 어떻게 전개할 것인가 하는 점이 제기된다. 우선 어떤 형태의 상담소, 어떤 형태의 여성운동조직을 만들 것인가가 중요한 쟁점이었는데 결국은 상담소와 관련하여 한국여성민우회 지부로 하기로 결정하였다. 이는 법인화 문제와 정보공유 등 중앙단체의 지부로 하는 것이 좀 더 안전한 길일 것이라는 생각에서

---

34) 성폭력범죄의 처벌 및 피해자보호 등에 관한 법률 제3장 제30조에 의하면 국가 또는 지방자치단체는 제23조 제2항 또는 제25조 제2항의 규정에 의하여 설치한 상담소 또는 보호시설의 설치, 운영에 소요되는 경비를 보조할 수 있다.

였다. 조직과 관련한 주요 쟁점사항인 "한국여성의 전화 소속의 '성폭력상담소'로 할 것인가? 한국여성민우회의 '가족과 성 상담소'로 할 것인가?" 등을 결정하였는데 그 때 고려된 것은 현재 진주지역에서 어떤 형태의 여성운동과 상담이 보다 효과적인가? 진주지역에서 성폭력상담을 받을 때 어느 이름이 효과적인가? 상담소를 설립하는데 있어서 어느 방법이 현실 가능한가? 기타, 본부의 재정지원, 자료지원의 문제 등이었다. 한국여성민우회의 가족과 성 상담소로 결정하게 된 배경은 다음과 같다.

〈참고자료 4-3〉

가족과 성상담소 결정 배경

1. 현재 진주지역은 여성운동이 전무한 형태이고 상담소도 가정법률상담소 외에는 없는 상태이다. 보다 전문화되고 세분된 상담은 시간이 좀 지난 후에는 하는 것이 좋겠다. 두 상담소 모두 성폭력 전문상담소이지만 여성의 전화가 상담할 수 있는 범위보다는 가족과 성상담소가 보다 포괄적인 상담을 할 수 있다.
2. 여성운동이 전무한 상태이므로 상담만이 아니고 회원활동이 활발하고 다양한 여성민우회의 경험이 진주지역에 보다 큰 도움이 될 것 같다.
3. 진주지역의 보수성을 생각했을 때 보수적인 사람들에게 가족과 성상담소의 이름이 보다 부담없이 다가갈 수 있겠다. 특히 상담을 하고자 하는 사람이 편안한 마음을 갖고 하기에는 보다 부드러운 이름이 좋겠다.
4. 여성의 전화에서 요구하는 준비위원회로의 1년 기다리라는 요구는 현실적으로 너무 부담이 크다. 상담을 받지 않는 상태로 1년이라면 가능하지만 상담을 받으면서 1년을 기다린다는 것은 재정적인 부담이 너무 크다.

자료: 진주 성폭력상담소 개소 주비위(1997)

이처럼 주비위원회는 상담소를 만드는 과정에서 여러 가지 정보교환과 지원, 진주지역의 정서 등을 고려하여 한국여성민우회의 진주지부로 들어가기로 결정하였다. 따라서 진주여성민우회는 비록 지부이기는 하지만 위로부터 결성되었다기 보다는 지역사회를 바탕으로 아래로부터 지부가 결성되었다고 할 수 있다. 한국여성민우회는 수도권 이외의 지역에 지부가 없는 상황에서 전국적인 지부체계로 막 눈을 돌리던 시기라 주비위원회 측의 접촉을 반가와 했다. 그리고 창립과 상담소 개설이 순조롭게 진행되도록 도왔다. 또 마침 1997년 2월에 성폭력전문상담원 교육이 한국여성민우회 상담소 주관으로 있어 3인의 회원이 교육을 마치고 상담소 개설 요건을 갖출 수 있었다. 당시 주비위원회는 성폭력 방지를 위한 호루라기 배포 및 홍보, 성폭력의 실태와 해결 방안에 대한 간담회, 부모를 위한 성교육의 실시 등의 프로그램 활동을 하거나 피해여교사를 돕기 위한 일일 찻집 등을 열어 사건의 내용을 시민들에게 지속적으로 알리고자 했으며 성폭력에 대한 시민들의 인식을 확산시키고 관심과 후원을 얻고자 하였다.

(4) 네트워크와 연대

기존의 조직들은 사회운동의 중요한 자원이 된다. 기존의 조직은 사회운동 참여자들의 비용을 줄일 수 있고 충원활동에 활용될 수 있으며 운동이 성공할 가능성을 높이는데 기여한다(McAdam, 1988: 134-136). 다양한 기존 집단들은 사회심리적 미시과정(참여자의 참여결정)의 맥락을 제공하고 지도자와 통신수단 등의 조직의 기반을 제공하며 참가자들에게 연대의 유인구조를 제공함으로써 (McAdam, 1988: 134-136) 사회운동의 동원에 기여한다. 예를 들어 프리맨(Freeman, 1983)은 사회운동이 발생할 수 있는 조건으로 기존의 의사소통 연결망이 존재할 것, 그 연결망이 사회운동의 이념과 목표에 대해 수용적일 것, 그 연결망을 활성화시킬 수 있는 위기가 조성될 것, 기존의 연결망이 없을 경우에는 그것을 조직화할 수 있는 지도자가 존재할 것 등의 네 가지를 들고 있다.

진주여성민우회가 창립되는 과정에서도 기존 조직의 역할과 의사소통의 연결망은 매우 중요했다. 우선 지역에서 활동해 오던 시민단체와 그들 간의 네트워크라는 기존의 의사소통망이 성추행사건을 중심으로 대책위를 신속하게 결성함으로써 활성화 된 것이다. 그리고 그 중 여성문제에 관심을 보이던 소모임 형식의 기존 조직의 역할이 컸다. '참사랑회'는 1989년 교육문제에 관심을 가진 주부들이 중심이 되어 진주 YMCA 내의 주부모임으로 결성된 단체이다. 초기에는 교육문제가 주관심사였지만 이후 회원들의 관심사를 찾아나가면서 여성문제에 관심을 천착해 나가게 되었다. 1995년 결성된 '여성권익신장을 위한 모임'도 짧은 기간이긴 하지만 여성주의적 인식으로 활동을 해온 단체이다. 실제로 진주여성민우회 창립의 핵심 성원들은 주로 'YMCA 참사랑회'와 '여성권익신장을 위한 모임 회원'들이었음을 볼 때 기존 조직의 역할이 매우 중요함을 알 수 있다.

결국 진주지역의 여성운동단체 성립은 직접적으로는 성추행사건을 계기로 한 지역사회의 대응과정에서 성립하게 되었지만 'YMCA 참사랑회', '여성권익신장을 위한 모임' 등 여성문제에 대한 기존의 조직활동이 있었다는 점과 지역사회의 시민단체를 포함한 후원자들의 지원과 의사소통 네트워크, 재정적 자원의 확보 등이 매우 중요하게 작용했음을 알 수 있다.

〈참고자료 4-4〉

진주여성민우회 창립선언문

1. 다양한 교육과 문화행사를 통하여 여성의 의식을 깨치고 힘을 결속하는 사업을 한다.
2. 여성의 권익실현을 적극 옹호하고 남녀 모두 평등하고 인간답게 살아가는 공동체를 건설하며, 평화롭고 민주적인 통일조국을 앞당기는데 적극적으로 노력한다.
3. 가족과 성 상담소를 통하여 성폭력과 가정폭력 피해자를 상담하고 도우며, 올바른

성교육을 통해, 성차별, 성폭력이 없는 사회를 만들기 위해 노력한다.
4. 각 지역의 여성단체와의 연대를 통하여 여성문제의 해결을 휘해 사회여론화, 법적 제도적 장치마련 등을 위한 활동을 한다.
5. 지역의 시민단체와의 연대를 통하여 당면한 지역사회의 문제를 고민하고, 해결해 나가는데 함께 한다.
자료: 진주여성민우회(2000)

3. 진주여성민우회와 자원동원

1) 운동주체

신사회운동의 높은 참여율을 보이는 참여자들은 주부들을 포함한 여성들, 젊은 세대, 고학력 등의 사회범주들이 있으며 대개 중산층이 그 중심을 이룬다. 진주여성민우회의 경우를 보면 2000년 현재 정회원 49명, 후원회원 83명 가량인데 회원 활동이 활발한 회원은 약 20-30명 정도이다. 회원의 연령은 대개 20대 후반에서 40대 후반이고 80%이상이 주부이며 대개 중산층이다. 활발한 회원관리가 이루어지지 않아 초기보다는 회원 수가 줄었으며 회비 납부를 하지 않는 회원도 많다.

회원들은 회원활동을 통해 자아존중감을 높이고 자아실현을 이룬다. 특히 자원상담원을 중심으로 상담에 관한 전문성을 높여 나감으로써 자신감을 확장시켜 나가고 있다. 실제로 상담소에서 활동하고 있는 회원들은 상담소를 통해서 자기성장과 여성연대, 혹은 상담봉사를 할 수 있다는 데에 보람과 긍지를 느끼고 있다. 그러나 회원 대부분이 어느 한 계층에 속한다는 것은 사업의 관심사가 편중될 위험을 내포하고 있으며 활동방법도 제한적일 수 있다. 예를 들면 기층여성을 위한 사업에 대한 관심을 끌어내기가 어렵다(강문순, 2000). 따라서 회원들은 진주여성민우회가 여성문제에 주된 관심을 두는 지역의 여성운동단체라는 것에 긍지를 느끼고 있으나 아직은 생각만큼 활동이 활발하다고 느끼지는 않고 있다(이명숙, 1999).

2) 운동의 자원과 동원과정

(1) 인적 자원

누가 사회운동에 참여하는가? 그들은 어떤 동기에서 어떤 방식으로 참여하는가? 어떻게 인적 자원을 계속 동원하는가는 운동의 유지와 발전에 있어서 중요하다. 인적 자원의 동원에는 인지적 동원과 연고적 동원이 있다. 새로운 이슈에 새로운 대안을 갖고 정치적 토론을 통하여 사회운동으로 나아가는 과정을 거친다는 것이 인지적 동원의 내용이다(Inglehart, 1977). 의식적 동의와 자발적 동기유발이 인지적 동원이라면 연고적 동원은 개인적 친분과 연고관계에 주로 의존한다. 진주여성민우회 회원의 구체적인 가입경로를 보면 첫째, 민우학교나 상담원교육 등 대중교육을 통하여 오는 사람, 둘째, 신문, 방송 등을 보고 찾아오는 사람, 셋째, 회원의 개인적 친분관계로 오는 사람 등으로 나눌 수 있다. 그러나 여전히 연고적 동원이 많다(진주여성민우회 설문지, 2000). 한국의 신사회운동에 대한 연구에 따르면(송호근, 1998) 운동조직들은 학연, 지연, 운동동지 등 기존의 네트워크를 적극 활용하고 있다. 진주여성민우회의 경우도 동원전략에서는 여전히 전통적인 방식을 사용하고 있음을 알 수 있다. 후원 회원의 경우에도 이념에 동조해서라기보다는 회원과의 친분관계에 의한 후원이 많다(진주여성민우회 설문지, 2000). 이는 과거의 운동단체들과 마찬가지로 개인적 네트워크망에 기초한 동원전략에서 벗어나지 못했음을 의미한다.

진주여성민우회의 경우 2000년 현재 인적 자원으로서의 회원 수는 충분한 편은 아니며 여성문제와 관련된 다양한 이슈에 헌신할 수 있는 활동가와 회원이 부족하다. 일부 회원들은 헌신적인 활동을 하고 있지만 회원들의 헌신에의 요구는 회원 개개인의 희생을 기반으로 하며 회원의 힘의 소진과 단체의 힘의 약화를 가져올 수 있다(강문순, 2000). 실제로 회원들은 지역여성운동조직으로서 활동이 보다 활발해지기 위해서는 활동가와 회원의 확보가 가장 시급한 것이라고 느끼고 있다(이명숙, 1999).

(2) 재정구조와 재정현황

어떻게 재정적 자원을 계속 동원하는가는 운동의 유지와 발전에 있어서 매우 중요하다. 진주여성민우회의 재정은 회비, 후원금, 정부의 보조금 그리고 사업수익금으로 충당된다. 2000년의 경우를 보면 1년 예산은 약 8600만원정도이며 수입항목에서는 회비 23%, 보조금 58%, 사업수익금 13% 정도의 비율을 차지하고 있으며 지출항목에서는 인건비 41% 경상비 17% 사업비 40% 예비비 2% 정도의 비율을 나타내고 있다(진주여성민우회 내부자료, 2000).

재정상태를 보면 재정상태가 열악하며 회원 회비가 꾸준하지 못하고 줄어가고 있는 상황으로 재정기반이 취약하다. 지방자치실시이후 지역의 운동조직들은 지역기반이 강하기 때문에 지방자치단체의 후원금을 적극적으로 활용하고 있다. 진주여성민우회의 경우도 정부의 지원금이 전체 예산의 57% 정도를 차지하고 있다. 그러나 정부의 재정지원을 받고 특히 그 지원되는 재정부분에 대한 의존성이 크다는 것은 유사시에 단체의 자율성이 크게 훼손당할 가능성이 있다는 것을 의미한다. 또 정부의 재정지원에 변동이 있게 되면 단체의 사업에도 큰 영향을 미칠 수 있다는 것을 의미하기도 한다.

4. 진주여성민우회의 조직과 활동

1) 조직구조

진주여성민우회는 지역 수준에서 자생적으로 생긴 조직이지만 한국의 대표적인 여성단체의 하나인 한국여성민우회의 지부로서의 성격을 지닌다. 2000년 현재 조직체계는 대표 1인, 부대표 2인(그 중 1인은 상담소장을 겸임한다)과 이사회, 사무국과 각 부서 그리고 각 소모임으로 이루어져 있으며 부설로 '가족과 성 상담소'를 두고 있었다. 진주여성민우회 간사 1인, 상담소 간사 2인이 상근활동가로 근무했다.

> "초창기 민우회는 회원 뿐만 아니라 집행부들도 대중조직 활동경험이 거의 없는 상태에서 조직을 구성하고 활동하는 데 무척 어렵고 힘든 점이 많았다. 게다가 상근자도 없이 조직을 꾸려나가면서 우왕좌왕한 적이 한두 번이 아니었다"(윤경순, 1998).

실제로 소모임의 분화와 통합에 따라, 또 상담소와 상담외 사업팀 간의 위상 정립이 제대로 되지 않아서 몇 차례 조직구조의 변화가 있었다. 이는 여성운동단체로서의 진주여성민우회와 상담기관으로서의 '가족과 성 상담소'가 함께 운영되면서 재정과 회원이 겹쳐지기 때문이다. 두 개의 기관 각각을 바탕으로 입회하게 된 회원들은 기본적으로 관심이 다를 수 있다. 진주여성민우회에서는 끊임없이 운동과 상담의 연결을 모색하고 있고 또 교육을 통해서 두 부분을 결합시키려 노력하고 있으나, 기본적으로 다른 관심은 사업의 각 영역에서 갈등요인이 된다. 따라서 조직 내의 관계에서 관계정립을 위한 약간의 갈등을 겪고 현재는 상담소와 노동, 생활자치센터가 자율적으로 운영(사업, 재정 면에서)을 하되 전체적인 부분에서만 공유하는 것으로 하였다(강문순. 2000)[35].

2) 조직의 위계와 자율성

신사회운동론에서는 새롭게 나타난 사회운동들의 조직적 특성이 독립적으로 조직된 자발적 집단이라는 점을 강조하여 상대적으로 느슨하고 탈집중적이며 소규모적이라고 규정하고 있다. 진주여성민우회의 경우 급료를 받는 스텝은 몇 명 정도이며 그 이외의 대표 이하 다른 회원들은 무급 자원활동가들로 구성된다. 본부나 외부에 대해서 지회를 대표하는 활동은 지회 대표가 주로 맡고 있지만 일의 내용에 따라 일반활동가들의 참여도 상당히 높게 나타나며 지회 내부의 의사결정은 지회의 상설기구들의 책임을 맡고 있는 활동가들로 구성된 운영위원회, 또는 본부와의 사전조정에 따라 이루어진다. 단체의 운영을 민주적으로 하기 위해 대표와 모든 회원이 함께 노력하며 의사결정이나 재정관리에 있어서 민주성과 투명성을 유지하기 위해 힘쓴다. 그러므로 조직내 위계성 정도는 거의 없이 평등한 관계를 지향하고 있다.

---

35) '가족과 성상담소'는 2005년 한국여성민우회가 '성폭력상담소'로 명칭을 바꿈에 따라 진주여성민우회 상담소도 성폭력상담소로 명칭을 바꾸었는데 현재는 진주여성민우회와 분리되어 진주성폭력상담소로 독립하여 활동하고 있다.

일반적으로 지역운동조직은 범위가 지역적이고 덜 관료제적이고 더 자율적이고 더 비공식적이다. 이들 조직은 소규모의 대면적 집단과 관계하고 개인적 상호작용을 추구하고 상황구속적인 성격을 지니며 지속기간이 일시적이다. 그러나 단체운영에 있어서 민주적인 면을 지나치게 중시하는 것도 단점이 될 수 있다. 지나치게 평등한 관계에 집착하게 되면 의사결정에 꼭 필요한 위계관계가 흐려질 수 있으며 단체의 운영이나 방향설정에 있어서 효율적이지 못하고 일관성을 유지하기가 어려워질 수도 있기 때문이다. 이런 경우 어느 정도의 힘을 가진 리더쉽이 형성되기가 어렵고 단체의 미래를 어둡게 할 수도 있을 것이다(진주여성민우회 설문지, 2000).

3) 운동의 지향성과 행위양식

(1) 운동의 목표와 방향

2000년 현재 진주여성민우회 정관에 의하면 진주여성민우회는 "여성의 능력개발과 권익보호로 여성에 대한 사회적 지위를 향상시켜 여성발전의 새로운 가치관을 형성하고 사회참여를 통한 건전사회 조성과 여성의 복지를 증진함으로써 민주사회실현에 기여함을 목적"으로 한다. 그리고 그 목적을 달성하기 위한 사업의 내용을 보면 운동의 목표와 방향은 매우 포괄적임을 알 수 있다.

<참고자료 4-5>

운동의 목표와 방향

1. 여성권익신장사업
2. 성폭력, 가정폭력 피해 등 상담사업
3. 소비자생활협동사업
4. 여성복지 및 종합사회복지관 위탁사업
5. 직업능력 개발사업
6. 미디어 교육 및 시청자주권 사업
7. 문화사업
8. 여성고용평등과 경제세력화사업
9. 여성환경 및 소비자권익사업
10. 기타 본 회의 목적 달성에 필요한 부대사업

자료: 진주여성민우회 정관

(2) 활동내용

2000년을 중심으로 민우회 활동내용을 살펴보면 다음과 같다.

〈표 4-1〉 진주여성민우회 사업내용

2000년 진주여성민우회 사업내용	
교육사업	미디어 모니터링 교육, 성폭력 전문상담원 교육 성교육 캠프 강사교육, 자원상담원 교육, 성교육, 정보교육 직장내 성희롱 예방교육, 노동상담원 교육
홍보사업	소식지 '진주여성' 발간, 3.8세계여성의 날
정책사업	청소년 성의식 실태조사, 민우학교, 여성주간 마당극, 알뜰장터, 알뜰 살뜰 번개시장 출산문화 캠페인, 오숙희 투어강연회, 웃어라 명절, 참 여캠페인
상담사업	집단상담, 가해자 프로그램, 개소 3주년 토론회, 어린이 성교육 뮤지 컬, 내 몸의 주인은 나, 여성주간(가정폭력 추방 거리캠페인)
연대사업	수곡초등학교 교사의 제자성추행 대책위원회, 혜광학교 교사의 제자 성폭행 대책위원회, 의정감시단, 에너지 연대, 6.15남북공동선언 이 행과 지지를 위한 진주시민 통일한마당, 상담소 시설 협의회, 총선경 남시민연대, 경남여성연대
조직사업	회원 만남의 날, 해솟음수련회, 간부수련회
기타	자문위원의 밤, 경상대병원, 한일병원 폭언, 폭행사건

자료: 진주여성민우회(2001: 11-15)

이처럼 진주여성민우회 활동들은 매우 다양한 영역을 포괄하는데 그 활동내용은 교육사업, 홍보사업, 정책사업, 상담사업, 연대사업, 조직사업 등으로 구분할 수 있다. 구체적으로는 여성주의 의식화, 성차별제거 캠페인은 물론이고 여성주의 의식을 위한 교육, 직장에서의 성차별개선, 가부장제적 문화의 제거를 위한 각종 캠페인, 방송모니터링, 의정감시활동, 지역환경살리기 운동, 상담사업 등 지역여성의 관심사를 거의 대부분 다 포괄하는 식으로 활동영역을 다변화하고 있다. 이는 신사회운동의 정치화는 '집단중심적 정치'가 아니라 '쟁점중심적 정치'이며 그런 만큼 '생활정치' 또는 '새로운 정치'로 불린다는 점에서 잘 나타나 있다. 이처럼 진주여성민우회는 지역사회의 대표적인 여성운동단체로서 여성문제 뿐 아니라 지역사회의 다양한 문제에 적극적으로 개입한다(김연우, 2000).

사실 여성운동이 여성문제만을 문제 삼아 움직이는 것은 아니다. 이는 미국이나 유럽 등 선진자본주의 사회뿐 아니라 구동구권 그리고 그동안 제3세계로 불리웠던 지역도 마찬가지다. 인종, 성차별주의, 자본주의가 사회지배의 축으로 작동해 온 사회에서 성과 인종과 계급문제는 언제나 주요한 사회운동의 축을 구성해 왔으며 이들 조직들은 때론 연대하고 때론 분열했다(조은, 1998: 78). 이러한 다양한 활동들은 여성운동이 수행해야 할 주제와 영역의 광범성을 드러내는 것이며 여성운동단체들의 활동이 다른 사회운동단체들과 중첩될 수 있음을 보여준다. 또 이는 각 영역의 운동에서 여성주의적 시각이 갖는 중요성을 드러낸다고 볼 수도 있다. 그러나 다른 한편으로 여성운동의 고유한 운동영역이 있는가 하는 해묵은 질문을 제기할 공간을 드러낸다. 따라서 연대와 갈등의 가능성이 함께 존재한다(조은, 1998 : 6. 8).

(3) 운동방식

운동방식이란 사회운동조직이 어떤 일을 어떻게 할 것인가 하는 전략과 전술에 관한 것이다. 신사회운동은 시민들의 관심을 촉발하고 여론형성과 시민계몽을 통하여 정책결정에 압력을 행사하는 우회적 방식을 선택한다. 대외적인 토론회와 공청회 그리고 조직내 모임을 활성화하여 합리적인 정책대안을 지속적으로 만들어내고 있으며 동시에 사안에 따라서 토론회나 모임과 같은 공식적인 절차를 통해서 영향력 행사를 하기보다는 서명운동, 집회, 시위와 같은 직접적인 방식을 활용하기도 한다(임현진·공석기 1997: 11).

진주여성민우회의 활동방식을 보면 각종 교육과 대중강연, 캠페인 등의 전략, 전술을 많이 사용하는 편이다. 실제로 이러한 활동은 지역에 여성운동단체가 있음을 알리고 지역민들이 여성문제에 관심을 갖도록 유도하는 데에 효과가 있었다(진주여성민우회 설문지, 2000). 그러나 진주지역의 경우 전반적으로 여성운동의 영향력은 미미하다. "진주여성민우회는 지금 진주여성들하고 어떻게 호흡을 맞추는가 하는 게 중요한 것"(진주여성민우회 회의록)이다. 여성주의 이념이 아직은 대중여성에게 쉽게 수용되고 있지 못한 상태에서 진주여성민우회의 활동은 지나치게 진보적으로 보일 수 있기 때문이다.

(4) 외부환경과의 관계 : 지방자치단체와 언론

지역운동조직의 경우 주된 외부환경으로서는 지방자치단체와 언론을 들 수 있다. 민주화를 경험하는 과정에서 구사회운동조직은 정부에 대하여 갈등적인 관계를 보이는 반면에 신사회운동조직은 정부에 대해 더 이상 저항 일변도의 관계로 일관하지 않으며 활동에 따라 정부의 지원을 받는 사례가 점차 증가하고 있다. 의식이나 가치의 변화를 통한 사회문제의 궁극적인 해결을 지향하기 때문에 필요에 따라 국가기구와의 협력 또는 국가기구의 대행도 가능하다고 보는 것이다. 이러한 운동의 기본 노선의 변화는 신사회운동 조직이 사회변화를 촉구하는 직접적인 행동 이외에 합법적인 방식의 다양한 참여를 제도화하는 배경이 되고 있다. 실제로 지방자치제 실시이후 지역의 운동조직은 지방자치단체와의 관계를 좀 더 적극적인 관계로 모색하고 있다. 진주여성민우회의 경우에도 상담소를 통하여 지원을 받고 있으므로 지방자치단체와 어느 정도 친화력을 유지하고 있다.

신사회운동이 추구하는 전략은 직접적으로 의사결정에 참여하는 제도개혁을 이루어내는 개혁의 정치보다는 정치적 담론과 대중적 여론에 개입하여 지도력을 발휘하는 영향의 정치에 해당된다. 따라서 운동의 활동에서 대중매체는 중요한 기제로 이용되고 있다. 과거 언론을 적대시하던 운동조직들이 이제는 언론을 조직을 알리는 대외적인 창구뿐만 아니라 조직의 이미지 고양과 회원을 충원하는 데 핵심적인 기제로 인정하게 되었으며 더 나아가 언론과 연대활동의 모습도 보이고 있다(임현진·공석기, 1997: 117). 진주여성민우회의 경우에도 보도자료를 보내어 단체의 행사를 지역민들에게 알릴 수 있는 기회로 활동하며 여성문제에 대한 신문, 방송의 아이템에 적극적으로 협조하여 여성문제 인식확산의 기회로 삼고 있다.

(5) 네트워크와 연대

지역의 현안문제에 대한 지역의 운동조직은 좀 더 강한 연대활동을 하게 되며 비정치적 이슈에서는 일정한 중심이 없는 다중심성을 보이고 있다. 일정한 축이 없이 특화된 이슈를 중심으로 분리되기도 하며 또한 지역의 이슈를 중심으로 지역연결망을 보이기도 한다. 다양한 쟁점이 지역과 시기에 따라 다양한 연대활동으로 가능하게 하고 있어 연결망은 안정적이기보다는 유동적이다. 진주여성민우회 활동은 다른 운동조직과의 연대사업을 꾸준히 개발하고 실천해 왔다. 지방자치제의 실시로 지역의 문제를 지역 네트워크를 중심으로 의제화하고 해결해 나갈 수 있는 환경자체가 조성됨에 따라 이런 방식의 지역중심의 연대는 더욱 활발해 질 전망이다.

구체적으로 여성운동단체와의 관계를 보면 진주여성농민회, 경상대 총여학생회, 진주 YWCA 등과 사안에 따라 연대활동을 하고 있으며 필요한 정보교류 등을 하고 있다. 또 다양한 지역의 단체들[36]과 지역문제를 중심으로 연대활동을 하고 있다. 연대의 긍정적 효과로는 지역의 문제에 적극적으로 접근할 수 있으며 연대함으로써 사업의 효과를 높일 수 있다. 그러나 지역사회에서 지나치게 연대요구를 해 옴에 따라 그 요구에 다 부응하기가 어렵고 그 요구에 따라 움직이다 보면 단체의 힘이 쉽게 소진된다는 점도 단점에 속할 것이다. 단체의 역량에 비해 너무 잦은 연대는 사업추진력의 분산을 가져오고 지도부와 상근자의 자체 사업추진에 쏟을 열정과 노력을 빼앗기게 하여 소모적으로 느끼게 한다(진주여성민우회 설문지, 2000). 지역사회와의 관계를 보면 진주여성민우회는 지역의 대표적인 여성운동단체로 자리매김하고 있는 중이다. 지역사회의 반응도 진주여성민우회를 여성에 의한, 여성을 위한 단체로 어느 정도 인식이 이루어져 가고 있다고 본다. 그러나 아직도 대부분의 지역여성들은 진주여성민우회에 접근하기 어려운 문턱이 있음을 느끼는 것도 사실인 것 같다. 이는 서울을 중심으로 한 중앙의 여성운동의 흐름이 지역여성에게는 큰 영향을 미치지 못하고 여전히 보수적이고 여성운동에 대한 편견이 남아 있어서 여성들로 하여금 쉽게 다가서지 못하게 하는 것이라 보여진다.

5. 이론적 함의

지금까지 지역여성운동의 형성과 전개를 경남 진주지역에서 활동하고 있는 진주여성민우회의 사례를 통하여 살펴보았다. 여기에서는 이 글의 내용을 간략히 요약하고 이론적 함의를 지역여성운동의 전망과 관련하여 살피고자 한다.

---

36) 진주인권참여연대, 진주 YMCA, 진주환경운동연합, 참교육학부모회 등을 들 수 있다.

진주지역 지역여성운동 조직의 출현과 형성과정을 구체적으로 살펴보면 인적자원과 재정적 자원, 연대나 네트워크, 기존 조직의 역할 등 자원동원론의 논의들이 중요하게 작용했음을 알 수 있다. 즉 구체적인 운동 조직의 형성은 지역수준에서의 여성문제에 대한 인식의 확산 뿐 아니라 여러 가지 자원을 어떻게 동원하는가가 중요함을 보여준다. 지역여성운동의 성격을 본다면 회원들은 다양한 관심사에서 운동에 참가하고 있으며 운동의 이슈도 다양하다. 운동의 방식은 엄격하고 투쟁적인 방식 대신 합법적이고 온건한 방법을 포함하는 방식으로 다원화되고 있다. 조직은 덜 위계적인 형태를 취하며 다른 운동단체나 조직과 느슨하고 일시적인 연대를 활발하게 하고 있다. 이런 점에서 볼 때 활동내용, 운동의 방식, 조직의 형태 등에 대한 신사회운동론의 논의들이 진주여성민우회의 경우에도 일정한 시사점을 제공한다고 하겠다. 그러나 여전히 연고적 동원이 중요하다는 점, 회원 개인들의 헌신에 의존한다는 점은 신사회운동과는 다른 모습이라 하겠다.

지역여성운동은 여성문제를 중심에 두지만 점점 더 지역사회의 이슈를 포괄하는 운동으로 발전해 가고 있다. 특히 새로 가입하는 회원들은 회원들 각자의 자기 성장에 대한 관심이나 지역사회에 대한 다양한 관심 등을 중심으로 진주여성민우회 활동에 결합하고 있다. 그러나 진주여성민우회는 조직 경험이 적은 중산층 주부 중심의 회원활동에서 오는 문제를 가지고 있으며 전체적인 조망을 통해 단체를 운영해 나갈 수 있는 리더쉽이 부족하다. 따라서 회원간의 입장차이가 드러날 때 거기에 적절하게 대응하지 못하여 단체 안에서 비효율적인 갈등이 나타나기도 한다. 창립이래 회원 수가 늘지 않는 것도 한계라 하겠다.

지역여성운동의 틀에서 볼 때 진주여성민우회 사례가 어떤 보편성과 특수성이 있는가? 지역여성운동의 가능성과 한계는 무엇인가? 지역여성운동에 대한 이러한 검토가 어떤 이론적 함의를 가지는가? 한국 여성운동에 대한 연구들은 주로 서울과 전국 수준의 활동을 중심으로 단선적인 발전과정을 서술하고 있으며 서로 다른 지역여성운동의 다양한 발전과 부침의 과정은 거의 다루고 있지 않고 있다(이승희, 1999). 그러나 진주지역의 진주여성민우회의 사례에서 알 수 있듯이 한국여성운동의 발전과정은 지역마다 차이가 있다. 실제로 진주지역의 경우 여성운동의 영향력은 미미하다. 이는 서울을 중심으로 한 중앙의 여성운동의 흐름이 지역사회에는 큰 영향을 미치지 못한 것을 의미한다. 진주여성민우회 사례에서 보여주듯이 진주지역에서 여성문제에 주된 관심을 두는 여성운동단체가 출현한 것은 1990년대 중반이 지난 1997년이었다. 1990년대 이후 여성운동의 주요 성과는 법제도 개선을 통한 여성권익의 향상, 여성운동의 대중화, 페미니즘의 대중화로도 평가된다. 그러나 여성운동, 페미니즘의 대중화라는 일반적인 여성운동 담론과 진주지역 여성의 현실은 차이를 보이는 것이다.

실제로 지역여성운동의 현실은 일반적으로 보편화하기 어려우며 지역간에 편차가 존재하고 있다. 활동하고 있는 여성단체의 수, 성격, 활동내용, 여성운동의 전개과정은 지역에 따라 다르며(이혜숙, 1999b) 이 부분에 대해서는 좀 더 구체적인 연구가 필요하다. 그러나 중앙중심 한국사회에서 진주지역의 현실은 오히려 서울을 제외한 지역의 전반적 현실을 반영해 준다고 봐야 할 것이다. 실제로 그 동안 전개되었던 한국의 여성운동이 대중성을 확보하지 못했다는 점이 지역여성의 현실연구에서 드러나고 있다. 즉 여성문제를 둘러싼 담론이 지역사회에서는 풍부하지 못하며 여성운동이나 페미니즘이 아직도 대다수의 지역여성들에게는 특별한 여성들의 전유물이며 낯선 언설에 불과하다는 것이다(허성우, 2000). 이는 기본적으로는 우리나라의 전반적인 중앙과 지방의 지역격

138
지역여성운동과 젠더정치

차에 기인하며 지역여성운동의 경우에도 반영된 것으로 보아야 할 것이다. 지역여성운동 연구는 지역여성의 현실에 기반한 구체적인 대안을 제시하는데 도움을 줄 것이다. 특정한 여성들, 여성집단들, 학자들이 생산하는 지식과 담론만이 절대적인 가치가 될 수는 없다면(조순경, 2000) 지역여성들은 새로운 지식을 만들어 가는 주체가 될 수 있을 것이다.

　진주여성민우회는 인적 자원과 재정적 자원의 지속적인 확보 뿐 아니라 진주지역의 현실과 관련하여 대중조직으로서 어떤 프로그램을 어떻게 만들 것인가에 따라 그 가능성과 한계가 달려 있다고 보여진다. 즉 지역여성운동이 어떻게 대중성을 확보하는가 하는 것이다. 이렇게 본다면 지역여성운동의 경우는 지역여성들간의 다양성 및 다름을 인정하고 여성운동의 방법론이 다양하게 개발되어야 할 것이다. 이론적으로 이는 '대안적 다름의 정치학'의 개념과 연관시켜 볼 수 있을 것이다(조주현, 1996; 허성우, 1998). 가부장제 사회에서 여성이 경험하는 억압의 보편성은 추상적인 수준에서는 동질적으로 받아들일 수 있다 하더라도 현실적으로 가시화 되는 것은 많은 복합적인 표피를 갖고 있기 때문에 이질적으로 나타난다(장필화: 1999). 대안적인 다름이란 '우리 여성'라고 말할 수 있는 수준으로서의 보편성이 배경으로 존재하면서 동시에 각자가 다른 맥락에서 다른 입장을 대변하는, 따라서 구체적인 목적과 그에 합의하는 정체성을 갖는 다양한 여성개인, 여성단체, 여성정치가 자유롭게 전개될 수 있게 하는 것이다(조주현, 1996: 138). 그러므로 지역여성운동의 발전을 위해서는 기존의 한국이라는 추상적인 수준을 전제로 한 이슈와 활동보다는 지역여성의 현실에 기반한 다양한 대안을 제시하는 방향으로 나아가야 할 것이다.

제 5장

경남여성회의 조직과 세력화

지역여성운동은 지역사회 수준에서 여성문제를 해결하기 위하여 여성들이 주로 활동하는 조직적이고 지속적인 사회운동이다. 이 장에서는 경남여성회 사례를 중심으로 지역여성운동의 조직변화와 자원동원 현황을 살피고 이를 지역여성운동의 세력화와 관련하여 검토하여 전망과 과제를 제시하고자 한다. 주요 질문은 다음과 같다. 첫째, 지역여성운동의 성립과정과 활동, 인적 · 물적 자원동원은 어떠했나? 둘째, 지역여성운동의 조직변화과정과 제도화의 특성과 성격은 무엇인가? 셋째, 이러한 자원동원과 조직변화과정은 지역여성운동의 세력화의 맥락에서 어떻게 평가할 수 있나? 앞으로의 전망과 과제는 무엇인가?

이 글은 경남여성회라는 한 지역여성운동단체에 대한 사례 연구로서 한국 지역여성운동의 성립과정과 활동, 조직변화과정의 특성과 성격 등을 구체적이고 심층적으로 알 수 있다는 점에서 의의가 있다. 사회운동에 대한 분석은 운동의 목표나 활동에 대한 연구뿐 아니라 운동이 출현하고 유지되는 운동조직 내부의 구조와 동학에 대한 경험적인 연구도 필요하다. 특히 경남여성회는 1980년대 서울을 제외한 지역 최초의 여성운동단체였다(이혜숙, 2011a: 23). 따라서 사례연구로서 적당하며 경남여성회 사례를 통해 지역여성운동이 저변확대와 세력화를 위해 조직적 수준에서 어떤 노력을 해 왔는가를 경험적 연구를 통해 구체적으로 살펴볼 수 있으며 지역여성운동의 자원동원과 조직변화과정을 통해 세력화와 관련한 전망과 과제 등을 보여줄 수 있다. 또한 지역여성운동의 조직을 살펴보는 것은 운동이 어떻게 지속되는가, 운동의 세력화가 어떻게 가능한가를 설명하는데 유용하다. 사회운동조직은 운동에 필요한 인적, 물적 자원을 모으면서 활동을 기획하고 수행하기 때문이다(홍미희, 2006: 173).

실제로 여성운동은 조직화와 관련하여 내부적으로 문제점을 드러내고 있다고 평가되기도 한다. 활동가들의 실무자화, 상근활동가들과 대표 및 임원들과의 갈등, 위탁 서비스 활동을 수행하는 상근자와 단체 일반 목적 활동을 수행하는 상근자 사이의 갈등, 중앙단체와 연합단체 중심의 연대방식과 이에 대한 지역단체와 회원단체의 소외감, 정체성이 다른 지부, 지회와의 통일성 부족 등이 그런 문제들이다(신영옥, 2011: 2; 이숙련, 2011: 230).

이 글은 그동안 주변화 되어왔던 지역여성운동을 구체적으로 다룸으로써 한국여성학 연구의 지평을 넓힐 수 있다. 지역여성운동 내부에서도 조직강화 문제는 항상 중요한 문제로 다루어져 왔기 때문에 이 부분을 살펴보는 것은 이론적, 실천적인 면에서도 의미가 있다고 하겠다.

연구방법은 지역여성운동에 대한 기존 연구와 경남여성회의 정기, 부정기 간행물 등을 이용한 문헌연구, 경남여성회 현황에 대한 설문지조사 검토(2008, 2009), 경남여성회 회장(이하 'ㄱ'으로 표시함)과의 전자메일교환과 심층면접[1] 등 다양한 방법을 이용하였다. 구체적인 자료로 우선 경남여성회의 회지인『하나되는 여성』,『경남여성회』는 경남여성회의 활동과 성격을 알 수 있는 중요한 자료이며 매년 발행되는 정기총회자료집2)과 각종 간행물, 특히 경남여성회가 25주년을 맞아 발간한 자료집 형태의 저서(경남여성회, 2011), 경남여성회 25주년자료집 편찬 준비를 위한 집담회와 자료편찬위원회3)의 내부자료, 경남여성회 관련 회장의 토론문(김경영, 2011) 등이 주된 자료들이다.

경남여성회를 중심으로 지역여성운동의 조직구조와 변화를 살펴보는 이 글의 주된 이론적 자원은 세력화(empowerment) 및 제도화 이론, 자원동원론 등이다. 여성운동의 세력화와 제도화에 대해서 "일상의 정치를 통한 여성의 임파워먼트"(김경희, 2004), "법제화 운동을 중심으로 본 한국여성운동의 제도화와 위기론"(김경희, 2007), "젠더 제도화의 결과와 한국 여성운동의 동학"(서두원, 2012) 등의 연구를 통해 쟁점과 전망 등이 논의되었고 여성운동의 제도화 과정의 역사적 맥락, 자율역량 요소에 대한 분석, 젠더 거버넌스에서 국가기구의 제도적 선택성(신상숙, 2007; 2008; 2011) 등도 밝혀졌다. 그러나 구체적인 지역여성운동 사례에 대한 종합적이고 심층적인 연구는 드물다. 지방자치제 실시 이후 지역여성운동에 대한 이론적, 실천적 연구가 진행되었으나(강인순, 2007; 박기남·김연순, 2007; 박기남·신경아, 2010; 허성우, 1998; 2000; 2006) 지역여성운동의 조직적 특성이나 내부의 동학에 대한 연구는 시작 단계에 있다(이수정, 2000; 김현아, 2004; 홍미희, 2006; 이혜숙, 2002; 2008; 2012; 이숙련, 2011).

---

1) 전자메일은 2011년 9월에 이루어졌으며 심층면접은 2012년 10월 23일(화) 창원 찻집에서 오후 6시-8시 30분 사이에 이루어졌다
2) 1차-35차 경남여성회 정기총회 자료집이다. 정기총회자료집에는 전체 사업의 기조와 방향, 내부 평가가 들어 있다. 이하 인용할 경우 '경남여성회 제00차 정기총회자료집'으로 함
3) 필자는 관찰자로서 집담회(2011. 7. 7)와 자료편찬위원회(2011. 7. 18)에 참여하였다. 참여뿐 아니라 필자는 경남여성회의 도움으로 단체관련 자료를 구할 수 있어서 연구에 많은 도움을 받았다. 협조해 주신 경남여성회 회장을 비롯한 회원들께 지면을 빌려 감사드린다.

이 글은 세력화 및 제도화 이론, 자원동원론 등을 이론적 자원으로 삼아[4] 경남여성회의 성립과정과 활동, 인적·물적 자원동원방식, 지역여성운동의 조직변화과정과 특성 등을 살피고 이러한 논의들에 대한 검토를 통해 지역여성운동의 세력화의 과제와 전망을 살펴보고자 한다.

1. 경남여성회의 성립과정과 주요 활동

경남여성회는 1985년 12월 크리스찬 아카데미에서 실시한 여성지도력 개발과정에 참여한 마산(2012년 현재 '창원'으로 통합) 인근 지역여성들 9명이 모임을 만들면서 시작되었다. 이들은 '월요회'라는 모임을 만들어 여성학 공부를 했으며 1986년 12월 공간의 필요성을 느끼고 여성문화공간 북카페 '반'을 개소하였다. 이후 1987년 4월 경남여성문화연구회로 발전하였으며 1988년 6월 경남여성회로 명칭을 바꾸었는데 설립목적과 사업 내용을 보면(경남여성회 제3차 정기총회자료집, 1989) 여성문제를 담당하는 지역여성운동의 중심 역할을 하면서도 사회의 민주화, 인류의 평화에 관심을 가진다는 점을 명시하고 있다.[5] 당시 경남여성회 조직체계는 총회, 운영위원회, 임원, 소모임, 사무국으로 구성되었다.

경남여성회는 당시 몇몇 남성운동가들로부터 분파적인 여성운동을 한다는

---

4) 이 글에서 다루는 사회운동의 제도화는 물적 자원의 동원과 관련되어 있고 자원동원은 조직적 수준에서의 세력화와 밀접한 관련을 가진다. 이 글은 특정 기존 이론의 유용성을 검증하는 것이 아니라 이러한 이론적 자원을 이용하여 한 사례를 심층적으로 검토하고자 한다.

5) 1980년대 민주화과정 시기에 경남여성회는 여성의 문제뿐만 아니라 사회 현실에 참여하는 것을 기본적으로, 중요한 가치로 삼았다. 여성들의 강좌를 조직하면서 때로는 '민주여성교실'로 명명하며 진보적이고 사회의 민주화운동에 동참하는 의미를 강조하였고 1987년 대통령선거의 후보에 대한 언론운동과 대통령선거 유세장에서 수익사업으로 김밥장사를 하면서도 보통 김밥이 아니라 민주화를 열망하는 의지를 담아 '민주김밥'으로 명명하기도 하였다(경남여성회, 2011: 205).

비난을 받았음에도 불구하고(이경옥, 2007b: 4) 여성문제에 주된 관심을 두게 된다. 이러한 경남여성회의 성립과정은 1980년대 중앙집중적인 한국 사회운동의 풍토에서 주목할 만한 일이었다고 볼 수 있다. 당시 사회분위기와 관련하여 민주화운동을 함께 하지만 성차별적인 가부장제 구조를 변화시키기 위한 평범한 여성들에 의한 여성조직의 필요성이 형성배경이 되었다고 할 수 있는데 이는 소식지 『여성문화』 창간호의 글에서 잘 나타나고 있다.

> "여성문제란 어떤 특별한 사람이 특별한 여성의 문제를 다루어 해결해 주거나 어떤 특별히 잘난 사람들이 한 번씩 나와서 소리높이 외치고 떠들어 대는 것이 아니고 바로 우리 같이 평범하고 대단찮은 사람들이 모여 머리 맞대고 여성의 아픔을 같이 느끼고 또 조금씩 조금씩 서로의 눈을 뜨게 해 주면서 여성문제에 대한 인식을 모아나가는 일이며 그것이야말로 바로 이 지역이 가장 필요로 하는 일일 것이다"(이경희, 1987).

경남여성회의 성립후 활동 방향과 관련하여서는 우선 소모임 조직에 기초를 두고 일반여성을 향한 교육과 문화 프로그램을 하면서 적극적인 여성활동가 양성에 관심을 두게 되었다. 이는 1989년 7월 소식지 『하나되는 여성』에 실린 "여성회는 어떻게 자리매김되어야 하는가?"라는 글에서 잘 나타나고 있다.

〈참고자료 5-1〉

여성회는 어떻게 자리매김되어야 하는가?
첫째, 여성회의 조직적 기초는 소모임 조직에 두어야 한다.
둘째, 선진적, 적극적 여성활동가를 양성하고 그들의 의식수준 및 활동성을 높여 나가는 사업을 해야 한다.
셋째, 마산, 창원지역에 있는 일반여성을 향한 교육 및 문화 프로그램을 해야 한다.

또한 학교교육에 대한 토론회를 개최하면서 회원들이 주도하여 1989년 3월 참교육을 위한 학부모회(이하 '참교육학부모회'라 함)를 만들었는데, 전국 최초로 결성된 것이었고 이후 청주와 서울, 그리고 전국조직이 생겨났던 것이다(경남여성회, 2011: 207-209). 1980년대 경남여성회 활동은 "첫째, 여성 의식화와 민주화 운동, 둘째, 주부회원들의 저소득층 공부방 운동, 셋째, 학부모 회원들의 참교육 학부모운동과 전교조운동 지원, 넷째, 직장인 회원들의 각 직장 노조운동과 여직원회 지원활동6)"(이경옥, 2007a: 5) 등으로 요약할 수 있으며 그 외 지역사회 가정법률상담소 개소를 지원하고 환경운동단체 결성에도 중요한 역할을 했다. 이러한 활동을 하면서 경남여성회는 상담사업과 교육사업에 관심을 두었다.

> "경남여성회가 직접 수행했던 사업과 소속 회원들이 개별적으로 수행한 사업들 중 가장 두드러지는 사업 중 하나가 상담사업과 교육사업이다. … 사회의 폭력성이 빚어내는 여성에 대한 폭력에 저항하였으며 교육문제를 가까이서 해결하기 위한 학부모 모임을 주도했고 해방촌에 공부방을 설치하여 소외된 어린이와 부모의 문제를 함께 나누고 개선하고자 하였으며 또 마을 도서관과 복지회관 위탁사업 등을 통하여 시민운동의 싹을 틔우는 역할들을 중심적으로 수행함으로써 과도기의 경제중심 사회가 방치하고 있던 복지와 시민자치 운동의 일선을 지켜왔다"(최갑순, 2004: 6).

---

6) 경남은행의 여직원회, '백합회'를 지원하였으며 경남여성회 회원인 이○○을 중심으로 여직원회를 활성화시키며 여행원제 철폐운동 등 당사자운동을 전개하였다.

1990년도에 들어서서는 '9급공무원 여성차별채용반대운동'을 하였고 성폭력·가정폭력방지법 제정활동에 참여하였다. 1990년대 중반부터는 여성정치 세력화를 위한 다양한 연대와 활동에 주력하였다. 또한 호주제폐지운동에 같이 동참하였다. 1995년 지방자치가 전면적으로 실시되면서부터는 지역수준의 여성정책에 관심을 갖게 되었고 지역과 여성을 연결하는 지역여성운동이 발전하는 계기가 되었다. 1997년부터는 창원지역의 사회교육센터 위탁을 시작하여 마을 여성들과 함께하는 다양한 사업을 해 오고 있다. 1998년 최초로 경남여성정책 평가를 주도적으로 시작했으며 지방정부와의 거버넌스 체계에 관심을 가지고 참여하였다.[7] 2003년부터는 반성매매 사업으로 다큐제작과 토론회, 피해자 지원 등 탈성매매 지원활동을 해 오고 있으며 2005년부터는 풀뿌리 지역여성운동을 핵심사업으로 추진했다(경남여성회, 2011).

2021년 현재 경남여성회 정관을 살펴보면 "인간의 존엄성을 바탕으로 정치, 경제, 사회, 문화 등 모든 영역에 여성들이 주체적으로 참여하고, 성폭력과 성매매를 비롯한 인간에 대한 모든 폭력과 차별에 반대하고 그 방지에 힘쓰며 성평등한 세상, 평화로운 세상 실현"(경남여성회 제35차 정기총회자료집, 2021: 105)을 목적으로 하고 있는데 지역사회의 다양한 연대활동에도 참여하고 있다.

---

7) 정부단위 참여위원(대통령 자문 지속가능발전위원, 낙동강유역환경청 민간 종교단체 환경정책협의위원), 각종 지방자치단체의 시민참여위원(경남투융자심사위원, 규제개혁위원, 주민자치위원, 학교 운영위원 등)으로 결합하거나 녹색경남21, 평생학습조례제정을 위한 평생학습연구위원 참여로 지역사회와 함께 정책에 개입하고 창원시의원 해외공무연수규정안 제출, 창원시 환경기본조례 개정안 의견서 제출, 창원시 도시계획조례 개정운동 등에도 참여하였다(경남여성회, 2011: 224-225).

2. 인적 자원의 동원과 조직변화

1) 소모임의 활성화와 다양한 일상활동

사회운동이 발생하고 세력화되려면 참여하는 인적 자원이 있어야 하고 이들의 조직화가 필수적이다. 조직화는 서로간의 대화과정을 통해 성찰과 비판을 가능하게 하고 집합적 신념과 유대를 만들어 집합적 행동으로 나타날 수 있는 능력을 개발해 준다. 조직화와 관련하여 소모임이 중요한데 소모임은 회원 가입 후 조직활동이 이루어지는 장이다. 소모임은 회원들의 관심에 따라 다양한데 여성주의적 의식 함양을 통해 개인의 성장이 이루어지고 잠재해 있던 자신의 능력과 리더십을 발견하고 훈련하는 장이다(박기남·김연순, 2008: 353, 354). 소모임 활동을 통해 회원들은 여성회를 이해하고 여성으로서 자신을 이해하며 성평등을 위한 활동의 기반을 형성하게 된다(경남여성회, 2011: 93).

경남여성회의 시작도 소모임이 주요 동력이 되어 여성에 대한 자각과 사회에 대한 인식을 넓혀 나갔다. 경남여성회는 여성학 소모임 '반'에서 출발하여 여성회의 조직적 기초를 의식화와 조직화에 두며 소모임 조직 활동에 열중하였다. 실제로 1990년대 초 '주부학당'이라는 이름으로 개설된 강좌 이후 활동한 주부모임은 경남여성회 부설 성폭력상담소를 만드는데 적극적으로 참여하였다(경남여성회, 2011: 96). 이후 경남여성회는 직장인 여성을 위한 직장여성교실, 주부를 위한 여성학교실, 결혼을 앞둔 미혼여성을 위한 여성학교실 등 대상과 방법을 차별화하며 다양한 조직활동을 하였는데 1996년을 '여성회 조직강화의 해'로 정하고(장정임: 1996) 회원 확보를 위해 노력했다. 특히 여성학소모임은 여성회 회원과 활동가의 활동력을 키우고 여성운동의 리더로 키우는 주요 역할을 담당하였다.

> "여성학소모임은 답답한 마음으로 이 사회를 살아가는 여성들에게 힘을
> 교환하는 모임이 되자고 만들었다. 특히 20대 여성들을 대상으로 한 것은 가
> 족, 사랑, 연애, 결혼, 성 그리고 직업 등의 제반의 사회문제와 가장 첨예하
> 게 갈등하고 있는 시기이고 이로 인한 희망, 좌절 그리고 불안의 경험을 힘들
> 게 겪고 있는 시기라는 생각에서이다"(김민정, 2000a).

그 후에도 조직적 성장에 관심을 두어 "첫째, 여성회를 중심으로 하여 여성
운동의 조직력을 보다 확대하여 대중적인 공신력을 확고히 한다. 둘째, 지방자
치 시대를 맞이하여 지역과 자치단체에 대한 영향력을 높이며 활동가의 역량
강화를 위한 다양한 활동을 한다."(경남여성회, 제10차 정기총회자료집, 1996)를 사업목표로
삼아 구체적인 계획을 세웠으며 위원회의 전문성과 책임성을 강화하였다.

> "주민자치시대가 본격화되고 지방자치 단체에 주민참여의 공간이 확대
> 되는 시점에서 여성회는 이러한 변화에 능동적으로 대응해 왔다. … 그렇지
> 만 이러한 활동을 성과로 삼아 지역에서 공신력과 교섭력을 확보하기에는
> 부족한 면이 많다. 기존의 관변여성단체가 지방자치단체와 유착된 관계를
> 갖고 기득권을 누려왔는데 이에 대응해 교섭력을 확보하기 위해 여성회 역
> 량을 적극적으로 키울 필요가 있다"(경남여성회 제10차 정기총회자료집, 1996).

따라서 1998년 20대 중심의 활동가와 여성학을 공부하는 회원이 결합하여
학습모임을 재개하였으며 1999년에는 30대 여성학스터디 모임을 구성하고 한
국춤반, 여성주의 글쓰기반, 주부풍물반 등 보다 다양한 회원소모임을 확대하
게 된다.

"회원들이 자발적으로 활동할 수 있는 소모임 구성, 여성운동의 대중화를 위한 교육, 행사, 캠페인 활동 등이 조직사업의 일환이다. 단체의 기반은 조직화에 달려있다. … 이에 기반한 사업기조로는 사람이 중심이 되는 조직사업을 진행하며 회원들이 여성회 활동을 통하여 상호격려, 힘을 주고 받는 활동이 이루어질 수 있도록 할 예정이다"(이성애, 2003: 6).

경남여성회는 여성운동의 대중화와 조직강화를 위한 프로그램으로 회원교육, 회원산행, 소모임 구성 등 다양한 교육 프로그램을 꾸준히 진행하였는데 2001년 경남여성회 사업계획에서도 중점사업으로 회원조직 강화사업과 지역사업을 중요하게 고려하고 있다.

〈참고자료 5-2〉

(1) 회원조직 강화사업 : 여성회 회원의 조직력과 활동력 배가를 위해 각자가 처한 현실적인 요구를 근거로 시기별, 주제별, 취미별, 연령별로 다양한 소모임과 일상사업을 진행하면서 여성회 회원의 자질과 조직력을 강화한다.
(2) 지역사업 : 여성운동의 대중화를 위해 교육, 환경 등 지역주민들에게 당면한 문제를 기초조사사업 및 실태파악 작업을 통해 지역사업의 대중적 기반을 마련 한다

자료: 경남여성회 제15차 정기총회자료집(2001: 51)

2001년에는 여성학소모임 외 여성정치학교 후속모임, 테마쿠킹 팀 등의 소모임이 운영 되었으며 그 후 걷기모임인 '함갈래', 책읽기모임인 '더 리더스', '마당을 나온 암탉' 등이 활동했다.[8] 경남여성회는 회원참여의 조직구조 만들기라는 방향에 더욱 관심을 가지고 회원들의 욕구가 있는 곳이면 어떤 형태이든 조직화의 가능성은 있으므로 소모임을 통한 활동가로서의 역량을 키워주려

---

8) 회원들의 다양한 소모임 활동에 대해서는 경남여성회(2011: 105-109)를 참조할 것.

고 하고 있다.

경남여성회는 회원의 날(1991), 회원여름여행(1996) 등 다양한 행사를 하였으며 1999년 부터는 회원만남의 날로 명명하며 홍보와 교육 등을 하고 있다. 이러한 회원의 확대, 회원조직의 확대는 경남여성회의 내용을 질적으로 성장, 변화시키게 하고 아울러 회원들이 참여하여 만드는 회비수입은 안정적 조직운영과 제대로 된 여성운동을 진행할 수 있는 바탕이 되었다(경남여성회, 2011: 156-157). 또한 회원을 위한 기초 교육과 멤버쉽 강화를 위한 다양한 형태의 프로그램이 운영되었는데 특히 "회원교육의 주제를 여성문제나 시사적인 내용으로 잡아 일반적인 교양강좌와는 차별성있게 회원들의 의식을 고양시킬 수 있는 토론, 학습의 장이 될 수 있도록 해야 할 것"(경남여성회 제16차 정기총회자료집, 2002: 20)으로 보았다.

2000년부터 회원의 밤, 회원송년회가 진행되었고 2008년부터는 '여성회의 역사', '여성의 욕구파일찾기', '양성평등', '성의식 알기', '영화보기', '신입회원과 함께 걷기' 등 다양한 프로그램으로 회원과의 지속적인 관계와 성장을 모색하고 있다. "회원들이 일상의 여성운동에 대해 더 많이 이해하고 함께 할 수 있도록 더욱 쉽게 다가갈 수 있어야 한다."(경남여성회 제28차 정기총회자료집, 2014: 21)는 것이다.

또한 도서관 설립의 필요성에 공감하면서 소모임 역량을 만들어내고 무엇보다 지속적인 활동을 통해 마을도서관 설립을 추진해보고자 의지를 모아내고 있다(경남여성회 제28차 정기총회자료집, 2014: 36). 이후 2016년에는 회원소모임을 강화하고자 하여 기존 걷기 모임을 다시 시작하고 영화모임을 신규로 추진하여 모임을 지속적으로 이끌어 가기 위해 노력하였다. 한부모여성가장모임도 모임이 활력을 찾고 구성원이 확대되었다(경남여성회 제31차 정기총회자료집, 2017: 21). 이후에도 소모임의 중요성은 계속 언급되고 있다.

"소모임 활동을 통해 회원이 확대가 되는 성과가 있어 신규 소모임 활동이 원활하게 진행되어야 하며 각 단위별 관련 소모임이 활발하게 진행될 수 있는 방안이 이루어져야 한다"(경남여성회 제28차 자료집, 2014: 57).

"회원들의 다양한 욕구를 반영한 소모임 구성과 현재 이슈와 여성운동 방향을 알려내고 실천 활동으로 갈 수 있는 방법을 시도해야 하는 과제를 안고 있다"(경남여성회 제33차 자료집, 2019: 18).

또한 홍보사업의 중요성을 강조한다. "SNS를 통한 다양한 소통방식은 아직 접근이 어렵고 활용이 어려운 면도 있지만 여성회 페이지, 페이스북 등 다양한 구조를 회원들과 활동가들에게 알려 짧은 시간 다양한 정보와 소통구조방법을 경험하고 활용할 필요성은 있다."(경남여성회 제28차 정기총회자료집, 2014: 57)는 것이다.

회원의 연령대, 관심사, 직업 활동의 변화로 기존의 소모임 구성원이 변하고 있다. 그런데 소모임 활동을 통해 회원의 여성의식이 발전하거나 회원소모임을 통한 회원 확대가 되지 못하는 상황이다. 젊은 층의 회원 가입은 상대적으로 낮으며 2030의 관심사를 이끌어내고 활동으로 이끌어내는 활동은 부족하고 어려움이 많은 상황이다(김경영, 2016b: 14). 따라서 소모임의 중요성과 연관되는 단체 내부의 문제를 중요하게 다루었다.

<참고자료 5-3>

단체 내부의 문제

회원과 활동가간의 소통과 연대는 얼마나 이루어지고 있는가?

활동가 간의 경험, 고민 공유

여성회 안에서 새로운 고민을 공유하고 있는가?

창의적인 활동은 신입활동가에게 하는 것인가? 연령차별은 없는가?

여성운동에 대해 생각하고 있는가? 실무에 갖혀 사고를 할 여유(의지)가 없는가?

여성회는 공문서에서 월례회에서 느낄 뿐인가?

여성회의 정체성이 있는가? 의무나 강제로 느끼고 있지 않은가?

자료: 경남여성회 제29차 정기총회자료집(2015: 32)

또한 계속 소모임 활성화를 위해 노력하였는데 이러한 과정을 거치면서 소모임의 활성화를 위해 '우리의 약속'도 만들었다.

<참고자료 5-4>

우리의 약속

1. 조직의 설립 목적, 가치를 실천하기 위해 행하는 활동은 최대한 함께 하며 공적인 이익에 대해선 참여와 질문, 의견 제시를 적극적으로 합니다.
2. 상대방의 말을 공감하려 노력하고 서로 다름을 인정하며 상대의 발언을 확대, 재생산하지 않습니다.
3. 우리 공간을 찾는 내방자나 동료들에게는 항상 친절하게 대합니다.

자료: 경남여성회 제33차 정기총회 자료집(2019: 47)

2) 조직 확대와 분화

지역여성운동단체의 공식적 조직구조는 조직과 개별 활동가를 세력화시키는 역할을 한다. 단체 차원에서 조직구조를 공식화하고 부서를 전문화함으로써 대외적으로 영향력을 행사할 수 있으며 개별 활동가들은 공식적 조직의 일원으로 활동함으로써 가정이나 사회에서 자신의 활동을 공적인 활동으로 인정받을 수 있게 되는 것이다. 즉 "여성운동조직의 공식적 구조는 여성단체가 점점 더 효과적으로 정치적 영향력을 행사할 수 있는 수단으로 작용하고 있으며 개별 활동가들에게는 공적 활동의 훈련의 장으로, 그리고 그들이 가족과 주변으로부터 자신들의 활동을 인정받을 수 있도록 하는 역할"(홍미희, 2006: 190)을 한다. 경남여성회는 1988년에 한국여성단체연합에 가입하였는데 지부로 편입되면 정보를 공유할 수 있고 본부에서 개발된 프로그램을 활용하여 비교적 효율적으로 활동을 지속시킬 수 있는 이점이 있다(홍미희, 2006: 180).[9]

설립 당시 30여 명의 회원은 경남여성회의 조직적 기초를 마련하면서 의식화에 주력하고 있었다. 경남여성회는 여성운동만이 아니라 1980년대 민주화 과정의 지역사회와 함께 했다. 참교육학부모회 창립에 대한 지원, 전교조 활동에 대한 지원, 환경운동에 대한 지원을 함께 했다. 1990년대 일부 회원들은 마산수출자유지역의 해고된 노동자들과 함께 마산창원여성노동자회를 창립하였고 일부 회원들은 상담활동을 통해 창원여성의전화를 창립하는 등 지역여성운동이 전문화되면서 분화, 발전되는 과정에서 "산실의 역할"(강인순, 2011: 31; 경남여성회, 2011: 206)을 하였다. 회원들의 다양한 지역문제에 대한 관심과 문제의식이 지역시민운동의 발전과 분화과정에서 중요한 역할을 한 것이다.

---

9) 실제로 한국여성단체연합은 운동의 영역과 주체의 확장을 기반으로 하는 여성운동의 지역화와 대중조직화를 주요한 전략으로 채택하였다.

경남여성회는 1992년에 전국에서 두 번째로 성폭력상담소를 설립하게 되는데 상담소[10]를 개소하면서 지역사회의 자원을 연계해 나가고 조직의 확대를 기하게 된다. 1998년 사회교육센터를 개관하고 1999년 여성문화와 재정을 위한 여성신문사 경남지사 개소를 하며 새로운 길을 모색해 나갔으며 2004년에는 '여성정치발전소'를 설립하여 여성의 정치세력화를 위한 활동에 주력하였다. 2006년에는 샛별지역아동센터, 2007년에는 성매매방지를 위한 '여성인권상담소'를 개소하였다. 2006년부터 진행되어온 노동부 사회적일자리사업의 경험을 통해 2011년에는 창원여성살림공동체로 분화했으며(경남여성회, 2011: 284) 2020년부터는 가음정평생학습센터를 위탁운영하고 있다. 이러한 경남여성회의 조직 확대 및 분화 과정은 〈표 5-1〉과 같은데 이는 조직적인 면에서 지역여성운동의 세력화 과정을 잘 보여준다고 하겠다.

---

10) 1992년 개소한 성폭력상담소는 1997년 가정폭력특별법에 제정된 이후 성·가족상담소로 명칭을 개정하였고 이후 성폭력에 대한 전문적인 지원을 위해 2013년 성폭력상담소로 다시 명칭을 변경하였다. 가족상담소에서 성폭력상담소로 명칭이 변경되면서 성상담은 줄고 성폭력 상담건수는 늘어서 상담건수가 실질적으로 늘었다고 할 수 있다(경남여성회 제28차 정기총회자료집, 2014: 69).

제5장 경남여성회의 조직과 세력화

〈표 5-1〉 경남여성회 조직구조 변화과정

년도	조직구조 변화과정
1986	'반'모임과 여성문화공간 '반' 개소
1987	경남여성문화연구회 창립 각 위원회 활동: 교육부, 출판홍보부, 수익사업부 '둥우리공부방' 개소
1988	경남여성회로 명칭 변경, 한국여성단체연합 가입
1991	경남여성회 운영위원회 활동 개시
1992	성폭력상담소 개소, 여성신문 마산지사 개소
1994	경남여성회 사회단체로 등록 성폭력상담소 보사부에 등록
1995	조직위원회, 정책위원회, 문화기획위원회, 홍보출판위원회, 교육사업위원회 구성, 경남여성회 지자제사업 준비위원회 구성
1996	문화기획위원회 홍보출판위원회, 재정위원회, 교육위원회, 조직위원회
1997	경남여성회 사단법인 등록 성폭력상담소 성가족상담소로 명칭 변경 창원시로부터 남산복지회관 위탁운영 결정, 방과후 샛별학교 개소
1998	가음정 내동 사회교육센터개관, 위탁운영
1999	IF 경남지사 창립
2000	경남여성회 운영위원회 도입, 상담소 이사회제 폐지 경남여성회 분과위원회 구성(장기발전위원회, 교육위원회, 홍보위원회) 대안학교 개학(샛별학교)
2002	CMS 회비수입 시작
2004	여성정치발전소 개소
2006	마산지부(마산여성회), 동여성회, 창원지부 창립 조직위원회, 재정위원회, 편집위원회 운영 노동부사회적일자리 및 지역 공부방 개설 샛별지역아동센터 설립
2007	사무국에서 사무처로 변경 여성인권상담소 설립 여성정치발전소 해소
2008	창원지부 분화
2009	노동부사회적일자리 '희망공동체' 운영
2011	이사장제 도입 '창원여성살림공동체' 분화
2013	성가족상담소에서 성폭력상담소로 명칭 변경
2020	가음정평생학습센터 위탁운영

자료: 경남여성회(2011: 151-152), 경남여성회홈페이지(2021) 참조하여 작성.

여성정치발전소는 마을단위 의정활동가 양성교육과 의정모니터링활동, 의원 보좌관 활동, 여성유권자 운동 등으로 실천의 장을 함께 진행하였다. 초기 3년 간은 여성재단 협력사업을 받아 재정적인 문제가 해결되었으나 그 뒤로는 재정적인 어려움을 겪게 되었다. 또 특정 정당과 관련성이 있는 것으로 오해되는 시각과 실제 지속적인 참여자들의 확보 어려움 등이 있었다(경남여성회, 2011: 244). 따라서 여성정치발전소는 2007년 12월에 해소를 결의하였다. 이런 과정은 여성운동 조직이 확대, 운영되는 과정에서 재정적인 기반의 중요성이 크다는 점과 여성단체의 정치세력화를 위한 활동이 현실 정당정치와 관련하여 쉽지 않음을 보여주는 예라고 하겠다.

2006년 발족한 창원지부는 2008년 '창원여성회'로 경남여성회 조직에서 분화하게 되는데(경남여성회, 2011: 139) 이는 단순한 분화라기보다 여성운동의 목표와 방법에 대한 관점의 차이가 중요하게 작용했는데 조직이 확대되고 지부가 만들어지면서 여성운동의 정체성 문제가 제기된 예라 하겠다.

2009년 제23차 정기총회에서 "조직이 확대되고 변화된 상황에서 구심력이 약화되고 각 단위 중심으로 활동이 진행되고 있어 통합력이 약해지고 있다는 점, 각 단위별로 역할과 위상이 명확하게 정리되어야 한다는 점"(경남여성회 제23차 정기총회자료집, 2009)이 지적되었다. 여성운동의 정체성과 회원들의 이념적 다양성을 경남여성회가 다 안고 갈 수 있는가의 문제가 드러나면서 "차이를 좁힐 수 있는 문제인지, 통합과 조정이 불가능한지를 진술하게 드러내고 결정해야 하는 시점"(경남여성회 제23차 정기총회자료집, 2009: 34, 40-41)이 된 것이다.

"전체 여성회라는 하나의 깃발아래 뭉치지 못한 느낌이 든다. 마산지회, 창원지회, 지부활동들은 역량에 비해 아주 많은 사업들과 활동들을 활발하게 진행하였으나 전체적으로 소통이 원활하지 않은 부분들이 많이 보입니

다. 여성회 방향성에 맞는 중장기적 고민이 필요한 것 같습니다"(2008년 경남여
성회 감사보고서, 경남여성회 제23차 정기총회자료집, 2009).

"창원지부는 여성운동보다는 통일운동과 주체사상에 방점을 두고 정당
과의 연대, 정치세력화에 가치를 두고 활동하고 있었고 여성운동의 과제에
는 절실하게 나서지 않았다.[11] 여성운동의 목표와 방법에 대한 관점의
차이가 있었던 것이다"('ㄱ'과 전자메일교환).

다음은 이 부분에 대한 양측의 상반된 시각을 보여준다.

"정당과는 달리 도저히 정치적 선택권으로 모일 수 없는 지역이나 단체에
게 하나의 정치적 이념을 선택하게 할 수는 없다. …그래서 여성단체의 구성
원 중 특정 정치성향을 가진 회원이 모일 수는 있으나 정치적 결정을 쉽게
해서는 안 된다. 왜냐하면 여성회는 정치조직이 아니라 대중여성 운동단체
이기 때문이다"(김경영, 2008: 3).

"상반기 이사회의 결정사항에 대한 회원들의 반발, 소통의 어려움, 회원
중심의 소통구조를 어떻게 만들어 가야 할 것인가에 대한 고민이 많았다. 이
러한 갈등을 외면하고 묻어두기 보다는 갈등해결을 위한 구조/프로그램/방
향 등을 조직차원에서 대안을 만드는 것이 필요하겠다. ... 지부와 본부에서
지회사업 및 활동에 대한 지원, 지지에 대한 요구가 높았다"(경남여성회 제23
차 정기총회자료집, 2009: 44).

이처럼 조직이 확대됨에 따라 여성회라는 조직 내 구심점을 찾고 통합하는

---

11) 여성운동단체와 정당과의 관계에 대해서는 여성의 정치세력화와 관련하여 여러 가지 쟁점이
있다. 이에 대해서는 이혜숙(2009: 120-122)을 참조할 것.

데 어려움이 있었고 조직 내부의 갈등은 단순한 개인적 감정차이나 성격차이가 아니라 경남여성회의 정체성과 관련[12])있었던 것이다.

따라서 경남여성회는 조직과 관련하여 내부 조직점검이 필요하다고 보았으며 지역여성운동의 정체성, 조직의 지도력 문제 등을 해결해야 한다고 보았고 (경남여성회 제24차 정기총회자료집, 2010: 41) 창원지부가 분화된 것이다. 이런 과정을 거치면서 경남여성회는 여성운동의 과제로서 "첫째, 여성들 속으로 들어가서 뿌리 내리는 여성운동, 둘째, 여성운동의 담론 개발과 실천, 셋째, 생활 속에서 실천하는 성평등 운동 확산, 넷째, 정책, 제도에 대한 감시활동, 다섯째, 연대의 강화"(이경옥, 2008: 4-5)를 들고 있다.

2013년 사업총평을 보면 "활동가의 여성운동과 연계 활동을 보면 2013년 하반기에는 활동가들이 여성운동 본연의 자세에 충실하려고 많이 노력하였지만 여전히 단위별 업무에 집중되고 있어 여성운동가로서 역량강화나 경남여성회 조직 전체로 집중하는 활동을 전개하는데 있어서는 여전히 어려움이 있어 회원활동과 사업과의 참여를 활성화시켜야 할 것"(경남여성회 제28차 정기총회자료집, 2014: 59)으로 되어 있다.

또한 여성운동의 방향 및 정체성과 관련하여 부설기관과의 소통의 문제가 있었는데 경남여성회 사업감사보고에도 이런 점이 지적되고 있다. "부설기관

---

12) 명곡동 지회를 중심으로 2009년 지방선거에 한 회원이 00당 소속으로 나가겠다고 해서 여성의 정치세력화 활동의 일환으로 공식적으로 그 회원을 휴직 처리하고 지원했었지만 당선되지는 못했다. 그 후 2010년 국회의원 선거에도 창원시 한 지역에서 00당 후보로 나가겠다고 했는데 그 때는 당선가능성도 적고 해서 논의 끝에 포기했다. 그런데 이 과정에서 명곡동 지회는 특정 정당인 00당과 밀착되어 활동했고 여성관련 활동보다 통일관련 활동에 더 주력했다. 또 이들은 더 많은 동 지회 설립의 요구와 함께 경남여성회의 '창원진보연합'의 가입을 계속 요구했다. 이러한 과정을 거치면서 경남여성회는 명곡동 지회의 활동과 전체 여성회의 활동 목표와의 차이점을 느끼게 되었고 이사회 결정을 통해 실무자를 복귀시키고 공간을 폐쇄키로 결정하였다 ('ㄱ'과의 심층면접)

사업 내용을 살펴보면 경남여성회가 여성운동 단체임에도 상근활동가 교육이나 스터디에 여성주의 상담, 페미니즘 공부와 토론 모임 등이 전혀 이루어지지 않는다는 점입니다. 단체의 핵심 정신이 여성주의 확산과 성평등 지향이라는 본연의 기조를 부설 기관에서 제대로 지속적으로 실현해야 하는 것이 당연합니다."(경남여성회 제28차 정기총회자료집, 2014: 16)라는 것이다. 이후에도 사업감사보고에서 "부설 성폭력상담소, 여성인권상담소의 활동에서 보더라도 사무국과 연계하여 단체의 사업기조와 방향에 부합하는 활동이 충분히 이루어지지 못하였습니다. 향후 모든 부설기관은 단체의 비전에 맞는 활동을 통해 후원회원의 발굴, 조직화에 충분한 시간과 노력을 쏟아줄 것을 제안합니다."(경남여성회 제29차 정기총회자료집, 2015: 13)로 되어 있다.

이후에도 사무국과 부설기관의 관계에 대해서는 경남여성회와 단위조직의 인식에 있어 차이가 발생하고 있다는 점을 알 수 있다. "경남여성회 사무국은 여성운동과 조직 전체의 일을 해나가는 구심점이다. 그러나 부설기관에서는 사무국에서 지시받는 느낌으로 받아들이고 경남여성회 전체가 함께 해야 할 일에 단위업무상 바빠서 못하거나 자발적 참여는 힘든 상황"(경남여성회 제29차 정기총회자료집, 2015: 35)이라 서로서로 힘주는 부분이 필요하며 정체성의 문제를 중요하게 보고 있다.

> "경남여성회 내 인권지원 위한 상담 기관이 복지서비스 시행과 행정의 요구, 행정 내 연대기관과의 활동 등 다양한 관계가 있으나 여성운동단체의 정체성으로 경남여성회와 지역여성운동에 함께 결합하는 것이 필요함"(경남여성회 제30차 정기총회자료집, 2016: 32),

2016년 하반기 정책 수련회(2016. 12. 9)의 논의과제도 경남여성회의 정체성과 중점방향이었다.

〈참고자료 5-5〉

논의 과제:

1. 경남여성회의 정체성과 중점방향 논의, 다양한 부설기구의 문제, 중점 방향.
2. 경남여성회 내 여성운동가로 성장하기 방안 마련-로테이션의 문제 논의, 여성 운동가로 성장하기 위한 과제.
3. 지역여성과의 여성운동, 페미니즘 확산 방안 마련

자료 : 경남여성회 제31차 정기총회자료집(2017: 26-27)

또한 다양한 부설기구에 대해 분리 독립 논의를 시작해야 한다고 보았다. "경남여성회가 여성인권에 대한 제도화 이후 다양한 부설기구 설립해 왔으나 제도화 이후 여성운동을 조직 안에서 함께 하는 의미가 무엇인가? 분리 시 어려움이 무엇인지, 이제부터 공론화 시작해야 한다. 가능한 단위부터 시작할 수도 있다"(경남여성회 제31차 정기총회, 2017: 27)는 것으로 단위별 여성주의 실천목표 수립이 필요하다는 것이다. 즉 부설기구라는 형식으로 경남여성회 안에서 조직적 관계를 두고 할 것인지 독립된 사업기구로 분화해서 네트워크 체계로 가야 할지에 대한 고민을 시작해야 할 것으로 보았다(김경영, 2016b: 14).

경남여성회는 30주년 준비과정에서 30년 활동의 성과와 의미를 확인하고 이후의 미래와 비전 만들기를 위한 고민과 30주년 활동의 성과와 과제 작업을 통해 조직이 안고 있는 문제를 공론화시켰다.

"경남여성회는 각기 다른 사업을 하고 있는 단위기구도 상대적으로 독립
되어 있다. 형식구조상으로는 결재를 거치지만 내용적으로는 자율적으로
집행하고 있다. 따라서 단위사업의 기구 역시 부설기구 같이 독립적인 집행

을 요구하는 측면도 있어 경남여성회는 이러한 대책을 고민해야 한다. 경남 여성회 다수 활동가들은 '부설기구나 단위 사업을 하는 것이 바로 여성운동 하는 것 아닌가?', '사무국에서는 왜 회원 사업이나 지역연대 사업에 참여를 하라고 하나' 목소리로 불만을 토로하는 점도 있다"(김경영, 2016b: 26).

여성회 대표(또는 이사회)나 사무국의 입장에서 보면 "부설기관은 왜 여성회의 활동이나 교육, 사업에 적극적이지 않은지', '부설기관은 왜 사업이나 활동에서 여성주의를 풀어내지 않는지', 한편 부설기관의 입장에서 보면 '우리도 일이 많은데 여성회와 무엇 때문에 함께해야 하는지, 여성회는 왜 부설기관을 지원하지 않는지', 이런 문제제기가 나오는 것"(이경옥, 2016: 60)이다. 즉 "부설기관의 독립성, 자유성에 대한 고민 결합에 대한 불편함 있다. 사무국과 부설기관 간의 상호 결합이 이루어지고 있는가? 생각해 보아야 한다."(경남여성회 제31차 정기총회자료집, 2017: 27)는 것이다.

"2017년은 활동가 신규채용으로 인사위원회가 자주 열렸다. 활동가 퇴사하는 이유는 다양했지만 모두들 정신적, 육체적으로 지쳐 충전의 기회를 갖고자 했었다. 충분한 휴식으로 안정이 되면 다시 복귀하여 여성운동을 가까이서 접하도록 소모임, 이사활동 등에 참여할 수 있도록 다양한 시도를 하고 있다"(경남여성회 제32차 정기총회자료집, 2018: 62).

"경남여성회의 30년 활동과정의 성과를 찾고 새롭게 과제 논의를 시작하였다. 부설기구의 분리 독립에 대한 논의를 시작하였고 활동가와 회원의 여성주의 의식강화, 페미니즘에 대한 다가가기가 시작되었다"(경남여성회 제31차 정기총회자료집, 2017: 52).

또한 운동방식의 문제로 "조직이 안고 있는 현 상태에 대해 근본적으로 고민이 필요한 시기이다. ... 최근 협력사업이 요구하는 행정업무와 규제가 많고 자부담을 요구하여 프로젝트의 한계가 있으며 다른 방식을 찾아가야 한다."(경남여성회 제31차 정기총회자료집, 2017: 52)고 보았다.

> "경남여성회가 다양한 부설기구를 확장시켜왔지만 현단계 여성운동을 함께 하는데 있어 어려움이 있는 것이다. 경남여성회가 해 온 다양한 사업을 그대로 지속할 것인지에 대해 이후 경남여성회의 비전에 대해 고민을 해야 할 시기이다. 여성회가 갖고 있는 규모의 힘이 있지만 이제 규모만이 아니라 활동방식에 대해 되짚어 모아야 한다. 조직이 안고 있는 총체적인 문제의 공론화와 부설기구의 분리 독립에 대한 논의도 시작되어 이후 집중적인 논의가 필요하다"(경남여성회 제31차 정기총회자료집, 2017: 52).

이는 부설기구 자체적인 점검과 여성운동의 연계를 찾고 부설기구의 분리 독립에 대한 논의와 비전 찾기를 시작해야 한다는 의미이다. "이를 토대로 이후 조직과 일상의 활동 내용에 대해 방향을 잡아 볼 때이다. 전반적으로 활동가들의 경력이 높아지면서 5년차 이상 되는 경력자들이 여성운동가로서 개인의 비전을 찾는 것, 3년차 이하 활동가는 여성회 활동이 왜 필요한지에 대해 확고하게 의미를 찾도록 하고 활동가 스스로 여성운동에 대한 자기점검과 자기의지 여성운동가로서 자기비전을 확립하는 것이 필요하다"(제31차 경남여성회 정기총회자료집, 2017: 54)는 것이다. 즉 경남여성회 30년 이후 조직 강화 및 조직발전을 위한 내부과제로 중요한 사업방향을 정립하고 다양한 부설기구에 대한 점검과 분리에 대한 논의를 체계적으로 진행한다는 것이다.

<참고자료 5-6>

경남여성회 30년이후 조직강화 및 조직발전을 위한 내부과제

1) 경남여성회 중점 방향 정립
   조직진단과 중요한 사업주제 결정
   부설기구 분리논의
2) 단위사업의 성평등 확산을 위한 여성운동 실천방안 확립
   -성평등을 위한 사업목표와 실천 방안 설정

자료: 경남여성회 제31차 정기총회자료집(2017: 81-82)

조직내 갈등과 이견 발생 시 경력자나 책임자의 강요가 아닌 상호간의 적극적인 참여와 민주적인 논의가 필요하며 단계별로 역량을 키울 수 있는 교육이 필요하다는 것으로(경남여성회 제31차 정기총회자료집, 2017: 53) 활동가 고충처리를 위해 이사진들의 현황 파악을 통해 문제점을 찾고 조직적인 해결을 하였다. 시기상으로 뒤늦게 해결되는 어려움이 있었으나 고충위원제도, 인사규정 개정작업으로 보완을 하였다(경남여성회 제31차 정기총회자료집, 2017: 53).

2018년 사업 방향을 보면 "경남여성회 조직력 강화를 위해 각 부설기구는 전문성을 가지면서 사무국과 긴밀하고 유기적인 관계를 가진다."(경남여성회 제32차 정기총회자료집, 2018: 125)고 하고 있다. 따라서 "정부에서 시행하고 있는 사업이 여성의 삶의 질 향상에 도움이 되고 있는지 모니터링 하는 것은 여성단체 활동가로서 필수적으로 해야 하는 활동이다. … 그런데 우리 부서 활동가들은 현재 실시하고 있는 사업에만 빠져 정책을 들여다볼 여력이 가지지 못하는 점은 아쉽다. 현재 틀에 고정되어 있는 사고를 느슨하게 풀어내고 여성운동의 큰 틀에서 사고할 필요성이 요구된다. 활동가 스스로가 다양한 여성운동에 접근하는

방법에 눈을 돌리고 있는지 스스로 물어야 한다"(경남여성회 제33차 정기총회자료집, 2019: 59)고 보았다.

이후 평생학습센터는 퇴직금과 4대보험을 운영비로 안정적으로 지원받게 되었고 급량비까지 지원하여 운영하도록 했다. 2020년부터는 가음정평생학습센터를 운영하게 됨으로써 조직 구조가 확대되었고 여성운동을 확장시킬 수 있는 기반이 만들어졌다(경남여성회 제34차 정기총회, 2020: 28).

> "2020년부터 새롭게 위탁 받아 운영하는 가음정평생학습센터는 이용자가 많다고 한다. 이들과 여성회의 목적에 맞게 사업을 추진하는 방법도 하나의 과제이다"(경남여성회 제34차 정기총회자료집, 2020: 28).

> "경남여성회 부설기구는 부분별 성격에 맞는 전문성을 갖추려는 노력을 멈추지 말아야 한다. 더불어 사무국 중심으로 긴밀한 유기적인 관계를 유지하며 조직력 강화에 힘써야 한다"(경남여성회, 제34차 정기총회자료집, 2020: 21).

2020년에는 "지역주민들과 사업을 펼칠 평생학습센터는 1곳 더 수탁 받게 된다. 활성화 되어 있는 평생학습센터 주민들과 여성회와의 연계 고리를 어떻게 만들어 갈 것인가? 평생학습센터 3개를 가지는 조직으로 풀뿌리 마을 만들기 사업을 어떻게 꾸려갈지 센터들과 긴밀한 논의구조를 가져야 한다. 또 부설기구와 사무국의 설립목적에 맞는 활동을 이어 가기 위해 관계 맺기를 어떻게 할지가 큰 과제"(경남여성회 제34차 정기총회자료집, 2020: 53)라고 보고 있다. 따라서 "지역사회의 평생학습기관으로서의 역할과 경남여성회 소속 기관의 역할 사이에서의 접점과 특화점을 잘 찾아내고 조화시킬 필요가 있으며 목적과 방향을 설정하여 그것에 집중할 수 있는 재정비 또한 필요하다"(경남여성회 제35차 정기총회자료집,

2021: 61)고 보았다.

"가음정평생학습센터는 그동안 가음정동주민자치위원회 소속으로 운영
되어 오면서 지역공동체성의 구현보다는 도서관과 평생학습센터로서의 역
할과 기능에 주력해 왔는데 그 이유로는 주변 아파트 주민들이 도서 이용과
프로그램 수강 등의 목적으로 오기 때문이기도 하다. 그와 반비례하여 소모
임 활동이나 운영위원회와 자원봉사 활동 등이 상당히 저조한 편인데 회원
들의 욕구와 또 경남여성회 부설기관으로서의 센터가 가지는 운영의 의미
등을 재확인하고 통합하여 고유한 정체성을 확립하고 그에 부합하는 사업을
주민들과 함께 해 나갈 필요가 있다"(경남여성회 제35차 정기총회자료집, 2021: 61).

"평생학습센터는 일상에서 여성주의를 인식하고 현실을 변화시키는 실
천 활동이 잘 전개될 수 있는 요건을 갖추고 있다. 여성주의를 다양한 방법으
로 실천해 나가고 지역 공동체 활동에 참여할 수 있는 사업을 만들어가고 여
성들을 조직적인 활동에 참여할 수 있는 사업들을 창출해 나간다"(경남여성회
제35차 정기총회자료집, 2021: 61-62).

3) 활동가 교육과 리더십

활동가 교육은 2000년대 중반 시민사회운동의 중요한 화두이기도 했다. 그
이유는 운동 환경의 변화로 활동가의 재교육 필요성이 대두되었기 때문이다(박
인혜, 2011: 385). 먼저 외부적으로 절차적 민주주의가 진행됨에 따라 시민운동방
식에 변화가 요구되었고 사회운동조직 중심의 운동이 정보화, 지구화에 따른
네트워크 방식의 운동으로 변화했다. 내부적으로는 조직의 필요보다 자신의
욕망에 따른 운동을 지향하는 활동가들이 등장했다. 이런 새로운 운동 환경에

적응하고 시민운동의 사회적 소명을 위해 활동가 훈련의 필요성이 증가했는데 활동역량 교육의 목표는 활동가로서의 자질 및 실무력과 전문활동력을 강화하는 것이다(박인혜, 2011: 388-389).

경남여성회도 2002년 12월 12일부터는 실무활동가 단위의 여성학 소모임을 만들었는데 자체적으로 "실무자 소모임을 꾸려낸 것을 큰 의의"(경남여성회 제17차 정기총회자료집, 2003: 20)로 평가하고 있다. 2005년 11월부터는 지부, 지회활동가 단위의 여성학소모임이 시작되었고(경남여성회, 2011: 103) 2006년에는 여성아카데미 과정과 여성활동가 세미나가 진행되어 활동가의 의식화와 일상에서의 성평등 실천을 위한 학습을 전개하였다(경남여성회, 2011: 139).

2007년에는 조직위원회에서 제안하여 활동가 간부학교를 추진하여 교육을 실시하였고 2008년부터 여성회 활동가는 월례회의를 통해 여성주의와 관련된 주제를 준비하여 발제하는 방식으로 주기적으로 의식강화를 위한 발제와 토론 등으로 역량강화를 해나가고자 했다(경남여성회, 2011: 104). 2008년은 활동가의 역량강화를 위해서 리더십 훈련을 위한 '활동가 기-UP 수련회'와 '세대간 소통과 연대가 있는 경남여성회' 등 활동가 역량강화 워크숍을 진행하였고 '풀뿌리 조직가 훈련', '한국여성단체연합 여성운동아카데미' 등 외부교육 참가도 많았는데(경남여성회, 2011: 127) 이같은 다양한 교육과 정책수련회를 통해 활동가들의 역량을 키우고자 한 것이다. 실제로 2000년 이후 입사한 활동가들 대부분은 3년 이상 근무하여 장기근속하고 있는 편이다('ㄱ'과의 전자메일 교환).

2000년대의 활동가 교육을 관통한 주제는 리더십이었는데(박인혜, 2011: 436) 사회운동의 전략관계는 운동리더십에 의해 구체화되어 다양한 형태의 집합적 행위로 표출되기 때문이다. 즉 사회운동에서 전략은 운동을 목표지향적으로 이끌어가기 위한 선택적 행위과정의 총체적 기획으로서 목표와 타이밍, 전술을 결정하는 운동리더십의 선택과 집중의 힘, 즉 전략적 능력성에 크게 의존한다(홍성태, 2012: 1-13). 경남여성회의 경우도 "여성회는 지도력을 발휘할 수 있는 조직인가?(김경영, 2008: 4-5)"라는 질문을 제기하였다. "이제 '여성회라는 거대조직을 어떻게 이끌어나가야 할까'를 고민해야 한다. 즉 지부, 지회, 부설기관에서 각개격파로 스스로 알아서 하도록 하는 시스템이 아니라 의결구조와 회의구조에서 집행력을 담보해 나가야 한다"(김경영, 2008: 5)는 것이다.

실제로 지역여성운동은 다양한 과제에 대한 추진력과 운동리더십이 요구된다. 여성정책이나 이슈를 중요하게 생각하는 만큼 실무자, 회원과의 소통구조를 만들고 함께 느끼고 공감대를 만들어 가야 하기 때문이다. 실제로 다양한 회원들의 욕구를 반영하고 조직화하는데 어려움이 따르며 세대간 소통의 어려움이 있다. "40대 중반의 실무자가 많은데 실무자로의 경험만이 있어서 실무자에서 활동가로 도약하고 새로운 리더십을 갖춘 운동가로 성장하기 위한 기반을 어떻게 만들어낼지가 과제이다"(김경영, 2011: 70). 활동가 재생산과 관련하여 월례회의를 통한 강의와 여성회 주관 대중특강, 자체 학습, 워크숍 등 다양한 방식으로 활동가 교육이 이루어지고 있다. 그 외 외부연계로 전문 강사 양성과정이나 한국여연 연계과정을 통한 단기 교육이 진행되었다(김경영, 2016b: 15). "여성회는 여러 부설 기관을 순환 근무하는 체계인 만큼 활동가들이 '여성운동'에 대한 여성주의적 가치관과 업무에 대한 전문성을 가져야 한다"(경남여성회 제34차 정기총회자료집, 2020, 110)는 것이다.

> "사무국에서는 지자체 정책사업을 모니터링하고 있다. 정책사업 모니터링은 사무국만이 아니고 정책을 실제로 수행하고 있는 부설기구 활동가들이 참여해 모니터링해야 제대로 된 모니터링이 된다. … 이는 정책 입안자들의 요구에 맞춰 일만하는 직업인으로서만 활동한다면 운동단체인 경남여성회

가 부설로서 지속적으로 함께 할 필요성이 있는지 심도 있는 고민이 필요하다"(경남여성회 제34차 정기총회자료집, 2020: 53).

최근 운동단체 활동가로서 가져야 하는 소임과 책임보다는 개인적인 이익이 더 강조되고 있고 직장인으로서도 자기 권리만을 강조하는 활동가들이 점점 늘어가고 있다. 따라서 "이들에게 여성운동의 정체성을 어떻게 담아내야 할지? 여성회가 일정한 목적을 가진 사람조직임에도 불구하고 각 사업에 사람 모아내는 일이 가장 큰 어려움으로 자리 잡고 있어 어떤 방법으로 해결할지가 최고 과제"(경남여성회 제34차 경남여연 정기총회자료집, 2020: 53)라 보았다.

3. 물적 자원의 동원과 여성운동의 제도화

1) 재정확보를 위한 노력

경남여성회는 설립 초기에 회원들의 개인적인 헌신으로 1991년 마산 가고파 오피스텔 504호를 공동구입하여 공간이 마련되었는데 "그 당시에는 조직활동 담당 못지않게 재정을 마련하기 위한 역할이 엄청 힘이 되고 중요했다"(경남여성회, 2011: 154-155). 실제로 "여성회가 큰 걸음을 내딛던 때를 들라면 먼저 여성회가 자체 공간을 마련한 것을 들 수 있다"(배진숙, 2011: 69)고 회고하고 있는데 이 덕분에 성폭력상담소도 개소할 수 있었다고 한다.

"1991년 5월, 회원 다섯 분의 도움으로 오동동 가고파오피스텔로 옮기게 되었을 때는 정말 기뻤다. 더 넓고 아늑한 공간에서 여성회도 활기를 띠기 시작했다. 직장여성교실, 예비신부교실, 성교육 강좌, 노래교실 등 교육 프로그램을 홍보하고 열면서 2-30대 여성들이 여성회 문을 열고 들어오기 시작했다"(강혜경, 2011: 63).

재정확보를 위한 활동가들의 노력은 다양한 방법으로 진행되었는데 열악한 재정문제를 해결하기 위해 무엇이라도 팔아서 수익금을 만들어야 했다(경남여성회, 2011: 110-111). 1994년 5월에는 성폭력상담소 개소 2주년을 맞아 '홍신자' 춤공연과 각종 독주회, 연극공연을 기획하여 진행하였다(경남여성회, 2011: 156). 또 2001년 6월에는 '실직여성가장 돕기 일일호프'를 기점으로 비슷한 유형의 재정마련 프로그램을 하였으며 2004년 여성정치발전소 개소 때에도 일일호프와 개소식을 동시에 진행했다. 2005년 11월에는 '저소득 한부모 가정지원을 위한 기금마련 일일호프', 2007년 11월에는 '여성인권상담소 개소 기금마련을 위한 일일찻집'을 진행하기도 했다. 2010년 10월에는 경남여성회 회원을 대상으로 '경남여성회 후원의 밤'을 진행하였다(경남여성회, 2011: 157).

2002년 6월부터 시작하게 된 CMS 회비수입은 수입확보와 재정자립 면에서 많은 변화를 가져왔으며 이후 집행부 이하 실무활동가들의 회원확장 노력과 재정사업을 위한 노력이 적극적으로 진행되었다(경남여성회, 2011: 156). 회비수입은 안정적 조직운영을 가져올 수 있는 바탕이 된다. 이러한 동원의 방식은 직접적인 행동이 아니라 간접적인 참여, 즉 회비를 내는 것이 중요하고 이와 같은 자금의 동원으로 전문적인 상근활동가들이 운동을 기획할 수 있는 것이다.

이후 대중조직으로 성장하기 위해서는 회원조직이 확대되어야 한다고 보아 2004년 실무활동가들의 '릴레이 회원모집'도 시작하였다. 2005년부터는 보다 적극적으로 회원과 후원회원의 발굴을 통해 회비수입으로 재정자립을 해 나가려고 하고 있다(경남여성회, 2011: 149). 그러나 여전히 재정부족 상황이다. 해결 방안으로 기존 회원 유지를 위해 SNS와 문자를 통해 여성회 활동을 지속적으로 회원들에게 알리고 단기후원, 일시후원을 늘리기로 했다(경남여성회 제32차 정기총회자료집, 2018: 62).

2) 위탁사업과 협력사업

1994년에 경남여성회는 사회단체로 등록하고(성폭력상담소는 보사부에 등록함) 1997년에 사단법인으로 등록했다(경남여성회, 2011: 152). 1980년대에 정부와 적대적 관계에서 성장해 온 여성운동단체들에게 사단법인이라는 조직 형식은 정부와의 관계가 변한다는 것을 의미한다. 운동단체의 존립근거가 공적으로 승인된 것이기 때문이다. 사단법인 등록으로 운동의 자율성이 위협받을 것이라 본 활동가들도 있었지만 사단법인 등록을 통해 대중적 기반을 넓힐 수 있다(홍미희, 2006: 178). 법인이 됨으로써 정부가 하는 여성관련 사업에 참여를 요구할 권리를 가질 수 있으며 대중의 모금이나 여러 가지 후원금이 법인 자격을 가짐으로써 용이하기 때문이다(이미경, 1998: 43).

경남여성회의 경우도 사단법인 등록과 관련하여 "등록으로 공신력이 인정되므로 개인독지가들로부터 후원 명분이 생기고 정부로부터 재정지원을 받을 수 있는 법적 근거가 생긴다. 여성운동이 이제 설득력있는 정책대안 제시와 대안 있는 건설적 비판제시와 실질적 정책시행의 확보를 위한 사업방식이 요구되고 있다는 점에서 합법공간의 효율적 이용이 필요하다"(경남여성회 제8차 정기총회자료집, 1994)고 보았다.

1995년 창원시의 사회교육센터가 확대되고 시민사회단체의 위탁사업이 전개되면서 1997년 경남여성회도 창원시 사회교육센터 위탁사업을 시작하게 되어 사무국을 창원시 남산사회교육센터 공간으로 이전하게 된다. 그 후 대중적인 공간을 통해 여성학스터디, 여성주의 글쓰기, 여성법률학교, 여성의정활동가 양성 등의 기반을 확대하고 여성자원활동가를 양성하는 등 활발한 일상활동을 전개하였다.

제도화는 안정된 재원의 확보, 대중적인 여성주의적 서비스 제공, 여성운동의 저변 확대 등의 기회를 준다. 실제로 정치적 기회구조의 측면이나 제도화 수준에서 볼 때 여성운동이 제도에 포섭되어 자율성을 상실하지 않고 여성운동의 목표를 달성하는 효과를 가져왔으므로 긍정적이었다고 평가되기도 한다(장미경, 2006: 132). 반면 정부의 위탁사업을 통해 대개 저비용으로 여성단체의 서비스가 이용되며 이로 인해 여성운동 자율성의 폭이 현저히 줄어든 측면이 있다. 실무자들이 단위 위탁사업에 집중하면 운동가로서보다는 직원으로서의 자신의 권리 주장에 익숙해져가며 기능적인 일을 장기간 맡다보면 여성운동 활동가로서의 자기 정체성을 확보하는 것이 쉽지 않기 때문이다(홍미희, 2006: 182). 실제로 활동가들이 위탁사업이나 상담소 활동을 하다보면 여성운동보다는 점점 정부관련 일의 실무자화가 되기 쉽다. 제도화는 여성운동의 자율성 훼손과 국가의 주도권 행사라는 결과를 가져오기도 한다(박인혜, 2011: 13). 또한 단체 유지를 위한 프로젝트 사업의 의존도가 높아지며 한정된 자원을 놓고 이슈와 사업의 선점과 독점을 위해 다른 여성단체와 경쟁관계에 놓이게 되며(박인혜, 2011: 421) 정부가 특정 프로젝트를 지원함으로써 운동단체들의 활동이 점차 유사해 지기도 한다.

경남여성회는 지자체 사업의 위탁사업을 계기로 조직의 규모와 사업에서 질적인 변환을 하였다. 즉 지역내 여성과 함께하는 평생학습의 공간으로 경남여성회를 이용하는 계층이 대폭 확대되었으며 활동의 내용도 아주 다양하게 변모하면서 시간이 지날수록 양과 질에서 많은 변화와 발전을 가져왔다. 즉 평생교육사업을 운영하는 과정에서 많은 지역여성들의 삶을 피부로 느끼게 되면서 지역여성운동단체로서 역할을 충실히 해 나가기 위한 다양한 방안이 시도된 것이다(경남여성회, 2011: 354-355). 2007년 3월 경남여성회내에서 반성매매 활동을 본격적으로 시작한 '창원여성인권상담소'의 경우도 2009년 하반기부터 창원시로부터 상담소의 재정지원이 이루어져 다소 안정적인 운영을 할 수 있었다(경남여성회, 2011: 180).

공공지원확보는 여성문제를 둘러싸고 지방자치단체와 교섭력을 확보하기 위한 과정이다. 관에서는 비판만 하던 경남여성회의 실체를 의구심 있는 눈으로 경계했으며 기존회원들은 여성회가 관변화하는 것이 아니냐는 우려를 했다(장정임, 2011: 56; 경남여성회, 2011b: 129). 그러나 경남여성회는 사단법인 설립, 비영리민간단체 등록으로 합법적인 근거를 통해 사회로부터 공신력을 만들어 내었고 지자체사업의 위탁운영으로 공간을 통한 대중성을 확보하여 대중여성운동단체로서 기반을 확대해 나갔다. 여성사회교육서비스기관, 사회복지서비스기관을 운영하며 단체의 지역내 영향력을 확대하게 되었고(김경영, 2011: 66-67) 보다 대중적인 공간에서 마을주민사업과 지역여성을 위한 여성운동을 펼치게 된 것이다. 사회교육센터 프로그램을 통한 여성의 조직화, 의식화 활동이 가능해진 것이다(경남여성회, 2011: 132-135).

당시 경남여성회는 창원으로 사무국을 이전하여 사회교육센터의 활동들이 다양하게 펼쳐지고 있었고 마산에선 성·가족상담소가 뿌리내려 적극적인 활동을 하고 있었습니다. 특히 당시 주민사회교육센터가 전국적인 이슈가 되고 활동력들이 왕성하여져 지역여성들의 쉼터와 교육의 장으로 자리잡으면서 하루도 조용하지 않은 날이 없을 정도로 여러 가지 행사들과 교육 등이 이루어졌습니다(이성애, 2011: 72).

여성회의 경우 그 조직적 기초 중 가장 큰 장점이라 할 수 있는 사회교육센터를 운영하고 있다. 위탁운영이라는 이유로 여러 가지 걸림돌이 많기는 하지만 이를 통해 일반 여성들에게까지 다가갈 수 있다는 장점과 회원가입의 다양화, 활동의 다양성을 높여낼 수 있는 바탕이 되고 있다(김현숙, 2004: 14-15).

그런데 대중성과 합법성을 확보하였지만 프로젝트 사업 위주로 운영되거나 공공지원확보를 통해 지자체나 정부사업을 대행, 추진함으로써 정형화되어있는 사업계획의 틀에 얽매이고 새로운 상황 발생시 사고의 확장이 되지 않는 측면도 있다(김경영, 2011: 69). 경남여성회 사회교육센터 위탁운영사업의 총괄평가를 보면 센터실무진의 열성적인 활동으로 이전보다 이용률이 증가되었다고 보고 있으나 이원화된 조직구조는 갈등의 근원이 되기도 한다(박인혜, 2011: 235). "센터실무진의 여성회 사업 및 활동에 대한 깊이 있는 공감대 형성 및 여성회 활동가로의 의식전환이 요구된다. 행정처리를 위해 많은 시간이 소요되고 사무국의 인력이 여성회 중점 사업을 펼쳐나가는데 많은 어려움이 따르고 이에 대한 대비책이 필요하다"(경남여성회 제14차 정기총회자료집, 2000: 22)는 지적은 이러한 상황을 보여준다. 경남여성회의 경우도 이러한 문제점들에 대해서 인식하고 있다.

상담소나 복지시설, 사회교육센터 등 여성운동의 과제이기도 했지만 지원을 받으면서 행정에서 요구하는 서식 만들기나 일 자체에 빠져 국가 업무의 보조실무자 또는 복지서비스 전달자의 역할을 하게 되고 재원을 지원받는 행정기구, 지자체, 정부부처에 대해 투쟁력을 잃기도 하였다. 한마디로 여성운동의 근본적 과제보다 사회복지서비스기관으로 전락하지 않았나하는 자성을 해보게 된다(김경영, 2011: 69).

또한 상담소 내 실무진과 여성회간의 관계에서 약간의 갈등이 있었으며[13](경남여성회 제14차 정기총회자료집, 2000: 44) "사무국과 센터, 상담소 실무자들이 경남여성회 직원으로서 여성운동의 합의를 이끌어 낼 수 있는 교육과 훈련이 지속되어 실무자들이 지도력과 실무력을 갖고 일할 수 있도록 해야 한다"(경남여성회 제15차 정기총회자료집, 2001: 38)고 평가하고 있다.

> 기존 상담소 내 실무진의 여성회에 대한 조직적 결합이 낮아 인사적인 해결이 있었는데 여성운동의 대의에 대한 전체 실무진에 대한 교육이 강화되었으면 하고, 상담소 내 이전 실무진이 전문교육을 수료한 후 교육성과가 개인의 경력쌓기에 치우진 점이 있었는데 최대한 교육의 결과가 상담소 조직 역량으로 축적될 수 있기를 바란다(2001년 감사결과보고서, 경남여성회 제17차 정기총회 자료집, 2003: 47).

이와 관련하여 경남여성회의 경우 여성운동의 정체성을 살려나가야 한다는 것으로 논의된 적이 있었고 여성주의를 강화하기 위한 실무자 교육으로 보완하고자 했다. "경남여성회 사업이 실무자 중심을 넘어서 각종 회의체계(이사회, 운영위원회, 각종위원회)에 내실을 기하고 정책 단위의 역할을 강화해야 할 것"(경남여성회 제16차 정기총회자료집, 2002: 37)으로 보았으며 "정기적인 회의를 통해 여성회 전반적인 업무집행에 관한 중요사항을 의결하고 결정하는 이사회의가 조직화의 어려움과 소극적인 참여로 제 역할을 해내지 못하는 실정이므로 격월로 횟수를

---

13) 관행적으로 상담소 실무자 급여의 일부를 자발적인 후원의 형태로 다시 여성회로 돌려서 재정적인 어려움을 해결했는데 이에 대해서 실무자가 위탁기관이었던 시에게 그 사실을 알린 것이다('ㄱ'과의 심층면접).

조정하고 분과위원회 활동을 통해 정책단위를 강화하는 방향으로 대안을 모색해야 할 것"(경남여성회 제16차 정기총회자료집, 2002: 37)도 지적되고 있다.

2005년도 자료를 보면 "상근자의 월 1회 회의를 통해 기구별 사업보고와 사업공유를 하는 시간을 통해 각 기구 상근실무자들이 여성회의 현 실정을 파악하고 친밀감, 소속감을 느끼게 하는 계기가 되었다"(경남여성회 제19차 정기총회 자료집, 2005: 24)고 보고 있다. 실제로 2000년 이후 확대된 협력사업은 지역여성들이 참여할 수 있는 다양한 사업들을 진행하면서 회원조직 확대에 기여하였고 회원의 확대는 재정자립을 위한 토대가 되었다. 주요 여성운동단체들이 창립되기 시작한 1980년대 후반만 하더라도 활동비 지급제도가 없는 경우가 많았고 자원봉사자와 상근활동가의 구별도 존재하지 않았다. 활동가들의 생계 보장을 위해 도입되기 시작한 활동비 지급제도는 정부보조금의 유입과 함께 모든 단체에 정착되었다.

경남여성회는 2005년부터 지자체, 민간재단 등으로부터 협력사업 지원신청을 통해 교육사업비를 지원받아 다양한 교육을 진행하였다. 2004년 여성정치발전소 설립과 더불어 여성정치교육 프로그램, 여성리더십강화프로그램, 쉼프로그램까지 다양한 프로그램이 도입되어 회원교육과 활동가 의식강화를 지원하였다(경남여성회, 2011: 115). 프로젝트사업은 원하는 사업을 추진하기 위한 경비를 충당하는 장점이 있다. 정부나 민간재단의 지원하에 이루어지는 사업의 이미지로 대중성강화, 일반인들에게 공신력을 주는 사업의 효과도 있으며 다양한 프로그램도입으로 다양한 조직화를 모색해볼 수 있었다. 또한 여성운동의 과제를 프로젝트사업을 통해 녹여낼 수 있는 강점이 있었다(김경영, 2011: 69). 그러나 부정적인 측면과 관련한 쟁점은 최근까지도 이어지고 있다.

"협력사업 평가: 여성단체들은 재정적 어려움으로 사무국 인력이 축소되어 가고 있고 지자체 협력 사업에도 자부담을 요구한다. ... 여성운동 활성화에 필요한 사업이 무엇인지 심도 있는 검토와 고민 속에서 받아야 될 필요성이 강구된다. 변화되어가는 사회현상을 따라 잡기 위해서는 좀 어렵더라도 기존 틀을 깨는 작업이 필요하다"(경남여성회 제33차 정기총회자료집, 2019: 55-56).

"협력사업: 회원단체에서는 자체적으로 사업을 진행하기에는 재정적 어려움이 있다. 그래서 기관에서는 지자체 협력사업을 통해서 사업을 진행하고 있다. 지자체의 협력사업은 많은 증빙자료를 요구하기 때문에 비효율적으로 일을 처리해야 하는 어려움도 있다. 거기에 자부담을 10% 넣어야 되는 것은 재정적 어려움을 가지고 있는 민간단체의 협력사업 진행에 걸림돌이 되고 있다. 사업 진행은 사람이 하기 때문에 인건비가 들어감에도 자자체는 본회의 임원이나 직원들에게 인건비를 지급하지 못하도록 하고 있다. 잘 할 수 있는 임원들에게 강의를 부탁하고 강의비를 지급하지 못하도록 하는 것은 시민들에게 질 좋은 강의 받을 수 있는 기회를 박탈하는 것으로 보여 진다"(경남여성회 제34차 정기총회자료집, 2020: 45).

따라서 여성운동의 제도화와 자율성은 서로 모순, 대립하는 양자택일의 문제는 아니다(윤정숙, 2004: 67-69). 2000년대 이후 최근까지 이어져온 위탁사업과 협력사업의 긍정적인 측면을 어떻게 더욱 살리면서 여성운동의 자율성을 유지할 것인가가 앞으로의 과제라 하겠다.

4. 지역여성운동과 풀뿌리 조직화

1) 다양한 교육프로그램과 일반여성의 조직화

여성운동에서 자원동원의 핵심도구 중의 하나는 의식화 교육이다(박인혜, 2011: 51). 다양한 대중교육 프로그램은 일반 지역여성들의 참여를 유도하고 여성주의를 학습하고 여성으로서의 정체성을 확립하는 내용을 중심으로 이루어져 있으며 이들의 다양한 욕구를 충족시키는 사회교육, 전문성 강화 교육 등으로 분화, 발전해 나가고 있다. 경남여성회는 직장인 여성을 위한 직장여성교실, 주부를 위한 여성학교실, 결혼을 앞둔 미혼 여성을 위한 여성학 교실 등 대상과 방법을 차별화 시키며 일반여성을 대상으로 다양한 조직 활동을 하였다(이혜숙, 2011: 43-44). 직장여성교실은 20대의 여성들이 직장에서 경험하는 성희롱, 성폭력 등에 대한 예방교육을 받고 자신이 경험한 성차별에 눈을 뜨고 사회의 민주화에 대해 알고 비슷한 또래의 여성을 만나 여성들만의 연대와 조직화의 방식, 자신이 성장할 수 있는 새로운 경험을 하게 된다.

> "당시 여성들은 직장 내의 차별을 접하고도 당연한 것으로 인식하고 있었다. 문제제기를 하는 여성이 많은 여성들로부터 아주 '별난' 사람으로 인식되면서 전혀 이해받지 못했는데 여성회에 와서 보면 같이 서로 이해되는 분위기였다"(배OO 회고, 경남여성회 25주년자료집 편찬 준비를 위한 집담회, 2011).

> "당시 직장여성교실은 20대 여성이 주로 접하기 힘든 인문 사회과학 서적을 접하는 새로운 경험이었고 사회에 대해서 알게 되고 새로운 세계에 눈을 떴던 곳이다. 모임 구성원이 연령별로 차이가 많이 났지만 나이순, 서열

이라는 것을 극복하고 평등했던 것 같다. 모임을 통해 여성의 연대, 자매애를 배우게 되었다"(손OO 회고, 경남여성회 25주년자료집 편찬 준비를 위한 집담회, 2011).

당시 많은 회원들이 결혼을 앞두게 되면서 결혼이 여성에게 절대적으로 불리한 가족제도이기에 결혼에 대해 제대로 인식하게 하고 결혼을 하게 되면 겪게 될 갈등문제를 미리 알고 이후 잘 해결할 수 있는 대비책을 고민하면서 1993년 예비신부교실을 열었다. 이런 프로그램이후 결혼식 때 신랑, 신부 동시 입장을 시도하는 등[14] 새로운 결혼식문화를 만들어보려 하였다. 이러한 활동은 1990년대 전후 제도개선을 위한 법제정·개정운동, 성폭력 가정폭력피해자 구명운동 등 전국의 사안과 연대하며 성폭력상담소 개소를 위한 밑거름이 되었다. 이처럼 경남여성회는 지역여성들의 의식변화에 영향을 미쳤고 여성의 정치세력화와 관련한 교육과 워크숍도 진행해 왔다.

　　"회원이 주체가 되는 사업과 활동을 통해서 당사자운동과 풀뿌리 여성운동을 만들어 간다. 가정, 일상, 생활에서의 성차별적인 문화를 바꾸어 나가는 실천적 여성운동을 해 나간다. 빈곤의 여성화를 해소할 수 있는 성인지적 담론형성과 당사자 조직결성 지원사업, 여성운동의 중장기 비전 마련과 여성주의 담론투쟁을 전개하기 위한 소모임 스타디, 교육과 연구활동을 해 나간다(경남여성회설문지: 2008).

이후에도 경남여성회는 구성원의 원활한 소통과 연대감을 키우면서 회원이 주체가 되는 사업과 활동을 통해서 당사자운동과 풀뿌리운동을 만들어나갈 것에 역점을 두고 있다. 2012년 여성학 스터디모임을 추진하고 2013, 2014년

---

14) 당시 결혼한 정OO, 강OO 등은 결혼식 때 동시입장을 하였다(경남여성회, 2011b: 100).

동안 2030세대 활동가가 주축이 되어 여성회의 사업을 통해 지역의 2030대 여성과 만남을 추진하였다(김경영, 2016b: 19). 2015년부터는 여성주의학교를 기획 운영하였으며 여성학스터디 소모임으로 정착하게 하고자 하였다(김경영, 2016b: 19).

그런데 지역사회의 보수성은 경남여성회가 여성문제를 구성하는 방식에 영향을 끼쳤는데 이에 대해 이유정(2018)은 대중화사업의 주부중심성과 정상가족중심성을 지적한다. 반성폭력 사업, 반성매매사업, 빈곤극복 사업 등등이 모두 정상가족 중심성과 주부 중심성을 갖고 있었고 돌봄 노동을 수행하는 여성을 계속 그려냈다는 것이다. 즉 경남여성회의 대중화 사업이 광범위한 지역여성을 조직하면서 지역여성운동 세력화를 만들어냈지만 다양한 지역여성의 현실을 배제하거나 주변화했다는 것이다(이유정, 2018). 따라서 운동의 성과와 한계는 지역 내 현실적인 요건들과 어떻게 교차하는지 살펴보는 것이 필요하다.

2) 지역여성운동의 대중화와 풀뿌리 조직

경남여성회는 일상, 의식, 삶의 방식을 바꾸고 실천하는 풀뿌리 여성운동을 2005년부터 핵심 사업으로 추진하였다(이경옥, 2007a: 4). 풀뿌리 운동이란 "일반 대중들이 주체가 되어 그들의 집단적 힘으로 사회를 변화시켜가는 과정이며 그 과정을 통해 자기 자신도 변화시켜가는 운동"(이경옥, 2007b: 5)으로 보았다. 당시 풀뿌리 여성운동으로 새로운 조직화에 눈 뜬 상근활동가뿐만 아니라 회원 지역여성들이 경남여성회 지부, 지회라는 방식으로 참여하게 되었다. 풀뿌리 운동은 의제를 이슈 중심이 아니라 삶의 문제를 중심으로 설정하며 운동의 과정에서 운동에 참여한 사람들의 역량이 얼마나 강화되었는지와 그로 인해 이후에 운동에 더 발전할 수 있는 기반이 마련되었는지를 중요하게 본다(하승수, 2007: 220).

"풀뿌리 여성운동이란 여성운동의 풀뿌리라 할 수 있는 다수의 평범한 여성
들이 여성운동의 주체로 참가하는 여성운동을 말합니다. … 풀뿌리 회원들을
여성단체 활동의 중심에 놓고 회원들의 생활속에서 제기되는 문제와 바램들
을 단체의 활동의제로 잡고 회원들의 활동으로 그를 실현해 가는 것입니다.
이를 통해서 회원들은 성장하고 회원들은 확대되며 단체가 성장하고 발전하
는 길입니다… 회원들 모임과 모임의 활동을 자연스럽게 지역으로 확장하면
서 지역주민들과 만나고 참여시키게 되는 것입니다"(박영미, 2007: 6).

일상에서의 여성운동 기반확대를 위해 경남여성회는 기존 회원의 활동을 강
화하고 새로운 회원확대를 위해 신마산 지역아파트 단지 부녀회와 연계하여
성교육 강좌를 열었고 여성욕구조사를 하면서 지역에서의 성평등실천을 목표
로 조직화 활동을 전개하였는데 실제로 여성운동의 조직화의 필요성에 대한
공감대가 있었다.

"올 한해 여성회 조직사업의 큰 기조는 – 회원확보계획은 기본일 것이다
– 여성운동의 대중화를 꾀할 수 있는 시기별, 사안별 사업을 꾸준하게 기획
하고 실행하여 회원들의 여성회에 대한 거리감을 없애고 활동의 적극성을
높여낸다는 것이다. 또한 지역사업의 기초를 통해 지역 여성조직의 활성화
를 위한 활동을 전개하여 소모임, 주제별 모임의 활성화를 지원하고 여성회
를 통해 묶일 수 있는 연계구조의 마련이 무엇보다 중요한 사안이다"(김현숙,
2004: 14-15).

경남여성회는 2006년 창원지부와 마산지부를 만들고 동여성회를 건설하여
회원부터의 당사자운동을 전개했다(이경옥, 2007a: 3). 경남여성회는 풀뿌리 여성들
에게 보다 가까이 다가가기 위해 지부 및 지회와의 관계를 정립하고 풀뿌리 활

동이 보다 가능한 유연한 조직의 모색을 위해 노력하였다. 따라서 경남여성회 지부조직의 확대 강화 및 활동가 양성 사업을 추진하는 기구로서 조직위원회를 구성하는데 지부조직 확대, 여성운동의 대중화를 실현할 여성운동의 주체 형성, 여성운동을 책임져 나갈 신진 활동가 발굴 및 육성을 방향으로 삼았다.

〈참고자료 5-7〉

조직위원회 방향

1) 경남여성회 추진계획에 맞게 지부 여성회를 확대 강화하기 위한 비전을 제시한다.
2) 구체적인 점검을 통해 조직확대 강화사업의 대안 제출과 전체적인 지원과 집행이
   원활히 될 수 있는 통로의 역할을 한다.
3) 활동가 발굴을 위한 교육사업을 일상화, 체계화하여 여성운동가로서의 자질과 의
   식을 키우도록 한다.
4) 여성의제와 지역의제를 잘 배치하여 대중실천과 지역정치활동을 전개하고 교양과
   실천 속에서 활동가들을 발굴한다.
5) 리더양성과 정치활동에 있어 정치발전소와의 연대를 형성한다.

자료: 경남여성회 제20차 정기총회자료집(2006: 59)

이와 같은 과정을 거쳐 경남여성회는 여성운동의 대중화, 풀뿌리 여성운동의 강화를 목표로 조직확대를 해 왔으며 사회교육센터를 통한 여성교육, 지역여성조직사업과의 연계체계, 지역여성운동의 역량강화, 여성활동세미나, 마을활동가 교육을 다양하게 진행하였다(경남여성회 제21차 정기총회자료집, 2007: 13). 즉 지역여성들의 처지와 조건, 관심분야가 다양하므로 이러한 부분을 관통할 수 있는 교육과 여성운동의 역량을 키울 수 있는 전략적 교육이 반드시 필요하다고 보았다(경남여성회 제21차 정기총회자료집, 2007: 12).

2005년부터 대중교육은 주로 여성정치발전소를 중심으로 나를 열고 세상을 여는 여성리더십강사양성과정, 마을활동가 양성교육과 마을활동가 양성과정, 마을활동가 한마당 '여성이 나서면 마을이 바뀐다' 등으로 활발하게 진행되었다(경남여성회, 2011: 139). 또한 풀뿌리 지역활동으로 마을별로 찾아가는 성교육, 양성평등교육, 천생리대 등 친환경교육, 문화교육 등 다양한 형태로 진행되었다. 2007년은 회원이 행복한 여성회를 사업목표로 설정하며 각 지부, 지회 소모임별로 일상에서의 성차별을 극복하며 성평등실천방안을 찾는 것을 고민하였다(경남여성회, 2011: 122). 그 후 각 지부와 동 단위 활동으로 마산마을도서관 설립운동, 명곡동 놀이터 실태조사 등의 지역활동을 하고 마을문화제 등으로 지역여성들이 마을에서 함께 하는 사업을 전개해 나갔다. 이러한 경남여성회의 풀뿌리 여성운동의 활동은 당시 일간지에 "여성의 '작은 삶' 변화 주목한다"로 보도되었다. "이제는 가정에서 마을에서 여성의 삶이 행복해져야 한다고 생각해 일상을 바꾸는 사업을 해가면서 대중적인 여성운동조직이 좀 더 작은 동 조직으로 마을 곳곳에 침투해 삶을 바꾸는 모습을 보일 계획"이라며 "'투쟁'의 이미지보다 '삶의 변화'를 주도하겠다"는 것이었다(최지혜, 2006).

지역에 찾아가서 여성들의 활동을 보여주고 지역여성이 원하는 욕구가 무엇인지 알아보고 대안을 찾으려는 활동으로 조직 내에 새로운 활기를 띄게 되었고 각 지부, 동 단위 활동가들의 시너지 효과를 가지게 되었다. 풀뿌리 지역여성운동의 활성화와 기존의 위탁사업의 실무자와 함께 다양한 모습의 활동가가 생겨났고 이러한 활동을 지원하기 위하여 활동가 학교, 활동가역량 강화프로그램이 도입되어 지원하였다(경남여성회, 2011: 139).

이처럼 경남여성회는 지역으로 찾아가는 활동을 하고 일상에서 대중적인 여성을 만나는 새로운 시도를 하며 여성운동의 확대를 꾀하였다. 이는 풀뿌리 지역여성운동을 전개하는 한국여연 사업과 결합하여 진행되었는데 풀뿌리 지역운동가 양성과정으로 전국 단위 풀뿌리활동가와의 만남과 연계 등 풀뿌리 여성조직가 훈련과정을 열어 경남여성회 지부, 지회 단위의 활동가들을 결합하였고 조직가에 대한 교육을 받게 된 것이다(경남여성회, 2011: 137).

2007년 사업감사 자료에 쓰여 있는 것처럼(경남여성회 제21차 정기총회자료집, 2007: 10-11) 경남여성회 마산, 창원지부를 결성하고 동여성회가 활동하게 됨으로써 지역여성들이 참여할 수 있는 조직으로 확대되었고 사업이 양적으로 많이 발전하였다. 이러한 풀뿌리 운동은 동지회의 건설과 함께 회원의 확보 등 인적자원의 증가를 가져왔고 지역여성운동 조직의 세력화에 긍정적이었다고 평가할 수 있다.

그러나 풀뿌리여성운동을 동 단위 지역에서 전개할 때 조직구성이 전업주부 또는 사회주부가 대부분인 경우 "직장에 다니는 여성이나 비혼 회원에 대한 대안은 어떻게 만들어 갈 것인가"(김경영, 2008: 4) 하는 문제가 제기된다. 지역여성에게 다양하게 산재되어 있는 여성문제, 비정규직, 일하는 여성의 현실, 비혼, 성적 정체성을 찾지 못하고 있는 소수자에 대한 접근에 대해 운동 단체로서 내용을 만들어내지 못했다는 점이다(김경영, 2011: 68-69).

풀뿌리여성운동은 소수의 엘리트 중심의 여성운동과 대비하여 대다수 평범한 여성들이 여성운동의 주체로 참여하며 여성들이 일상의 삶 속에서 겪는 문제들을 운동의 주요한 의제로 삼는다. "기존에는 특별한 여성들이 여성문제들을 구호와 선동의 방식으로 풀어내었다면 이제는 저변의 여성들, 풀뿌리의 여성들과 함께 어떻게 하면 같이 호흡할 수 있을까? 어떻게 하면 지역여성들에게 다가갈 수 있을까?"(경남여성회, 2011: 330) 등에 관심을 두면서 여성운동의 다양한 방법들을 모색해야 한다. 이에 경남여성회는 향후 마을 공간을 통한 지속적

풀뿌리 활동을 위하여 재정적, 조직적 사업방안을 고민하고 있다(경남여성회 제28차 정기총회자료집, 2014: 55).

　　"2014년 사업 총평: 그동안의 마을 활동을 인정받아 지부인 마산여성회
　　가 풀뿌리 마을 공간 지원을 받게 되었고 이로서 안정적인 지역활동을 위한
　　기반이 조성된 것은 큰 성과이다. 각 단위에서 새로운 마을공간을 위해 협조
　　하여 경남여성회의 저력을 보였다(경남여성회 제28차 정기총회자료집, 2014: 55).

　　풀뿌리 여성조직 운동 역량강화사업으로 "풀뿌리 여성조직운동의 활성화,
평생교육센터를 통한 풀뿌리 여성조직 강화가 있으며 2030세대와 함께 하는
사업 "색깔 있는 청춘도시락〈지금은 00할 타이밍〉, 성평등문화살롱을 통한
2030 성평등리더 발굴"(경남여성회 제28차 정기총회자료집, 2014: 44) 등을 했다. 또한 경남
여성회 설립30주년을 앞두고 조직역량강화와 지속가능한 여성운동을 위한 비
전을 준비하고자 했다.

〈참고자료 5-8〉

조직역량강화와 지속가능한 여성운동을 위한 비전

1) 활동 속에서 여성주의 인식과 실천을 강화한다.
2) 지역여성정책에 대한 이해와 개입을 강화한다.
3) 활동가 역량강화와 조직강화를 추진한다.
4) 각 계층별 연령대별 회원사업과 지역 여성대상 사업을 개발하고 홍보를 통한 참
　 여자 확대한다.
5) 경남여성회 설립 30주년에 대한 점검과 비전마련을 위한 준비를 한다.

자료: 경남여성회 제29차 정기총회자료집(2015: 69)

---

5. 지역여성운동 세력화의 전망과 과제

경남여성회는 평범한 지역여성들이 지역의 여성문제와 현안들을 자신의 문제로 인식하고 지역여성운동의 저변을 넓혀 왔다. 상대적으로 보수적이고 인적, 물적 자원이 취약한 현실 속에서도 지역여성들의 관심에 기반한 다양한 소모임과 교육프로그램의 실시, 활동을 통해 수동적이고 비주체적이었던 지역여성들이 스스로 변화하고 리더십을 키울 수 있는 활동의 중심이 되어 왔다. 지역여성운동은 지역사회 여성문제 뿐 아니라 환경, 보육, 문화, 지역정치 등 당면한 문제를 스스로 해결해 나가는 생활정치를 발전시켜 왔다. 2021년 사업 방향은 다음과 같다.

〈참고자료 5-9〉

경남여성회 2021년 사업 방향

1. 페미니즘 확산을 위한 활동 기획 및 회원 조직 강화 활동
2. 도민들에게 경남여성회 홍보(대상별/지역별/연령별 구체화)
3. 여성 폭력 대응 및 여성안전 모니터링 활동(성 주류화 정책/법정 모니터링 등)
4. 지역여성운동의 지속을 위한 활동가 역량 강화
5. 여성인권 현안에 적극 대응 및 지역의 여성단체와 연대
6. 각 단위별 부설사업에 여성주의를 담아 일상에서 차별과 여성혐오 인식 개선을 위한 실천 활동 전개

자료: 경남여성회 제35차 정기총회자료집(2021: 82)

경남여성회의 자원동원과 조직변화과정에 대한 사례연구를 통해서 살펴 본 지역여성운동의 세력화의 전망과 과제는 다음과 같이 정리할 수 있다.

첫째, 경남여성회는 소모임의 활성화와 다양한 일상활동을 통한 조직 확대와 분화, 물적 자원의 동원과 제도화, 풀뿌리 조직화과정을 거치면서 발전해왔으며 지역여성운동의 세력화의 가능성을 보여주었다. 1985년 소모임에서 출발해서 여성인권상담소, 성폭력상담소, 사회교육센터, 샛별지역아동센터, 가음정평생학습센터 등 여러 개의 부설 기관과 지부를 가진 조직으로 확대되었으며 그 과정에서 지역여성운동의 분화와 지역시민사회의 발전에 기여하였다. 그러나 여성정치발전소는 해소되었고 동단위 활동을 하던 지회가 창원여성회로 분화되는 과정을 살펴보면 경남여성회 조직이 확대, 분화과정을 거쳐 오면서 조직의 정체성 확립이 간단하지 않음을 보여준다고 하겠다. 일반적으로 운동참여자들의 집합적 정체성은 운동의 연속성을 가능케 하며(김경희, 2011) 운동의 목표를 둘러싸고 형성된 운동조직 참여자들 사이의 결속과 조직간 연대의 구축에 있어 대단히 중요한 요소이다(홍성태, 2012: 20-21). 지역여성운동의 조직정체성을 어떻게 방향지울까, 여성의 정치세력화와 관련해서 여성운동단체와 정당과의 관계설정은 어떻게 할 것인가 등등이 앞으로 지역여성운동의 세력화와 관련하여 중요하다고 하겠다. 즉 여성운동의 다양성과 차이에 따른 지역여성운동의 정체성찾기, 회원들간의 소통과 민주적 의사결정, 효율적 의사소통체계 마련, 조직의 확대와 분화에 따른 자율성과 책임성 강화, 장기적인 전망수립의 필요성 등이 과제라 할 수 있다. 경남여성회는 30여년이상 활동하면서 조직 확대 및 분화과정을 거쳐왔지만 앞으로는 회원들이 주체가 되는 소통이 원활한 조직구조를 어떻게 설정하고 운동의 세력화를 위한 조직의 정체성을 어떻게 유지할 것인가에 대한 새로운 모색이 필요한 시점이다.

둘째, 지역여성운동의 양적, 질적인 도약을 이루어내기 위해서는 변화하고 있는 지역현실에 맞춰 보다 다양하고 새로운 실천들을 시도해야 하는데 이를 실현하기 위해서는 인적 자원의 동원과 활동가의 안정적인 충원, 운동리더십이 중요하다. 사회운동의 전략과 네트워크 형성, 자원동원 등 세력화는 조직의 운동리더십에 의해 구체화되어 다양한 형태의 집합적 행위로 표출되기 때문이다. 실제로 사회운동은 운동을 목표지향적으로 이끌어가기 위한 리더의 전반적 기획과 전략적 능력성에 크게 의존한다. 새로운 인적 자원의 충원이 지속적으로 이루어져야 하며 전문성을 강화하려면 활동가 교육이 더욱 필요한 것이다. 그러나 경남여성회의 경우 젊은 여성들의 충원이 원활하게 이루어지고 있다고 보기 어렵기 때문에 인적 자원의 기본적인 충원과 활동가 양성을 위한 다양한 방안이 있어야 한다. 오랫동안 여성들은 자신들의 능력과 잠재력을 확인하고 활용할 사회적 기제와 통로가 부족하여 가정에 머무르거나 비조직화된 모습으로 존재해 왔다. 또 회원들의 성향이 점점 다양해지고 개인에 대한 관심과 욕구가 커지고 있는 시점에서(윤나래, 2010 : 78; 박기남, 2012) 과거와 같은 개인적인 헌신에 의존해 왔던 여성운동은 어렵게 되었다. 차이에 대한 인정과 다양한 활동을 통한 소통과 연대, 정책역량의 강화를 통해 잠재하고 있는 지역여성의 가능성을 개발하여 여성활동가를 길러내고 리더십을 확보하는 것이 중요하다.

셋째, 경남여성회 사례를 통해 살펴본 지역여성운동의 제도화와 세력화의 관계는 지금까지는 긍정적인 효과가 좀 더 컸다고도 볼 수 있다. 사실 제도의 성인지적 재구조화를 위해 제도화의 전 과정에 개입하는 것은 모든 나라에 공통된 여성운동의 주요 목표이자 전략이다. 경남여성회는 창원지역의 사회교육센터라는 대중적 공간에서 많은 여성을 만나고 의식화와 조직화를 할 수 있었다. 그러나 정부의 복지서비스 실무자로 귀결되는 것이 아니라 자생적인 기반을 유지, 확보하는 것이 필요하다는 점을 인식하고 있다. 제도화 과정 속에서 성평등 사회를 위한 운동을 하는 여성운동의 자율성을 어떻게 확보해 나가야 할 것인가가 과제라 하겠다.

넷째, 지역여성운동은 여러 가지 교육활동과 프로그램 등을 통하여 풀뿌리 조직운동을 위해 노력하고 있다. 지구화, 지방화시대의 지역은 한 국가의 하부 단위가 아니라 자율적인 주체들의 삶이 이루어지는 상대적으로 독립된 단위이다. 따라서 자신이 살고 있는 지역과 삶의 문제에 대해 스스로가 주체로서 참여하고 해결하고자 하며 대안을 모색하는 풀뿌리 여성운동이 더욱 요구된다. 그러므로 여성운동의 대중화와 풀뿌리 여성운동과 관련하여 지역여성들에게 보다 가까이 다가가기 위해 지부 및 지회 설립의 필요성 여부, 운영 방식, 이들과의 관계정립 등 풀뿌리 활동이 보다 가능한 조직을 어떻게 만들어 나갈 것인가를 모색해야 한다.

제 6장

경남여성단체연합의 활동과 연대

1. 지구화 · 지방화 시대 지역여성운동

"전지구적으로 생각하고 지역에서 행동하라"는 말처럼 지구화와 지방화는 동전의 양면과 같은 개념이다. 지구화가 진행되면 국가중심이 아닌 지방화와 지역의 의미가 더 살아나게 된다. 지역적 사안은 "지역적인 문제로만 접근할 수 없을 정도로 전 지구적 차원의 문제로 확대 및 통합되어 양자의 상호의존성은 더욱 강화"(임현진·공석기, 2006: 2)되고 있다. 지구화 과정에서는 주권국가의 정부 간 관계보다는 오히려 비정부기구의 중요성이 강조된다. 그뿐만 아니라 수도권을 중심으로 한 대외적인 관계보다는 다른 국가와의 지역적 수준에서의 교류와 접촉이 더욱 빈번해질 수 있다. 또한 "이러한 다극화 혹은 다양화 현상, 각종 정보에 대한 접근 용이성의 확대, 시공간의 거리단축 등은 중앙중심의 정치, 행정행위를 전환하게 하는 계기를 마련 한다"(김판석, 2000: 9).

이렇게 "지구화는 국가의 경계를 넘어서 전 지구를 하나의 체제로 묶어 나가는 통합의 과정인 동시에 국가의 권한을 지방으로 이양시키는 분화의 과정"(전경옥 외, 2011: 37)이다. 지구화·지방화 시대에는 국가 이외에 다양한 행위자들이 동등한 구성원으로 참여하고 있으며 여성운동도 성평등을 향한 운동의 지평을 지구, 국가, 지역 차원의 모든 수준으로 확대해 나가고 있다. 지구화·지방화의 진행으로 지역여성은 다층적인 공간 속에 놓이게 되며 지구화의 통합과 분화 속에서 젠더체계는 지구적, 국가적, 지역적 차원의 모든 수준에서 새롭게 재편되고 있다고 하겠다.

이러한 지구화에 따른 신자유주의와 '이주의 여성화'(황정미, 2009)는 빈곤의 양극화를 가져오고 여성들에게 고통과 희생을 요구한다는 점에서 여성에게 부정적인 영향을 미치고 있다고 평가되기도 한다. 그러나 여러 가지 기회를 함께 제공하는데 이는 지역적 수준의 사회적 작용이 지구적 네트워크에 포함되면 지구화는 여성들 간의 연대 혹은 협력을 제공하는 역할도 하기 때문이다(황영주, 2006: 328-329).

이 장에서는 경남지역에서 활동하고 있는 경남여연의 활동을 통해 지역여성운동의 성격을 살펴보고 지역여성운동의 전반적인 연대활동을 지구, 국가, 지역의 수준에서 살펴보고자 한다. 개별 여성단체를 넘어 연대활동을 중심으로 지역여성운동의 흐름과 성과를 살펴보는 것은 지역에서 어떤 이슈가 중요하게 다루어졌는지, 지역여성운동이 다른 운동들에 대해서 또 다양한 여성 집단 상호간의 관계 속에서 어떤 고민을 해 왔는지 알 수 있기 때문이다. 또한 지역여성운동이 정체성과 자율성을 유지하면서 어떻게 '지역을 넘는' 세력화를 이룰수 있을 것인가 보여줌으로써 지구화·지방화 시대에서의 앞으로의 방향성과 관련한 전망과 과제를 모색해 볼 수 있다. 경남지역에는 여러 성향의 여성단체와 관련 연대조직이 활동하고 있지만 경남여연이 여성운동의 성격이 비교적 강한 여성운동연합단체로 경남여연의 활동을 보면 경남지역의 여성운동단체의 성격과 지역여성문제의 흐름, 연대의 현황을 잘 알 수 있다고 본다.

지구화와 지역여성, 젠더와 관련한 기존 연구들을 살펴보면 "지역이 한 국가의 하부단위로서 장소와 위치가 아니라 그 자체 독자적이고 부분적으로 독립적인 정체성을 갖는 장소나 위치라면 지역은 전지구적 차원의 세계화에 맞서는 지점이 될 수 있다"(고정갑희, 2009: 9~10)고 보면서 "지구지역 액티비즘"을 모색하는 연구가 있으며 "지역여성운동이 지구화의 부정적인 영향에 저항하고 이에 개입하여 남녀평등의 민주주의를 실현하는 아래로부터의 지구화의 주체가 되기 위해서는 현재의 국가중심적 젠더정치학이 지역-국가-지구적 수준의 다층적 정치공간을 포함하는 것으로 재구성되어야 한다"(허성우, 2006a: 169)고 제안하는 연구가 있다. 또한 여성이 지구화의 주요한 행위자로 적극적으로 그 모습을 드러내고 있음에도 불구하고 여성은 주로 지구화의 희생자로 묘사되고 있다는 점, 즉 "글로벌과 로컬의 이분법, 글로벌=남성, 로컬=여성의 이분법"을 비판하면서(안숙영, 2012: 25), 자본주의의 재구조화가 전 지구적으로 이루어지고 있는 상황에서 젠더관계가 각각의 공간에 따라 어떻게 다양하게 나타나는지를 분석할 필요가 있다고 본다. 이러한 연구들은 지구화라는 사회변화 속에서 젠더관계가 지구 수준, 국가 수준, 지역 수준에서 매우 다양하게 그 모습을 드러내고 있으며 이와 관련한 구체적인 연구들이 필요함을 의미한다.

지역여성운동의 경우 지역 수준의 여성이슈뿐 아니라 국가, 지구 수준의 여러 이슈들에도 관여하게 되고 연대활동을 하게 된다. 또한 지역에는 다양한 성향의 여성단체가 있기 때문에 이들 간의 여성연대도 중요하다. 성주류화와 '참가의 정치'는 젠더 관점이 모든 과정에 통합되는 것을 의미 있게 보았으며 특히 여성의 세력화를 주요 방안으로 보아 여성들의 광범위한 연대를 강조하게 되었다. 여성운동과 연대에 대해서는 "차이의 정치학과 현장 여성주의"(이상화, 1998; 이상화, 2004), "반성적 연대"(이현재, 2005; 이현재, 2007), "횡단의 정치학"(허성우, 2007), "포용적 연대의 정치학"(허성우, 2006b), "우정의 윤리"(이혜정, 2010), "차이와 연대를 포괄하는 윤리의 정치"(임국희, 2011) 등등이 소개되었고 여성운동과 여성 연대에 대한 연구(조은, 2001; 강이수, 2003)도 있어 왔지만 지역여성운동과 연대활동에 대한 구체적인 경험적 연구는 거의 없다.

이 글은 경남여연에 대한 사례연구1)를 통해 지구화 · 지방화의 맥락 속에서 지역여성운동의 흐름과 활동, 여성이슈의 성격을 살펴보고 여성연대의 현황을 구체적으로 검토함으로써 지역여성운동의 정체성을 확보하면서도 '지역을 넘는' 세력화가 어떻게 가능한 지를 여성연대와 관련하여 전망과 과제를 모색해 보고자 한다.

2. 경남여성단체연합의 창립

2002년 경남지역 여성운동단체간의 협력과 조직적 교류를 도모하고 성평등, 여성복지, 민주, 평화통일의 실현을 목적으로 경남 도내 여성운동을 묶어낼 연합조직의 필요성에 따라 경남여연을 결성하였는데 창립과정을 보면 한국여연의 조직국장이 준비회의에 몇 차례 참석하는 등 한국여연과의 긴밀한 관계 속에서 이루어졌다2)

---

1) 경남여연의 활동에 대해서는 매년 나오는 경남여연 정기총회 자료집(2002-2021)을 주로 참고했다(이하 인용할 경우 '경남여연 제00차 정기총회자료집'으로 한다). 그 외 부족한 부분은 경남여연 대표와의 몇 차례에 걸친 이메일 교환을 통해 자료를 수집했다(이하 인용할 경우 'o'과 이메일 교환, 날짜 표시를 하고자 한다).

경남여연의 창립선언문에 나타난 창립목표는 '양성평등제도 확립과 지원', '여성의 정치세력화', '경남지역 여성운동의 방향과 과제설정' 등으로 이해할 수 있다(경남여연 창립총회자료집, 2002: 4). 2021년 경남여연 정관에도 "본 연합은 경남지역 여성운동단체 간의 협력과 조직적 교류를 도모하고 양성평등, 여성복지, 민주, 평화통일의 실현을 그 목적으로 한다"(경남여연 제20차 정기총회자료집, 2021: 145)라고 나와 있는데 당시 창립선언문을 보면 다음과 같은 것이 제시되어 있다.

"경남여성단체연합은 신자유주의적 가치관 및 가부장적 이데올로기에 대항하여 성평등주의를 모든 영역으로 확산해 가고 여성운동의 성과를 대중적으로 확산하여 향유할 수 있도록 대중화하여 일상의 삶 속에서 여성운동이 뿌리내릴 수 있도록 해야 할 것입니다"(경남여연 창립대회자료집, 2002: 5).

경남여연은 지역여성운동연합체로서 여성운동단체끼리의 연대조직이라 할 수 있는데 중점사업을 정하여 소속운동단체 활동의 통일성과 회원들의 결속력을 높이고자 하고 있다. "각 단체의 분담과 협력을 강화하여 지역사회에 기반한 여성운동의 중심으로서 연합을 강화해야 하고 지방분권시대에 걸맞은 지역중심 여성운동을 적극 모색해 가야 한다"(경남여연 제5차 정기총회자료집, 2006: 30)는 것이었다.

연합체운동으로서 다양한 회원단체들 간의 운동의 관점, 목적, 방식의 차이로 인한 어려운 점이 있음(이혜숙, 2008: 196-198)에도 불구하고 지역에서 활동하고 있는 다양한 여성운동단체의 목소리를 하나의 창구로서 조직적으로 대응한다는 것이다. 따라서 지역사회의 여성문제에 대한 인식을 제고하고 지역여성정책을 평가하거나 대안을 제시하는 역할을 하고 있는데 연도별 사업방향 및 목

2) 경남여연 창립 당시 활동했던 활동가와 이메일교환 자료 참조(2013. 6. 16).

표는 〈표 6-1〉, 〈표 6-2〉와 같다.

〈표 6-1〉 경남여연 연도별 사업방향 및 목표(2002-2011)

연도	사업방향 및 목표
2002년	· 지역 여성의 정치, 경제, 사회적, 문화적 지위를 향상시키기 위한 활동을 전개한다. · 지역 여성운동의 통일성과 연대성을 강화하고 회원단체들의 결속력을 강화한다. · 여성권익 신장을 위한 각종 법률제도의 제정 및 개선을 위한 활동을 적극 전개한다.
2003년	· 지역 여성의 지위 향상을 위하여 다양한 활동을 전개한다. · 개별단체의 독자성과 지역성 특성을 고려한 연합으로서의 위상과 지역의 성인지적 여성정책 발굴과 강화에 기여한다. · 지역여성의 통일, 평화운동에 여성의 주체적 참여를 이끌어낸다.
2004년	· 지역 여성운동의 활성화 기반 조성 · 지방분권과 주민자치의 성주류화와 정책에서의 성인지성 확대 · 가속화되는 여성빈곤화에 대한 단체간 통합적 대응력 강화 · 여성의 정치참여 확대 및 정치개혁 활동의 지역화 · 평화통일운동의 전개
2005년	· 사업의 분담과 공유 · 조직적 기반의 안정화 및 결속 강화 · 여성인권 및 복지의 증진 · 성주류화와 성인지적 여성정책의 기반 확대 · 여성정치세력화의 확산과 여건 확대 · 평화통일운동의 여성주의 인식확대와 주체적 통일 역량 강화
2006년	· '여성의 빈곤화' 극복을 위한 운동 · 성평등한 지방자치 실현과 지방의회 여성참여를 확대하기 위한 활동
2007년	· 빈곤의 여성화 극복을 위한 사업 · 일상의식, 삶의 방식에서 성평등주의 확산과 정착 · 활동가 역량 강화사업 · 성인지적 정책 제안과 성인지 예산 학교 · 풀뿌리 여성운동 지원사업
2008년	· 변화되는 정치환경에 대한 감시기능 강화와 총선의 여성주의적 개입 강화 · 회원단체의 지원과 활동가 역량 강화 사업 · 빈곤의 여성화 극복 사업 지원 · 생활문화를 바꾸는 성평등 문화사업 · 3·8 세계 여성의 날 100주년 기념사업

2009년	· 정치·경제·사회적 위기에 대한 여성운동의 대응력 강화 · 회원 단체의 지원과 활동가들의 역량강화 및 지도력 향상을 통한 지역여성운동의 확산 · 2010 지방선거 대응 전략 모색 · 독자적 사무 공간 마련에 대한 중장기적 재정 안정 계획 수립 · 위원회 활동 강화
2010년	· 여성유권자 정치적 주권 강화를 위해 2010지방선거 대응활동 · 지역사회에 맞는 여성의제 발굴과 현안에 대한 대응활동 강화 · 경남여연의 통합력과 활동역량 강화를 통해 지역여성운동의 주체로 자리매김한다.
2011년	· 지역사회에 맞는 성평등 정책 개발과 다양한 활동으로 성평등 담론을 확산한다. · 경남여연 회원단체의 조직력 강화를 위한 활동 · 새로운 방식의 여성운동을 개발하여 소통과 네트워크를 강화한다.

자료: 각 연도 경남여연 정기총회자료집 참고하여 작성함.

〈표 6-2〉 경남여연 연도별 사업방향 및 목표(2012-2021)

연도	사업방향 및 목표
2012년	· 2012년 총대선 시기의 다양한 유권자 운동과 여성 유권자들의 정치참여를 확대하고 젠더의제를 대중적 확산한다. · 경상남도의 성평등 정책 분석과 평가를 통해 의제를 발굴하여 성주류화 정책을 실현시키기 위한 활동을 해 나간다. · 회원단체와의 조직력 강화와 활동가의 역량 강화를 위한 연수·교육 사업을 해 나간다.
2013년	· 성주류화 전략의 중간 점검 및 실효성 확보를 위한 대안 논의 · 조직력 강화와 역량강화를 위한 연구, 교육 사업 · 일상에서의 페미니즘 확산과 성평등 지향활동
2014년	· 성주류화 전략의 중간 점검 및 실효성 확보를 위한 대안 논의 · 조직력 강화와 역량강화를 위한 연구, 교육 사업 · 일상에서의 페미니즘 확산과 성평등 지향활동 · 지속가능한 여성운동 토대 다지기

2015년	• 회원단체의 조직 강화를 위한 활동가 역량강화 교육사업 • 경상남도의 성 주류화 확보를 위한 정책 평가 및 대안 논의 • 일상에서의 페미니즘 확산과 성평등 지향활동
2016년	• 회원단체의 조직 강화를 위한 활동가 역량강화 교육사업 • 경남의 성주류화정책에 적극적인 개입과 현안과제에 대한 실천활동 • 총선과 지방선거에서 여성의 대표성 확대, 여성의 요구를 실현하여 삶의 질 향상을 위한 정치적 영향력을 확대시킨다. • 일상에서의 페미니즘 확산과 성평등 지향활동
2017년	• 19대 대선의 성평등실현을 위한 젠더의제 확산과 젠더 이슈 강화 • 경남의 성주류화정책에 적극적인 개입과 현안과제에 대한 실천 활동 • 여연 내 단위 활동력 강화 및 활동가 역량강화 • 일상에서의 페미니즘 확산과 성평등 지향활동
2018년	• 6.13 지방선거의 성평등 실현을 위한 젠더의제 확산과 젠더 이슈 강화 • 경상남도 및 기초지자체의 성주류화 정책에 대한 모니터링과 현안과제에 대한 개입 및 실천 활동 • 성평등교육사업 • 경남여연 내 단위 활동력 강화 및 회원단체 활동가 역량강화 • 일상에서의 페미니즘 확산을 위한 활동
2019년	• 성평등 실현을 위한 젠더의제 확산과 젠더 이슈 강화 • 성주류화정책에 대한 모니터링과 현안과제에 대한 개입 및 실천 활동 • 성평등 의식 문화 확장 • 활동력 강화 및 활동가 역량 강화 • 일상에서의 페미니즘 확산을 위한 활동 • 성평등한 한반도 평화체제를 위한 새로운 평화통일운동
2020년	• 성주류화정책에 대한 모니터링과 현안과제에 대한 개입 및 실천활동 • 총선대응활동 • 회원단체와 활동가 역량강화 • 미투지원 활동과 성평등 의식 문화 확장 • 일상에서의 페미니즘 활동
2021년	• 성주류화정책에 대한 모니터링과 현안과제에 대한 개입 및 실천활동 • 회원단체의 활동가 역량 강화 • 젠더폭력지원 활동과 성평등 의식 문화 확장 • 일상에서의 페미니즘 확산 활동 • 창립 20주년, 경남지역 여성운동 활동방향 및 비전 토의

자료: 각 연도 경남여연 정기총회자료집 참고하여 작성함.

"이제 중앙의존적인 여성운동에서 탈피하여 지역이나 중앙이 모두 주체가 되어서 서로를 강화하는 민주적이고 평등한 여성운동의 모범이 창출되기를 바랍니다"(이강실, 경남여연 창립대회자료집, 2002: 6)라는 말처럼 한국여연은 정책수련회를 통하여 연합운동이 여전히 유효하다는 것에 대체로 동의하면서 내부의 다양성과 차이 존중하기, 소수자문제에 대한 열린 사고 및 연대하기 등을 합의했다(경남여연 제6차 정기총회자료집, 2007: 40). 지역여연의 활동에 대한 논의와 관련해서는 "중앙과 다르게 분권과 지방자치확산, 정치/경제적 주류화 확장 필요성, 풀뿌리 지역운동 확산, 진보적 사회운동 주도, 새로운 지역이슈 개발과 대안적 담론 형성 등으로 지역여성연대는 필요하다"(경남여연 제6차 정기총회자료집, 2007: 40-41)고 보았다.

경남여연은 2012년 4월 지역여연 최초로 여성정책센터를 개소하여 지역 내 성평등한 정책개발과 젠더정책의 토대를 갖추었는데 여성활동가의 정책역량강화를 위한 교육과 여성의 정치세력화를 위한 여성정치학교, 예산감시활동, 의정모니터링 등을 지속적으로 추진하였다(경남도민일보, 2012. 4. 26). 중앙조직과의 관계를 보면 경남여연은 한국여연의 지역지부3)이기도 하고 의사결정기구인 이사회의 구성단위이기도 하다.

---

3) 한국여연에는 경남여연 외에 경기여성단체연합, 광주전남여성단체연합, 대구경북여성단체연합, 대전여성단체연합, 부산여성단체연합, 전북여성단체연합 7개 지부가 있으며 27개 회원단체가 활동하고 있다(한국여성단체연합 홈페이지, 2020)

3. 경남여성단체연합의 활동

사회운동은 여론형성을 통해 일반인들의 관심을 불러일으키고 정책결정에 압력을 행사한다. 조직 내 모임과 대외적인 토론회, 공청회 등을 활성화하여 합리적인 정책대안을 만들어 내거나 사안에 따라서 성명서 발표나 서명운동, 시위와 같은 직접적인 방식을 활용한다. 이러한 활동을 통해 사회운동은 '영향력의 정치'를 실현하고자 하는데 경남여연도 여러 가지 사업 활동을 하면서 여성운동에 대한 지역사회의 인식을 확대하였다.[4]

1) 성평등 정책개발 및 대응활동

경남의 여성정책 평가는 1998년부터 경남여성회가 주관하여 관련 단체들과 여성정책을 평가하고 제안활동을 해 왔다. 2002년 경남여연 창립대회를 하면서 경남여성정책평가토론회를 하였고 이후에는 경남여연과 회원단체들을 중심으로 경남여성정책 평가와 토론회를 해 오고 있으며 2012년부터는 경남여연 부설 경남여성정책센터를 중심으로 이어져 왔다.

연도별로 살펴보면 2003년에 경남여연 예산분석팀을 만들어 6월에 '지방정부 예산보기' 워크숍을 했으며 10월에는 성인지예산정책 평가토론회를 하였다 (경남여연 정기총회자료집, 2004: 33-34). 2004년 8월에는 경남여연 성인지예산분석팀을 중심으로 '지방자치와 성인지예산운동'이란 주제로 교육을 하였다. 2006년 9월에는 성평등한 지역살림가꾸기를 주제로 토론회를 개최했으며 2010년부터는 성평등 정책개발 대응활동이란 항목을 두고 7월 성평등한 지역

---

4) 경남여연의 지역사회에서의 세력화 과정은 영향력, 정치세력화, 운동의 제도화 등과 관련하여 살펴 볼 수 있다(이혜숙, 2008: 200-208).

사회를 위한 여성정책 세미나를 하였다. 2010년 지방선거 때는 도지사 출마후 보들에게 여성정책을 제안하였고 여성공약을 받아들인 김두관 후보와 경남여연과 여성정책 협약식을 하였다.

2013년에는 경남 내 창원시의 여성친화도시 추진결과에 대한 모니터링과 토론회를 진행하였고 여성정책센터 연구위원이 중심이 되어 지역여성정책의 실효성과 성인지적 관점에 대한 점검을 통해 젠더 거버넌스의 토대를 마련하였다. 또한 성주류화 정책의 근간이 되는 성평등 기본조례, 성별영향분석평가조례의 제정을 위한 지속적인 제안과 간담회 등을 통해 경남 성별영향분석평가조례 제정을 이끌어낼 수 있었다. 모니터링 활동을 통해 지역의 성평등 정책개발과 대응 활동에 주력한 것이다(경남여연 제13차 정기총회자료집, 2014: 35-37). 2014년에는 '경상남도의 여성, 삶의 질 향상을 위한 일자리 정책을 말하다'를 주제로 토론회를 하였다.

2015년 사업기조와 사업 방향을 보면 "경상남도의 성 주류화 확보를 위한 정책 평가 및 대안 논의"가 들어 있으며 실제로 경남도를 비롯한 창원시, 진주시, 거제시에 대한 성별영향분석 평가 모니터링 활동을 하였다. 또한 경남의 양성평등기금 폐지 조례 개정에 반대하는 기자회견[5], 성명서 발표, 시민토론회, 도의회 상임위 및 본회의 방청, 1인 시위 등을 하였다(경남여연 제15차 정기총회자료집, 2016: 34). 2016년에는 성평등 정책 개발 및 대응활동으로 지역별 여성정책 평가를 진행하였고(경남여연 제16차 정기총회자료집, 2017) 경남 양성평등기금 폐지이후 경남 여성정책과 예산 모니터링 보고 및 토론회를 개최하였다(경남여성단체연합 부설 경남여성정책센터, 2016).

2017년에는 경남 성평등지수가 전국의 하위권인 원인을 분석했으며 경남

---

5) 김두관 도지사의 사퇴 이후 당선된 홍준표 도지사는 기존의 양성평등기금을 없애는 조치를 했다(이경옥, 2019: 33).

도지사 권한대행의 젠더 거버넌스와의 연계로 경남 성평등 과제 수립을 위한 전환을 맞이했다(경남여연 제17차 정기총회자료집, 2018: 17). 경남여성계의 성평등 요구에 대해 경남도 행정과 공감대를 형성하여 '경남 성평등 비젼 전략 수립'을 위한 토론회를 개최함으로써 예산을 조정하고 젠더 거버넌스 수립를 할 수 있었다(경남여연 제17차 정기총회자료집, 2018: 33). 또한 지속적으로 성평등추진체계 기반조성을 위한 성평등 전담부서의 조직체계 강화와 여성정책 연구기관의 설치, 젠더 거버넌스의 활성화를 제안해 왔다(이경옥, 2019: 32). 또한 경남도의 여성가족정책관 철폐와 맞서 지역과 다양한 방법의 연대로 여성가족정책관제도 유지와 경남도지사 권한대행의 교체를 이끌어 냈다.6) 이와 더불어 2017년에는 성평등 정책 개발 및 대응활동, 도 예산분석 및 정책연구를 하였으며 11월 20일에는 '경남 성평등 UP! 경남 성평등 전략 수립'을 위한 토론회를 개최하였다(경남여연 제17차 정기총회자료집, 2018: 92-93).

2018년 김경수 도지사 당선이후 경남여연은 '성평등 정책협약서'를 맺었다. 2018년 10월 17일에는 경남 여성가족정책관을 면담하여 여성정책연구원 설치, 양성평등기금 부활 등에 대해 논의했으며(경남여연 제18차 정기총회자료집, 2019: 92) 경남도는 차후 경남여성단체들과의 젠더 거버넌스를 강화하겠다고 하였다(경남여연 제18차 정기총회자료집, 2019: 50).

---

6) 2017년 경남도의 여성가족정책관 폐지 행정개편에 관한 성명서를 발표하였다. "경남도의 여성정책관 삭제를 명시한 행정기구설치 조례안은 경남의 여성정책 후퇴와 거버넌스 단절이다. 경상남도는 여성가족정책관 조직개편안을 철회하라"(2017. 6. 12). "경상남도 '여성가족정책관 삭제'는 문재인 대통령 정부의 성평등 정책에 반하는 조치이다! 행정개편 조례개정안 중 민·관 거버넌스 단절과 경남 성평등 후퇴 조치인 '여성가족정책관 삭제' 조항을 철회하라"(2017. 6. 14)

〈참고자료 6-1〉

성평등정책 협약서

1) 경상남도의 성평등 기반조성을 위해 성평등 추진체계강화, 도지사 직속 개방직 여성특보 설치, '경남여성정책연구원' 설립, 양성평등기금을 조정한다.

2) 여성능력개발센터의 기능을 재정립하여 '경남여성 NGO센터' 설치를 통해 여성 단체 활동 강화 및 지역공동체 활성화를 위한 여성거점 공간으로의 변화를 추진한다.

3) 경상남도를 젠더폭력으로부터 안전한 도시를 만들기 위해 민관협력을 통해 노력한다.

4) 여성인권복지 분야의 증진을 위해 유치원에서 대학교 까지 성평등교육을 위한 예산지원, 경남사이버성폭력상담소 설치 및 성폭력상담소 운영비 상향조정 및 인원을 증원한다.

5) 여성노동 분야는 공공기관 내 비정규식 성규식화, 노동인권교육 강화, 청소년 노동 인권조례 제정, 장애인 여성의 최저임금 보장 일자리를 지원한다.

자료 : 이경옥(2019: 36)

2019년에는 여성정책 특보가 임명되었고 여성정책 연구기관 조기 설립, 여성폭력상담소의 운영비 지원 등과 같은 제안 의제의 실행을 담보함으로써 성평등 정책 추진기반 마련의 기초를 만들었다(경남여연 제18차 정기총회자료집, 2019: 51). 또한 여성정책센터 전문위원 중심으로 6.13 지방선거 후보자들에게 제안할 성평등 의제와 지역의 현안과제에 대해 지속적으로 논의하고 대안을 찾고자 노력하였으며 경상남도양성평등기본조례의 개정안에 대한 의견을 모아 개정안 발의를 준비하는 의원에게 전달하는 등 의회와의 거버넌스의 영역을 확장하였다(경남여연 제18차 정기총회자료집, 2019: 52).

"올해 경상남도는 여성단체가 요구해 온 제2차 양성평등기본계획 수립과 성인지 통계 구축으로 성평등 정책의 기반을 조성하고자 하였는데 이는 여성단체의 지속적인 성평등 사회 구현과 페미니즘 확산에 대한 관심과 요구의 성과이다"(경남여연 제18차 정기총회자료집, 2019: 54).

한편 경상남도양성평등기금조성과 관련하여 김경수 도지사 답변을 얻어냈다. "기금 부활 건은 검토와 추진 방향에 대해 논의 중이다. 단계적 진행이 되어야 할 사안이다. 양성평등기금은 폐지되었으나 일반예산에서 성평등 사업 예산 확대와 사업의 추진 중이다. 앞으로 양성평등 위원회에서 공모사업의 심의에 더 많은 사안을 검토하고 성인지적 관점의 반영이 될 수 있도록 추진하겠다"(경남여연 제18차 정기총회자료집, 2019: 94)는 것이다. 또한 2019년에는 경남의 실질적 성평등 실현을 위한 성평등 추진체계 강화를 위하여 경상남도와 기초자치단체, 경상남도의회, 경상남도교육청, 경상남도경찰청 등과 젠더 거버넌스를 강화하여 끊임없이 소통하며 정책과 제도에 대한 모니터링을 통하여 경남의 성주류화 정책에 대응하고자 했다(경남여연 제18차 정기총회자료집, 2019: 120-121).

"경상남도가 성평등 정책 추진체계 강화를 위해서 여성특보 임명, 경남 제2차 양성평등기본계획 수립, 5급 이상 여성공무원 확대, 성평등 교육 강화, 경남여성가족재단 2020년 설립 추진, 여성폭력관련 시설 종사자들의 처우개선 등은 그동안 경남여성단체연합이 지속적으로 요구하고 제안한 정책들이 실현된 것들이라 할 수 있으며 이는 여느 때보다 더욱 원활해진 행정과의 거버넌스 효과라 할 수 있다"(경남여연 제19차 정기총회자료집, 2020: 45).

2020년에는 원탁토론회 등의 정책 제안 창구 외에도 여성재단 설립을 위한 민관협의체 등 여러 위원회에 적극 참여하고 어느 때보다 더욱 활발한 거버넌스를 통하여 2020년 7월 경남여성가족재단 설립 등 경남의 성평등 정책 추진 기반을 강화하는데 일조하였다(경남여연 제19차 정기총회자료집, 2020: 45).

이에 대해 "경남의 성주류화 기반조성을 위한 경남여성가족재단이 드디어 출범하였고 여성가족정책관실이 여성가족청년국으로 전환되고 경상남도양성 평등기본계획 수립과 양성평등기본조례 개정에 근거한 양성평등기금 조성계획 등 경상남도는 외면상으로는 여성정책에 진일보 면이 있었다"(경남여연 제20차 정기총회자료집, 2021: 39)고 평가하고 있다. 이러한 과정을 거치면서 경남여연은 성주류화정책에 대한 모니터링과 현안과제에 대한 개입과 실천 활동, 모니터 링을 계속하였다.

이후 2020년 5월말 기준으로 민선7기 2주년 도정 계획 이행과제 추진상황 에 따라 김경수 도정의 '실질적인 양성평등 실현'을 위한 정책 과제 추진상황 을 평가하였는데 위원회 여성참여율은 37%로 목표치에 근접, 5급 이상 여성 공무원은 계획대로 목표 달성이 가능 예상, 장애인 피해자 지원확대, 긴급피난 처 기능 확대, 사이버 상담창구 기능 강화, 여성복지 시설 처우개선 등 젠더폭 력 방지 기반구축 과제 대체로 잘 시행되고 있다고 평가했다. 그러나 여성정책 은 경제에 밀리고 청년 문제에 밀리고 여전히 뒷전으로 밀렸다고 보았다. 경남 도가 조직 기구 개편을 통하여 여성가족정책관실이 여성가족청년국으로 격상 하였다하나 이는 성평등 정책의 공감대 확산과 성평등 정책 추진체계의 실효 성 강화를 위해서라기보다 경남도가 힘을 쏟고 있는 청년정책의 대응 전략으 로 여성과 청년을 한 데 묶어 국으로 만든 것뿐이라는 것이다(경남여연 제20차 정 기총회자료집, 2021: 182-183).

성평등 기반 조성을 위한 성평등 추진체계 강화 부문에서 도지사 직속 개방 직 여성특보 설치, 경남여성정책연구기관으로서 경남여성가족재단 출범 등은 겉으로 보기에는 실질적인 성평등 실현을 위한 성과로 볼 수 있겠으나 내용적으로는 경남도가 사회변화에 맞춘 성평등 정책 의제 설계를 위한 패러다임의 전환에 전혀 준비가 되어 있지 않다고 보았다.

> "여성정책과에서 성주류화 정책을 담당하던 개방직 6급을 임기 2년 만료를 이유로 재계약하지 않았고 그 자리에 7급을 공채하고자 하고 있다. 성별 불평등 구조 하에서 여남의 권한과 지위 격차를 초래하고 성별에 따라 책임과 역할을 다르게 할당해 온 제도와 정책들을 변화시키고 각 부서마다 새로운 젠더관계 기반 정책들을 실행하기 위한 컨트롤 역할의 젠더정책 전문가의 영입이 필요하여 개방직 여성특보를 요구하였지만 김경수 도지사는 여성노동특보를 임명한 결과 이제까지는 경남도의 젠더관점의 제도와 정책 변화는 미미한 수준이다"(경남여연 제20차 정기총회자료집, 2021).

2021년 10월에는 '제2차 경남양성평등정책 기본계획 2021년도 시행계획 모니터링 결과 보고 및 개선방향을 위한 토론회'를 열어서(경남신문, 2021. 10. 28) 향후 정책변화를 제안했다

2) 일상에서의 페미니즘 확산과 성평등 지향 활동

경남여연의 활동을 살펴보면 매우 다양한 영역을 포괄하는데 여성빈곤극복 사업, 이주여성의 문제, 일본군 '위안부' 문제, 일상의 성평등 지향 활동, 성추행 사건에 대한 대응, 평등가족 페스티벌 등 여성의 관심사를 거의 대부분 다 포괄하는 식으로 활동영역을 다변화하고 있으며 지역 수준의 이슈뿐 아니라 국가 수준의 이슈, 지구 수준의 이슈를 다루고 있다.

〈표 6-3〉 경남여연의 여성관련 활동(2002-2011년)

연도	활동
2002년	· 미스경남선발대회 저지시위 · 오동동 여성폭력사건에 대한 성명서 발표 및 항의 방문
2003년	· 양성평등 예산확보, 성인지적 예산분석
2004년	· 공무원의 여성단체장 비하발언에 대한 항의 방문 · 미스경남선발대회 반대 퍼포먼스 및 기자회견 · 성매매집창촌 평화 방문 · 지방자치와 성인지 예산운동 교육 · 청소년 성매매에 대한 경찰의 비인권적 수사에 대한 대응 · 여성빈곤화에 대한 영상제작 및 토론회
2005년	· 3.8세계 여성의 날 97주년 기념 2005 경남 여성노동자 한마당 · 여성빈곤상담사업 · 이주의 여성화와 국제결혼 심포지엄 · 호주제폐지 축하한마당 · 여성주간기념행사 · 성주류화 기반 조성 사업
2006년	· 3.8대회 · 일본군위안부 문제 해결을 위한 700회 수요 시위 기자회견 · 지방선거 평등정치실현을 위한 경남여성연대 · 성평등한 지역살림 토론회 · 경상남도 여성위원 성인지 교육 참석 · 평등가족 페스티벌 · 국화여왕설발대회 중단활동
2007년	· 여성빈곤 극복사업과 경제세력화 · 성인지정책 연구위원회 사업 · 3.8세계 여성의 날 기념사업
2008년	· 3.8 세계 여성의 날 · 경남세계여성인권대회 · 여성이 일하기 좋은 사회 환경조성과 경제활동 참여확대를 위한 정책 세미나

제6장 경남여성단체연합의 활동과 연대

2009년	· 3.8 세계 여성의 날 · 여성운동 행복 아카데미 · 여성주간 기념 경제위기 극복을 위한 여성고용·복지정책 토론회 및 캠페인 · 연극공연 '여로 그리고 여로' 무대에 서다 · 경남여성생생행동
2010년	· 경남 3.8 여성 대회 · 성평등, 정책개발 및 대응활동 · 여성정책제안활동
2011년	· 3.8세계 여성의 날 기념사업 · 여성주간행사 · 성구매자에 의한 여성피살사건 관련활동 · 지역맞춤형 일자리지원사업

자료: 각 연도 경남여연 정기총회자료집 참고하여 작성함.

〈표 6-4〉 경남여연의 여성관련 활동(2012-2020년)

2012년	· 3.8세계 여성의 날 경남여성대회 · 여성주의문화 확산사업 · 여성주간기념사업 · 여성복지와 실업문제관련 활동
2013년	· 3.8세계 여성의 날 기념 경남여성대회 · 여성주간기념 행사 '토크와 문화콘서트' · 여성주간기념 세미나 '여성정치세력화 세미나'
2014년	· 3.8세계 여성의 날 기념 경남여성대회 · 여성주간기념사업
2015년	· 3.8세계 여성의 날 기념 경남여성대회 · 양성평등주간기념사업

2016년	· 3.8세계 여성의 날 기념 경남여성대회
	· 양성평등주간기념사업: 당당하고 유쾌하고 , 실천하는 성평등 Right Now!
	  1) 특강 I
	  2) 특강 II
	  3) 양성평등주간기념 문화한마당

지역여성운동과 젠더정치

2017년	• 3.8세계 여성의 날 기념 경남여성대회 • 양성평등주간기념사업 '자유 페스티벌' 　1) 자유 세미나 '성평등=Freedom: 권리에서 존재로' 　2) 시민열린테이블 톡 및 문화공연 • 페미니즘 확산을 위한 사업 　1) 성차별 이슈 대응 　2) 페미들의 다락방 　3) 경남도교육청 고위직 공무원 교육 연수지원 프로그램
2018년	• 3.8세계 여성의 날 기념 경남여성대회 　1) 캠페인 및 기자회견 　2) 30회 경남여성대회 • 성평등주간 기념사업: 시민테이블 톡 콘서트
2019년	• 3.8세계 여성의 날 기념 경남여성대회 　1) 기자회견 및 전국공동행동 　2) 31회 경남여성대회 　3) 3.8세계여성의 날 기념 토론회 : '#미투운동 그 이후 경남을 말한다' • 성평등주간 기념사업 　1) 톡콘서트: '일어나는 일을 인정한 혁명! 4.11을 우리가 말하다!' 　2) 토론회 : '지속가능한 상생 경남을 말하다!' • 페미니즘 확산을 위한 사업 　1) 경남_페미_캠프 I, II 　2) 여성학회, 한국여성단체연합, 경남여성단체연합 공동주최 포럼 　　: '미투운동 이후 지역여성운동, 어디까지 왔나?'
2020년	• 3.8세계 여성의 날 기념 경남여성대회 • 성평등주간 기념사업 • 페미니즘 확산을 위한 사업

자료: 각 연도 경남여연 정기총회자료집 참고하여 작성함.

　이러한 다양한 활동들은 지역여성운동이 다루는 이슈와 의제의 포괄성을 보
여준다. 이 중 지구 수준의 이슈로는 신자유주의의 흐름과 관련 있는 경제위기
와 빈곤, 이주의 여성화 이슈나 일본군 '위안부' 이슈 등을 들 수 있다. 2005년

제6장 경남여성단체연합의 활동과 연대

이주의 여성화와 국제결혼 심포지엄의 경우 경남여연 내 창원여성의전화가 주관하였는데 "지역사회에 이주여성이 겪는 어려움의 문제를 제기하여 관심을 이끌어내고 세계화에 따른 이주여성의 인권문제를 지역여성운동의 또 하나의 과제로 인식시키는 역할을 하였다"(경남여연 제5차 정기총회자료집, 2006: 15)고 평가하고 있다.

2007년에는 '빈곤의 여성화 극복을 위한 사업'을 진행하였는데 "신자유주의 세계화에 대항하는 여성주의 대안적 세계화로 아래로부터의 세계화, 여성주의적 세계화를 확산시켜 나감"(경남여연 제6차 정기총회자료집: 2007: 36)을 계획으로 삼아 빈곤의 여성화 해소 이슈가 대선시기 중요한 사회의제로 설정되도록 하였다고 보았다. 이는 보수정권의 등장과 함께 정치 · 경제 · 사회적 위기에 대한 여성운동의 대응력 강화를 중요하게 보았음을 의미하는데 "위기일수록 단결과 연대의 가치가 소중하게 다가오고 연대를 위한 의지, 실천력이 요구된다"(경남여연 제9차 정기총회자료집, 2010)는 것이다.

> "보수정권의 등장과 위기의 심화는 여성인권 정책의 후퇴를 가져오고 있다. 현 정부의 반여성 정책에 대해 여성대중들에게 적극적으로 홍보하고 함께 대응한다"(경남여연 제8차 정기총회자료집, 2009: 29).

그 외 대림자동차 정리해고 문제에 개입하였고[7], 여성실업해소를 위한 직업훈련과 취업지원활동을 하였다. 그러나 경남여연은 "빈곤의 여성화 심화, 비정규직 심화 등 신자유주의 세계화에 대한 대응력이 부족"(이경옥, 2011)하다는 평가처럼 지구화와 신자유주의와 관련한 이슈 제기와 활동이 활발하지 못했다고

---

7) "가정파탄 자행하는 대림자동차는 정리해고를 즉각 철회하라"는 성명서를 발표하였다(경남여연 제11차 정기총회자료집, 2012).

평가하고 있다.

"최근 경남지역내(창원) 여성실업 문제가 지역사회에 이슈화되지 못하고 있다. 또한 경남여연의 활동 내용에서도 여성의 빈곤과 실업문제 등에 대한 활동이 미약하였다. 이러한 현실을 인식하고 해결하기 위한 현실파악과 정책적 접근이 요구된다"(경남여연 제11차 정기총회자료집, 2012: 31).

따라서 2012년의 경우 여성복지와 실업문제관련으로 지역맞춤형 일자리 창출 지원사업을 하였으며 총선과 대선이 있어서 큰 틀의 사회적 담론을 제시해서 연대하고자 하였다.

"2012년은 총선과 대선이 있는 매우 중요한 해이다. 이에 따라 2012년 3.8여성대회는 총·대선을 준비하며 여성계를 비롯한 시민사회 및 노동계가 함께 힘을 모아 2013년 새로운 변화를 만들기 위한 초석을 다지는 장으로 만들어야 한다. 이와 더불어 대중과 소통할 수 있는 공간을 만듦으로써 여성의제 및 각계각층 운동과제를 널리 확신시키고자 한다"(경남여연 제12차 정기총회 자료집, 2013: 46).

2013년에는 일상에서의 페미니즘 확산과 성평등 지향 활동으로 3.8 경남여성대회, 여성주간기념행사 등 지역여성의 페미니즘 확산을 위한 활동들을 진행하였다(경남여연 제13차 정기총회자료집, 2014: 17). 일상의 성평등 지향 활동을 V-day 창원과 연대하여 다양한 활동을 전개하였고 필리핀 결혼이민여성 자조모임 결성, 여성영화제, 여성주의 문학기행 등의 추진으로 지역여성과 현장에서 만나는 기회를 통해 성평등 확산을 도모하였다(경남여연 제13차 정기총회자료집, 2014: 37).

2014년에는 3.8 경남여성대회와 여성주간기념행사 등 지역여성의 페미니즘 확산을 위한 활동들을 계속하였고 성인지적 관점의 인권지원 활동과 다양한 현안대응 활동에 적극 참여하고 여성정책센터의 지속적인 스터디 진행으로 여성정책 모니터링과 평가, 대안 제시 활동을 통해 참여자들의 성평등의식을 확장하는 계기가 되었다(경남여연 제14차 정기총회자료집, 2015). 2015년에는 창원시의회, 고성군의회, 창원시 위탁업체, 경남장애인체육회 등 공적 기관에서 발생한 성추행 사건들에 대응하였다(경남여연 제15차 정기총회자료집, 2016: 33).

> "지역에서 성추행 사건 등 문제 발생시 여연에서 적극적으로 대응을 잘해 주었다. 사건을 지원하면서 같이 공유하고 대안제시를 하며 서로 힘이 되었다"(경남여연 제15차 정기총회자료집, 2016: 73).

2016년에는 강남역 여성혐오 살인, 낙태죄 폐지 등 긴급 현안과제에 대한 지역 여연 차원의 적극적 대응을 하면서 지역여성운동의 본질적인 연대활동으로 의미를 가져나갔다(경남여연 제16차 정기총회자료집, 2017: 31). 따라서 "여성주의 실천을 위한 현안 문제의 시의적절한 대응을 하면서 운동성을 확인하고 지역여연의 실질적인 필요성과 힘을 확인할 수 있었다"(경남여연 제16차 정기총회자료집, 2017: 31)고 보았다.

> "강남역 여성혐오 살인사건을 보며 지역여성운동이 지역에서 해야할 일이 더욱 분명해졌다. 여성운동이 한국사회의 제도적 개선과 기계적인 평등을 이룩해 놓은 성과에 가려 성차별에 대한 인식이 흐려지고 페미니즘에 대한 절실함은 부족하였음을 되돌아보게 했다"(경남여연 제16차 정기총회자료집, 2017: 34).

"3.8여성대회에서 성평등 실천단의 성평등실천 5계명 발표 등의 활동을 통해 지역의 성평등을 위해 여성운동만이 아닌 지역사회와 함께 해나가기를 희망하고 또 해나갈 수 있게 하였다"(경남여연 제16차 정기총회자료집, 2017: 34).

2017년에는 경남의 교육 현장 내에서 성 인권 문제가 대두되었고 경남여연이 경남교육청 내부감사에 참여하는 등 적극적 대응으로 경남교육계와 연대를 형성하여 성평등 교육 방침에 대한 의견제시와 교원대상 성인권향상 교육연수 프로그램 진행과 협력참여가 이루어졌다(경남여연 제17차 정기총회자료집, 2018: 33). 일상에서의 페미니즘 확산과 실천으로 임신중단합법화, 낙태죄 폐지 캠페인도 회원단체와 함께 참여하였다(경남여연 제17차 정기총회자료집, 2018: 34). 이와 함께 경남여연은 국정농단과 대통령 탄핵의 중심 과제였던 '성 평등이 민주주의의 완성'임을 재확인하며 3.8세계여성의 날, 대통령선거, 양성평등주간 내내 여성의 요구와 목소리를 외쳤다(경남여연 제17차 정기총회자료집, 2018: 36).

"경남여성단체연합은 한국여성단체연합의 2018년 사업기조인 '여성의 삶을 바꾸는 성평등한 민주주의-젠더 정의 실현'에 발맞추어 지역에서 사회 규범과 가치, 제도와 정책 등 모든 분야에서 성평등에 기반한 실질적 변화를 촉구함으로써 여성이 일상에서 평등과 존엄, 정의와 인권을 체감할 수 있는 성평등한 민주주의를 견인해 내는 일에 박차를 가할 것이다"(경남여연 제17차 정기총회자료집, 2018: 125).

2018년에는 미투경남운동본부를 통하여 성폭력에 대한 대응과 연대활동이 미투정국에서 두드러졌고 김해의 회원단체들과 결합한 연대 단체들의 노력으로 극단 번작이 대표 사건과 경찰 내 성폭력사건 재판에서 긍정적인 결과를 도출하였다(경남여연 제18차 정기총회자료집, 2019: 32). 또한 성평등교육사업의 일환으로 경상남도교육청과 협력하여 스쿨미투가 발생한 학교에는 피해조사에 함께 참여하였고 관계자와의 간담회에 참석하여 피해자보호에 대한 적극 의견 개진을 하였다(경남여연 제18차 정기총회자료집, 2019: 53).

그 중 2019년 경남여연이 새롭게 시도한 사업들이 특히 주목할 만하였는데 경남여연, 한국여연, 한국여성학회 공동주최 포럼 "미투운동 이후 지역여성운동, 어디까지 왔나"와 세대별, 계층별 여성의 일자리에 대한 정책 제안들을 모아 제시한 "경남여성비전 원탁회의: 청년여성들을 모아낸 성평등주간 기념 톡 콘서트" 등은 일상에서의 페미니즘 확산과 성평등 문화 확장, 젠더의제 확산과 이슈강화라는 세 가지 목표와 방향을 충족시키는 대중적인 프로그램이었다(경남여연 제19차 정기총회자료집, 2020: 22).

따라서 "#미투운동 이후 지역에서 공공기관을 비롯한 지역사회가 페미니즘 및 성폭력에 대한 사회적 관심이 높아졌고 젠더 폭력 및 성차별에 대한 적극적 지원이나 연대 대응을 통하여 경남여연이 여성문제 발생시 상담 및 지원을 요청하는 사례가 늘어 지역에서 여성운동단체로서의 정체성을 확고히 한 한 해 였다"(경남여연 제19차 정기총회자료집, 2020: 46)고 평가하고 있다. 그러나 백래시 현상이 확대되고 있음을 지적하고 있다.

"2016년 강남역 여성살해 사건으로부터 촉발된 폭력과 차별을 해소하기 위한 여성들의 목소리와 저항은 모든 영역에서 계속 터져 나오고 있다. 한편으로는 성평등한 사회로의 변화를 요구하는 여성들의 목소리를 왜곡 위축시키는 백래시(backlash) 현상이 정부 정책과 사회 전반으로 확대되고 있다. 우리 지역에서도 혐오세력과 성차별 세력들이 경남학생인권조례를 무산시키고 경남여성가족재단의 목적을 '성평등'에서 '양성평등'으로 개념을 왜곡하

는 등 우리 사회의 인권과 정의실현의 방해꾼으로 등장하고 있다"(경남여연 제

19차 정기총회자료집, 2020: 159).

코로나19 위기로 더욱 심화된 젠더 불평등에 대해 경남여연은 "정부나 자치단체들은 여전히 이성애 남성 가부장 중심 대응으로 일관한 정책으로 성차별은 더욱 심화될 우려가 있다. 재난의 일상화 시대를 겪으면서 젠더 불평등 심화, 새로운 형태의 젠더 폭력과 차별, 혐오의 문제에 대해서는 국가와 사회는 주목하지 않았고 성평등 개혁 과제는 실종되는 등 우리가 그토록 외쳐왔던 성평등 민주주의는 후퇴하였다"(경남여연 제20차 정기총회자료집, 2021: 111)고 보았다.

"코로나19는 노동시장에서 젠더 불평등을 심화시켰고 사회적 거리두기로 말미암아 가사와 돌봄의 문제가 여성에게 가중되어 여성의 사회적, 경제적 활동을 위협하였다. 코로나 팬데믹 상황에서도 지자체단체장들의 위력에 의한 성폭력사건, 스토킹 여성살해사건, 교제폭력사건 등 여성에 대한 폭력과 차별은 끊임없이 발생하였고 여성의 삶은 여전히 위협받았다"(경남여연

제20차 정기총회자료집, 2021: 39).

그러나 코로나 팬데믹은 여성운동에서 기존 활동방식의 새로운 전환을 모색하고 다양한 운동방식에 대한 재탐색의 계기가 되었다고 본다(경남여연 제20차 정기총회자료집, 2021: 39).

3) 여성의 정치세력화를 위한 활동

한국 여성운동에서 여성의 정치참여 확대는 진보와 보수를 넘어 다양한 여

성단체가 함께 연대체를 구성하여 다루어온 핵심 과제였다(오유석, 2010: 275). 지역여성운동단체들도 후보자 발굴과 홍보, 선거운동 지원, 여성정책 공약의 개발 활동 등 여성정치세력화를 위한 활동을 한다. 경남지역의 여성정치세력화를 위한 여성단체의 활동은 1991년 지방선거의 관심에서 출발하였다. 경남여성회, 가톨릭여성회관, YMCA 등이 참여한 '정의로운 사회를 위한 마·창시민연대'에서 실시한 1993년 '지방의정 모니터교실'에 경남여성회 회원들이 참여하여 지방의회 활동과 도덕성을 감시하는 의정감시활동을 펼쳤다. 또한 1992년 대통령선거를 앞두고 지방신문을 모니터링을 하기 위해 경남여성회 내 '공정선거보도 비평모임'을 두면서 지방언론의 선거보도 공정성을 촉구하기도 하였다(이경옥, 2010: 33; 2014: 84).

지역여성운동단체는 지방선거나 대선, 총선에 의정모니터링과 유권자 운동을 해왔으며 1996년 15대 총선 때는 마산, 창원 후보자들에게 여성정책 질의서를 보내고 후보자들의 답변서를 분석하였다. 그러나 여성의 정치세력화와 관련하여 여성운동단체들은 스펙트럼이 다양해서 특정 여성 후보를 지지하기 어려운 점이 있으며 정치세력화를 위한 활동이 현실 정당정치와 관련하여 쉽지 않음을 보여준다(이혜숙, 2009: 119; 이혜숙, 2012b: 56-58).

경남여연의 경우 창립된 해인 2002년 11월 여성유권자교육을 하였으며 지방선거 후보자들에게 경남지역 여성관련 정책을 제시해 적극적으로 수용하는 후보를 지지한다고 밝혔다(경남도민일보, 2002. 5. 25). 지방선거 후보자에게 제안하는 경남여성정책 10대 과제 선언대회를 갖고 각 정당과 무소속 후보들에게 여성유권자표를 얻기 위한 선심성 공약이 아닌 실질적인 정책을 채택할 것을 요구했다. 2004년 시의원 보궐선거에서는 여성후보를 추대하고 지원했다. 그 후시민후보선거대책본부조직 결성을 위한 지원을 했으며 실무자를 한 달 동안 파견하였고 상임대표를 비롯한 회원단체들이 수시로 홍보와 선거운동을 지원하였다.

2012년 총선에는 각 정당의 후보에게 성평등 공약을 요구하고 그에 대한 답변을 요구하였고 2014년 지방선거시기에는 그동안 배출된 지방의회 여성의원과 경남여연과의 정책협약식을 요구하였다. 그러나 경남여연은 정치적 중립의 입장으로 조직적으로 적극적 지원을 하지는 못했다.

> "대선과 도지사 보궐선거 시 경남여연의 적극적 활동을 지역사회나 야권에서 요구하였으나 회원단체의 정치적 입장 차이로 활동에 제약을 받았다. 이에 대한 기준을 합의해야 할 시점이다"(경남여연 제12차 정기총회자료집, 2013: 26).

2014년은 6.4지방선거가 치루어진 해로서 도지사후보들에게 여성정책 공약을 제안하고 여성정치세력화를 위한 토론회, 여성의 경제적 역량강화와 관련된 10과제를 선정, 분석, 평가하는 토론회를 개최하여 그 대안적 과제 모색을 통한 경남여성정책제안 등 지역의 성주류화 전략 실효성 확보를 위해 노력을 기울였다(경남여연 제14차 정기총회자료집, 2015: 15). 향후 지방선거에서는 공약에 정책제안을 하는데 머무르지 말고 좀 더 적극적으로 여성후보를 발굴하여 지역정책에 경남여연의 여성운동성과를 반영하여 여성운동의 결실을 맺을 수 있도록 준비를 해야 할 것으로 보았다. 또한 지속적으로 경남의 여성정책과 성별영향분석평가 모니터링을 하여야 하며 지역의원들이 성 인지적 관점을 갖춘 의정활동이 가능하도록 독려하는 노력이 필요하다고 보았다(경남여연 제14차 정기총회자료집, 2015: 16). 2015년에는 여성정치학교를 통하여 정치에 관심있는 지역여성들과의 네트워크 구성을 위해 노력했으며 여성의원들과도 간담회를 통하여 지역여성정치인과의 네트워크 가능성을 열었다(경남여연 제15차 정기총회자료집, 2016: 35-36).

경남여연은 2016년 총선에서 여성의 대표성 확대, 정치적 영향력을 확대시키는 것을 사업 기조와 방향으로 삼았으며 그동안의 정치적 중립의 한계를 극복해 보고자 노력했다. 각 정당에 성평등정책을 요구하며 여성들이 요구하는 정책에 동의하는지 질문하고 그에 대한 답변을 기준으로 성평등 정책을 약속한 후보와의 협약식을 진행하기로 하였다. 그 후 지역내 후보들의 성평등 정책을 알리면서 후보들에 대해 정책을 잘 보고 지지할 수 있도록 적극적인 홍보활동을 전개하였다(김경영, 2016a: 45). 여성의 정치세력화와 야권단일후보 지원 활동 등에 있어서 회원단체의 정치적 입장이 달라 경남여연의 입장정리가 힘든 부분이 있었지만 이후 정당의 선거대책본부에 함께 하는 것은 여성정책센터장이 하기로 했다. 여성정책센터장이 정당의 선대본부에 함께 하기로 했으나 운동단체 차원에서 정치활동에 참여하는 것에는 여러 가지 견해가 있었다(경남여연 제16차 정기총회자료집, 2017: 64).

이에 대한 평가로 "2016년 19대 총선은 여성의 요구를 실현하기 위해 성평등정책의제를 발표하고 각 후보에 대한 질의와 답변 결과를 통해 유권자에 대한 성평등 후보를 인식시키고 성평등정책 후보와의 협약식을 추진하였다. 위안부 한일합의 무효행동, 주민소환운동, 전교조 상근자 탄압 대항, 박근혜 탄핵과 퇴진을 위한 정치현장에 참여하였다"(경남여연 제16차 정기총회 자료집, 2017: 33)고 보고 있다.

2017년 사업기조는 "'젠더와 민주주의'에 대한 담론을 형성하고 사회적으로 확산한다. 19대 대통령선거를 맞이하여 회원단체, 연대단체와 공동으로 대선 공약을 재구성하여 젠더의제가 대선후보자의 공약으로 채택되고 사회의제화 하기 위한 활동을 진행한다."(경남여연 제16차 정기총회자료집, 2017: 105)로 되어 있으며 사업방향으로 "19대 대선의 성평등실현을 위한 젠더의제 확산과 젠더이슈강화"(경남여연 제16차 정기총회자료집, 2017: 105)를 들고 있다. 이처럼 경남여연은 대선이나 총선, 지방선거에서 여성의 정치참여 확대 및 정치세력화를 위한 활동을 해 왔다. 그러나 여전히 한계가 있다.

> "20대 총선에서 경남지역에 여성후보자가 한명도 나서지 않았다는 점, 여성의제가 선거공약에서 큰 비중을 차지하지 못한 현실을 보면 향후 선거라는 중요한 성평등 정책 의제화와 캠페인의 기회를 더욱더 전략적이고 유용하게 활용할 수 있도록 고민할 필요가 있어 보입니다(경남여연 제16차 정기총회자료집, 2018: 17-18).

> "19대 대선 시기에 후보의 성평등 공약 이행과 여성유권자의 공약 요구를 전달하는 등 여성정치세력화를 위한 활동에 노력을 기울였습니다. 하지만 대선 시기에 젠더 이슈를 부각시키지 못한 한계가 있었습니다"(경남여연 제17차 정기총회자료집, 2018: 17).

이후에는 "세대, 지역, 성별, 성적지향 등과 관계없이 모든 시민들이 차별, 배제되지 않으면서 일상의 민주주의를 상상하는 과정이 되기 위해 '성평등한 민주주의'를 구체화 하고자 한다"(경남여연 제17차 정기총회자료집, 2018: 34)는 점을 제시했다. 경남여연은 2017년 대선에서 후보들의 공약을 젠더관점에서 분석하여 우수, 보통, 미흡 후보를 기자회견을 통해 발표하였으며 대선 후보의 성평등 공약 이행과 여성유권자의 공약 요구를 전달하는 활동을 하였다(경남여연 제17차 정기총회자료집, 2018: 35). 그동안 경남여연이 직접 정당과 연결된 적은 없었으나 2017년 19대 대선 때 민주당 선거대책본부에서 경남여연 대표의 결합 제안이 와서 내부 논의를 통해 현직 대표의 직무정지의 형식으로 선거대책본부에 결합하기로 결정하였다(경남여연 제17차 정기총회자료집, 2018: 45). 2018년에는 여성정책센터 주도하에 6.13 민선 7기 지방선거에서 경남도지사와 창원시장선거캠프에 참여하여 제안정책이 공약으로 채택되도록 노력하였고 도의원 비례후보를 내는 등 전례없이 적극적으로 정치세력화를 시도하였다(경남여연 제18차 정기총회자료집, 2019: 32).

경남도지사 및 창원시장 후보와의 정책 협약식 및 여성후보 지지를 위한 기자회견, 성평등정책 공약채택 여부 설문 조사와 당선자와의 간담회 등 노력의 결과 경상남도의 여성특보 임명과 오랜 숙원사업이던 경남여성정책 연구기관 설립을 2020년 목표로 앞당기고 창원시 여성부시장 임명 약속과 더불어 경상남도와 창원시와의 긴밀한 젠더 거버넌스를 약속받았다. 그 뿐 아니라 다양한 행정의 의회 간담회와 도민원탁회의 등을 통해 지속적인 거버넌스로 성평등 의제 확산을 주도하여 사회규범과 가치, 제도와 정책 등 모든 분야서 성평등에 기반한 실질적 변화를 견인해 냈다(경남여연 제18차 정기총회자료집, 2019: 32).

또한 여성의 정치세력화를 위해 여성후보 지지선언을 하였고 경남여성정치포럼과 협력하여 각 정당에 성인지적 관점으로 후보를 선출할 것을 요구하였다. 경남여연은 처음으로 직접 경남도의회 비례의원 후보를 내고 선거캠프에 적극 참여하여 지지 후보가 당선됨으로써 그동안 한 정당이 독식해 온 단체장의 정권교체를 이루고 경남여연 출신의 후보가 비례의원으로 당선되는 성과를 이루었다(경남여연 제18차 정기총회자료집, 2019: 51). 2018, 지방선거 성평등 후보 기준으로는 다음과 같은 점을 제시했다.

〈참고자료 6-2〉

---

* 2018, 지방선거 성평등 후보 기준

하나, 활동경력
　　여성운동경력이나 시민사회단체 운동경력, 소외계층에 대한 사회봉사활동
　　경력을 갖춘 후보

둘, 전문성을 갖춘 후보
　　여성현실에 대한 정확한 인식과 성인지적 관점을 갖춘 후보
　　성주류화 정책에 전문성을 갖춘 후보

셋, 성인지적 감수성이 높은 후보
　　여성, 장애인 등 소수자에 대한 인권 감수성이 높은 후부
　　차이와 다양성을 인정하는 열린 세계관을 가진 후보

넷, 개혁성을 가진 후부
　　지역주의 패거리정치, 연고주의, 권위주의를 벗어나 풀뿌리 정치를 기반으로
　　정치를 개혁살 소신이 있는 후부

다섯, 여성폭력, 여성비하 언행으로 물의를 빚은 적이 없는 후보

자료: 경남여연 제18차 정기총회자료집(2019: 82)

　　그러나 경남지역의 여성의 정치세력화와 관련하여 어려운 점도 있었는데 선거캠프에 참여를 적극적으로 진행했지만 그럼에도 변화의 조짐이 보이지 않아서 낙담하는 상황이었는데 선거캠프 결합하는 상황을 볼 때 남성들의 학연, 지연 중심의 결집을 보면서 두려움까지 들기도 했다는 것이다.

　　"선거에 직접 참여가 낯선 상황이어서 활동이나 내용의 준비가 없었다는 평가가 되기도 했다. 방법의 구체적인 준비도 필요함을 깨닫는 계기가 되었다. 다음 선거를 미리 준비하기 위해 정책, 공약반영, 후보지지, 후보공약 점검 등 방법을 체계적으로 해야 될 필요가 있었다. 선거가 끝나고 난후 여성정책 반영에 대한 모니터링을 지속적으로 해야 될 필요성이 있다. 공직선거법

개정, 행정체계 성평등 정책 반영에 대한 계속적인 활동을 전개해야 한다. 선택과 집중에 관한 고민을 같이 해야 겠다"(경남여연 제18차 정기총회자료집, 2019: 86).

〈참고자료 6-3〉

---

* 6.13 지방선거 여성정책 10대 핵심과제

1) 여성정무부지사/도지사 직속 개방직 여성특보 설치
2) 경남 여성정책연구원 설치
3) 경남여성 NGO센터 설치
4) 양성평등기금 부활
5) 공공부문 여성 대표성 제고 5년 계획 수립
6) 여성정치참여 확대를 위한 여성정치학교 설치, 운영
7) 경남 트라우마 치유센터 설치: 성폭력, 가정폭력 피해자 조력
8) 경남장애인 여성폭력피해자 쉼터 설치
9) 경남여성일자리 종합지원센터 설치
10) 유치원에서 초중고대학교 페미니즘 교육예산지원

자료: 경남여연 제18차 정기총회자료집(2019: 92-93)

2020년 21대 총선을 맞아서는 성평등 민주주의 실현을 위한 여성의 정치 대표성 확대와 다양한 국회 구성을 위한 총선활동을 해 나가고자 하였다. 한국여연의 총선 젠더 의제들을 기초로 하여 회원단체와 여성정책센터를 통하여 함께 산출한 젠더 의제들을 경남의 후보들에게 질의서를 보냈고 그 답변을 발표함으로써 유권자 및 후보들에게 여성정책에 대한 관심을 유도하였고 여성의 당 경남도당과는 정책 협약서를 교환하고 여성후보를 지지하는 활동을 하였다 (경남여연 제20차 정기총회자료집, 2020: 42). 2020년 연동형 비례대표제가 도입되어 다양한 소수정당 탄생에 대한 기대감이 컸으나 거대 정당들이 위성정당을 출현시킴으로써 연동형 비례대표제의 취지는 훼손되었다. 그러나 2016년 '강남역 여성살해사건'으로 촉발된 폭력과 차별을 해소하기 위한 여성들의 저항은 '여성의 당'

을 탄생시켰고 경남여연은 여성의 당 경남도당과 성평등정책 협약을 진행하였다(경남여연 제20차 정기총회자료집, 2020: 76). 그러나 여성정치세력화라는 주장을 하고 있는 여성운동단체로서 여성정치 참여와 정당 활동은 한계를 갖게 된다. "단체가 특정정당을 지지하는 활동을 하는 것을 공식화하는 것은 회원들의 입장이 모두 다를 것이어서 한계점을 느꼈다"(경남여연 제20차 정기총회자료집, 2020: 76)는 것이다. 이에 대한 새로운 논의도 필요한 시점이다. 경남여연의 여성의 정치세력화 사업 내용은 〈표 6-5〉, 〈표 6-6〉과 같다.

〈표 6-5〉 경남여연의 여성의 정치세력화사업(2002-2011년)

연도	내용
2002년	· 여성의 정치세력화를 위한 경남여성연합 기자회견 · 여성유권자 축제 · 6.13 지방선거 여성당선자 축하 한마당, '여성이 하는 정치, 여성이 바라는 정치' · 대선여성 연대(캠페인, 여성유권자 교육)
2003년	· 한국여연 정치발전소위원회 참석 · 한국여연 여성정치참여 확대 기획안회의 참석
2004년	· 4.15 맑은 정치여성 캠페인 '잘 보자, 잘 찍자, 확 바꾸자' · 6.5 도지사 보궐선거 여성 공약 요구 기자회견 · 창원시 시의원 보궐선거 여성후보 추대 및 지원
2005년	· 소통과 비전을 위한 지역여성 캠프 · 여성정치학교 · 여성 지도자 리더십 강화 교육 · 여성 후보자 리더십 컨설팅 · 여성정치참여 확대를 위한 토론회 · 2006년 지방선거 여성참여 준비
2006년	· 경남여성발전기본조례 제정관련 의회활동 · 비영리민간단체 공익사업(성평등한 지역살림 가꾸기) · 지역여연 비전 토론회 및 워크숍
2007년	· 여성유권자 캠페인(대선유권자 캠페인)
2008년	· 활동가 역량강화 사업(민들레포럼, 캠프 등) · 통일평화위원회 사업 · 여성유권자 캠페인 · 여대생들의 정치지도력 강화를 위한 워크숍
2010년	· 경남여성 유권자 희망연대 활동 · 여성정치인과 활동가 만남의 날 '경남! 성평등 날개를 달다'
2011년	· 살림정치 경남여성행동(준) 활동, 2012 선거관련 대응활동

자료: 각 연도 경남여연 정기총회자료집 참고하여 작성함.

〈표 6-6〉 경남여연의 여성의 정치세력화사업(2012-2020년)

2012년	· 여성투표행동 '퍼플파티' 발족
2013년	· 대선이후 여성운동과 비전 토론회
2014년	· 여성정치학교 참석 · 경남도지사후보에게 '7대 성평등 의제' 공약채택 제안 기자회견
2015년	· 여성정치학교 · 여성정치참여 확대를 위한 선거제도 개혁에 관한 기자회견 · 새정치민주연합 경남도당 여성의원과의 간담회
2016년	· 20대 총선 젠더과제 질의서 관련 대표자 회의 · 2016 총선 후보 '젠더과제 질의서' 결과 및 성평등 실천 좋은 후보 협약 기자회견 · 경남도지사주민소환운동본부 대표자회의 · 경남도지사주민소환운동본부 기자회견
2017년	· 도지사주민소환 강압수사 규탄 및 구속학부모 석방촉구 촛불집회 참석 · 도지사주민소환 강압수사 규탄 및 구속학부모 석방촉구 기자회견 · 경남 여성정치참여 확대를 위한 경남여성단체연합 의견서 정당 전달 면담: 자유한국당 경남도당 · 정치개혁경남공동행동 선거구 확정관련 기자회견 참석 · 경남 여성정치참여 확대를 위한 경남여성단체연합 의견서 정당 전달 면담: 바른정당 · 경남여성정치포럼 집담회 참석
2018년	· 경남여성정치포럼 참석 · 녹색당 여성정치참여확대를 위한 간담회 참석 · 민주당 여성정치참여확대를 위한 간담회 참석 · 경남여성정치포럼 기자회견 참석 · 도지사후보 성평등 의제 채택결과 기자회견 · 창원시장 성평등 의제 채택 결과 발표 기자회견 · 2018 지방선거, 경남도의원 창원시의원 성평등 여성후보 정책협약식 · 여성후보 지지선언
2019년	· '경남 여성 삶을 바꾸는 성평등 민주주의 실현 프로젝트' 교육 · 2018 지방선거 젠더정책 이행점검 창원시장 간담회
2020년	· 21대 총선 관련 토론회 참석 · 여성의당 경남도당 발기인대회 참석 · 21대 총선 경남후보에 요구하는 주요 젠더정책과제 관련 기자회견 · 여성의당, 경남도당·경남여성단체연합 정책 협약식 · 21대 총선 여성정치참여 관련 언론 인터뷰

자료: 각 연도 경남여연 정기총회자료집 참조하여 작성함

4. 경남여성단체연합과 연대활동

여성운동은 안으로나 바깥으로나 연대라는 문제를 핵심적으로 떠안고 있다 (김영희, 2000: 7). 지역의 현안 대응과 관련하여 연대를 통해 지역여성이 함께 목소리를 내고 지역여성문제를 조직적으로 주장하고 해결할 수 있다(김경영, 2014: 92). 경남여연은 다른 사회운동 조직과의 사안별, 상시적인 연대사업을 꾸준히 실천해 왔다. "여연사업은 내부사업보다는 연대사업의 비중이 큰데 이 연대사업도 영역별로 성격이 맞는 사업에 경남여연 이름으로 결합하는 방식도 시도해 볼 필요가 있다"(경남여연 제4차 정기총회자료집, 2005: 18)는 것이다. 예를 들면 반전운동, 통일운동, FTA반대 운동 등 여성운동에서 함께 해야 할 국가 수준의 사회 전반 이슈들이 생기면 연대체에 합류하여 함께 한다. 또한 지역에서 성폭력, 가정폭력, 성차별 등의 여성문제가 발생하면 지역 다른 단체들에게 연대를 제안하기도 한다. 이는 여성운동단체들의 활동이 다른 사회운동단체들의 활동과 중첩될 수 있음을 의미한다.

> "여성운동은 성별 억압을 일차적인 해결과제로 삼는 만큼 독자성을 지니되, 또한 성별 억압이 항시 다른 억압구조와 결합되어 나타난다는 점에서는 여타 운동과 긴밀한 관계 속에서 수행되어야 하는 것이다. 전체로서의 여성운동은 다른 운동과 고립되어서도, 그렇다고 다른 운동에 병합되어서도 제 몫을 다하기 힘들다"(김영희, 2006: 14).

경남여연의 사회전반 이슈관련 연대활동은 각각 지구수준, 국가수준, 지역수준으로 나누어 볼 수 있다. 정리하면 〈표 6-7〉 〈표 6-8〉과 같다.

<표 6-7> 경남여연의 연대활동(사회전반 이슈)(2003-2010년)

연 도	사회전반 이슈		
	지구 수준	국가 수준	지역 수준
2003년		· 장애인차별 철폐 투쟁 경남 공동실천단	· 지방분권 경남운동본부
2004년	· 우리쌀 지키기 식량주 권수호 경남운동본부 · 이라크파병반대 경남 시민 연대 결합	· 4.20 장애인차별 철폐 공동실천단 · 국가보안법폐지를 위한 비상국민행동 · 장애인교육권 쟁취 투쟁 · 탄핵규탄 민주수호 국민행동	· 지방분권 경남운동본부
2005년	· 식량주권확보를 위한 우리쌀 지키기 · APEC반대·부시반대 ·전쟁반대 여성대회	· 4.20 장애인차별 철폐 공동실천단 · 4인선거구 분할반대 경남대책위원회 · 6.15공동선언 실천을 위한 남북해외 · 공동행사 남측 준비위원회 경남본부	· 지방분권 경남운동본부
2006년	· 한미 FTA 저지를 위한 경남여성대책 위원회(준)	· 경남 장애인차별철폐연대 대표자회의	
2007년	· 한미 FTA 저지를 위한 경남여성대책 위원회(준)	· 경남 장애인차별 철폐 공동위원회 · 민주정치 위기극복을 위한 경남지역 시민사회단체 비상대책회의	
2008년	· 광우병 경남대책회의 · 광우병 안전지대를 위한 소비자 행동 경남네트워크 · 한미 FTA 저지를 위한 경남여성운동본부	· 경남 장애인 철폐 공동 위원회	· 경남교육연대 · 민생민주경남회의
2009년		· 4대강 저지 및 낙동강 지키기 경남본부	· 경남교육연대 · 민생민주경남회의

지역여성운동과 젠더정치

연도		사회전반 이슈	
2010년		· 경남도민대회(4대강 사업 중단! 쌀대란 문제해결! 노동법 재개정! 교사공무원 탄압중단!) · 노동절 120주년 기념 반MB연대 5.1절 경남도민대회 · 노무현대통령 서거 1주기 추모콘서트	· 경남 쌀문제 해결을 위한 운동본부 · 민생민주경남회의 · 화물연대 탄압 LG전사 규탄 성명서 발표 · 희망자치연대회의

자료: 각 연도 경남여연 정기총회자료집 참고하여 작성함.

〈표 6-8〉 경남여연의 연대활동(사회전반 이슈)(2011-2020년)

연 도	사회전반 이슈		
	지구 수준	국가 수준	지역 수준
2011	· 한미FTA저지 경남운동본부	· 2012 희망정치를 위한 경남의 힘 · 경남지역 정당 · 시민사회단체 · 각계 인사 비상시국회의 · 교사시국선언 탄압 규탄, 징계철회 요구 릴레이 성명 발표 · 국회의 미디어렙 입법 촉구 경남지역시민사회단체 기자회견 · 쌍용차, 대림차 대책위 대표자회의 및 기자회견	· 경남 연합고사 저지 대책위원회 · 부마민중항쟁 특별법 제정을 위한 경남연대 · 학생인권조례제정 운동 경남본부
2012		· 세계노동절 기념 경남노동자대회 연대사업 · 언론수호 관련 연대사업 · 제주 강정마을 지키기	· 경남 NGO박람회 · '경남의 힘' 연대사업 · 부마민중항쟁 기념 사업회
2013		· 최저임금현실화 경남본부 · 교육개혁 도민운동 본부 연대활동 · 밀양 송전탑건설저지 지원활동	· 의료공공성확보와 도립진주의료원 폐업철회를 위한 경남대책위원회 · 경남 NGO박람회 연대활동

2014		· 최저임금현실화 경남본부
		· 먹거리 안전과 식량주권
		  실현을 위한 범도민운동
			· 경남 NGO박람회
			  연대활동
			· 진주의료원 재개원 및
			  의료민영화반대운동
			· 경남 친환경 무상급식
			  공동대책위원회

2015		· 최저임금현실화 대책위
		· 한국사교과서 국정화 반대
		· 세월호 1주기 추모제
			· 진주의료원 재개원 및
			  의료민영화반대운동친
			  환경 무상급식 지키기
			  경남운동본부

2016		· 최저임금현실화
		  경남운동본부
		· 세월호 사건 관련 연대활동
		· 전교조지키기
		  경남공동대책위원회
		· 한국산연대책위원회
			· 2016 경남총선
			  공동투쟁본부
			· 경남도지사 주민소환
			  운동본부

2017		· 최저임금현실화
		  경남운동본부
		· 박근혜 퇴진 경남운동본부,
		  정치개혁 경남공동행동
		· 적폐청산 경남운동본부
		· 세월호 추모 공동행동
			· 도지사 주민소환운동
			· 경찰수사 대책위원회
			· 경남지속가능발전
			  협의회

2018		· 세월호 5주기 추모 공동행동	· 경남학생인권조례
			  제정을 위한
			  촛불시민연대

2019		· 최저임금현실화
		  경남운동본부
		· 세월호 5주기 추모
		  기억문화제 공동준비위원회
		· 정치개혁 경남 공동행동
		· 세월호 추모공동행동
			· 경남지속가능발전
			  협의회 연대활동
			· 경남학생인권조례 제정
			  을 위한 촛불시민연대
			· 경남지속가능발전협의회
			· 경남고용포럼 여성분과
			· 경남학생인권 제정을
			  위한 촛불 시민연대

2020		· 세월호 추모공동행동 · 정치개혁 경남공동행동	· 경남고용포럼

자료: 각 연도 경남여연 정기총회자료집 참고하여 작성함.

지역여성운동과 젠더정치

위 〈표 6-7〉, 〈표 6-8〉을 보면 경남여연은 지역사회에서 여성문제의 해결 뿐만 아니라 사회 각 분야의 문제를 해결하기 위한 다양한 사회운동에 연대의 폭과 활동을 지속적으로 넓혀왔음을 알 수 있다. 우선 사회전반 이슈와 관련한 연대에 대해서 살펴보면 장애인 관련, 정치 관련, 노동자 관련, 국가보안법 관련, 통일 관련, 세월호 관련 등이 있으며 지구, 국가, 지역 수준으로 나누어 볼 수 있다.

지구 수준과 관련한 사회전반 이슈에 대한 연대로는 식량주권문제, 이라크 파병문제, APEC 반대, 부시반대, 한미FTA저지, 광우병 대책 등이 있으며 국가 수준의 연대로는 4대강 관련, 선거 관련, 장애인 관련, 정치 관련, 노동 관련, 언론수호 관련, 제주 강정마을 연대, 최저임금현실화, 교육개혁, 밀양 송전탑 건설기지 지원, 먹거리 인권과 식량주권 실현, 한국사교과서 국정화 반대, 세월호 관련, 전교조, 박근혜 퇴진, 적폐청산, 정치개혁 등이 있다. 지역 수준의 연대로는 지방분권경남운동본부의 활동이 있었고 경남교육연대, 민생민주경남회의, 경남 쌀문제 경남연합, 경남 NGO박람회, 의료공공성확보와 도립 진주의료원 폐업철회관련, 경남 NGO박람회, 경남 친환경 무상급식 공동대책, 경남지속발전가능기금폐지 조례개정반대, 경남총선공동투쟁, 경남 도지사 주민소환운동, 경남학생인권 조례제정을 위한 촛불시민연대 등이 있다.

연대활동과 관련하여 "MB정권 하에서의 벌어지는 민주주의 후퇴를 막기 위한 연대활동이 다른 해보다 활발히 진행되었지만 상시적 연대기구 회의와 행사 참가에 대한 수위 조절이 필요"(경남여연 제9차 정기총회자료집, 2010)하며 "다양한 사안의 연대활동에 참여하였으나 경남여연의 여성이슈를 중심으로 하는 주도적인 활동이 되지는 못하였다. 지역내 여성운동조직을 결집하여 여성현안에 대한 사회적 확산이 요구된다"(경남여연 제10차 정기총회 자료집, 2011: 20)고 평가하면서 여성주의적 관점에서의 "폭넓은 사회운동과의 결합"(경남여연 제11차 정기총회자료집, 2012: 34)의 필요성을 인식하고 있다. 따라서 "경남여연의 독자적인 영역을 구축하면서 지역 내용 등으로 결합해야 할 부분은 적극적으로 연대"(경남여연 제12차 정기총회자료집, 2013: 68)하고자 하나 "경남진보연합(준)8), 경남시민사회단체연대9)와 분리되어 경남여연이 지역에서 함께 연대하기가 쉽지 않은 상황"(경남여연 제12차 정기총회자료집. 2013: 68)이라는 평가처럼 여성주의적 관점에서 타사회운동과의 연대를 주도하는 데는 어려움이 있다고 하겠다.

> "사회적 이슈가 되고 있는 사안에 대해 여성주의적 관점에서 적극 결합하지 못하는 한계가 있다. 이것은 지역의 주, 객관적인 특수성도 있겠지만 그러한 부분에 대해 적극 결합하고 주도해 가려고 하는 경남여연 내의 목적의식적인 계획이 요구된다"(경남여연 제11차 정기총회자료집, 2012: 34).

연대를 어떻게 할까는 중요한 쟁점이다. "경남상시협의 참여 부분에서 슬로건, 참여도 등에 대한 점검이 필요하고 이후에 함께 한 연대단체의 연대 필요성에 대한 경남여연 내 논의가 필요하다"(경남여연 제13차 정기총회자료집, 2014: 66)는 것이며 "시급한 사안들이 많이 생겨나고 연대요청이 많아지는 한해였다. 그러나 경남여연의 한정된 인력구조와 회원단체의 부족한 여력을 감안하여 연대의 집중과 시급함을 판단하여 연대사업을 진행할 필요가 있다"(경남여연 제17차 정기총회자료

---

8) 이는 기존의 경남민중연대와 경남통일연대가 발전적으로 해소하고 각 분야별 진보운동단체들이 함께 만든 경남 도내 노동, 농민단체 등 민중운동단체와 통일운동단체를 아우른 연대단체로 2006년 3월 24일 공식 출범했는데 도내 시, 군의 연대조직과 개별 단체가 참여하고 있다(경남도민일보, 2006. 3. 24).

9) 경남 도내 21개 시민사회단체로 이루어 졌는데 참가단체로는 가톨릭여성회관, 거제경제정의실천연합, 지역 YMCA, 경남여성사회교육원, 경남이주민센터, 경남장애인부모회, 경남정보사회연구소 등으로 구성되어 있다(경남도민일보, 2013. 5. 1).

집, 2018: 102)는 것이다.

5. 경남여성단체연합과 여성연대

경남여연 관련 여성이슈를 중심으로 하는 연대는 지역 수준에서는 성희롱·성폭력 관련 연대, V-day 창원 연대활동, 창원 여성영화제 활동, 경남여성정치포럼 등이 있다. 국가 수준에서는 호주제폐지, 총선/대선 국면에서의 여성의 정치세력화, 여성폭력인권지원, 미투운동, 한국여연과의 연대사업이 있다. 지구 수준에서는 일본군 '위안부' 피해자 관련 활동과 필리핀 여성단체와의 연대사업, UN 63차 여성지위위원회 참여, 북경+25 아시아태평양 대륙별 성평등정책 이행점검 시민사회 포럼 및 회의 참여 등이 있다.

<표 6-9> 경남여연의 연대활동(여성 이슈)(2002-2010년)

연 도	여성 이슈		
	지구 수준	국가 수준	지역 수준
2002년			· 경남교원연수원장 성희롱 사건 공대위 · 남양초등학교 교사 학생 성희롱 사건 공대위 · 대원초등학교장 여교사 성희롱 사건 공대위
2003년		· 호주제폐지 범국민 캠페인을 위한 경남시민연대	
2004년	· 일본군 '위안부' 피해자 추모제		· 밀양청소년성폭력사건 비상대책위원회
2005년			· 경남지역 집단성폭행대책위 · 이경숙추모사업 준비위원회
2006년			· 진해여성의 전화 연극 공연 참가
2007년		· 악덕기업 이랜드, 뉴코아 아울렛 불매 경남운동본부	· 경남여성농업인 육성지원 조례제정을 위한 추진위원회
2008년		· 한국여성단체연합 연대사업	· 경남여성농업인 육성지원 조례제정을 위한 추진위원회
2009년	· 일본군 '위안부' 희생자 추모제	· 경남여성 1000인 시국선언	· 대림자동차 여성노동과 해고 반대 기자회견
2010년			· 경남 '보호자 없는 병동' 연석회의 · 이주 노동자 아리랑 축제

자료: 각 연도 경남여연 정기총회자료집 참고하여 작성함.

지역여성운동과 젠더정치

〈표 6-10〉 경남여연의 연대활동(여성 이슈)(2011-2020년)

연 도	여성 이슈		
	지구 수준	국가 수준	지역 수준
2011	• 일본군 '위안부' 피해자 할머니 관련활동		• 경상남도교육청의 취업규칙 위반 및 근로계약 위반에 대한 기자회견 • 공공산후조리원 조례제정 관련 기자회견
2012	• 일본군 '위안부' 피해자 할머니 마창진 시민연대 • 필리핀 '가브리엘라' 연대사업	• 총선/대선 관련 연대사업 (여성후보 선거지원) • 한국여성단체연합 연대사업	
2013	• 일본군 '위안부' 할머니 연대활동 • 필리핀 가브리엘라 연대활동	• 한국여연 연대사업	• V-day 창원 연대활동 • 창원 여성영화제 연대활동
2014	• 일본군 '위안부' 할머니 연대활동	• 한국여연 연대사업 및 활동	
2015		• 한국여연 연대활동 • 여성폭력 인권지원 연대활동	• 일본군 '위안부' 할머니 창원지역추모비 건립추진위원회
2016	• 일본군 '위안부' 할머니 문제해결을 위한 연대활동	• 한국여연 연대활동 • 한국여연 성평등 지역정치위원회 • 여성폭력인권지원 연대활동	
2017	• 일본군 '위안부' 할머니 문제해결을 위한 연대활동	• 한국여연 연대사업	• 경남여성정치포럼
2018		• 한국여연 연대사업	• 경남여성정치포럼

제6장 경남여성단체연합의 활동과 연대

2019	· UN63차 여성지위위원회 참여 복경 + 25 아시아태평양 대륙별 성평등정책 이행점검 시민사회 포럼 및 회의 참여 · CSO포럼 및 시민사회회의 참여	· 한국여연 연대사업 · #미투경남운동본부	· 경남여성정치포럼
2020	· 일본군 '위안부' 문제해결을 위한 경남수요집회	· 한국여연 및 고이이효재 선생님 여성장 연대 · #미투경남운동본부	· 경남 일본군 '위안부' 역사관 건립추진위원회 · 서성동 성매매 집결지 폐쇄를 위한 시민연대 · 경남여성정치포럼

자료: 각 연도 경남여연 정기총회자료집 참고하여 작성함.

1) 지역 수준의 이슈와 여성연대

지역 수준의 이슈와 관련된 여성연대 현황을 살펴보면 지역내 성희롱, 성폭력, 성의 상품화와 관련한 연대, 선거 국면에서 여성의 정치세력화와 관련한 연대가 많았다.

(1) 지역내 성희롱, 성폭력 사건관련 연대

2002년의 경우 '경남교원연수원장 성희롱사건 공대위'(전국교직원노동조합 경남지부, 참교육학부모회마창진지부와 공동대책위), '대원초등학교장 여교사 성희롱사건 공대위'(전국교직원노동조합 경남지부, 참교육학부모회마창진지부와 공동대책위), '남양초등학교교사 학생 성희롱

사건 공대위'(초등학교 학부모대책위와 연대) 등을 통해 연대활동을 했는데 "교육기관에서 일어난 어린이, 여교사 등에 대한 성추행에 대하여 경남도교육청 차원에서의 정확한 사건조사와 함께 징계를 요구하였으며 향후 사건발생의 예방을 위한 철저한 대책을 요구하여 적극적인 성교육 실시 약속을 받아내는 성과"(경남여연 제2차 정기총회 자료집, 2003: 15)가 있었다고 보았다. 2004년에는 '밀양청소년성폭력사건 비상대책위원회'로 활동했으며 2005년에는 '경남에서 거듭된 학생 집단성폭행 재발 방지를 위한 대책위원회'로 활동했는데 이렇게 연대한 단체들과 더불어 성명서를 발표10)하여 요구사항을 주장했다. 이 외에도 성매매 사건 관련, 성상납과 뇌물비리 관련, 미인대회 관련 성명서를 발표11)했다.

이후 일상의 성평등 지향 활동을 V-day 창원과 연대하여 다양한 활동을 전개하였다(경남여연 제13차 정기총회자료집, 2014: 37). 2018년에는 미투경남운동본부를 통하여 성폭력에 대한 대응과 연대활동이 미투정국에서 두드러졌고 김해의 회원단체들과 결합한 연대 단체들의 노력으로 극단 번작이 대표 사건과 경찰 내 젠더폭력사건 재판에서 긍정적인 결과를 도출하였다(경남여연 제18차 정기총회자료집, 2019: 32).

---

10) "도저히 믿을 수 없는 남양초등학교 성추행사건을 접하고"(2002.5.10.)(경남여연 제2차 정기총회자료집, 2003), "여성폭력에 대한 경찰의 부적절한 처리에 우려를 표하며"(2002. 7. 12)(경남여연 제2차 정기총회자료집, 2003), "거듭된 경남 학생 집단성폭행 사건, 경남교육청은 근본적인 대책을 마련하라"(2005. 7. 4)(경남여연 제5차 정기총회자료집, 2006: 53), "청소년성폭력사건에 대한 우리의 입장-도교육청은 구체적이고 실질적인 대책을 마련하고 즉각 시행하라"(2004. 12. 16)(제4차 정기총회자료집, 2005). 나경원 의원 여성 비하발언 공개사과 촉구 기자회견 : "한나라당과 나경원 의원은 여성비하 발언 공개 사과하라"(경남여연 제8차 정기총회자료집, 2009: 47) 등이다.
11) "성매매사건의 철저한 재수사와 대책을 촉구한다"(경남여연 제4차 정기총회자료집, 2005). "여성발전의 커다란 걸림돌, 미인대회를 중단하라!!"(2004. 4. 8)(경남여연 제6차 정기총회자료집, 2007), "마산시는 여성을 상품화하는 국화여왕 선발대회를 즉각 중단하라"(경남여연 제6차 정기총회자료집, 2007), "'성상납과 뇌물비리 검찰' 진상을 밝히고 관련자 처벌하라"(경남여연 제10차 정기총회자료집, 2011: 37-38) 등이다

(2) 선거국면에서 여성의 정치세력화와 관련한 연대

1995년 경남여성회와 가톨릭여성회관, 한국여성유권자연맹 경남지부, 마산 YWCA 등 경남지역 19개 여성단체가 참여하여 '여성후보 발굴을 위한 범 여성 단체연대 모임'을 창립하여, 여성후보 찾기와 각 정당 여성후보 공천을 요구하였다. 제3대 지방선거인 1998년에서는 더 조직적으로 활동하였는데 '여성정치 참여를 위한 경남여성연대모임'[12]을 발족하여 4명의 여성후보들을 공식 추천 하여 각 정당에 여성공천과 할당을 요구, 신청서를 제출하였다. 이후 지역의 여성단체들은 여성정치참여 확대를 강화하기 위해 선거철이 아닌 일상에서의 의정감시단과 여성후보들의 의회진출 기반을 마련함과 동시에 여성유권자의 적극적인 정치활동의 모델의 제시함으로 생활정치를 만들어 가고자 했다.[13]

경남여연은 선거 국면에서 여성의 정치세력화를 위한 활동에 주도적으로 참 여하였다. 2004년 선거 국면에서 '여성의 정치세력화 실현을 위한 4.15 총선 경남여성연대' 등을 조직하여 활동하였는데 여성정책의 10대 과제를 발표했으 며 후보로 나선 여성이 당이나 조직에서 기반을 잡을 수 있도록 지원하고 각 정당의 여성정책이 올바르게 채택되고 실현될 수 있도록 견제, 감시하는 역할 을 하였다(경남도민일보. 2004. 3. 31). 이후에도 경남여연은 여성 정치세력화를 위한 지역연대에 적극적으로 참여하였다.

2005년 9월에는 '평등정치경남여성연대'[14]가 활동하였는데 지방선거에 출

---

12) 경남여성회, 가톨릭여성회관, 경남여약사회, 창원·마산YWCA, 창원여성의 전화, 일·여 성예술, 여성신문마산지사, 가정법률상담소 마산지부, 가정폭력상담소, 성가족상담소, 생명사랑회 등 13개 여성단체들이 참여하였다.
13) 여성의 정치세력화와 관련한 경남여성회의 활동은 지역수준의 활동을 잘 보여주는데 이에 대해서는 경남여성회(2011: 2부 III장)의 "여성정치세력화와 여성정치발전소 활동"을 참조할 것.
14) 참여단체는 가톨릭여성회관, 거제여성회, 경남여성단체연합, 경남여성장애인연대, 경남여 성회, 김해여성회, 김해여성의전화, 남해여성회, 사천여성회, 양산여성회, 전여농 경남연

마한 여성후보자가 갖추어야 할 다섯 가지 기준을 제시했으며 또한 각 정당에 '13대 경남여성정책 가이드라인'을 제시하여 공약에 반영하도록 요구하였으며, 도지사후보의 여성공약을 분석하여 평가하였다. 평등정치경남여성연대는 법제도적 개정을 통해 여성정치참여 확대에 다각적으로 노력하였는데, 지방선거에 30% 이상 여성할당제를 의무화하기 위해 한국여연과 함께 선거관련법 개정운동을 하였다. 또한 2006년 지방선거부터 도입된 중선거구제에 여성에게 유리한 4인 선거구를 분할하여 2인 선거구제로 획정하려는 것을 강력하게 규탄하고 반대운동을 전개하였으며 여성유권자운동도 전개하였다. 2010년 지방선거에서는 '2010 경남여성유권자희망연대'를 구성하여 활동하였으며 여성의 정치세력화를 위해 여성유권자운동과 여성정책요구 활동을 진행하였다(경남여성단체연합, 2011: 11).

경남여연은 2016년 경남 총선 공동투쟁본부를 두어 총선에 공동대응해서 참여하였다. 2017년 4월 20일 경남여성정치포럼이 만들어진 후 여성의 정치세력화를 위해 경남여성정치포럼과 연대하여 2018년 지방선거를 대비해서 활동했는데 "젠더관점의 여성정치인 발굴과 지원방안을 찾고자 하는 경남여성정치포럼 발족에 경남여성단체연합 활동가들이 적극적으로 참여하는 등 열악한 경남의 여성정치세력화 지형을 넓히는데 일조를 하였다."(경남여연 제17차 정기총회자료집, 2018: 34)고 평가했다.

합(거창, 고성, 산청, 진주, 함안, 합천 여성농민회 포함), 진주여성민우회, 진주여성회, 진해여성의전화, 창원여성의전화, 함안여성회 등이다. 이 기구는 각 단체의 회장이 공동대표를 맡고 경남여성회 회장이 상임대표를 맡았다.

2) 국가 수준의 이슈와 여성연대

국가수준의 여성연대는 한국여연과의 연대활동으로 성희롱, 성매매, 여성의 정치세력화(총선/대선 관련), 출산정책 등 다양한 이슈에 함께 했으며 그 외 호주제폐지 관련 연대활동이 있었다.

(1) 다양한 여성이슈 : 한국여연과의 연대활동

경남여연은 한국여연과 이사회, 사무국장 연석회의에 정기적으로 참석하면서 밀접하게 관계 맺고 연대한다. 또한 지역여성운동센터운영위원회, 정책기획회의, 조직교육위원회, 성평등지역정치위원회 등에도 참석하는데 2011년에는 지역여성정책 과제 선정을 위한 욕구 조사를 하였고 2012년 총선 때는 국회의원 후보들의 여성정책에 대한 설문조사를 하였다[15]. 이를 통해 "한국여연의 각종 회의에 대한 결합력을 높였으며 정세의 흐름을 읽고 본회의 조직력과 활동력을 높이는 토대가 되었다"(경남여연 제9차 정기총회 자료집, 2010)고 평가하고 있다. 대개 중앙의 의제나 사업은 한국여연 총회나 이사회에서 의결하면 경남여연도 함께 하지만 지역의제나 사업 등은 많은 부분 독자적으로 하고 있다('ㅇ'과 이메일 교환, 2013. 4. 3).

2012년도의 경우 한국여연과의 연대사업을 살펴보면 2012 여성투표행동 '퍼플파티' 발족, 성평등 지방정치 워크숍, 5.10총선 여성정치세력화 평가, 성인지정책 확산을 위한 젠더전문가 워크숍, 여성운동 아카데미, 정책기획회의, '천안 도가니 사건' 탄원서 발송, 정책토의 및 이사회, 한국여연 이사회의, 성평등지역정치위원회 회의 등을 들 수 있다(경남여연 제12차 정기총회자료집, 2013: 66).

---

15) 2013년은 성인지제도의 모니터링에 대한 여성단체의 역할에 대해서 논의하였다('ㅇ'과 이메일 교환, 2013. 5. 28).

이를 통해 여성의 정치세력화 관련이나 성희롱, 성의 상품화 관련 등 다양한 활동을 하였다. 여성의 정치세력화와 관련하여 "여성의 지방의회 진출 확대를 위한 여성단체와 국회의원 공동의 요구"(2005.6.21.)(경남여연 제5차 정기총회자료집, 2006: 50)를 위한 성명서 발표가 있었고 성희롱 관련, 성의 상품화 관련해서도 성명서 발표16)가 있었다. 그 외 "함께하는 출산·양육 정책「둘둘 Plan」에 대한 여성계 입장"(2005. 11. 8)(경남여연 제5차 정기총회자료집, 2006: 59), "정부는 난자출처 의혹 및 연구원 난자제공 과정, 난자제공자 후유증에 대해 진상을 규명하고 책임자를 처벌해야 한다."(2006.1.4)(제5차 정기총회자료집, 2006: 68), "여성가족부 존치 약속 어긴 이명박 대통령 당선인을 규탄한다"(경남여연 제8차 정기총회자료집, 2009: 45) 등의 기자회견문이 있었다.

북경선언 20주년이 되는 2015년에는 한국여연이 주관하여 진행한 '북경+20, Post 2015 젠더관점에서 본 한국사회의 변화―걸어온 길 그리고 가야할 길' 심포지엄에서 여성정책연구위원들이 함께 참여하여 경남지역보고서를 작성하여 발표하는 기회를 통하여 경남의 여성정책의 변화를 살펴보는 좋은 계기가 되었다(경남여연 제14차 정기총회자료집, 2015: 29).

> "2015년은 1995년 최초로 전국동시지방선거가 치러진지 20년이 되는 해, 따라서 2015년을 맞이하여 "여성, 평화, 발전"을 풀뿌리 민주주의를 실현하는 주체인 지역여성들의 눈으로 성평등과 여성 임파워먼트 인식을 점검할 필요성이 제기되어 한국여성단체연합은 전국적으로 지역여성정책 성과와 과제를 정리하고자 한다"(경남여연 제14차 정기총회자료집, 2015: 53).

---

16) "여성의 성상품화와 여성차별을 조장하는 미인대회를 중단하라"(2003.4.17.)(경남여연 제3차 정기총회자료집, 2004: 60), "안상수대표 사퇴와 한나라당의 책임 있는 자세를 촉구한다"(기자회견문)(2010. 12. 28), "한나라당에게 성희롱은 고칠 수 없는 불치병인가, 성희롱 책임지고 정몽준은 사퇴하라"(경남여연 제8차 정기총회 자료집, 2009: 48) 등이다.

또한 2015년에는 한국여연의 여성운동아카데미를 유치하여 활동가들에게 여성운동에 대한 인식을 재점검하는 계기를 마련하였고 한국여연이 진행한 이슈 및 정책현안 등을 회원단체에 전달하여 공유하고 참여를 독려하였다(경남여연 제15차 정기총회자료집, 2016: 92). 이후 한국여연 성평등지역정치위원회 진행 보고를 보면 사회, 정치, 경제적으로 변화하는 현재 환경과 새로이 대두되는 20, 30 세대를 겨냥하는 운동방식, 조직의 변화를 요구하는 내용이었다. "여성운동, 여성정치참여에서 이제 20, 30세대가 주도적으로 등장하는 현재 시점에서 한국여연과 지역여연의 변화 모색에 대한 깊은 고민이 필요하다"(경남여연 제16차 정기총회자료집, 2017: 65-66)는 것이다.

경남여연은 한국여연의 2018년 사업기조인 '여성의 삶을 바꾸는 성평등한 민주주의-젠더 정의 실현'에 발맞추어 지역에서 사회규범과 가치, 제도와 정책 등 모든 분야에서 성평등에 기반한 실질적 변화를 촉구함으로써 여성이 일상에서 평등과 존엄, 정의와 인권을 체감할 수 있는 성평등한 민주주의를 견인해 내는 일에 박차를 가하고자 했다(경남여연 제17차 정기총회자료집, 2018: 125). 이처럼 한국여연은 지역의 활동가들이 지역상황을 발표하는 기회를 제공해 보다 구체적인 한국여성운동의 활동을 지구촌 세계여성인권운동 활동가들과 공감하고 연대할 수 있는 계기를 제공하였다(윤소영, 2019)

(2) 호주제폐지 관련

경남여연은 2003년 '호주제폐지 범국민 캠페인을 위한 경남시민연대'[17)(이

---

17) 제안단체는 민주노총경남본부, 전교조경남지부, 참교육학부모회, 참여연대, 창원 YMCA, 마산 YMCA, 열린사회희망연대, 천주교정의구현사제단, 통일촌, 통일연대, 경남민주언론시민운동연합, 흥사단, 원불교개벽교무단, 이경숙 도의원, 마창환경운동연합, 경남정보사회연구소 이다(경남여연 제3차 정기총회자료집, 2004: 30-32).

하 '호주제폐지 경남시민연대'라 함) 구성을 제안하여 활동하였으며(경남도민일보, 2003. 5. 21) 호주제폐지를 촉구하는 각계인사 선언(총 366명)이 있었다(경남여연 제3차 정기총회 자료집, 2004: 64-68).

> "국회법사위 의원들이 호주제폐지에 대하여 부정적이고 특히 경남출신 의원들의 반대가 많다. 호주제폐지경남본부가 있지만 다른 단체보다 경남 여연단체들이 보다 적극적으로 지역의 국회의원을 대상으로 활동하여야 한다"(경남여연 제3차 정기총회자료집, 2004: 25).

호주제폐지 경남시민연대는 호주제폐지 대시민홍보와 캠페인, 조직구성과 토론회, 운영위원회, 기자회견, 호주제폐지 및 대안모색을 위한 토론회, 호주제폐지를 위한 남성선언, 호주제폐지를 촉구하는 각계인사 선언 기자회견, 호주제폐지 시민한마당참가(제3차 정기총회자료집, 2004: 30-32) 등의 활동을 하였다.

> "호주제폐지 경남운동본부의 발족과 기자회견, 회의 통과를 촉구하는 기자회견과 토론회 등은 호주제폐지에 대한 필요성을 여성단체 뿐만 아니라 지역시민단체 간에 확산하고 공조하는 성과가 있었다. 그러나 주관단체인 본 연합소속단체들의 참여와 결합은 다소 미흡하였고 보다 많은 대중여성들과 인식을 함께 하지 못하였으며 지역에서의 활동을 묶어내고 결집하는 데는 한계가 있었다"(경남여연 제3차 정기총회자료집, 2004: 32).

3) 지구 수준의 이슈와 여성연대

여성연대의 출발은 곧 "자신의 직접적인 삶의 경험과 지역성에서 출발한다. 하지만 곧 자신의 경험에서 공유하는 여성의 경험으로, 궁극적으로는 지구성으로 전환될 가능성이 높다"(황영주, 2006: 332). 초국가적 연대의 필요성은 자신이 처한 삶과 정치, 사회, 경제, 문화의 관계 속에서 발견되는 여성들 사이의 닮음과 상호중첩성에서 출발한다(문경희·황세실, 2012: 85). 실제로 여성주의적인 초국적 연대는 전쟁과 갈등보다는 세계평화로, 자본주의 경제의 폐해를 대안적인 경제운동으로 전지구적인 환경 파괴를 생태학적 대안으로 극복하고자 다양한 노력을 기울인다(황영주, 2006: 331).

현재 한국에도 다양한 초국적 여성연대조직이 활동하고 있고[18] 경남여연의 경우 2007년 활동가 수련회 토론 내용인 "경남여연 사업방향과 경남여연에서 꼭 해야 할 사업은?"에서 보면 "국제연대의 필요성"을 언급하고 있다.

〈참고자료 6-4〉

경남여연 사업방향과 경남여연에서 꼭 해야 할 사업은?

글로벌 여성운동: 세계여성이 가야할 여성의 길 "국제연대"만이 살길이다.
국제연대의 필요성: 여성들의 국가별 차이와 다름을 나누고 앞으로 해결점에 대하여 나누고, 나라밖의 세상을 담아가는 기회를 가진다.

자료: 경남여연 제7차 정기총회자료집(2008: 30).

경남여연의 지구 수준의 여성 이슈는 일본군 '위안부' 관련 연대와 필리핀 여성단체와의 국제연대를 들 수 있다.

---

18) 일본군 '위안부' 관련 연대, '평화를 만드는 여성회'의 활동 등을 들 수 있다(문소정, 2009; 윤미향, 2012, 강정숙, 2013).

(1) 일본군 '위안부' 문제

일본군 '위안부' 관련에서는 이미 초국적 연대가 활동하고 있지만(윤미향, 2012: 168-169; 강정숙, 2013) 일본군 '위안부' 이슈를 다루는 단체들이 경남지역에서도 활발하게 활동하고 있다. 일본군 '위안부' 문제와 관련해서 경남정신대문제 대책을 위한 시민연대모임이 1997년 10월 1일 창립되어 2002년까지 활동하였고(김경영, 2012b: 28) 이후 2007년 5월 15일 일본군 '위안부' 할머니와 함께하는 마창진시민모임이 창립하게 된다. 또한 2002년 일본군 '위안부' 할머니와 함께하는 통영거제시민모임(이하 '통영거제시민모임'이라 함)이 '위안부' 문제해결을 위한 활동을 했다.19) 우선 경남지역 지방의회의 일본군 '위안부' 결의안 채택운동을 전개해 나갔는데 대구시의회와 부천시의회에 이어 통영시가 전국에서 세 번째로 거제시가 네 번째로 결의안을 채택하였고 12월에는 전국에서 네 번째로 경남도의회가 결의안을 채택하였다. 이는 2010년 1월에 창원시와 합천군으로 이어져 경남지역 전체 21곳(마창진 통합 이전) 의회 중 14곳에서 채택된 것으로 전국에서 가장 많은 지방의회 결의안 채택을 이끌어 내었다(송도자, 2012: 31).

이와 더불어 일본군 '위안부' 문제해결을 위한 일본의회의 입법을 촉구하는 탄원엽서보내기운동, 일본군 '위안부' 교육기념사업활동으로 일본군 '위안부' 피해자 추모비 건립운동, 경남 일본군 '위안부' 역사관 건립운동, 일본군 '위안부' 생존피해자 일대기 역사교육자료 제작 지원활동을 하였다(김경영, 2012a). 또한 다양한 문화제를 통한 활동, 인간띠잇기 등을 하였고 이러한 활동 속에서 2007년 통영거제시민모임은 나고야 평화의회와 함께 나고야 증언집회를 개최하는 등(송도자, 2012 : 35) 활동을 같이 하였다. 이러한 활동을 같이 하면서 서로 간에 연대의 기틀을 마련하는 계기가 되었다.

---

19) 일본군 '위안부' 관련해서 현재 등록된 생존 피해자들은 총 58명이며 경남에 8명이 거주하고 있다(경남도민일보, 2013. 3. 11).

경남여연도 이들과 '일본군위안부희생자추모제'를 함께 하였으며 이러한 모든 활동은 일본군 '위안부' 할머니와 함께하는 마창진시민모임과 함께 연대했으며 2012년의 경우 "위안부피해자 토크콘서트, 위안부피해자 추모문화제"(경남여연 제12차 정기총회자료집, 2013: 67) 등을 진행하였다. 또한 경남 여성인권특별위원회의 활동의 일환으로 '위안부' 문제 해결을 위한 홋카이도 시민모임과 교류를 했다(경남여성인권특별위원회, 2012).

(2) 국제교류와 연대

경남여연은 2011년 성주류화와 국제적 연대형성을 위한 여성 활동가 국제교류 사업을 진행하여 국제연대나 초국적연대의 가능성을 제시하였다. 그 배경은 야권도지사의 당선과 함께 경상남도에서 재정적 지원을 받을 수 있었기 때문이다.

> "그동안 경남도에서 진행하던 여성단체 중심의 국제교류사업은 … 해외 여행 위주로 진행되어 왔었는데. 이 부분에서 경남여연에서 문제제기를 해 왔다. 그러다가 2010년 지방선거에서 야권단일 후보였단 김두관 도지사가 당선되고 나서 도 여성가족정책관실에서 경남여연도 국제교류 사업비를 주 겠다고 독자적으로 진행하라고 했으나 2010년에는 준비가 안 되어 안 갔다. 2011년에 진행하였고 2012년에는 경남은행의 후원으로 필리핀 의원과 여 성단체를 초청하여 국제교류행사를 했다"('o'과 이메일 교환, 2013. 4. 3).

따라서 필리핀 여성단체(가브리엘라, GABRIELA)와 자매결연 추진과 간담회, 여성운동 활성화를 위한 상호 지원, 포럼 개최, 여성단체, 여성 주류화 정책 및 우수사례를 공유(경남여연 제11차 정기총회자료집, 2012)하고자 했다. 여성 세력화

등 여성운동의 성공사례에 대한 공유를 위한 해외 여성단체와 네트워크 형성과 지역 여성단체 대표 글로벌 의식 함양을 위한 것이 연수의 목적이었다. 이러한 국제교류의 의의를 경남여연은 "경남여연이 결성된 이후 최초로 해외교류 사업을 진행함으로써 경남 여성운동의 외연을 확장하는 기회가 되었다"(경남여연 제11차 정기총회자료집, 2012: 24)고 평가하고 있다.

〈참고자료 6-5〉

국제교류의 의의

- 아시아권 내에서 여성대통령 배출, 여성당 창립 등 여성의 정치참여를 가시적으로 보여주며 사회여성운동의 선두주자로 평가받는 필리핀 여성운동 단체들을 방문하여 그들의 운동방식과 접근 방법, 시스템, 활동가의 삶을 직접 체득함으로써 경남 여성운동의 비전과 방향성을 고민하고 점검하는 계기가 되었다.

- 필리핀의 여러 여성단체들과 여성운동 성공사례를 공유하고 네트워크 형성을 통하여 경남지역 여성단체 활동가들의 글로벌 의식을 높였다.

- 가브리엘라와의 자매결연을 통하여 앞으로도 경남여성단체들이 해외 여성단체들의 방문과 초청을 통하여 해외교류 사업을 지속함으로써 여성운동 분야에서 차세대 여성리더들을 발굴, 육성할 수 있게 되었다.

- 최초로 해외교류 사업을 진행함으로써 경남여성운동의 외연을 확장하는 기회가 되었다. 경남 여성운동의 비전과 방향을 고민하고 점검하는 계기가 되었다.

자료: 경남여연 제11차 정기총회자료집(2012: 24-25)

2012년에는 2011년에 이어서 필리핀 여성정치세력화 과정 공유, 여성정치인 활동공유를 통한 상호 발전방향 모색, 지역여성정치인 글로벌 의식 강화를 목적으로 하여 국제교류 사업인 '경남, 필리핀 여성정치인 국제교류를 위한 워크숍'[20]을 진행하였다(경남여연 제11차 정기총회자료집, 2012). 이처럼 경남여연은 필리핀

---

20) 내용은 한국(경남)과 필리핀의 여성정치 현황, 필리핀 여성정치현황, 의원활동 성과와

여성정치참여와 국제교류를 위한 워크숍을 통해 전지구적 여성운동의 방향을 모색하고 연대하고자 했다. 특히 이러한 과정을 거쳐서 경남도내 필리핀 여성 결혼 이민자 역량강화(Empowering) 프로그램[21]을 진행할 수 있었다.

당시 워크숍에서는 경남여연과 가브리엘라 간의 국제연대의 이슈로 정기적 학술 세미나 또는 간담회, 워크숍 등 학술교류와 교환교육 프로그램 등이 제안 되었고 국제연대운동으로는 성폭력, 성매매 근절 캠페인, 국내 여성이민자 조 직화를 통한 당사자 운동, 가브리엘라 여성당의 국내 소개 등이 제안되었다(문 경희·황세실, 2012: 88). 필리핀 여성단체와 여성의원을 초청한 국제협력 사업은 어 려운 여건 속에서 성공적으로 마무리하여 여성운동의 국제연대협력 체계를 구 축하였다. 이 사업의 성과로 필리핀 국제결혼여성의 자조모임[22]을 만들었으 며 글로벌 페미니즘 스터디[23]가 꾸려져 세계 각 국의 여성이슈와 정세를 공유 하고 있다(경남여연 제12차 정기총회자료집, 2013).

이후 경남여연은 2019년 태국 방콕에서 진행된 북경 +25 아시아 태평양 CSO 포럼에 참석하는 등 경남여성운동의 외연 확장을 시도하였고 활동가들의 여성운동에 대한 시야를 넓히고자 하였다(경남여연 제19차 정기총회자료집, 2020: 45).

"국제적인 교류활동은 글로벌 성주류화의 흐름을 목격하고 세계의 여성
운동의 열기와 그 현안과제를 듣고 세계적인 네트워크를 통해 여러 나라의

이후 발전방향 모색이었다.
21) 결혼이주여성 역량강화(Empowering) 프로그램, 다문화가정 자녀의 어머니 나라에 대한 자부심 고취 프로그램, 필리핀가족 어울림 마당 등이었다(경남여연 제11차 정기총회자료 집, 2012)
22) '필리핀 여성 세력화 모임'(Filipina Circle for Empowerment(FCE))인데 2012년 11월 10일 첫 총회를 하였다(Moon, 2012: 105)
23) 글로벌 페미니즘 스터디 모임을 2012년 11월부터 월 1회 진행하고 있다(경남여연 제12차 정기총회자료집, 2013).

인권운동과 여성운동, 운동가를 지원하는 단체들을 견학함으로써 활동가들이 세계적 관점에서 여성운동을 조망하는 기회였다고 봅니다"(제19차 정기총회 자료집, 2020: 22).

이에 대해 경남여연은 "SDGs 관련 강의 진행과 베이징+25주년을 앞두고 태국 방콕에서 개최된 베이징 행동강령 이행점검 UN 아시아, 태평양 CSO 포럼 및 시민사회 회의에 참석하고 국제인권지원단체 방문 등 대내외적인 활동으로 경남여성단체연합 활동의 지평을 넓혔다"(제19차 정기총회자료집, 2020: 46)고 평가하고 있다.

6. '지역을 넘는' 세력화와 여성연대의 과제

지금까지 경남여연의 성립과 활동, 연대를 중심으로 지역여성운동의 흐름과 성격을 살펴보았다. 지구화·지방화 맥락과 더불어 지구, 국가, 지역 차원의 수준에서 변화하고 있는 지역여성의 현실 속에서 지역여성운동이 형성되고 진행되었음을 알 수 있다.

경남여연의 연대활동을 살펴보면 지역여성운동은 다양한 이슈에 연대활동으로 참여하고 있음을 알 수 있다. 지구화·지방화는 지역여성운동의 활동에 중요한 환경과 맥락으로 작용했으며 특히 이러한 모습은 연대활동에서 잘 나타났다. 사회전반 이슈와 여성 이슈에 대한 연대활동을 보면 이슈들은 지구 수준, 국가 수준, 지역 수준으로 나누어 볼 수 있다. 대개 지구화와 젠더문제가 잘 나타나는 것은 신자유주의와 이주의 여성화, 비정규직 여성노동, 성매매 문제 등인데 경남여연의 활동에도 경제위기 관련, 여성빈곤관련, 성매매 관련 등이 지구화와 신자유주의 이슈와 관련 있다고 할 수 있다.

지구 수준에서의 이슈는 우리쌀 지키기 식량권수호 경남운동본부, 한미FTA 저지를 위한 경남여성운동본부 등 주로 일반 사회이슈 관련 연대활동에서 이루어졌다. 경남여연의 비전 모색과 관련하여 "반세계화와 대안적 세계화 운동의 지역적인 전개"(경남여연 제6차 정기총회자료집, 2007: 49)를 언급하고 있지만 의제화하는 과정에서 경남여연이 주도적으로 참여했는지 지구화와의 관련성이 잘 드러났는지는 좀 더 엄밀한 검토가 필요하다. 사회전체의 관점에서 볼 때 여성운동과 시민사회운동 단체와의 연대확장을 긍정적으로 볼 수 있지만 여성주의적 시각과 의제를 연대사업 속에서 어느 정도 연결시킬 수 있느냐 하는 점이 중요한 것이다.

여성관련 이슈를 중심으로 하는 연대는 지역 수준에서는 성희롱·성폭력 관련 연대가 많았으며 국가 수준에서는 호주제폐지, 총선/대선 국면에서의 여성의 정치세력화, 한국여연과의 연대사업이 있다. 지구 수준에서는 일본군 '위안부' 피해자 관련 활동과 필리핀 여성단체와의 연대사업, 아시아태평양 CSO 포럼 참석 등이 있다. 여성연대의 성격을 살펴보면 서로 성향이 다른 여성단체들끼리의 차이에 기반한 연대가 필요하다고는 하나 현실적으로는 어렵다는 점을 알 수 있다. 특히 여성의 정치참여 활동이 여성단체간의 연대를 특성으로 하며 그 연대의 범주가 다양하고 넓을 수는 있지만 '여성'이라는 이슈를 넘어서서 정치적 이념의 단계에 들어서거나 여성후보의 자질 검증의 문제로 들어가면 연대가 어렵거나 깨져버릴 수 있는 가능성이 있는 것이다(임우연, 2007: 18-26).

지구화는 여성운동과 관련하여 여러 가지 기회도 함께 제공한다. 지구화는 탈국가 중심의 과정에서 여성들의 다양성을 고양시키는 가능성을 함께 갖게 되며 지역 수준의 사회운동이 전지구적인 네트워크로 연결되는 기회를 준다(황영주, 2006: 338). 이런 점에서 경남여연이 연대하고 있는 경남지역에서 활동하는 일본군 '위안부' 관련 운동은 지역 수준에서 초국적 연대를 모색하는 움직임으로 해석할 수 있다. 또한 2011년 경남여연은 처음으로 지역/국가를 넘는 국제연대를 주도적으로 하였다. 이는 지역거주 외국인 여성과의 연대를 위한 포괄적 네트워킹을 형성하는 것에서부터 국제교류와 연대에 대한 공감대를 형성하는 것으로 초국적 여성연대의 가능성을 보여 주었다. 또한 다문화가 진행되고 있는 한국의 현실에서 지역에서 거주하고 있는 다문화가정이나 외국인에 대한 관심을 가져오고 이들과의 네트워킹을 할 수 있는 계기가 되었다는 점에서 의미가 있다.

세계가 전 지구적 체제에 접어들면서 국가간 느슨한 경계의 틈새를 비집고 지역이 부상하고 있고 예전 같으면 국가대 국가의 자격으로 만났을 법한 일들이 이제는 지역 대 지역으로 접하게 되는 경우가 늘고 있다. 지역적 수준의 사회적 작용이 지구적 네트워크에 포함되면 지구화는 여성들 간의 연대 혹은 협력을 제공하는 역할도 하기 때문이다(황영주, 2006: 328-329).

현재 한국에도 다양한 초국적 여성연대조직이 활동하고 있지만, 지역 수준에서 초국적 여성연대는 최근에야 시도되었다는 점에서 시기면에서 차이가 있다. 국제교류 시점 시기가 중앙과 차이가 나는 것이다. 경남여연은 2011년 성주류화와 국제적 연대형성을 위한 여성 활동가 국제교류 사업을 진행하여 필리핀 여성단체와의 국제연대나 초국적연대의 가능성을 제시하였다. 이러한 국제교류의 의의를 경남여연은 "경남여연이 결성된 이후 최초로 해외교류 사업을 진행함으로써 경남 여성운동의 외연을 확장하는 기회가 되었다"(경남여연 제11차 정기총회자료집, 2012: 24)고 평가하고 있다. 사업의 성과로 필리핀 국제결혼여성의 자조모임24)을 만들었고 글로벌 페미니즘 스터디가 꾸려져 세계 각 국의 여성이슈와 정세를 공유하고 있다(경남여연 제12차 정기총회자료집, 2013). 그동안 국제연대는 대개 중앙에 의해서 독점되는 경향이 있었는데 이번에는 중앙을 통하지 않고 직접 소통하는 방법을 모색했다는 점에서 의미 있다고 하겠다.

이처럼 지역에서 중앙과 독립적인 초국적 연대의 가능성은 열려져 있지만 인적, 물적, 재정적 자원의 부족으로 전망이 밝지는 않을 것 같다. 실제로 "자체예산으로 국제교류사업을 하기엔 재정적으로 힘들다"('ㅇ'과 이메일 교환, 2013. 4. 3)라는 지적처럼 재정적인 문제, 프로그램 구상 등이 과제라 하겠다. 지역내 여성연대 자체도 활발하지 못한 지역현실에서 초국적 연대로의 확장이 가져올 수 있는 효과에 대해서도 검토해 보아야 할 것이다.

경남여연의 활동을 이슈와 연대의 면에서 살펴보면 지구화·지방화의 진행으로 지역여성은 다층적인 공간 속에 놓이게 되며 지구화의 통합과 분화 속에서 젠더체계는 지구적, 국가적, 지역적 차원의 모든 수준에서 새롭게 재편되고 있으며 지역여성운동의 활동도 이와 관련된다고 하겠다. 그러나 인적, 물적, 재정적 자원의 부족으로 지역에서 중앙과 독립적인 초국적 연대의 가능성은 열려져 있지만 전망이 밝지만은 않다. 재정적인 문제, 프로그램 구상 등이 과제라 하겠다. 지역 여성주의의 맥락에서 초국적 연대로의 확장이 어느 정도 가능하고 어떤 효과를 가져올 수 있는지 검토해야 할 것이다.

지역여성운동의 과제와 방향 찾기로 대중화, 지역에 기반을 둔 여성운동, 풀뿌리 조직화, 차이의 페미니즘의 모색 등이 논의되고 있다. 그렇다면 지역여성운동의 자율성과 정체성을 확보하면서 여성연대를 통하여 어떻게 '지역을 넘는' 세력화가 가능할까? 이를 위해서는 미시적인 지역의 경험적 사례들을 거시적인 구조와 연결시키는 지역의제를 발굴해야 하며 이를 기초한 여성연대가

---

24) 〈필리핀 여성 세력화 모임〉(Filipina Circle for Empowerment(FCE))인데 2012년 11월 10일 첫 총회를 하였다(Moon, 2012: 105).

광범위하게 일어나야 하고 일반 사회이슈 관련 연대에서도 여성운동이 주도성을 보여야 한다.

그러나 현재의 여성운동에서 개인에 대한 관심과 욕구가 커지고 있으며(박기남, 2012) '여성이 행복한 여성운동'을 강조하므로 일상생활이나 생활세계와 동떨어진 거대담론의 경우 풀뿌리 여성들의 호응을 받기 어렵다. "나의 삶과 여성운동의 흐름, 방향이 연계하여 변화할 수 있는 방향에 대한 제기, 여성주의적(성인지적) 가족정책 수립과 의제제안, 여성이 행복한 여성운동, 지역여성의제의 발굴, 여성이 행복한 주제는 무엇인지"(경남여연 제6차 정기총회자료집, 2007: 49)가 중요하기 때문이다.

그러므로 '지역을 넘는' 지역여성운동의 세력화는 총체론적이면서도 환원론적이 아닌 지구, 국가, 지역 수준의 다층적 공간에 놓여 있는 지역여성의 현실에 대한 복합적 인식을 어떻게 할 것인가가 과제라 하겠다. 그러기 위해서는 우선 지역내 수준에서의 여성연대의 외연을 확대해야 하는 연대의 방법을 모색해야 하며 지역여성운동은 지역에 기반한 실제적인 의제를 만들어내면서 지역의제의 전국화, 지구화 작업을 해야 한다. 또한 중앙의 여성운동과의 수직적 연대가 아니라 수평적 연대, 지역/국가를 넘어서는 초국적 연대를 해야 한다.

이를 위해서는 지역여성운동에 대한 경험적 연구의 축적이 매우 중요하며 지역여성운동의 의제와 활동이 한 지역의 차원에 머물지 않고 그것을 넘어서는 것이 중요하다. 이론적, 실천적 차원에서 미시적인 지역여성의 문제를 다루면서도 그것을 지구, 국가, 지역의 다층적인 공간과 거시적 구조와 연결시키는 작업이 필요하다고 하겠다.

제 3부

경남지역 여성활동가와 여성운동의 방향

제 7장

여성활동가의 성격과 운동참여 경로

"경남여성회는 자신의 삶에 무엇이라고 생각하는지 질문에 '경남여성회
는 사회에 첫발을 내딛는 관문이었다.' '평등사회 만들기다.' '든든한 배이
다.' '인생의 터닝 포인트이다.' '나를 좀 더 자세히 알 기회였다'고 답변을 하
여 경남여성회가 개인의 인생과 활동에 중요한 의미를 주었던 것이다." (김경
영, 2016b: 21).

한국의 사회운동에 대한 연구는 거시 수준의 구조 분석에 초점을 맞춰 왔다.
사회운동이 등장하게 된 사회구조적 원인, 또는 사회운동의 성공을 위한 자원
동원과 조직의 특성 등을 밝히는 것이 연구의 주된 목표였다. 반면 사회운동의
미시분석인 곧 사회운동의 행위자의 성격과 정체성에 미치는 영향은 소홀히
다루었다. 사회운동이 표방하는 이념과 잠재적 참여자의 의미세계가 어떻게
만나 운동의 형성과 전개에 영향을 미치는가에 대한 문제는 사회운동 연구의
중요한 대상임에도 불구하고 기존의 사회운동 이론들에서 충분히 다루어지지
못하였다. 기존의 사회운동 연구는 사회운동이 발생한 구조적 조건의 탐색에

관심을 집중함으로써 행위자에 대한 분석은 소홀히 한 것이다(정수복, 2002: 135). 그러나 참여자의 자발적 의미형성 과정 없이 사회운동에의 참여가 일어나지는 않는다는 점에서(이승훈, 2005: 13) 사회운동 연구에서 의미체계나 미시적 분석은 필요하다. 사람들이 어떻게 사회문제를 인식하고 변화를 위해서 사회운동에 참여하게 되는지 의미화과정에 대한 분석이 필요한 것이다.

사회운동에 참여하게 되는 경험을 설명하기 위해서는 사회구조 또는 이데올로기 차원의 설명을 넘어서 사회운동 참여자의 성격과 운동참여 경로, 구체적 계기, 이들의 경력이동, 경험과 의식 등 의미세계에 대한 미시분석을 필요로 한다. 개개인의 참여 없이 사회운동은 일어나지 않으므로 사회운동에 참여하는 행위자들에 대한 연구는 사회운동 연구의 기본적인 연구주제 가운데 하나라 하겠다. 그러나 미시적 관점에서 운동주체인 개인들의 경험과 현장에 대한 연구는 부족하다. 한국 사회운동에 대한 연구는 거시 수준의 구조 분석이 많았고 운동활동가에 대한 연구는 드물었던 것인데 이는 여성운동 연구에도 해당된다. 여성들은 각자의 삶 속에서 사회적 차별을 드러내고 다양한 활동을 하고 있지만 비가시화되었고 관심이 적었던 것이다.

여성운동을 총체적으로 이해하기 위해서는 여성활동가에 대해서 살펴봐야 한다. 사회운동의 인적 동원의 문제가 중요하고 차세대 리더 육성이 점점 중요해 지므로 여성활동가에 대한 관심은 더욱 중요하다. 대개 여성활동가에 대한 연구는 여성주의 정체성, 여성주의 운동성, 여성들의 생애사 등을 중심으로 다루었다(차경희, 2017: 17-22). 신미란(2014)은 지역의 여성활동가 어떻게 여성운동에 대한 비전을 갖고 활동가 정체성을 갖게 되며 운동과정에서 그 비전과 정체성이 어떻게 유지, 강화, 변화, 혹은 소멸되는지 살펴보고자 하였다(신미란, 2014: 99). 따라서 경남지역 여성활동가 사례를 중심으로 활동가의 여성운동성과 지속가능한 지역여성운동의 대안을 살펴보고 있다. 차경희(2017)는 지역 여성활동가들이 개인의 일상적인 삶 속에서 겪는 젠더경험이 어떻게 여성주의 정체성으로 형성되고 어떻게 공적 활동과도 연결되는가를 전반적으로 조망하였다. 이기원(2021)은 풀뿌리여성회의 마을공동체 참여경험을 통한 여성주의 의식화 연구를 하였다.

여성운동이 지향하는 가치를 내면화하고 삶의 현장에서 주체적으로 실천하는 사람이 활동가이다. 여성활동가들은 생활정치와 새로운 사회를 만들어가는 주체인 것이다. 여성들은 자신이 놓인 환경에서 경험하는 전통적인 성역할과 지속적인 사회적 차별과 억압의 경험 속에서 대안적인 변화를 모색하기 위해 각 자의 삶 속에서 다양한 모습으로 실천적 삶을 살고 있지만 공론의 장에서 여성들의 삶은 비가시화되고 평가 받지 못하였다.

여성활동가에 대한 관심은 여성행위 주체가 삶의 과정에서 여성운동단체를 만나게 되고 그 안에서 개인의 성장을 경험하고 자신이 속한 사회를 바라보는 인식의 변화를 경험하는 것을 생생히 보여줄 수 있다(황선영, 2011: 4). 여성활동가에 대한 연구는 여성의 경험을 드러내고 또 그 자신의 경험을 어떻게 해석하고 인식하는지 알 수 있으며 여성운동의 주체가 어떤 변화를 경험하고 있으며 어떠한 문제에 직면하고 있는지 알 수 있다.

운동단체의 현황이나 성격을 중심으로 한 연구는 여성활동가들의 구체적인 활동이나 의미를 알 수 없다. 여성활동가에 대한 연구는 구체적인 현장에 대한 검토를 통해 여성운동 주체가 어떤 경험을 하고 있으며 어떠한 문제에 직면하고 있는 가를 생생하게 보여줄 수 있다. 거대담론의 차원이 아닌 일상의 삶을 미시적으로 들여다봄으로써 여성들이 다양하게 주체화되는 과정을 드러내 줄 수 있는 것이다.

사회운동에 참여하는 사람들의 역량이 얼마나 강화되었는 지와 그로 인해 이후에 사회운동이 더 발전할 수 있는 기반이 마련되었는지 중요하다. 따라서 운동경험에 따른 운동주체의 삶의 변화와 공적 실천 모두에 관심을 가져야 할 것이다. 이 장에서는 경남지역 여성활동가들의 성격과 여성운동을 시작하게 된 주된 계기와 참여경로를 살펴보고자 한다.

1. 설문지 조사 진행과정과 여성활동가들의 기본 성격

무엇이 개인들로 하여금 여성운동에 참여하게 하는가? 여성운동의 참여를 통하여 개인들은 어떤 경험을 하게 되는가? 그 결과 개인의 정체성은 어떤 변화를 겪게 되는가? 경남지역 여성활동가 13명의 설문지 조사결과에 대한 내용분석을 통해 이들이 자신의 활동경험을 의미화 하는 방식을 살펴보고자 한다. 조사방법은 연구참여자의 경험이 최대한 드러나도록 구조화된 질문은 피하고 개방형 질문을 사용하여 여성활동가들에게 이메일로 보내서 회신을 받는 방식으로 수집했다[1]

개방형 설문지 조사를 통해 연구참여자들이 자신의 경험을 충분히 드러낼 수 있으며 활동가들의 목소리를 생생하게 드러낼 수 있다고 보았기 때문이다. 회수된 설문지 내용은 연구자가 해석을 통해 이들이 자신의 활동경험을 의미화 하는 방식으로 유형화 하고자 했다. 설문지 자료활용에 대해서는 연구참여

---

[1] 구체적인 조사과정과 진행절차는 다음과 같다. 우선 경남지역의 여성활동가 몇 명을 선정하고 그들에게서 소개받는 식으로 해서 최종 13명을 선정했으며 가급적 활동가의 주된 소속 단체가 겹치지 않도록 했다. 설문지는 주관식으로 해서 메일을 통해 보내 회신을 받았다. 조사기간은 3월 5일—3월 30일이었다. 회신이 없는 경우는 추후에 연락을 해서 받았다. 글에서 인용할 경우는 사례1, 사례2처럼 익명으로 했다.

자의 동의를 받았고 연구 이외의 목적에는 사용하지 않을 것을 명시하였다. 개방형 설문지이므로 연구참여자마다 글 쓰는 어투가 다르지만 내용을 그대로 살렸다. 설문지 질문 문항과 연구참여자의 인구사회학적 특성은 다음과 같다.

〈참고자료 7-1〉 설문지 질문 문항

여성활동가 설문지 문항

1. 여성운동을 시작하게 된 주된 계기와 참여 경로는 무엇입니까?
2. 여성운동 활동 경력은 어떠합니까?
3. 여성주의(페미니즘)를 무엇이라고 보십니까? 스스로를 여성주의자라고 생각하십니까?
4. 여성운동을 함에 있어서 만족과 보람 있는 일은 무엇입니까?
5. 여성운동 함에 있어서 어려운 점이나 갈등, 애로사항은 무엇입니까?
6. 본인에게 여성운동은 어떤 의미가 있습니까? 개인적으로 여성운동을 지속하는 힘은 무엇입니까?
7. 지역여성운동단체가 가장 관심을 가져야 할 여성문제는 무엇이라고 생각합니까?
8. 현단계 여성운동의 문제점과 한계, 방향과 과제는 무엇이라고 보십니까?
9. 여성운동의 제도화(정부지원이나 정부 위원회 참여 등)와 운동단체의 자율성에 대해서 어떻게 생각하십니까?
10. 여성운동의 위기를 무엇이라고 보십니까? 지속가능한 여성운동을 위해서 가장 중점을 두어야 할 일이 무엇이라고 생각하십니까?
11. 경남에서 여성운동을 하는 것이 서울이나 수도권 지역과 비교해서 어떠하다고 생각하십니까?
12. 여성운동의 차이와 다양성, 여성주의 연대에 대한 생각은 어떠하십니까?
13. 기타 하고 싶은 말을 자유롭게 해 주십시오.

<표 7-1> 연구참여자의 인구사회학적 특성

사례	출생 연도	성장 지역	경남 거주 기간	생활 수준	교육수준	결혼 상태	여성운동 활동기간
사례1	1948	대구	45년	하	대학원 (석사 졸)	기혼	37년
사례2	1956	부산	36년	중	대학원 (석사 졸)	기혼	30년
사례3	1959	마산	62년	중	대졸	기혼	17년
사례4	1960	진해	40년	중	대학원 (석사 졸)	기혼	25년
사례5	1961	인천	26년	하	대학원 (석사 졸)	기혼	23년
사례6	1965	부산	27년	하	대학원 (박사수료)	기혼	20년
사례7	1969	진주	51년	중	대학원 (석사 졸)	기혼	10년
사례8	1962	마산	57년	중	대학원 (석사 졸)	기혼	33년
사례 9	1963	마산 창원	58년	중	대졸	기혼	18년
사례10	1966	부산	27년	하	고졸	기혼	20년
사례11	1973	경기도	24년	중	대졸	기혼	12년
사례12	1976	진해	44년	중	대졸	기혼	10년
사례13	1978	고성	44년	중	대졸	기혼	20년

2. 여성운동을 시작하게 된 주된 계기와 참여 경로

여성활동가 개인들은 어떤 계기를 통해 여성운동단체에 들어와서 여성활동가로 성장하게 되는가? 여성운동 참여의 배경으로 기존의 경험과 의미틀의 형성, 여성운동 참여의 구체적 계기를 중심으로 살펴본다.

1) 기존의 경험과 의미틀의 형성

여성 행위 주체는 삶의 과정에서 여성운동단체를 만나게 되고 그 안에서 개인의 성장을 경험하고 자신이 속한 사회를 바라보는 인식의 변화를 경험한다. 정체성은 사회운동에의 헌신과 참여를 이끌어내는 중요 요소이다.

사회운동에 대한 참여를 의미구성론의 관점에서 보면 개개인은 도덕적 분노와 시민으로서의 책임 그리고 자신의 개인적 삶의 문제를 사회적 문제와 연결시키는 사회적 의미구성의 과정을 통하여 사회운동에 참여하게 된다. 스노우(Snow)와 벤포드(Benford)는 사회운동 참여자들이 공동으로 관여하여 형성하는 의미체계를 '의미틀'(frame of meaning)이라고 부른다(Snow and Benford, 1998, 여기서는 정수복, 2002: 154에서 재인용). 의미틀은 기존의 통상적인 행위양식을 벗어나는 자신들의 행동을 정당화하는 새로운 설명체계를 말한다. 사회운동이 형성되기 위해서는 이러한 의미틀의 형성이 필수적이다. 의미틀은 운동에 참여하는 사람들에게 문제적 상황을 인식하고 운동의 필요성을 느끼게 하고 문제를 해결하기 위한 방안을 제시하는 공동의 인식틀이다.

여성활동가들은 다음과 같은 경험을 하면서 의미틀을 형성했다고 볼 수 있다. 현 시점에서 자신의 삶을 뒤돌아보며 의미부여를 하는 것인데 자신의 과거를 돌아보고 현재적 관점에서 자신의 삶을 재구성하고 그 젠더경험을 역사화하게 된다. 여성운동의 참여를 통해 '사회주부', '여성운동가', '지역활동가' 등 새로운 정체성이 형성된다.

(1) 여성차별에 대한 경험과 의식

여성활동가들은 가정생활과 사회활동을 통해 여성차별의 경험을 가지고 있는데 가정에서의 성역할에 기반한 부모님의 기대, 직장에서의 차별, 여성과 남성에 대한 차별적인 규범, 사회가 여성을 바라보는 시선 등이다. 직접적인 차별의 경험은 아니더라도 성별시각을 가진 부모의 태도와 성역할 고정관념 등을 대하면서 막연하지만 여성억압의 구조적 성격을 인식하게 되었음을 알 수 있다.

"어린 시절 가정에서는 남녀차별 경험을 거의 하지 않았기 때문에(혼자 자랐으므로) 여성차별에 대한 의식은 크지 않았으나 여성이기 때문에 겪어야 하는 폭력(성폭력)의 경험, 여자로서의 몸가짐에 대한 어머니와 학교의 교육, 사회가 여성을 바라보는 시선 등으로 여성차별에 대한 의식은 마음속에 담겨있던 것 같습니다"(사례 2).

"직장내에서의 학력이 같은데도 직급차별, 임금차별, 승진차별, 성추행, 성희롱 등을 당하면서 여성차별과 폭력의 문제가 내가 잘못해서 발생하는 것이 아니라 우리 사회의 가부장제의 구조적인 문제라는 것을 인식하게 되었음"(사례 8).

(2) 결혼생활에서 경험하는 정체성 위기

결혼생활을 통해서 주부들은 성장한 자녀와 남편과의 소통에 어려움을 느끼면서 불안함이나 고립감을 경험한다(프리단, 1997). '나라는 존재가 사라져 버리는 느낌', '나의 정신이 피폐해 지는 느낌', 또는 우울증, 조울증 등 삶에서 무기력을 느끼기도 한다. 결혼생활을 통해서 느끼는 이러한 경험과 의식은 삶에서 불편함을 느끼고 정체성 혼란을 겪으며 가정주부들이 단체활동에 참여하게 되는 계기가 된다. 즉 여성활동가들은 결혼을 통해 변화된 자신의 삶을 다시 변화시키고자 하는 시기와 열망이 맞물려 단체를 만나게 되거나 직업이나 활동을 찾는 과정에서 단체를 만나게 된다. 또한 개인적 관심이 확대되어 모임이나 단체를 찾아가는 과정에서도 단체를 만나게 된다.

"결혼 후 혼인신고로 인한 호적상의 가족 소속 변경, 삶의 뿌리가 남성중심으로 옮겨가야 하는 가족제도가 불평등하고 불합리하다고 생각하게 됨. 결혼 후 극심한 남녀 차별적 생활문화와 인습을 받아들이기 어려웠음. 위의 문제의식은 한국사회의 여성의 삶의 방식에 대한 관심으로 넓어지게 됨"(사례 1).

"대학을 졸업하고 결혼을 한 이후에서야 여성으로서의 삶을 제대로 깨닫게 되었습니다. 게다가 1985년 초 결혼한 지 1년 만에 서울을 떠나 진주로 오게 되었는데, 이 낯설고 물설은 곳에서 본격적인 가사와 육아를 하게 되면서 나라는 존재가 사라져버리는 느낌, 나의 정신이 피폐해지는 느낌이 저를 사로 잡았습니다"(사례 2).

"결혼 전 노동조합 활동을 하기 위해서 동분서주하다가 남편을 만났고 결혼 직후 출산, 시집과의 합가 1년 동안 나의 삶이 순식간에 바뀌었다. 변화된 나의 삶에 그런대로 잘 지낸다고 생각했다. 아이를 키우는 것은 힘은 들었지만 그동안 가져 보지 못했던 고요하다 못해 적막감 까지 감도는 나의 공간에서 그동안 하지 못했던 여유도 피우고 책도 보고 시어머니는 일찍 집을 나가 스스로 자신만의 시간을 보내시고 저녁이 되어야 들어오셔서 크게 문제는 없었다. 다만 한 번씩 찾아오는 공허함과 고립감에 좀 힘들었지만 그렇게 시간은 흐르고 둘째도 낳고 다들 그렇게 산다고 생각했다. 어느 날 수련회 간다면서 배낭을 들쳐 메고 현관문을 나서는 남편의 뒤통수 너머 여름 어스름한 초저녁 노을 보면서 그냥 주저 앉아 펑펑 울었다. 그냥 나도 모르게 눈물이 났다. 뭔가 한꺼번에 터져 나오는 슬픔에 나도 당황스러웠다. 그 후 계속해서 우울증과 조울증을 앓으면서 지낸다. ...”(사례 10).

(3) 대학에서의 활동 경험과 교육

여성문제연구 소모임이나 여학생 운동 등 대학에서의 활동과 강의실에서 배운 교육 내용은 나중에 여성운동 이슈에 관심을 가지게 되는 바탕이 되며 사회에 대한 관심, 여성연대의 필요성을 느끼게 되는 계기가 된다. 대학생활의 경험과 만남을 통해 여성활동가들은 사회의 불평등에 대한 현실을 눈뜨게 되었음을 알 수 있다.

“대학 시절, '너희 여대생은 너희 또래 여성들의 2%에 불과하다. 너희는 지금 공장에서 혹은 다른 일터에서 일하고 있는 그 98% 여성들의 희생 위에서 이렇게 편안하게 공부하고 있는 것이다. 그러므로 살아가는 동안 그 여성들의 희생을 잊지 말아야 한다'라는 말씀을 해주신 교수님이 계셨습니다. 당시 저에게 큰 울림을 주었던 교수님의 말씀은 저에게 여성의 희생에 대한 인식, 사회에 대한 관심, 여성연대의 필요성들을 막연하게나마 느끼게 해주었습니다”(사례 2).

“대학을 다니면서 '헌법의 평등권'에 대한 논문을 쓰면서 헌법상의 평등권

이 민법이나 실제 현실에서는 불평등하다는 사실을 알게 되었음"(사례 8).

"OO대학교 입학후 학과에서 모집한 여성문제연구 소모임 '민들레'라는 활동으로 여성운동을 접하게 되었습니다. 학과에서 당시 학과 학생회를 중심으로 다양한 학회, 스터디모임의 새내기를 모집하고 있었는데 여학생들이 모여서 여성들의 삶에 대해 연구한다는 것과 봉사활동으로 당시 상대적으로 운영이 열악했던 여성농민회에서 운영하는 어린이집에 간다는 것에 호감을 느껴 들어가게 되었습니다. 소모임 활동과 함께 여성관련 다양한 의제를 접하면서 여성(여학생)운동에 관심을 갖게 되었습니다. 하내 성폭력 사건해결운동 등 자치기구 문제 외에도 대외적으로 '위안부' 운동, 기지촌 여성 등 사회적 이슈에 관심을 가지고 연대할 수 있는 활동들을 하기 시작하였습니다"(사례 13).

(4) 사회운동 경험

일반적으로 과거에 사회운동에 참여해 본 경험이 있는 사람이 다시 사회운동에 참여할 가능성이 높다. 이들은 사회운동에 참여했던 경험을 통해 운동의 방법과 기술을 알고 있으며 활동가라는 사회적 역할을 이미 사회화하고 있다. 이들은 사회운동에 참여하는 것을 자신의 정체성의 중요한 부분으로 여기기 때문에 새로운 활동가 역할을 남보다 쉽게 받아들인다. 이와같이 사회운동에 참여해 본 경험이 있는 사람이 돈과 시간과 에너지를 다시 사회운동에 투자할 가능성이 높다. 실제로 여성활동가들은 이전에 지역사회 빈민운동이나, 민주화를 위한 학생운동 등 사회운동 경험이 있었다.

"1990년대 초반 지역사회 빈민운동 경험 있음. 당시에 실질적 활동은 공부방과 공동육아 활동이었고 여성학에 대해서는 책으로만 접했는데, 여성학 관련 책을 읽는 것만으로도 부조리하고 불평등한 여성의 삶에 대한 명쾌한 통찰과 피해의식에 대한 치유가 되었던 것 같음"(사례 5).

"저는 학생 때 소위 학생운동인 민주화운동을 하였습니다. 그 운동의 연장선에서 대학 졸업 후 1988년 지역운동의 필요성을 느껴서 경남 김해시에 와서 한겨레신문 창간 때 지역 홍보 등을 하였지만 정착하지 못하고 결혼을 하였습니다. 결혼 후 자녀 양육기간(아들 3명) 동안 활동을 하지 않고 지역 활동 단절 경력 8년을 보냈습니다."(사례 6).

또한 기존에 참여한 운동에서 여성문제가 중심이 되지 못하는 것을 느끼고 여성운동을 시작하게 된 경우도 있다.

"여성운동을 해야겠다는 계기는 이전의 운동이 참여자 자신의 경험이나 고민은 주요하게 부각되지 못했고 특히 여성의 특성이나 여성문제는 중심이 되지 못하고 간과되어 왔고 운동에 객체나 도구로 소비시키는 면이 있었음을 인식하게 되면서 오랫동안 활동을 이어 나갈 수 있었다고 봄."(사례 9).

2) 여성운동 참여의 구체적 계기

누가 사회운동에 참여하는가? 그들은 어떤 동기에서 어떤 방식으로 참여하는가? 잉글하트(Inglehart, 1977)는 이 질문을 '인지적 동원'이란 개념으로 설명한다. 교육 수준이 높은 사람들이 새로운 이슈에 새로운 대안을 갖고 정치적 토론을 통하여 사회운동으로 나아가는 과정을 거친다는 것이 바로 인지적 동원의 내용이다. 잉글하트(1977)는 신사회운동의 참여자의 특성을 탈물질적 가치를 선호하며 좌파지향적이며 젊은 세대에 속하며 교육수준이 높고 정치적 토론을 자주하며 중산층에 속한다고 보았다. 그러나 한국의 신사회운동은 인지적 동원이 아니라 '연고적 동원'에 의존하고 있다. 연고적 동원이란 운동단체의 참여가 개인적 친분과 연고관계를 통하여 이루어지는 것을 뜻하는데 연고적 동원의 정도는 실무자와 일반 회원 간에 차이가 있다. 실무자들이 일반 회원보다 연고적 관계를 통하여 운동단체를 선택하고 있는 경향이 더욱 큰 것으로 나타난다(송호근, 2001: 231-239).

여성들이 여성단체를 찾게 되는 배경에는 결혼에 대한 회의, 교육에 대한 욕구, 프로그램 참여 경험, 사회적으로 규정된 여성의 역할에 대한 물음에서 출발한다. 또한 개인적 경험에 의해서 주체성을 형성하고 직업을 찾는 과정에서 여성주의를 만나게 된다. 여성활동가들은 교육과정을 통해 여성억압적인 구조에 대한 자각을 통해 삶의 방식이 바뀌는 인식의 전환을 경험한다. 여성운동 참여의 구체적 계기는 프로그램 참가, 실무 활동가로 시작, 운동단체 창립과정에 참여, 다른 조직활동 하다가 참여 등으로 나누어 볼 수 있다.

(1) 프로그램 참가

지역여성들은 자신의 현재의 삶을 변화시키고자 하는 열망이 생겼을 때 교육프로그램을 찾게 되는데 이러한 과정에서 운동단체를 만나게 된다. 결혼생활을 하면서 직업이나 활동을 찾는 과정에서 개인적 관심이 확대되어 모임이나 단체를 찾아가는 과정에서 단체활동을 접하게 되는 것이다. 또한 여성활동가들은 가까운 지인을 통해서, 관심 있는 소모임을 통해서 여성운동단체와 만나게 된다. 이는 공적인 활동에 대한 존재로서 인정에 대한 욕망의 표현이다.

활동가들은 교육이나 학습, 모임을 통해서 여성주의를 만나게 되고 여성에 대한 차별의 문제를 인식하며 자신의 삶을 재해석하기도 하였다. 즉 여성단체의 프로그램 참여나 소모임 활동을 통해 여성차별의 문제점을 인식하게 되었고 자연스럽게 여성운동을 만나게 된 것이다.

"1984년 크리스찬아카데미의 여성민주지도력 워크샵 마산프로그램에 참여하고 그 후속 모임으로 여성문제에 관심 있는 참가자들과 소모임 시작"(사례 1).

"대구여성회 주최 대구시장 후보토론회 학부모 토론자로 참여(학교 급식의 친환경 우리농산물 사용에 대한 토론) 이후 대구여성회의 독서모임인 늘푸른동아리 활동과 공동육아협동조합 씩씩한 어린이집 조합원 활동을 통해 여성운동을 만나게 됨"(사례 4).

일상에서 만나는 성폭력은 특정한 개인한테만 일어나는 것이 아니라 여성들의 생애과정에서 지속적으로 발생하고 있다. 홍보 프로그램을 보고 단체활동에 참여하게 되었는데 개인적 성폭력 피해에 대한 객관적 인식을 하게 되면서 참여하는 경우도 있다.

"성폭력예방 인형극단 양성과정 홍보 현수막을 보고 단체 활동에 참여하게 되었고 이후 나 자신의 성폭력피해를 인지하게 되었습니다. 그리고 생전 처음 '네 잘못이 아니야!'라는 이야기를 듣고 인지하게 되면서 여성운동에 함께 하게 되었습니다". (사례 11).

(2) 실무 활동가로 시작

여성단체의 유입 경로는 부설기관의 실무자 충원을 통해서도 이루어진다(신미
란, 2014: 72).

"여성운동단체에서 일을 하게 된 계기는 1990년대 후반, 경남여성회의
실무활동가로 지원하게 되면서부터임. 여성운동단체에 대한 이해는 이전부
터 서울 중심으로 여성의 전화나 여성민우회 등의 단체가 있다는 것을 알고
있었고, 이들 단체들이 지역단위로 지부를 설립하고 있다는 것도 알고 있었
음. 그런데 경남여성회는 마산창원지역에 사는 지역여성들이 자생적으로
조직한 단체이며, 민주화를 위한 열망이 큰 여성 선배들과 만날 수 있었다는
점이 좋았음. 또, 서울 중심의 메이저 단체들과의 교류도 활발하게 수행하고
있어 필요할 경우 전국단위 연대활동도 가능하여 운동의 파급효과나 성취감
을 높일 수 있었음"(사례 5).

다음은 총여학생회 설립과 회장으로서 활동 경력이 있어 여성단체 상근자로
제안이 와서 참여하게 된 경우이다.

"여성운동단체가 시민사회에서 인정받는 단계에 오르는 시기에 결합하게
되었음. 여학생회를 통해 막연하게 생각하던 여성의식이 결혼과 출산을 경
험하면서 여성문제를 뼈져리게 느끼는 가운데 여성운동참여에 제의가 오면
서 과거 여성운동선배들이 만들어온 세상에서 혜택을 보아온 것이기에 이제
는 이런 숙제를 위해 실천에 참여해야겠다는 사명감이 있게 됨. 또한 여성단
체 상근자가 일자리가 되어 육아와 경력단절로 고민하던 시기에 주저 없이
참여를 결정하게 됨"(사례 9).

"대학 편입 후, 자격증 관련 실습을 통해 창원여성의전화의 활동을 직접적으로 경험하게 되었다. 이후, 창원여성의전화 상근활동가로 여성인권운동단체에서 여성운동을 시작하게 되었다. 처음 시작할 때에는 여성운동을 하기 위해서보다는, 여성운동을 알아보고 싶고 하면 좋겠다는 생각으로 시작하였다."(사례 12).

(3) 운동단체 창립과정에 참여

이미 기존에 활동을 하고 있었다가 운동단체 창립과정에 참여하게 된 경우이다.

　　"그 후속모임이 지역여성문화공간 '반'을 운영하다가 '경남여성문화연구회' 창립으로 이어지게 됨. 이 후 1995년부터 창원지역에 주부중심의 여성운동이 필요하다는 생각으로 창원여성의전화 준비 시작하여 1996년에 창립함."(사례 1).

　　"1998년부터 김해에 이사 온 선배, 만남을 통해서 김해지역에서 여성운동을 하자는 제안을 받고 김해지역에 있는 여성들(소개 등을 통해서)과 함께 여성인권운동단체인 김해여성의 전화를 1999년 1년간 준비위원회를 거쳐 2000년 2월에 창립하였습니다. 당시 나는 김해여성의전화 준비위원회 사무국장을 했고 창립후 사무국장직을 맡았습니다."(사례 6).

　　"산청출생 진주이사 후 유아기 부터 대학까지 진주에서 생활, 졸업 후 결혼과 동시에 남해에서 거주하게 됨. 남해에서 3명의 자녀 출산 후 육아모임(어린이 책 문화) 일원으로 활동함. 어린이 책 문화 활동이 갖는 한계에 스스로 만족하지 못하고 갑갑한 부분이 있었음. 2004년 진주여성회 활동가 중심으로 서부 경남 지역 여성회 건설 제안 받음. 남해의 지인 8명과 남해여성회 준비위를 만들고, 활동시작. 가사와 직장일 활동을 겸하며 워킹맘으로 현실적인 어려움이 컸음".(사례 7).

지인의 권유에 의한 만남을 통해 운동단체 창립과정에 참여하거나 지역 내 성추행 사건관련 대책위에 참여하다가 운동단체를 창립하는 경우도 있다.

"대학 친구에게 여성차별에 대해 문제 제기하는 '너와 비슷한 사람이 있으니까 만나보라'고 했고 그 선배는 지역여성단체를 준비하고 있었음. 이 단체는 1986년 '경남여성회'라는 단체를 '크리스찬 아카데미 교육' 수료 여성들이 소모임을 통해 단체를 만들려고 준비하고 있었음. 이때부터 회원으로 활동하기 시작하였고, 여성학 스터디를 통해 페미니즘이론을 공부하였고 현장에서는 직장에서, 여행원제 문제를 제기하였고, 경남여성회 활동을 통해 반성폭력, 여성노동권 확보, 아동복지를 위한 활동을 하였음"(사례 8).

"1996년 진주의 한 유치원 원장이 교사들을 성추행하는 사건이 벌어졌습니다. 이 사건을 지원하는 활동을 하면서, 지원활동을 하는 사람들 사이에서 진주에도 이러한 폭력이나 차별 피해 여성들이 자신의 이야기를 할 수 있는 곳이 필요하다는 의견들이 모여 1997년 한국여성민우회 진주지부인 진주여성민우회를 창립하고 부설 가족과 성상담소를 개소하게 되었습니다. 이때부터가 본격적으로 여성운동을 하게 되었다고 할 수 있을 것입니다."(사례 2).

(4) 다른 조직활동 하다가 참여

어떤 사람이 어떤 과정을 거쳐 사회운동에 참여하게 되는가? 일반적으로 사회운동 참여에 대한 이론을 살펴보면 개인의 심리적 특성(상대적 발탈감), 개인의 정치적 태도와 사회운동 참여 사이의 상관성을 찾는 연구가 있지만 사회운동에 참여하는 것은 개인의 심리적 특성이나 정치적 태도보다는 오히려 그 개인이 존재하는 사회적 연결망의 영향을 더 많이 받는다는 입장이 있다(정수복, 2002: 139-145).

사회운동에 참여하기 위해서는 이미 운동에 참여하고 있는 사람과의 만남과 상호작용이 일어나야 한다. 사람과 사람 사이의 상호관계의 통로가 없이 고립된 개인이 어느 순간에 결단을 내려 사회운동에 참여한다고 생각하기는 어렵다. 운동에 참여하기 위해서는 잠재적 참여자와 운동의 구성원 사이의 만남을 통한 정서적 유대가 형성되어야 한다.

대개 사회운동에 참여하는 사람들을 살펴보면 평상시에 여러 가지 다양한 자발적 조직활동에 참여하는 사람들이 많다. 자발적 단체활동을 하는 사람일수록 집합행동을 통해 무언가를 성취할 수 있다고 생각하는 경향이 크고 조직활동을 통하여 운동의 활동에 필요한 문제제기, 홍보, 집회 방식 등에 관한 여러 가지 기능을 배우게 된다.

미시적 참여맥락은 집합적인 차원에서 사회문제의 원인을 포함한 의미가 구성되고 집합행동을 위한 초보적 조직형태가 만들어지는 소집단 상황이다. 미시적 참여 맥락을 통해 의미틀의 공명과 정렬이 일어나고 사람들은 사회운동에 참여하게 된다. 사회운동에 참여하는 사람은 억압받은 집단이나 주변화된 집단에 속하는 사람이 아니라 다양한 사회적 조직이나 모임에 연결되어 있는 사람들이다. 이미 존재하는 모임이나 조직에 잘 통합되어 있는 사람이 사회운동에 참여할 가능성이 높다는 것이다(정수복, 2002: 159-160).

"1989년 진주 YMCA에서 학부모 모임 '참사랑 어머니회'를 결성하여 지역단체 활동을 시작하였습니다. 그 모임에서 강사를 초청하여 강의도 듣고 공부도 하고 사회문제에 대한 캠페인 등의 활동을 하였는데, 그 중 여성문제에 대한 여러 강사의 강의를 들으면서 나의 삶과 우리의 삶을 설명할 수 있는 도구를 찾게 된 것 같았습니다. 그리고 우리 사회에서 가장 뿌리 깊고 근원적인 문제가 여성차별 문제라는 깨달음을 갖게 되었습니다. 저에게는 이런 경험이 여성운동을 하게 된 계기라고 볼 수 있습니다."(사례 2).

"진해지역에서 여성폭력상담을 해오던 진해여성의전화가 한부모 여성들이 방과 후 자녀를 안심하고 맡길 곳이 필요하다는 요구에 의해 부설기관으로 방과후 교실을 열게 되었다. 90년대에 카톨릭 중심의 우리밀 살리기운동과 우리농촌 살리기운동에 참여하면서 시민운동에도 관심이 있었고 또한 전직 교사의 경험을 살려 아이들을 돌보는 일을 하고자 진해여성의 전화에서 활동하게 되면서 여성인권운동에 발을 들여놓게 되었다. 이후 방과 후 교실 실장을 거쳐 진해여성의전화 회장과 진해성폭력상담소 소장직을 맡게 되었다. 지역에서 발생하는 여성폭력 문제에 대응하게 되면서 여성인권운동의 필요성을 절감하게 되었고 여성운동이 보수도 보장되지 않는 힘들고 고달픈 일이지만 누군가 해야 하는 일이기에 그 일을 계속할 수밖에 없었다. 이후 경남여성단체연합의 상임대표를 맡게 되었고 지금에 이르렀다."(사례 3).

지역여성운동단체는 조직과 활동가를 끊임없이 세력화시키고 전문화시킴으로써 지역에서 대외적으로 영향력을 행사하고 활동가들을 공식적인 장에서 활동하게 하여 이들의 활동이 공적인 활동으로 인정받을 수 있도록 한다(홍미희, 2006: 190). 따라서 여성운동활동가들은 여러 단체에 걸쳐서 활동 경력을 넓혀나가고 있다.

"김해여성의전화를 그만 두고 2002년 여성이 여성노동자로서 삶을 살아가야 한다는 현실을 직시하고 여성노동자의 상담 및 권리구제활동을 하기 위해 김해여성회부설 여성노동상담소로 자리를 옮겼습니다."(사례 6).

"어렵사리 소모임 위주의 취미모임으로 여성회를 꾸려가는 중에, 여성가족부 시행 아이돌봄지원사업 수행기관 선정. 남해여성회를 대중적으로 알리며 활동할 토대 마련됨. 이후 가족 사업 주축으로 여성회 사업이 진행되다가 일본군 성노예제 피해자 박숙이 할머니를 만나게 되면서, 남해여성회원이 여성주의와 여성운동의 다양한 모습을 경험하게 됨."(사례 7).

제 8장

여성활동가의 경험과 의식

"직장이나 사회에서 여성차별을 온몸으로 견뎌내고 있었던 시기였기 때문에 페미니즘을 만난 것은 구세주를 만난 것과 같았다. 그 이후 쭉 활동을 했는데 물론 여성회 활동이 뜸 할 때도 있었고 열정적으로 했을 때도 있었지만 30여년 여성회를 통해 만난 페미니즘이 내 삶의 에너지가 되고 가치와 목적이 되었다"(이경옥, 2016: 59).

사회운동은 사회적으로 구성된 것이고 사람들 사이의 상호작용을 통하여 의미가 만들어 진다. 사회운동은 "기존 의미를 새롭게 변화시키고 재구성하는 과정으로서 의미를 둘러싼 정치(politics of signification)의 과정"(정수복, 2002: 138)인 것이다. 사회운동의 지속적인 참여를 유지하기 위해서는 사회운동의 의미세계와 동기화의 영역을 중요하게 취급해야 한다. 그러나 사회운동 주체가 사회운동을 어떻게 인식하고 어떤 의미를 두고 있는지, 사람들이 왜, 어떻게 참여하게 되는지 개인 삶에 바탕을 둔 행위자의 이해와 해석을 포함한 연구는 부족하다.

사회운동은 사회정치적 조건으로 규정된 고정적 실체가 아니라 사회체계와 사회운동 주체의 상호작용으로 만들어지는 유동적 실체이다. 단체의 현황이나 성격, 활동을 중심으로 한 연구는 여성주의 활동가들의 구체적인 활동이나 의미를 알 수 없으며 여성주의 활동의 다양성을 담아내지 못한다. 사회운동의 동학을 이해하기 위해서는 여성활동가의 정체성이나 경험, 인식 변화에 대한 관심이 중요한 것이다.

이 장에서는 경남지역 여성운동활동가의 경험과 의식을 살펴보고자 한다. 구체적으로는 여성주의에 대한 시각, 여성활동가의 경험을 통해서 본 여성운동의 의미, 지역여성운동단체가 관심을 가져야 할 여성문제, 여성운동의 제도화와 자율성에 대한 시각, 여성운동의 차이와 다양성, 여성주의 연대에 대한 시각 등이다. 즉 활동가들이 실제 여성운동에 참여하면서 여성주의에 대해서 어떤 입장을 가지고 있으며 현재의 여성운동의 상황을 어떻게 평가하고 있는가를 살펴보고자 한다. 지역에서 삶과 운동을 통합시키고자 하는 여성활동가들의 구체적인 경험과 의식을 살펴보는 것이다.

이러한 과정을 통해서 직접 여성운동에 참여하는 행위자인 여성의 입장을 살펴볼 것이다. 특히 지방화시대 여성들의 역할을 강조하고 있는 점이 단지 여성들을 대상화시키는 논의로 그치지 않기 위해서는 여성들에게 여성단체 활동 경험이 어떤 의미를 갖고 있는지 밝히면서 여성의 주체성을 살펴볼 수 있다고 본다. 여성주의는 활동가 자신의 삶을 변화시키며 다양한 실천으로 이해되어 왔다. 지역 여성활동가는 여성주의를 어떻게 이해하고 있는가, 어떻게 주체화되는지 개별적 과정을 살펴본다.

1. 여성주의에 대한 시각

오랫동안 성별 구조적 권력관계 속에서 여성이슈는 비가시화 되었고 다른 문제에 비해서 주변적이고 부차적으로 취급되어 왔다. 여성주의는 성별 분업을 정당화하고 남성 중심적 시각에서 사회 각 부문에서의 여성의 차별을 정당화하는 제도와 관념을 비판하고 새로운 대안의 제시를 통해 보다 평등한 사회를 이루기 위한 사상적 기반을 제공한다. 여성주의는 인간이라는 보편적 주체 속에서 어떻게 여성이 타자화되고 소외되었는가를 드러내 보임으로써 현실적으로 존재하는 여성은 동일하고 보편적인 주체로서의 인간이 아니라 성불평한 사회적 맥락 속에 놓인 인간임을 밝혔다. 그러나 여성주의는 사람마다 다르게 이해하기도 하고 강조점도 다르다.

여성활동가의 경험과 의식을 통해 여성주의에 대한 다양한 의미와 해석들을 그들의 시선으로 이해하고 여성주의에 대한 내외부적 편견과 여성주의자라는 규범화된 상에 대한 부담감의 원인을 살펴볼 수 있다. 여성활동가들은 여성주의를 자신의 문제와 직접 관련된 것으로 인지하는 경향이 높다. 기존 연구(육정미, 2010: 59)는 여성활동가들이 여성주의에 대해서 세 가지 입장을 가지고 있다고 보았다. 여성주의가 사회변혁의 철학이라는 점, 여성주의는 나 자신에서 시작한다는 점, 그리고 여성주의가 물신화되기 쉽다는 점이다.

차경희(2017)는 여성활동가의 생애사를 통해 여성주의 정체성 형성과정을 심층적으로 분석하였다. 여성활동가들의 생애과정에서 만나는 젠더 경험은 어떠한 시기에 차별인식이 완성되었기 보다는 여성주의를 만나게 되면서 재해석되고 여성주의 정체성으로 내면화 된다. 또 여성주의 정체성은 자신의 경험을 개인적 경험으로만 인식하는 것이 아니라 사회구조적인 문제로 인식하여 공적인 활동으로 확장시키는 것으로 나타났다. 여성주의 정체성은 과정이며 서로 다른 관계와 구조, 다른 상황, 각각의 맥락에 기반한 경험들로부터 나오는 다양성이 존재한다. 따라서 정체성은 어떤 고정된 단일성으로 생각될 수 없으며 끊임없는 재구성의 과정 속에 놓여 있는 것으로 이해되어야 한다(차경희, 2017: 17).

여성활동가들은 여성주의에 대해서 어떤 시각을 지니고 있으며 여성주의자로서 자신을 어떻게 생각하고 있는가? 즉 여성주의나 여성주의자라고 하는 것을 각자의 삶에서 어떻게 받아들이고 있는가? 연구참여자들이 스스로를 여성주의자라고 정체성을 이야기 하는 것은 여성주의를 통해 삶과 사회를 바라보는 인식의 전환이 이루어졌음을 보여주는 것이고 여성운동 주체로서 앞으로도 살아갈 것이라는 의지의 표명일 것이다. 여성주의에 대한 시각은 다양한 측면이 있지만 지역 여성활동가들이 여성주의를 어떻게 이해하고 있는가를 살펴보면 여성주의 이론이나 실천의 대상에 대한 인식이 광범위하며 여성주의를 이해하는 방식에서 차이점이 있음을 알 수 있다. 또한 여성주의는 사회를 변화시킬 수 있는 새로운 틀이며 자신의 삶을 문제화하고 실현시킬 수 있는 중요한 지향점이기는 하지만 여전히 그것을 구현해 내는 방법으로써 어려움이 있음을 알 수 있다.

1) 인간 존엄성 확보와 주체적 존재

여성활동가들은 여성주의자로서 자신을 어떻게 규정하고 있으며 그렇게 규정된 여성주의자의 특징은 무엇인가? 우선 여성주의는 인간의 존엄성을 확보하고 대등한 주체적 존재로 살아야 한다는 것, 즉 나답게 살아야 한다는 것을 의미하며 여성운동을 통해 스스로의 삶을 해결할 수 있다고 보았다.

"인간은 여성과 남성으로 태어났지만 인간으로서 존엄성을 가진 존재라고 생각합니다. 여성에 대한 차별과 폭력을 없애고 여성이 온전히 인간으로서의 존엄성을 확보할 수 있는 사회구조를 만드는 행동이 페미니즘이라고 생각합니다. 따라서 정치, 경제, 사회, 문화 전영역에서 여성이 차별받지 않고 당당하게 의사결정권이 있는 위치 및 권력을 가져야 한다고 생각합니다. 사회의 가치 기준이 남성이 아니라 여남을 포함한 인간 그 자체에서 가치기준을 가져야 한다고 생각합니다. 남성이 디폴트가 아니라 남녀 모두가 디폴트가 되는 사회문화를 바꾸어야 한다고 생각합니다. 나 스스로 여성주의자, 페미니스트라고 생각합니다."(사례 6)

개인의 주체화 과정은 여성주의 실천과정을 통해 나타난다. 활동가들은 자신의 일상을 해석하고 성찰하면서 운동의 주체가 된다.

"대등한 주체적 존재로 살고자 하는 여성, 가부장적 역사 속에서 내재화된 주변화, 타자화, 대상화 된 여성의 위치와 모습을 거부하고 변화시키고자 하는 여성."(사례 1)

또한 여성주의는 '나답게 사는 것'이며 '내 삶의 문제'를 해결하는 것이다.

"저는 페미니즘에 대한 여러 가지 설명 중에 벨 훅스가 말한 페미니즘이 추구하는 세상은 (내가 어떤 사람이든) '그냥 나로 행복하게 살 수 있는 세상'이라는 설명을 가장 좋아합니다. 모든 차별이 사라져, 누구나 있는 그대로의 모습으로 존중받으며 살 수 있는 세상이 오면 얼마나 좋을까 하는 생각을 합니다. 페미니즘이란 이러한 세상을 추구하고 이런 세상을 만들고자 하는 이념이며 그 실천이 여성운동이라고 생각합니다."(사례2)

"내 삶의 문제를 해결하는 것이 바로 여성운동이고 많은 여성들의 문제를 또한 나의 문제로 연결하여 해결하고자 하는 가치관이라고 봄. 여성으로서 평생 살아가는 만큼 여성주의자로 살 수 밖에 없다고 보며 여성주의로 살아 가고자 함."(사례 9)

2) 세상과 사회를 보는 관점

여성주의는 사회를 어떤 시각과 관점으로 볼 것인지를 갖게 만들어주는 틀 이며 사회전반의 젠더 불평등, 차별, 폭력과 불합리한 문화, 제도, 정책, 법에 관한 변화를 지향하는 것으로 보았다. 즉 여성주의는 '세상을 보는 렌즈'이며 '철학적 근본'으로 여성주의를 만나서 인생을 다르게 보고 다르게 살게 한 전 환점이 되었다는 것이다.

"저를 페미니스트로 정체화하는 이유는 제가 세상을 보는 중요하고 큰 렌 즈가 페미니즘이라는 것입니다. 세상을 여성주의적 관점으로 분석하고 이 해하고, 그러한 관점으로 세상을 바꾸기를 원하기 때문입니다. 물론 저 자신 도 가부장제 사회에서 자랐기 때문에 알게 모르게 가부장제적 사고에 젖어 있어 여성주의적 관점으로 섬세하게 세상을 보는 것이 쉽지는 않습니다만 여성주의적 관점을 놓치지 않으려 애쓰는 중입니다."(사례 2)

"여성주의는 세상(사회)를 어떤 시각과 관점으로 볼 것인지를 갖게 만들 어주는 것이라 생각한다. 누구도 배제되거나 차별하지 않는 세상을 만들기 위해 사회구조적 문제를 변화시키는 것이라 생각한다. 여성주의, 여성주의 자가 되는 것은 완성되는 것이 아니라 끊임없이 되어가는 과정이라 생각한 다. 여성주의자가 되어가기 위해 계속해서 학습하고, 활동으로 실천하고 있

다."(사례 12)

"저는 페미니스트입니다. 페미니즘은 일상과 사회전반의 젠더 불평등, 차별, 폭력과 불합리한 문화, 제도, 정책, 법에 관한 변화를 지향하는 철학적 근본이라고 생각합니다. 위와 같은 변화를 갈망하는 생각, 연구, 대응활동, 참여 등 모든 방식으로 함께하는 모습이 페미니즘의 철학적 근본에 동참하는 것이라고 생각합니다."(사례 11)

3) 성평등한 사회를 위한 지향과 실천성

여성주의는 배제와 혐오의 사회를 극복하고 성평등한 세상을 지향한다.

"저는 '사회적 약자'라는 말이 사라진, 그 누구도 차별받지 않고 사는 세상을 갈망합니다. 그래서 저는 페미니스트입니다. 차별의 종식을 바라는 이데올로기가 페미니즘이어야 하는 이유는 모든 차별의 뿌리에는 여성에 대한 차별이 놓여 있고, 여성차별이라는 구조가 모든 차별의 전제로 작동하고 있으며 여성차별이 해소되면 많은 다른 존재들에 대한 차별도 그 힘을 잃을 것이라고 보기 때문입니다."(사례 2)

"오랜 기간 가부장 제도를 유지해온 우리 사회는 모든 영역에서 여성의 지위와 권위가 상대적으로 낮다. 정보화시대로 접어들면서 여성의 지위와 권위는 어느 정도 향상되었지만 아직도 우리 사회는 성별고정관념에 갇혀 성평등에 대한 인식이 부족하고 그 결과 상대적 약자인 여성은 폭력의 대상이되고 배제와 혐오의 사회에 살고 있다. 비교적 성평등한 환경에서 성장한 청년들은 이러한 성불평등하고 불공정한 우리 사회를 강력하게 거부하고 있는 것이 현실이다. 우리 모두가 행복하게 살 권리가 존중되어야 하고 또한 우리 사회가 지속발전이 가능하려면 모든 차별이 해소되어 성평등한 사회가 되어야 할 것이다. 우리 사회에 여전히 존재하는 성불평등과 불공정함을 해소하고자 하는 주의와 운동이 페미니즘이며 성평등한 세상의 실현을 위해 젠더 폭력에 대응하고 여성의 권리회복을 위한 정책 제안 활동을 하는 나는 스스로 페미니스트임을 자부한다."(사례 3)

여성주의는 불평등과 억압적 제도와 문화를 변화시킨다는 점에서 차별과 억압, 불평등에 저항하는 의식과 행동, 즉 성평등한 사회를 위한 실천성이 중요하다고 본다. 여성주의는 "불평등과 억압적 제도와 문화를 변화시키고, 난무하는 여성에 대한 차별과 폭력의 종식을 위하여 실천"(사례 1)하는 것으로 보았다.

"성을 근거로 하는 착취와 억압에 반대하는 운동. 나를 나답게 만드는 운동. 개인적인 것은 정치적인 것임을 알고 내 속에 있는 가부장성을 들여다 볼 수 있으며 그것의 문제점을 드러낼 수 있는 용기와 자매의 연대로 성평등한, 평화로운 세상을 만들기 위해 실천하는 운동. 나는 여성주의자이고 끊임없는 '나' 들여다 보기를 통해 여성주의자의 모습을 드러내고자 한다."(사례 4)

"여성주의는 생물학적 차이를 근거로 구분된 사회적 소수자 또는 차별과 억압의 대상 집단이 겪는 불평등에 저항하는 의식과 행동이라고 생각함. 나이가 들면서 의식도 행동도 민감성을 점차 잃어가고 있는 것 같아 자꾸 돌아보기는 하지만 나는 여전히 여성주의자다."(사례 5)

"다소 차이는 있을 수 있으나 성평등한 사회를 위한 학문과 이론, 성평등한 사회를 위한 실천활동을 여성주의라고 생각합니다. 저는 여성운동가라고 생각하며 당연히 페미니스트라고 생각합니다. 그러나 록산 게이의 저서 『나쁜 페미스트』에서 이야기 하듯이 저 역시 아직은 가부장제 사회, 자본주의 사회에서 그 의식이나 행동이 완전히 해방되지 못했기 때문에 나쁜 페미니스트라고 생각합니다. 부족함은 많지만 페미니스트임을 자부합니다. … 사람이 평등하고 존엄한 존재라는 것을 알게 된 시점부터 일상의 부조리가 먼저 눈에 보이고 불합리한 것이 보이는 것이 불편합니다. 변화를 위해 싸우지 않으면 세상이 변하지 않을 거 같아 답답합니다. 작은 한걸음이라도 보태서 할 수 있는 한 힘을 다해서 조금이라도 세상이 변할 때 미래 세대들에게 좀 더 나은 환경을 물려줄 수 있을 것 같습니다. 그런 저의 신념이 여성운동을 하게 하고 지속가능하게 하였습니다."(사례 13)

4) 다양성과 연대의식

여성주의는 다양성을 지니고 있으며 서로 연대한다는 점이다. 일상의 경험을 공유하며 인정해 주고 지지해 주며 여성들은 단체활동에 참여함으로써 상호간 대화와 협력의 과정을 겪고 이를 통해 서로를 격려하고 지지하며 연대의식을 형성하게 된다.

"여성착취와 성차별, 여성혐오에 저항하면서 이를 개선하려고 하는 모든 것들이 페미니즘이다. 그러므로 여성해방을 위한 모든 것들을 페미니즘이라고 부를 수 있다. 페미니즘은 하나의 정답이 아니라 여성해방이라는 이정표 찾아가는 것이라고 봄. 이러듯 페미니즘이 다양할 수밖에 없다. 페미니즘은 차이를 만들어내 것이므로 진정한 페미니즘을 운운하는 것은 심급을 만들자는 주장이며 오히려 반페미니즘적이다. 다양한 페미니즘 이론은 다양한 페미니스트를 만들고, 성장시키고, 합하고, 여성을 종속적 존재로 객체화시키는 상황에 대해 연대하여 여성해방을 위한 토대가 될 수 있다. 저는 페미니스트입니다."(사례 8)

"나아가 평화롭고 평등한 사회를 위하여 여성의 입장과 목소리를 제반 정치, 경제, 문화 등의 사회적 구성과 운영에 반영시키고자 노력하고 연대하는 자."(사례 1)

5) 복잡성과 모순

여성주의 정체성의 실천은 어떤 하나의 상징적인 행동이 아닌 삶의 전반에서 이루어지고 있다. 자신과 주변의 변화에서부터, 제도적인 변화를 이끄는 공적 활동까지 여성주의에 대한 서로 다른 이해나 경험에서 나오는 현실적 실천의 모습으로 이해할 수 있다(차경희, 2017: 89). 그러나 개인적인 성장을 하는 과정이 늘 순탄한 것만은 아니다. 갈등과 고민의 시간들을 통해 위기를 겪게 되기도 한다. 내면화된 성역할 고정관념이 있기 때문이다.

여성주의는 자신의 삶을 문제화하고 실현시킬 수 있는 중요한 지향점이기는 하지만 여전히 여성주의를 구현해 내는 방법으로서의 어려움을 드러내고 있다. 삶을 통해 내면화하고 있는 성역할 고정관념과 활동가의 제한적 역량으로 인한 갈등으로 볼 수 있다. 여성주의자라는 하나의 규범화된 상을 인식하게 되면서 사적, 공적 영역을 포함한 생애 전반에서 여성주의 실천으로 연결되어야 한다는 내적 갈등을 가지고 있는 것이다(차경희, 2017: 86).

실제로 기존 연구에서(차경희, 2017) 여성주의자로 명명되기를 부담스러워하는 여성활동가들의 생각을 살펴보면 첫째, 여성주의 운동이라는 것을 항상 앞장서서 투쟁해야 한다는 생각이 남아 있기 때문이고 둘째, 여성주의자로서 보다는 인권활동가나 복지활동가라는 폭넓은 이미지를 가질 때 사회로부터 이해나 관심이 더 용이하다고 보기 때문이며 셋째, 여성주의 현장에서 여성활동가나 조직들이 여성주의를 제대로 실천하지 못하고 있기 때문이다.

여성활동가들은 끊임없는 고민으로 여성주의를 실천하고 있음에도 불구하고 여성주의자로 불리우는 것을 부담스러워 하기도 하며 내적 갈등을 가지기도 한다. 따라서 여성활동가들은 여성주의는 복잡성과 모순을 지니고 있으며 어렵다고도 보았다. 현장에서 여성주의를 제대로 실천하지 못한다고 생각하고 있기 때문이다.

> "여성주의는 참 어렵다. 내 삶과 이웃의 삶을 타고 녹아들어야 하는 것이기 때문에 더 그렇다. 생활이, 삶의 의식을 반영한다고 하지만 때때로 모호한 경계와 자기모순에 빠질 때가 많다. 세상을 바꾸어 온 도도한 흐름을 타고, 그나마 형식적으로라도 여성의 권리가 보호되는 것 같지만, 여전히 오랜 폭력과 가부장과 의식 깊이 뿌리 박은 여성혐오와 차별을 내가 사는 현장에서 풀어내기는 정말 정말 어렵다. 스스로를 여성주의자라고 생각하는 것은 낯설기 짝이 없다. 그 어렵고도 힘든 일을 내가, 내가 속한 남해여성회가 하고 있다는 생각을 의식적으로는 하면서도, 지역사회에서 풀어나가는 것은 여전히 힘겹고 부담스럽다."(사례 7)

이는 여성주의를 너무 높은 기준으로 보는 생각인데 실천으로 이어지지 않는 한계의 유연성을 보여주며 일정부분 현실적 타협과 저항을 한다. 복잡성과 모순은 성별 분업의 딜레마와 양가적인 의식과 행동의 다양성이 존재하고 있기 때문이다. 남녀의 의식격차로 인한 성별 갈등이 우리 사회에 여전히 존재하고 여성주의자라는 하나의 규범화된 상을 인식하게 되면서 사적, 공적 영역을 포함한 생애 전반에서 여성주의 실천으로 연결되어야 한다는 내적 갈등이 존재하기 때문이다.

"여성들에게 가해지는 차별과 억압은 다양한 형태로 여성들의 수 만큼 존재한다고 본다. 그 다양한 형태의 차별과 억압의 교차 속에서 '여성'이 한 단어에 모든 것을 담기에는 설명이 너무나 길어지고 많아진다는 것은 여전히 여성주의는 복잡성과 함께 끊임없이 탐구되어 가는 과정 그 자체의 사상이라 할 수 있을 것 같다. 나는 끊임없이 여성주의자가 되고 싶다. 남편은 많은 나이에도 불구하고 고된 노동을 한다. 유일한 수입을 담당하고 있기 때문에 그만 둘 수가 없다. 그와 달리 나는 수입 없이 오랫동안 여성 운동을 하고 있다. 이러한 삶에 대해서 두 사람 다 크게 문제된 적은 없었고 지금도 문제는 없다. 하지만 나의 마음속에서 얼마 전부터 변화가 생기기 시작하였다. 내가 잘 때 남편은 출근하고 남편이 잠들 때 나는 집에 돌아온다. 고된 노동 끝에 남편은 직접 식사를 해결하고 소주 한 병으로 고된 노동의 고단함을 씻어내며 하루의 일과를 정리한다. 하지만 나는 올해는 유독 일이 많아지면서 토, 일요일도 없이 매일 출근을 하게 되면서 거의 함께 식사를 할 수 없었다. 이러한 생활이 지속되면서 남편에게 너무 미안한 마음과 독거노인처럼 지내는 모습에 애처로움에 모든 신경이 남편에게 가기 시작하였다. 하나라도 더 마음을 써줘야 할 것 같고 뭔가 내가 저녁 식사라도 챙겨줘야 하는데 그러지 못한 것이 못내 미안해 마음에 남편에게 과도한 허용과 친절을 베풀고 있는 나를 발견하게 된다. 사회 현상과 관련해서는 명약관한 것들이 나의 일상의 생활에서는 참 많은 모순과 함께 상충되는 것들로 많이 어지럽다. 인간적이라 하기에는 내가 너무 궁색해지는 나의 내면의 모습은 지금껏 느껴보지 못했던 내적 갈등을 어떻게 정리해야 할지 모르겠다. 내가 어떤 프레임속에 여성주의자를 가둬두고 있었는지 아님 나 스스로 나이로 인한 변화인지 … 잘 모르겠다."(사례 10)

2. 지역여성운동단체가 관심을 가져야 할 여성문제

여성활동가들은 지역여성운동단체가 관심을 가져야할 여성문제로 다음과 같은 점들을 들고 있다.

1) 성차별 개선

성차별과 관련한 지역여성들의 삶에서 나타나는 주제들에 관심을 가져야 한다고 보았다. 미디어, 가부장적 문화, 폭력, 여성노동문제, 교육, 대표성 확보 등이다. 특히 지역의 실태나 현실 파악이 중요하다고 보았다.

"경남지역 여성운동이 미처 미치지 못한 언론(미디어), 문화예술, 역사, 지역경제 등의 영역에서도 여성주의적 활동을 할 수 있으면 좋겠음. 이런 분야가 사회 전체에 미치는 지대한 영향을 고려해야 함."(사례 1)

"일상에서의 성차별과 성폭력을 줄이는 문제, 지역여성들의 삶에서 나타나는 문제들에 관심을 가져야 한다고 생각합니다. 구체적으로 말씀드리면 지역 여성이 경험하는 성폭력, 지역여성의 노동문제 그리고 지역의 비정규직 여성문제 등이 우선적으로 관심을 가져야 할 부분이라고 생각합니다. 특히 지역 여성의 노동문제는 진주의 경우 여성단체들이 깊이 있게 다루지 못한 부분이라고 생각합니다. 몇몇 사안을 두고 연대를 하거나 하는 경우는 있었지만 여성노동에 초점을 두고 긴 시간 천착하지 못했다고 봅니다. 여성노동 문제는 지역의 여성단체들이 깊은 관심을 갖고 다루어야 할 중요한 문제임에도 불구하고 그러지 못했던 것이 아쉽습니다. 앞으로는 지역에서 이 문제가 주요의제로 다루어지기를 바라는 마음입니다."(사례 2)

"인간은 일하면서 살아갑니다. 인간답게 살아갈 수 있는 노동권의 확보가 필요합니다. 최근 여성 또한 경제적 독립을 확보하기를 원합니다. 여성에게 양질의 일자리, 그리고 여성의 노동권에 관심을 가져야 합니다. 여성들이 노동환경속에서 성차별과 성폭력에 저항 할 수 있는 역량강화 및 인권지원이 필요합니다. 그리고 여성노동자의 가정에서의 차별과 폭력도 하나의 연결고리로 관심을 가져야 한다고 생각합니다. 여성의 노동권강화를 위해서 여성의 경제적, 정치적 지위가 높아져야 한다고 생각합니다."(사례 6)

"지역여성운동단체는 전국적 이슈 및 거시적 담론도 소홀히 할 수 없고, 지역에서의 다양한 젠더 관련 문제에도 대응해야 하는 위치에 있다. 그러나 여러 젠더 관련 문제에서 가장 우선적으로 관심을 가지는 문제는 지역에서 발생하는 젠더 폭력 문제에 대응하는 것이다. 여전히 존재하는 가부장성으로 말미암아 삶터와 일터에서 끊임없이 발생하는 여성에 대한 차별이 여성에 대한 다양한 폭력의 문제로 이어지고 있는 현실 속에서 피해자 여성들에게 가장 먼저 도움의 손길을 내밀고 그들이 생존자로 거듭나게 하는 것이 여성운동단체가 가장 우선적으로 해야 할 일이며, 더불어 여성에 대한 차별과 폭력에 대한 우리 사회의 의식 변화를 꾀하여 여성도 사회에서 주체적 존재로 당당하게 살아가는 사회를 만드는 일이다."(사례 3)

"최근에는 지역의 이슈, 의제, 문제라고 한정하기 보다는 모두의 문제를
함께 하고 있지만, 그럴수록 지역에 관심을 가져야 한다고 생각한다. 여성폭
력에 대한 인식, 여성폭력 실태, 성인지 관점의 지역분석 등 지역의 현실을
제대로 파악하고 지역의 여성에 대해 관심을 가질 필요가 있다. 젠더폭력,
여성인권 관련 문제는 지역에 국한되지 않는 문제이지만, 그로 인해 지역여
성운동단체, 지역과 상관없이 함께 해결해야할 문제에 대해 지역에서 목소
리를 내는 것에 그치는 경우가 있을 수 있다. 지역의 실태, 인식에 대한 연구
를 전제로 지역의 여성운동을 해야 할 것이다."(사례 12, 이정화)

한편 여성문제 중에서 지역여성운동단체와 중앙단위 여성운동단체의 관심
영역이 다를 수 없다고 보기도 한다.

"중앙단위 여성운동단체라고 하더라도, 결국에는 관념적인 공동체로서
의 중앙일 뿐, 실질적으로는 모두 지역여성운동단체이기 때문이다. 지역이
라고 해서 특별히 관심을 가질 문제가 모든 지역여성운동조직에 동일하게
적용되지는 않는다고 생각한다. 일자리 및 임금구조에서의 성불평등은 조
직화가 가능한 노동영역에서 여성조직화를 통해 개선해야 것이고 가족 및
문화영역에서의 성평등은 지역의 풀뿌리 조직들과 연계한 성평등 의식화 교
육이 주요할 것이다. 그밖에도 교육, 출산양육 및 대표성 확보 등 각 영역에
서 지역여성운동조직들도 전문화 되고 있는 추세다."(사례 5)

2) 지역문화 개선

생활 속이나 일상에서 일어나는 여성혐오의 문제점을 인식하고 지역의 성차
별, 성불평등 문화를 평등하게 바꾸어 나가는 활동들이 필요하다고 보았다.

"경남지역의 성차별, 성불평등 문화를 바꾸는 것이 가장 중요하다고 생각합니다. 제도, 정책, 법을 바꿔도 문화가 바뀌는 것은 느리고 일상생활에서 체감하는 것의 속도 또한 느리기 때문에 여성운동하는 단체들을 알리고, 활동을 알리는 것, 그래야 일반여성과 지역 주민의 인식의 변화를 이끌어낼 것이라고 생각합니다."(사례 11)

"지역사회의 변화입니다. 진주지역사회에서 가장 관심을 가져야 할 과제는 일상의 성평등한 문화를 바꾸는 것이라 생각합니다. 소위 말하는 '습', 관행, 관습을 없애는 활동이어야 합니다. 아무렇지도 않게 위력을 이용하여 성추행하고 아무렇지 않게 폭력을 행사하고 아무렇지 않게 여성을 배제하는 문화가 바뀌어야 합니다. 성평등 문화가 바뀌려면 특히 성역할 고정관념을 개선하는 방안을 모색하는 것이 필요하다 생각합니다. 남자라서, 여자라서 한정짓는 일들이 너무 많고 아직도 진주에는 회장은 남자, 총무는 여자라는 규칙이 존재하는 것을 자주 목격하게 됩니다. 하지만 지역과 중앙이 연결되어야 한다고 생각합니다. 정책입안이나 의제 생산을 함께 해서 공통으로 추진할 건 하고 힘을 모을 것은 모아야 합니다."(사례 13)

3) 생활의제에 대한 관심과 관련한 지역여성들의 욕구와 문제

거시적인 것보다는 일상생활에서 느끼는 개별 여성들의 문제를 꼼꼼하게 보는 것이 중요하다고 보았다. 또 개인 과제를 제도적, 정책적으로 해결해야 한다고 보았다.

"개별 여성들의 욕구와 문제를 더 촘촘하게 보는 것이 필요함. 기존 거시적인 과제, 전체 여성들의 동일한 의제를 중심으로 투쟁해오고 전국여성운동과 맥을 같이 해온 것이 지역여성들에게 어렵고 너무 먼 과제로 보고 운동에서 멀어지게 하는 원인이 있다고 봄. 개인의 과제를 단체를 통해 해결하는 것이 필요함.(예를 들어 여성일자리를 발굴하는 것, 마을내 돌봄이 필요한 사람과 이 과제를 해결해보게 하는 것, 지역사회 모니터링, 의제를 중심으로 정책요구 등)."(사례 9)

그 외에 좀 더 구체적으로 "지역 여성들의 삶의 욕구에 대한 조사 및 연구 활동, 지역에서의 성교육, 성평등, 젠더 화해, 농촌 지역의 여성 인식에 대한 개선 및 교육사업. 여성의 자기돌봄 확립과 삶의 질 향상을 위한 복지확대, 일과 가정 양립 지역 내 여성의 지위와 역할에 대한 실태 조사, 중 장년 여성들의 사회 참여(기여) 및 직업에 대한 교육"(사례 7)이 필요하다고 보았다. 특히 농어촌 지역은 각별한 지도가 필요하다고 보았다.

"농어촌 지역은 마을 단위 여론을 주도하는 이장, 새마을 지도자, 부녀회장, 노인회장, 개발위원장 등의 마을 간부들에 대한 성평등, 성희롱, 성폭력, 성매매 예방 교육을 의무적으로 실시할 필요가 있음. 공무원이나 회사원들에게만 의무 교육으로 지정된 교육을 농어촌에서도 시행하여 형식적으로라도 성인지 감수성에 민감하게 반응하고, 세상의 흐름에 역행하지 않도록 각별한 지도가 필요함".(사례 7)

3. 여성운동의 제도화와 자율성

한국의 여성운동은 '영향의 정치'에서 '참가의 정치'로 패러다임을 바꾸면서 제도화되어가고 있다. 1980년대 저항적 여성운동은 새로운 이념과 새로운 방식의 여성운동을 확대하는 것을 목표로 했기 때문에 제도화와 거리가 있었다. 그러나 여성운동의 대중화와 세력화에 힘입어 한국 여성운동의 제도화는 급격히 확대되었고 여성친화적 법과 정책이 수립되었다. 여성운동이 법과 제도상의 개념, 정책 실행의 일련의 과정을 따르게 되는 경향을 보인 것이다.

제도화에 대해서는 상반된 입장이 있는데 제도화가 운동의 대중화와 세력화에 기여한다는 점에서 긍정적이라는 입장이 있다. 여성운동은 여성친화적 법과 정책을 마련하고 여성관련 행정기구를 수립하는 등 제도화 과정을 통해서 여성쟁점을 빠른 시간 안에 전국적으로 대중화하고 여성운동집단을 세력화했다는 입장이다. 즉 전반적으로 여성운동의 제도화는 여성가족부를 만들고 국가기구 내에 여성부서나 여성정책을 만들었으며 여성주의적 법과 정책을 수립하는데 기여했다는 것이다. 여성운동의 제도화는 제도 내에서 운동을 확장시키고 강화시키는 작용을 했으며 지역사회의 공신력을 확보하면서 여성운동의 목표를 달성하는 긍정적 효과를 가져왔다고 평가된다.

제도화에 대한 부정적 입장은 제도화가 여성운동의 급진성과 진보성을 약화시켰고 운동의 중립성과 자율성을 훼손시킨다고 본다. 특히 성 주류화를 위해 제시하는 정책의 성별영향평가, 성인지예산 등과 같은 도구와 절차적 기제가 성평등을 위한 정책의 전부인양 인식되어 버리면서 여성운동은 더 이상 새로운 이슈를 점점 상실해 갔다는 것이다. 한편 젠더 거버넌스라는 이름으로 협력된 민·관 협력체계는 더 이상 동반자의 관계보다는 상하관계로 굳어지게 되며 여성운동가들의 정체성에도 위기가 심화되고 있다는 비판도 받는다. 또한 여성단체들이 지나치게 관료화, 정치화되면서 이들이 운동 본연의 색깔을 상실했다는 비판도 제기되었다. 제도화이후 각 영역별 통제와 관리가 강화되고 있으며 운영기관의 주도권이 점차 약화되는 것이다(김경영, 2016b: 13). 또한 직접적으로 재정을 지원하는 행정의 눈치를 보거나 여성운동의 활동에 자기검열을 하게 된다(이경옥, 2019: 30). 여성활동가들은 여성운동의 제도화와 관련하여 긍정적인 측면보다는 부정적인 측면을 많이 지적했으며 양면적인 측면으로 보는 시각도 있다.

1) 긍정적인 면

여성운동 제도화의 긍정적인 면은 공공자원의 확보라는 예산활용을 통해 의미 있는 사업을 할 수 있다는 점이다.

> "대부분의 여성단체들이 재정적으로 넉넉지 않아 정부지원으로 사업이나 활동을 할 수 밖에 없는 현실은 장단점이 있음. 긍정적 차원에서 보면 정부지원금이란 게 결국은 국민의 세금이라서 의미 있게 잘 활용하면 공적재원으로 성평등사회를 위해 의미 있게 사용 할 수 있을 것임."(사례 1)

> "시민사회단체, 그 중에서도 특히 여성단체들의 살림살이는 무척 열악합니다. 남성중심의 단체처럼 큰 액수의 기부금을 기대할 수도 없고 오로지 회원들의 회비로 운영되는데 회원들의 수는 한정되어 있고 사업에는 재정이 필요하니 활동가들의 헌신으로 지탱해나가고 있는 실정입니다. 그래서 정부의 지원이 필요한 상황입니다. 또한 우리 사회를 더 나은 곳으로 만들기 위해 노력하는 시민사회단체의 활동은 우리 사회의 발전을 위해서 꼭 필요한 것이므로 정부는 이러한 단체들이 유지되고 발달하는 데에 일정한 책임이 있다고 봅니다. 따라서 어떤 식으로든 정부는 이러한 단체들에 대한 지원을 해야 한다고 봅니다."(사례 2)

2) 부정적인 면

여성운동이 제도화 되고 여성운동단체가 정부사업을 대행해 주는 역할을 하면서 또 다른 관료기구로 변했다는 것이다. "상담소가 여성가족부와 지자체 행정의 관리 감독이 강화되면서 각 종 평가와 감사 등 시설 업무 관리에 따른 행정업무 또한 증가되었으며 행정에서는 사회복지서비스기관으로서 운영주체에게 행정의 요구에 순응하기를 바란다(김경영, 2016b: 12). 제도화이후 각 영역별 통제와 관리가 강화되고 있으며 법제도로 재원체계가 공고해 지고 수요자에 대한 서비스 기능이 다양해지면서 행정의 관리는 강화되나 운영기관의 주도권은 점차 약화시키고 있는 것이다"(김경영, 2016b: 13).

"이런 정부지원금 사업이 기본적으로 요구하는 많은 서류와 보고서 작성 등의 업무에 매달리다 보면 보다 중요한 일을 소홀히 할 수도 있을 것임. 첫째로 정부 관료(공무원)주도의 정책이나 사업방식에 대한 견제나 비판의 역할에 소홀할 가능성, 둘째는 정부지원금 사업수행에 인력과 에너지 소비로 수시로 발생하는 여성문제에 대한 시의성은 대응 등에 소홀할 수 있음(충분하지 못한 단체 인력의 한계). 셋째는 자체 재정역량과 인력 키우기에 소홀할 수 있음."(사례 1)

"이번 정부가 시민단체와의 거버넌스를 강조하여 여성단체 활동가들이 거버넌스라는 이름으로 각 종 위원회에 참여하여 정책 제언이나 의견을 제시하는 사례가 많아졌다. 그 결과 행정으로부터 정책파트너로써 인정을 받는 긍정적 효과가 있는 반면에 운동단체로서의 자율성은 다소 담보되지 못하였다. 여성단체가 제시한 정책들이나 제안들이 수용되지 않은 상황에서도 정책파트너로써 참여한 사항에 대해 문제 제기가 쉽지 않다는 것이다. 여성운동단체의 제도화는 여성운동단체로서의 정체성과 자율성을 훼손하는 결과를 초래하기 쉽다. 고로 여성단체가 운동단체로써 제 역할을 하려면 되도록 행정과는 일정한 거리두기가 요구된다 할 것이다."(사례 3)

여성운동 제도화의 부정적인 측면에 대해서 좀 더 구체적으로 정리해 보면 관료화 되는 것, 까다로운 절차, 내부갈등 또 자율성 상실 등을 지적하고 있다.

(1) 관료화 되는 것
여성운동이 제도화되면서 관료화의 문제가 나타난다는 점이다.

"여성운동이 제도화 되었을 때 여성운동(가)의 관료화를 경계해야 함. 그 동안 운동에서 비판하던 관료들의 탁상행정 체계에 익숙해져서 현장의 목소리가 소외될 수 있고 내용보다는 형식과 전시행정에 일조할 수 있음."(사례 1)

(2) 까다로운 절차
까다로운 절차로 단체의 특성과 자율성에 맞는 사업을 추진하기 어렵다는 점이다.

"비영리 민간단체인 남해여성회와 같은 조직들은 따로 영리 사업도 할 수 없고, 정부 보조금을 신청, 집행, 정산하는 것 역시 활동가의 개인적인 희생이나 의지에 의존해야하는데, 행정적 업무가 상당 부분 부담이 되고, 첨부 서류 등도 까다로워 보조금 사업을 신청하기를 오히려 꺼리게 되는 악순환

도 발생하고 있다. 이런 보조금 사업 형태에서 그 지역이나 단체의 특성과 자율성에 맞는 사업을 추진하기 현실적인 어려움이 있다. 내용에서의 자율성은 이런 형식에서 이미 규정되어 있다보니 그 범위가 일정 정도는 정해지고, 제한되고 있어 이에 대한 제도적 개선이 필요함."(사례 7)

(3) 내부 갈등
운동단체내 부서의 성격에 따라 내부 갈등이 생길 수 있다는 점이다.

"보조금을 받는 상담소(성폭, 가정폭력, 성매매)나 센터(평생학습센터, 지역아동센터)를 운영하는 여성단체들은 항상 부설기관인 상담소, 센터와 사무국과의 운동성이나 급여 등의 문제로 갈등관계가 있어왔다. 보조금을 주는 관에 감사를 받고 급여를 주기 때문에 눈치를 많이 보게 된다. 또한 부설기관은 본부에서 시나 도를 비판하는 것에 대해 스스로 범위를 조정하고 활동의 제약을 받게된다. 본부 역시 부설기관이 있기 때문에 행동반경이 자유롭지 못하다. 보조금을 받는 여성단체의 구성원들이 운동단체로서 비전을 공유하면서 운동성을 가져야 함. 공무원이 해야 할 일을 낮은 임금과 보조금으로 여성단체가 하고 있으므로 당당하게 여성운동을 해 나가야 됨. (사례 8)

(4) 자율성 상실
정부지원 사업에 참여하면 안정성은 담보되나 이 속에 매몰되어버리기 쉽다는 점이다.

"정부지원 사업을 취득하면 실무자는 전문가를 직원으로 고용해서 철저히 통제하는 방법이 필요. 그러나 여성주의적인 마인드로 기관을 운영하는 것에 대한 체계가 쉽지 않음. 운동단체의 자율성을 만들지 못한다면 정부사업은 반납하는 것이 필요하며 끊임없이 대항해 나가야 하는 것이 문제임. 정부위원회, 지방자치단체위원회 참여가 필요하나 현실적으로 소수자가 되어 그 속에서 자기 역할을 하다가 소진되는 경우가 허다함. 목적의식적으로 훈련되고 지속가능하기 위해 민간위원회 참여자에 대한 정책, 회의기술 등을 대비하는 것이 필요할 것."(사례 9)

따라서 여성활동가들은 여성운동이 관료화될수록 정부지원에 대한 의존도가 높아진다고 본다. 여성의 목소리를 반영하도록 해야 하며 투명하게 해야 한다고 보았다.

"향상 고민 되는 지점이고 끊임없이 논의도 필요합니다. 여성운동의 제도화(정부지원이나 정부 위원회 참여 등)가 따른 문제점이 발생하고 여성운동 활동가가 민주적 절차를 통해서 끊임없이 소통하고 대안을 모색해야 합니다. 소통과 대안마련을 통해서 운동단체의 자율성을 확보해 가야 한다고 생각합니다. 그런 소통과 대안마련 절차가 없는 구조라면 운동단체로서의 자율성이 없어지는 상황이 발생할 수 있습니다. 그것을 경계해야 합니다."(사례 6)

"NGO의 역할과 여성이슈를 대응하는 여성단체의 고유의 목적이 무엇이었는지에 대해 항시 되새기고 그 속에서 개인의 역할을 점검하는 것이 계속되어야지만 자율성은 지켜질 수 있고, 작동될 수 있다고 생각합니다."(사례 11)

"지방정부건 중앙정부건 정부위원회에 여성운동단체의 참여는 정부의 정책을 논의하는 자리에 여성의 목소리를 반영하기 위한 차원에서 매우 중요하기는 함. 다만 여성, 특히 속한 지역이나 그룹의 여성 현황과 목소리를 제대로 파악하여 전달하고 대변해야"(사례1)

"운동단체의 목적과 목표에 맞게 활동하고 있다면 제도화 된 조직 속에 있는 활동가들은 그러한 활동에 대한 당위성을 끊임없이 요구해야 할 것이고 지자체 또한 단체의 자율적 의사결정에 간섭하지 않아야 한다."(사례 4)

한편 여성활동가들은 정부지원과 정부위원회 참여는 구분해서 생각하고 있다. "정부지원과는 달리 각 위원회에는 적극적 참여를 통하여 우리의 의도들이 반영될 수 있도록 하는 것이 필요하다"(사례 10)고 보는 것이다.

"여성운동이 제도화를 논할 때, '정부지원'과 '정부위원회 참여'를 동일한 수준으로 두고 언급할 수는 없음. 현재 여성운동 영역에서 정부지원을 받고 운영하는 기관이나 사업들은 여성복지시설 위탁운영과 사업 또는 프로그램 추진에 대한 비용 지원이고, 정부 위원회는 민관거버넌스 또는 정부사업 및 행정 운영의 파트너 단위로 결합하는 것임. 그러므로 여성복지시설 위탁운영과 관련하여 운동단체의 자율성 침해요인이 있을 수는 있으나, 이 경우 수탁 희망여부는 운동단체의 자기결정에 따를 수 있는 것이므로 감시주체로 있을 것인지 운영 협력단위로 있을 것인지 입장을 분명히 하면 될 것으로 생각함. 또, 정부위원회 참여는 운동단체 자율성 침해와 연결할 잠재 요소가 거의 없다고 볼 수 있음. 지자체에서는 법정 합의기구 정도의 위상을 갖고 운영하는 위원회도 거의 없을 뿐더러, 중앙정부 차원에서도 그런 위원회에 참여하게 될 경우, 상근 임원으로 참여되는 사람들 개인의 활동으로 전환되기 때문임. 다만, 두 경우 모두(위탁기관 운영을 맡은 경험이 있는 사람과,

주요 정부위원회 및 정부기관으로 파견된 경험이 있는 사람) 운동단체의 주요 핵심인력으로 훈련된 사람들인 경우가 많은데, 대체로 운동 영역에 남기보다는 제도권 안으로 포섭되기를 희망하는 경향이 높게 나타남. 이로 인해 여성단체는 고질적 인력난을 겪게 되며, 이 점은 여성운동단체에서도 조직적으로 고민해봐야 하는 지점이라고 생각함."(사례 5)

"정부 위원회에 참여하는 부분은 필요하다고 봅니다. 정부의 정책에 여성 당사자사의 목소리가 반영되도록 하려면 활동가들의 참여가 꼭 필요하다고 보기 때문입니다. 오히려 이러한 활동가들을 사용하는 정부 혹은 지자체의 태도가 문제라고 봅니다. 구색 맞추듯이 소수의 인원만을 참여시켜 여성의 목소리가 제대로 반영되지 못하게 한다든지, 형식적인 회의를 통해 참여자들의 의견을 제대로 반영하지 못한다든지 하는 태도가 아직도 남아 있기 때문입니다. … 물론 지원과 자율성의 문제는 정부지원의 문제에 늘 따라다니는 문제이기는 합니다. 때문에 정부의 시민단체 지원 방법에는 변화가 필요하다고 봅니다. 지원을 함에 있어서 투명성을 요구하되 시민단체의 자율성을 최대한 보장하는 방향으로 변화가 이루어져야 할 것이라고 봅니다."(사례 2)

3) 양날의 검

여성운동의 제도화는 긍정적인 측면과 함께 부정적인 측면도 있다는 점이다.

"여성운동을 하는 것은 인식개선, 즉 문화를 바꾸는 일이다. 문화가 바뀌기 위해서는 개인의 변화뿐만 아니라 법, 제도, 정책의 변화가 함께 이루어져야 한다. 연구(모니터링, 분석, 제안 등) 활동을 통해 그 변화를 요구할 수 있으나, 직접 참여(위원회 등)하여 그 목소리를 내는 것 또한 중요하다. 여성운동을 통해 만들어낸 법, 제도, 정책으로 많은 변화를 이끌어 낸 것은 분명한 여성운동의 성과일 것이다. 그러나, 그로 인해 여성운동의 자율성이 제한되고 있다고 생각한다. 여성운동단체가 운영하는 상담소, 시설 등이 제도화되면서 사회복지 시설화 되어가고 있는 것, 지원사업 등을 받기 위해 정부/정책에 맞춘 사업으로 한정되는 것 등이 그 예가 될 것이다. 현실적인 문제이니 적절하게 맞추어야 한다고 하는 입장도 있을 수 있으나, 그 적절함이 여성운동의 본질을 흔드는 것이 되어서는 안 된다고 생각한다. (제도화로 인해 활동가로써의 정체성보다는, 시설종사자가 되고 있는 것은 아닌지) 여성운동단체는 제도화되어 있는 것에서의 문제점을 찾아내고 변화시켜 나가야 한다."(사례 12)

"여성운동 단체들이 대부분 풀뿌리로 시작합니다. 저희 단체도 회원의 회비와 후원금으로 운영되고 있습니다. 여성의 복지, 권익향상, 여성운동의 필요에 의해 만들어 졌고 그 필요에 의해 움직이고 있다고 할 수 있습니다. 그리고 여성단체들은 때론 많은 지역현안과 사안에 대해 지역의 다른 시민단체와 함께 연대할 때도 있습니다. 그러다 보니 일은 많고 공간을 운영하기도 어렵고 최소한의 활동비조차 받지 못하고 활동하고 있습니다. 그러다 보니 재정적 어려움을 겪는 것은 사실입니다. 하지만 고유의 독자적인 활동을 하려고 한다면 독립된 단체로 운영이 원칙이어야 한다고 생각합니다. 정부지원은 필요에 따라서 판단이 해야 할 것입니다. 활동 폭을 넓히고 정치적 영향력확대, 소통이 원활하기 위해서는 각종 위원회 참여는 결합해서 좋은 성과를 낼 수 있었으면 좋겠습니다."(사례 13)

4. 여성운동의 차이와 여성주의 연대

한국의 여성운동은 1990년대 중반까지는 여성 내부의 차이에도 불구하고 연대하는 모습을 보여 주었다. 그러나 이후 여성운동의 성장과 분화, 다양한 여성 주체들의 형성과 함께 여성 내부의 차이가 확대되었다. 2000년대 초반 소위 영 페미니스트라고 불렸던 대학 내 여성주의자들은 밖으로는 반페미니즘 세력에 저항하면서 내부적으로는 다양한 페미니즘들의 목소리를 대면해야 하는 과제에 직면했다. 이들은 여성들의 다중적인 정체성과 다양한 여성들의 위치성에 주목하고자 하는 관심을 드러내기 시작하였고 여성운동 안에서 차이에 대한 담론이 확산되기 시작했다.

여성운동 내부의 차이가 표면화되는 이유는 여성운동의 양적, 질적 확산에서 찾을 수 있다. 이는 1990년대 여성운동의 활성화와 더불어 여성운동의 관심주제와 분야, 여성운동 주체의 다양화와 확대에 따라 나타난 현상이다. 1990년대 중반 이후에는 여성운동에 참여하는 사람들의 수가 증대했으며 여성운동이 부문운동이 아닌 독립적인 운동으로 인정되었고 운동 분야도 섹슈얼리티, 문화, 가족, 환경, 평화 등의 분야로 확대되었다. 이러한 양적, 질적 확산과 함께 어떤 분야에서 어떤 목적을 가지고 여성운동을 하느냐에 따라 입장 차이가 나타나게 된 것이다.

대학내 여성주의 운동도 기존의 총여학생회만이 아니라 여성주의 매체, 자치모임, 동호회 모임, 연극 활동 등의 형태로 대학내 여성주의네트워크를 구축하여 대학별 여성주의운동이 처한 한계를 극복하고 있다. 또한 지구지역운동의 일환으로 창립된 페미니즘 학교는 지구지역의 틀을 넘어 자본주의, 군사주의, 제국주의 등으로 표출되는 전지구적 가부장체제에 저항하고 새로운 지구, 대안적 지구를 만드는 운동의 거점이 되고 있다(고정갑희, 2009).

최근의 여성운동은 이전처럼 여성의 공통이슈를 통해 단일하고 동질적인 입장에서 한 목소리를 내는 것이 어렵게 되었다. 따라서 여성활동가들은 차이와 다양성에 대해서는 대부분 공감하고 있었다. 그러나 연대에 대한 쟁점과 고민의 측면도 지적하고 있다.

1) 차이와 다양성 인정

여성주의에서 차이와 다양성을 인정하는 것은 중요하며 여성주의자들은 서로를 인정하고 이해하기 위해 노력해야 한다고 보았다. 즉 차이의 정치를 통해 여성들의 다양한 위치성과 다중적인 정체성을 드러낼 수 있게 한다는 것이다.

> "다양한 성격의 여성운동들은 다소 혼란을 주기는 하겠지만 모든 운동이나 사상의 발전이 그렇듯이 한편으로 여성운동의 분화발전으로 이어질 것이라 생각함. 다만 견제하고 비판, 이질시하기 보다는 서로 차이를 인정하고 존중하면서 공동의 이슈에는 함께 손잡고 힘을 모아 대응하는 성숙한 연대가 여성운동을 발전시킬 것임."(사례 1)

> "차이와 다양성을 인정하는 것은 페미니즘의 중요한 원칙이라고 생각합니다. 따라서 페미니스트는 서로를 인정하고 이해하기 위해 노력해야 한다고 봅니다. 페미니즘이 여전히 발전하고 있는 이론 혹은 이념이라는 것에는 이러한 차이와 다양성을 반영하려는 노력이 지속되어 왔다는 의미도 포함되어 있다고 생각합니다. 그러므로 각각의 여성운동단체와 페미니스트들은 가부장제의 종식, 여성차별의 종식이라는 커다란 목표를 대원칙으로 하되 다양한 방식의 운동에 대해 서로 포용하고 지지하는 태도가 필요하다고 봄

니다. 너무 상투적인 답변이지만 서로 이해하고 연대하려는 노력이 끊임없이 이루어져야 할 것입니다."(사례 2)

"여성운동 안에서의 차이와 다양성은 당연히 존재하고, 또 필요하다고 생각한다. 지역, 문화, 세대(삶의 경험) 등 차이가 있고 그 차이에 따라 집중하고자 하는 문제는 다양할 수 밖에 없다. 또, 여성운동이 다양해질 때 사회, 인식의 변화를 가져올 수 있다고 생각한다. 다만, '여성운동'의 다양성이 아닌 '여성주의'의 다양성(해석, 관점의 차이)으로 인해 어느 한쪽만이 옳다고 치우지는 것은 여성운동 자체를 어렵게 만들 수 있다고 생각한다. 차이와 다양성을 인정하는 것, 차이를 차별하지 않고 폭력이 되지 않는 것이 여성운동이고 여성주의를 실천하는 것이다. 그리고 이를 전제로 한 연대가 이루어질 때 여성주의 연대라 할 수 있다."(사례 12)

"여성운동의 차이와 다양성은 존중되어야 하며 연대를 통해 서로의 입장을 이해하며 더 나아가야 합니다. 모두가 동일한 입장, 동일한 활동을 할 수 없습니다. 각자의 영역에서 자기의 목소리를 내면서 늘 그랬듯이 가장 좋은 길을 찾아가야 합니다. 서울과 지방이 다르며 농촌과 도시가 다르며 우리나라와 미국이 다르며 흑인과 백인이 다릅니다. 하지만 아직 여성이 위치성에 대해서만 본다면 우리는 공통분모가 있다고 생각합니다. 그 어떠한 사람도 차별받아서는 안 되기 때문입니다."(사례 13)

2) 연대에 대한 쟁점과 고민

여성활동가들은 여성운동의 차이와 다양성은 존중되어야 한다고 보았지만 성매매나 트랜스젠더 등 사안에 따라 구체적인 쟁점이 존재한다고 보았다. 따라서 여성주의 관점으로서의 연대가 중요하고 서로의 이해를 통해 여성주의의 연대는 이루어질 수 있다고 보았다.

"경남여성단체연합은 12개의 회원단체로 구성되어 있고 각 회원단체는 지역에서 여성주의를 표방하는 여성운동단체들이다. 각 회원단체들은 성폭력, 가정폭력, 성매매, 여성노동권, 여성장애인 권력 등 주력하는 문제들은 다양하지만 젠더 이슈 발생 시 연대가 잘 이뤄지고 있다. 그러나 . ... 여성주의 관점에서 보아 연대하기에 불편한 단체들과 소위 진보라는 이름으로 연대하는 것에 대한 고민이 있다. 또한 제도권에 진입한 부설기관들이 때로는 어떤 이슈에는 연대에 소극적일 수밖에 없다고 할 때 이 문제 또한 불편함이 있다. 차이를 인정한다 하더라도 여성주의 관점으로 연대가 부진할 때 여성운동을 되짚어보게 된다."(사례 3)

"여성운동 내부의 차이와 다양성은 존재할 수밖에 없는 것이고, 이것이 용인, 또는 보장되는 분위기를 만들어야 한다고 생각한다. 그것이 여성운동 집단의 확대와 건강성을 나타내는 지표가 될 수 있기 때문이다. 최근 그 차이와 다양성의 스펙트럼이 커지면서 운동 내부에서 편 가르기나 또 다른 형태의 배제가 나타나기도 한다. 또한 조직의 결속력을 크게 약화시키는 형태로 분화되면서, 서로 운동의 정통성을 독점하려고 분쟁과 갈등을 야기하기도 한다. 이렇게 되면 여성주의로 연대하는 것은 점점 더 어려워진다. 그런데 이러한 우려 역시 매우 주관적인 판단에 근거한 것이라는 비판으로부터 자유롭지 못하다. 그렇다면 나는 연대가 가능한 여성주의 범주를 어떻게 구획하고 있는가. 나는 여성에 의한, 또는 여성을 위한, 또는 성평등을 목표로 하는 운동 집단이라면 모두 연대가 가능하다고 생각한다. 그가 여성이든 아니든 문제가 되지 않는다고 생각한다. 반드시 생물학적 여성이어야 한다고 단호하게 선 긋는 사람들의 논리에 찬성하지 않는다. 그러나, 가부장을 비롯한 독재적 권력에 부역하고 옹호했던 역사를 반성하지 않는 집단이라면 연대하기 어려울 것 같다."(사례 5)

"여성운동의 차이와 다양성에 대해 서로 존중할 필요는 있습니다. 우선순위가 다를 뿐입니다. 운동역량이 많아지면 다양한 여성운동을 할 수 있다고 생각합니다. 하지만 여성운동의 논쟁점에 대한 논의의 시작도 필요하다고 생각합니다. 특히 성착취(성매매)와 관련해서 성노동을 주장하는 단위도 있다고 생각합니다. 또 비수술 트랜스젠더, 수술 트랜스젠더가 폭력피해자 쉼터 이용 요구사항에 대해 논의하고 대안마련이 필요하다는 생각이 듭니다. 현재 이런 문제점을 이야기하면 여성운동활동가를 차별주의자라고 낙인찍는 상황의 심각성도 공론화하고 논의해야 합니다. 2019년 경남여연 활동가들이 태국에서 열린 아시아태평양 여성활동가 포럼 참여했을 때 트랜스젠더의 성노동 주장에 대해서 너무 놀랐고 문제 제기의 필요성을 안고 한국에 돌아왔습니다. 여성에 대한 차별과 폭력에 반대하고 여성의 권익향상을 위해 여성주의 연대는 필요하고 연대해야 문제가 해결된다고 생각합니다."(사례 6)

"저는 여성운동뿐만 아니라 모든 변화를 주도하는 운동은 차이와 다양성을 가지고 있는것이 당연하다고 봅니다. 페미니즘의 목표가 여성해방이라면 여성억압의 근본원인이나 해결방법이 하나로 획일화될 수가 없다고 봅니다. 그래서 페미니즘이라는 이정표를 향해 질문을 던지고 찾아가는 과정이라고 봅니다. 하지만 각자의 방식으로 하는 여성운동이 다 여성운동이고 존중해야 한다는 명제에 동의하지는 않습니다. '예를 들면 성착취(성매매) 여성억압이나 착취에 동조하면서 그들이(피해자) 원하는 것이니까 이것도 페미니즘이야'라는데 동의할 수는 없습니다. 또 전족이나 할례를 '그 민족의 전통'이라고, 그들이 원한다고 이것도 페미니즘이야'라고 말할 수는 없습니다. 제3물결 페미니즘이나 포스트모더니즘 페미니즘이 페미니즘을 개인화, 파편화, 자유화, 상업화 시키고 부분에 대해 비판과 함께 여성주의 연대의 가치를 평가절하 시킨 부분에 대해서도 비판합니다. 하지만 공통의 여성의제에 대해 연대가 필요하다 된다고 봅니다. 역사적, 어느 국가, 지역을 통틀어 계급, 인종, 종교 등에 관계없이 여성은 여성으로 억압되고 성착취 되어 왔습니다. 이러한 억압을 벗어나기 위해 여성연대의 필요성을 느낍니다. 역사적으로 계급, 종교, 인종 등 억압받은 역사가 있고 전복이 되기도 했습니다. 하지만 여성이라는 종은 한 번도 전복된 역사가 없습니다. 여성은 여성으로 존재하고 있음을 우리는 알고 있습니다. 여성의 차이와 다양성 위에서 여성에 대한 새로운 사상을 표현하는 제4물결의 페미니즘을 상상하고 기다립니다."(사례 8)

제 9장

여성활동가의 개인적 삶과 여성운동

"일단 저를 포함한 여성들에게 자신의 목소리를 낼 수 있는 공간(물리적 공
간만을 말하는 것은 아닙니다)을 만들어 내었고, 지금도 여전히 그러한 공간
을 만들 수 있다는 것이 가장 큰 보람이라고 할 수 있을 것입니다."(사례 2)

    사회운동에의 참여를 통해서 경험하게 되는 다양한 상호작용은 개인에게 내
면화 과정을 통해 자신의 정체성을 형성하고 확인하며 나아가 변화시키는 계
기를 구성한다. 활동가들은 인식의 전환, 자존감 향상, 인정받는 공간의 획득
등 스스로 성장하고 변화하는 과정에 대한 즐거움을 통해 운동주체로 살아가
는 데 중요한 힘을 얻게 된다. 여성운동단체 안에서 교육을 통해 여성으로서의
자기정체성을 찾고 성차별을 인식하고 여성문제를 해결하기 위해 적극적으로
활동해야 할 사명감을 느끼게 되는 것이다(김경영, 2016b: 24). 이 장에서는 여성활
동가들의 개인적 삶을 여성운동에 대한 만족과 보람 있는 일, 어려운 점과 애
로사항, 여성운동을 지속하는 힘 등을 통해 살펴본다.

1. 만족과 보람 있는 일

여성주의를 만나면서 여성들은 자신의 경험을 언어로 설명할 수 있게 된다. 여성활동가들은 여성주의를 통해 기존의 지배 규범과 상식에 도전하는 새로운 언어를 만나게 되고 이것이 삶을 의미 있게 만들어 주는 것이다. 여성들은 자신의 위치성을 알게 되며 사회를 바라보는 시선의 변화를 겪게 된다. 참여는 여성들의 무관심과 자신감의 부족을 극복할 수 있도록 만드는 중요 메커니즘이다.

지역여성운동은 조직과 활동가를 끊임없이 세력화시키고 전문화시킴으로써 지역에서 대외적으로 영향력을 행사하고 활동가들을 공식적인 장에서 활동하게 하여 이들의 활동이 공적인 활동으로 인정받을 수 있도록 한다(홍미희, 2006: 190). 여성주의를 만나고 공적 활동과 연결되며 여성주의 정체성을 가지게 되는 것이다. 정체성이란 '나는 누구이며 이 세상에서 무엇을 할 수 있는가'에 대한 질문에 대한 대답이다. 여성들은 활동을 통해 자신의 존재에 의미부여를 하게 된다. 일상에서 당당한 삶을 살게 되었고 여성으로서의 긍지를 느끼며 주체적, 능동적, 적극적인 삶을 살게 되었다는 것이다. 이들은 변화하고 성장해가는 스스로의 모습을 보면서 새로운 시각으로 남성을 바라보고 사회 문제를 고민하게 되고 구체적 실천을 통해 우리 사회의 불평등한 법과 제도들을 바꾸어 나가면서 여성 전체에게 이익을 주게 될 때 보람을 느끼고 있었다.

여성활동가들은 지역사회의 한 주체로서 공식적으로 인정받는 경험을 하게 되며 개인수준, 단체수준, 지역사회 수준에서 다양한 경험을 한다. 이러한 과정을 통해 자존감 향상, 문제해결의 적극성, 사회변화의 책임의식을 가지게 되며 개인적 임파워먼트, 자기 확신, 자기 존중 등 스스로의 성장(임혜경, 2007: 25)을 경험한다.

단체활동을 통해 여성들은 자신의 존재를 자각하고 자신감의 향상을 경험하며(황선영, 2011: 83) 여성주의 시민적 주체로서 자기를 인식하는 경험을 하게 된다(김영남, 2012). 가정주부의 일반적인 삶에서 주부들의 막힌 경험을 운동의 출발점으로 하여 정체된 느낌으로부터 성장으로 변화하는 것이다. 따라서 여성활동가들은 개인적 삶에서 개인적 성장, 역량강화, 여성주의 정체성 형성을 통해 만족을 느끼며 제도적 성차별의 폐지, 사회분위기 변화, 인간관계의 친밀감 형성과 동지 만남, 여성연대를 통해 보람을 느낀다.

1) 개인적 성장과 여성주체성 인식

여성들은 활동에 참여하면서 자신의 삶과 사회가 변화하는 것을 경험한다. 사회적으로 주어진 여성성에 대한 해석과 자기 안에서의 갈등과 협의를 통해 중재되어지는 성찰의 과정을 경험하는 것이다. 여성운동단체 참여가 개인의 인생과 활동에 중요한 의미를 주며 여성활동가들은 여성운동에 참여하면서 주체인 '나'를 새롭게 인식한다. 자신의 경험이 개인적인 문제가 아니라 사회구조적인 문제임을 인식하게 되며 여성으로서 느끼는 문제를 사회적인 문제로 보게 되는 것이다.

여성주의를 통해 자신의 삶을 돌아보고 여성주의 시민적 주체로서 자기를 인식하는 경험을 하게 되는 것인데 여성활동가들은 여성운동 단체활동을 통하여 자신의 존재를 자각하고 자신감의 향상을 체험한다. 참여 경험은 여성활동가의 성장과 임파워먼트에 있어 중요한 동학으로 작동한다. 비가시적인 주변에서 주체 위치로 되며 자존감이 향상되는 것이다. 여성활동가들은 자신의 존재가치에 대한 새로운 인식을 하게 되며 비가시화 되었던 여성은 지역사회의

한 주체로서 공식적으로 인정받는 경험을 하게 된다. 단체활동을 통해 자신의 존재를 자각하고 자신감의 향상을 체험하며 특히 차별의 경험을 가지고 있던 여성들이 단체활동을 통해 자존감이 향상되며 여성주의 의식 확장을 경험한다. "나 자신의 소중함. 운동에 있어 중심성을 만들어나가는 것이 개인적으로도 중요한 의미"(사례 9)라는 것인데 여성이 주체가 되어 자아를 해석한다.

> "내가 여성운동을 한다는 것이 너무 다행스럽다는 생각을 한다. 끊임없는 나 자신에 대한 성찰과 우리 사회에 대한 관심은 나 스스로 살아있는 존재로 확인시켜 주고 있기 때문이다."(사례 10)

> "개인적으로 가장 큰 만족과 보람은 여성운동 활동 과정에서 여성들과 서로를 이해하고 연대함으로써 저 자신과 서로를 이해하고 치유하고 성장하게 된 것입니다."(사례 2)

이는 네트워크 성원으로서 사회적 소속감과 이에 따른 자신감의 증대라고 할 수 있다. 자신의 삶이 사회와 연결되어 있다는 것을 깨닫는 것이다.

> "여성운동으로 인한 나 스스로 개인적인 변화뿐만 아니라 사회 변화에도 관심을 가지고 참여하는 현재의 삶에 만족하게 되었다는 점에서 여성운동에 대한 보람을 느낀다."(사례 3)

> "내 삶에 있어서 여성인권운동은 그 자체가 내 삶이라고 생각합니다. 여성들이 함께 폭력에 반대하고 차별을 없애고 여성역량강화를 위해 애쓰는 활동을 통해서 내 스스로 행복한 삶을 만들 수 있다고 생각합니다."(사례 6)

"지금은 내가 같이 사는 가족, 주변인들의 조금씩 자유로운 일상을 보고, 무엇보다 제 자신의 자유롭고 당당하고 편안한 삶을 보면서 더 만족하고 보람을 느낍니다."(사례 11)

"가부장적인 남편을 있는 그대로의 모습으로 바라볼 수 있는 것 그리고 가부장성에 대한 성찰이 이루어지는 과정을 바라보며 일정 부분의 소통이 가능해지는 것. 뭐든지 할 수 있다는 자신감과 용기를 가지게 되고 그것을 전파하는 힘을 나누게 된 것."(사례 4)

일상에서 자신의 새로운 재능을 발견하고 그것을 사회와 나누는 사회적 경험은 다양한 지지와 인정의 감정을 맛보게 한다(이기원, 2021: 53). 지지와 인정, 변화의 경험을 통해 자신의 삶에 대한 지배력을 획득해가는 것이다. 비가시화 되었던 여성들의 활동을 통해 사회와 지역에 연결되며 자신만의 목소리를 낼 수 있는 기회가 마련되기도 한다. 이러한 활동을 통해 공공성을 확보하고 사회적 위치의 변화를 겪는 것이다.

"여성들을 만나고 소통하면서 서로의 자존감을 높여주는 활동이 좋았습니다. 여성학교, 마실학교, 여성인문학 강좌 등을 하면서 사회 전반에 대한 이해도가 높아지고 자신의 역량이 커가는 것을 함께 느낄 수 있어 좋았습니다."(사례 13)

"또한 가장 낮은 곳에서도 겸손해 질 수 있는 물질만능 자본주의 사회에서 소박함을 지켜낼 수 있는 당장의 눈앞의 이해 보다 내가 없어지고 난 후의 사회를 생각하면 현재를 치열하게 살아 갈 수 있는 것은 여성운동을 하는 사람들만이 누릴 수 있는 호사라 생각 한다."(사례 10)

참여는 여성 스스로 주체성을 성장시켜 가게 할 뿐 아니라 책임의식을 갖게 하고 각자 조직의 리더로서 자신을 위치지어 가는 과정이 된다. 지역을 변화시키는 여성주의리더와 지역에서 여성활동가로 성장하게 되는 것이다. 이는 곧 나를 필요로 하는 곳, 내가 잘 할 수 있는 일들을 통해 자신을 성찰한다는 것을 의미한다.

> "여성운동 불모지였던 창원의 지역여성들과 성차별, 성폭력, 여성인권 등의 인식을 공유하여 여성단체 활동가로 성장하는 모습들."(사례 1)

> "그런 게 좋았다. 뭔가 사회 속에 내가 발을 담는다는 생각도 들었고 내 스스로가 특별해 지는 것 같기도 하였다. 그렇게 해서 4명이 시작한 모임이 나의 여성운동의 첫발이었고 지금까지 이어지고 있다."(사례 10)

2) 사회에 기여한다는 느낌과 역량강화

사회운동가들은 일정한 형태의 소모임에 속하면서 현실에 대한 분석이나 사회운동의 목표에 대한 전략, 그리고 운동의 방법 등을 배운다(이승훈, 2005: 26). 여성활동가들은 이러한 과정을 통해 공동체의식의 향상과 사회변화에 대한 책임의식을 지니며 사회에 기여한다고 느끼며 의미를 부여하고 있다. 여성활동가들은 운동에 참여하면서 사회의 성원으로서 여성의 역할과 참여가 의미있다는 정체성을 가진다. 이는 여성활동가로서의 전문성을 가지는 것과도 연결된다.

자신을 통해 누군가에게 도움이 된다는 것을 확인하게 되고 사회변화에 참여하고 있다는 사실을 알게 되며 보람을 느끼는 것으로 이는 여성이 임파워먼트(empowerment, 역량강화)를 느낀다는 것과 통한다고 하겠다. 김경희(2004: 174)는 예산분석운동과정에서 보여주는 여성들의 정책전문성의 향상과 자신감의 획득을 임파워먼트의 주요한 자원으로 보았다.

역량강화는 자신의 삶을 개선하려는 사람이 파워를 가짐으로써 자신의 환경에 대한 통제력을 갖는 것이다. 역량강화는 사회 속의 무기력화 하는 힘에 대항하는 방법을 배우고 개인적 수준에서의 변화를 주도하는데 자신감을 갖는 것과 더불어 환경의 변화를 주도하는 것이다. 개인적 역량강화에서 나타나는 요소는 자신감, 자부심, 힘의 이해, 폭넓은 의미에서의 자신의 이해, 존엄성 등이다(황선영, 2011: 21). 여성단체의 참여경험은 여성활동가의 성장과 역량강화에 중요하다.

> "상근활동 시작이 성폭력전문상담원이었습니다. 그리고 첫 지원 사례가 청소년 친족성폭력피해자였습니다. 오래된 사건이었고 지역에서 알려질 경우 낙인이 될 수 있어 조심스럽고, 당황스럽고(살면서 친족성폭력을 한 번도 생각해 본 적이 없었던 때인데, 진술 조력인으로 사건의 세세한 부분을 듣고 있을 때) 두려웠습니다. 아는 만큼 세상이 무서워짐을 느끼게 되었으니까요. 그래서 처음 상근 6개월 동안 그만두겠다고 대표면담을 수차례 했던 것 같습니다. 근데, 그 피해자가 너무도 밝고 씩씩하게 일상을 살아가는 모습을 곁에서 몇 년 지켜보면서 내가 하는 일이 한 사람을 살리고 저 같이 무지한 사람도 살리는구나 하고 느꼈어요."(사례 11)

> "농촌에서 여성운동을 한다는 것은 도시에서의 그것보다 여러 가지 어려움이 많다. 딱히 여성운동이라고 명명하기에도 부끄러운 낮은 수준의 결합 정도로 모여 있는 여성들에게 의미 있는 내용을 함께 만들어 간다는 것, 그와 관련한 활동을 통해 아주 더디지만 조금씩 자신의 틀에서 깨어나고 바뀌어 갈 수 있으며 무엇보다 자기 삶의 주인으로 나서도록 함께 하며 지역과 세

상을 공동체와 변화의 관점으로 볼 수 있도록 돕는 역할을 하고 있는 것."

(사례 7)

이러한 과정을 통해 자신의 활동이 사회에 기여한다는 인식을 하게 되며 지역사회에서 변화를 주도하는 역할을 하게 된다. 자신의 경험을 개인적인 경험으로만 인식하는 것이 아니라 공적인 활동으로 확장시키는 것인데 전문성은 활동가들로 하여금 자신과 보람을 느끼게 하며 즐겁게 운동할 수 있는 원동력이 된다(김경희, 2004: 173).

> "미래세대에게 성평등한 사회를 물려줄 수 있을 것 같아 좋았습니다. 강사가 되어 성평등강좌, 성교육강좌를 하며 함께 배운 지식을 미래세대에게 전달할 수 있어, 평화교육을 하고 진주평화기림상를 세우며 올바른 역사관을 세울 수 있게 도움 될 수 있는 활동을 하여서 보람 있었습니다."(사례 13)

3) 여성주의 정체성 형성: 여성주의적 시각으로 세상보기

여성활동가들은 여성주의를 통해 삶과 사회를 바라보는 인식의 전환과 정체성 변화가 이루어진다. 세상을 보는 관점이 변화하면서 개인적인 성장과 성찰을 경험하며 여성주의적 관점과 공론의 장을 마련한다. 여성활동가들은 여성운동을 통해 여성주의와 만나고 여성주의 정체성으로 변화되는 과정을 경험한다. 여성활동가들은 세상과 사회를 여성주의적 시각으로 보면서 사회를 바라보는 시선의 변화를 겪게 된다. 여성억압적인 가부장적 구조에 대한 자각을 통해 삶의 방식이 바뀌는 인식의 전환을 경험하는 것이다. 이는 여성주의 정체성을 형성한다는 의미로 자기 자신과 세계에 대해 새롭게 인식한다는 뜻이다.

"여성운동가로써 세상을 볼 수 있어 만족합니다. 여성운동이 노동, 농민, 학생, 빈민, 성소수자 등 그리고 정당운동마저도 포함 할 수 있어 여성들의 삶을 함께 고민할 수 있고 연대할 수 있습니다. 기울어진 운동장에서 선 여성이지만 또한 그래서 다른 약자들의 아픔을 더 잘 공감할 수 있습니다."(사례 13)

또한 생애과정에 대한 경험들이 여성주의를 만나면서 재해석된다. 여성주의를 통해 개인적인 것이 정치적인 것임을 자신의 경험을 통해 인식하고 사회의 구조적 측면을 보게 되는 것이다. 나로부터 시작되는 일상의 정치, 일상을 읽을 수 있는 분석도구이자 새로운 삶을 가능하게 하는 것이다. 여성주의를 통해 기존의 지배규범이나 상식에 도전하는 새로운 언어를 만나게 되고 이것이 삶을 의미 있게 만들어 주는 것이므로 여성활동가들은 만족과 보람을 느낀다.

"여성회 활동을 시작하였다. 그 곳이 좋았다. 세상 돌아가는 이야기 하는 것이 좋았다. 특히 나에게 신선한 충격은 별스럽게 세상을 보는 것이 좋았다. 집안에서의 있었던 일상의 이야기를 하는데 이것은 그냥 소소한 일상의 이야기로 끝나는 것이 아닌 잘 모르겠지만 어떤 무거운 주제가 되는 느낌으로 오는 것도 너무 좋았다."(사례 10)

4) 제도적 성차별 폐지

여성활동가들은 여성운동 활동을 통해 문제가 실제적으로 해결되는 것을 보았을 때 보람을 느끼고 있다. 구체적으로 보면 "결혼을 이유로 해고당한 여성노동자가 다시 정규직으로 복직된 사건, 성폭력을 당한 여성을 지원한 사건,

남편의 폭력으로부터 독립할 수 있게 지원한 사건, 아버지로부터 가정폭력을 당한 남매를 상담을 통해서 야학을 보내서 중고등학교 졸업장 수여, 아버지로부터 독립해서 1인가구 만들기, 대학을 진학하게 하는 것, 미투 운동을 통해서 조력자 지원하는 것, 여성의 정치세력화 지원한 것, 경남여성정책 만들고 제안하기 등"(사례 6)이다. "가정폭력, 성폭력 사건 등이 성공적으로 해결되었을 때"(사례 1)도 보람을 느낀다.

> "미미하지만, 정책, 제도, 법 등이 바뀌어 가는 것에 연대하고 함께하자고 말할 수 있을 때. 그래도 여성운동을 하고 있구나 느끼게 된다."(사례 12)

> "호주제 폐지, 성평등 제도의 발전(예를 들면 결혼으로 직장을 그만두지 않아도 되고, 출산휴가를 법적으로 3개월 보장받게 되었을 때(아직 현실적으로 어려운 직장도 많지만), 페미니즘, 혹은 성평등이 중요한 패러다임으로 자리 잡고 있는 현실."(사례 1)

> "호주제 폐지 운동이나 반성폭력 운동 등을 통해서 우리 사회가 좀 더 살기 좋은 사회로 나아가는 데에 일조를 할 수 있었다는 점이 보람이라고 할 수 있습니다."(사례2)

> "'성별영향평가', '여성친화도시'라는 정책도구들의 활용으로 밤길, 거리, 공원에서의 안전, 마을 육아공간 확보와 같은 실질적인 생활 인프라가 개선된 것을 느낄 때, 정부위원회 40%가 여성이고, 어느 지자체 5급이상 공무원 비율이 40%가 넘었다는 소식을 들었을 때, 성인지예결산서를 지자체 홈페이지에서 바로 찾아볼 수 있을 때."(사례 5)

"여성의당 창당을 통해 여성청년들과 창원 여주인스토킹 살해사건을 접하고 연대하여 집회와 피해자 지원과 법정연대, 탄원서 제출, 기자회견, 1인 시위, 국회 토론회 등을 통해 스토킹범죄처벌법 제정 활동을 한 것이 보람 있었습니다. … 텔레그램 성착취 범죄의 공판이 창원지방법원에서 다수 열렸고 여성청년, 지역여성운동 활동가들과 함께 법정연대와 탄원서 제출 등 다양한 활동을 통해 법원의 모니터링은 물론이고 피고인이 제대로 처벌받을 수 있도록 최선을 다했고 결과가 만족스럽지는 않지만 과거와 다르게 제대로 처벌을 받았습니다."(사례 8)

5) 사회 분위기 변화

여성활동가들은 지역적 여성주체와 젠더 거버넌스의 주체적 위치로 세력화되고 지역에서 발생하는 여성문제를 이슈화함으로써 사회적 경각심을 드높이는 계기가 되어 우리 사회가 변화하고 있다고 느낄 때 운동가로써 보람을 느낀다. "남성중심 가부장제 사회에서 남성보다 낮은 존재로 대상화되고 있는 나와 주변의 여성들의 삶이 좀 더 나아지고 있다는 기대감과 희망을 가질 때"(사례 8) 보람을 느끼는 것이다.

"여성폭력이나 젠더 문제에 대하여 전문가로써 대우를 받고 정책 제언이나 조언을 수용하는 경우를 보면서 이제 공공기관에서도 젠더 문제에 관심을 가지고 정책적으로 풀어내려고 하는 경우를 보면서 오랜 여성운동의 효과성을 보는 것 같아 조금은 만족스럽다."(사례 3)

"첫째, 예전에는 많은 사람들이 당연하다고 생각했던 '성차별적 요소'들을 이제는 '성인지 감수성'이라는 이름으로 많은 사람들이 개선되어야 한다고 말하는 것을 확인하게 될 때. 예를 들어 '57년만의 미투'에 많은 사람들이 '법이 잘못 됐네', '판사가 잘못 했네' 라고 말하는 걸 확인했을 때."(사례 5)

"불합리와 불평등과 함께 싸우면서 좀 더 바른 세상, 정의를 세울 수 있어 보람 있었습니다. 모기관 관장의 성추행사건, 학교 교사의 성추행 사건 등 묻혀 버릴 수 있는 일들을 기자회견 등을 통해 드러냄으로써 공론화시키고 연대해서 싸웠으며 그 결과 비교적 피해자에게 불이익이 가지 않게 하였고 죄값을 치르도록 할 수 있었습니다."(사례 13)

가족의 변화, 주변 변화도 여성활동가에게 보람을 준다.

"개인적으로는 여성운동을 하면서 나의 삶의 철학이 생기고 가치관의 변화를 가져오면서 가족들의 인식변화를 경험하였다."(사례 3)

6) 인간관계의 친밀감 형성과 연대

친밀한 관계로 인하여 사회운동활동가들은 각각 서로의 생각이나 행동에 큰 영향을 행사한다. 또한 고립감으로부터 공동체 형성과 말이 통하는 사람과의 만남이 보람을 준다. 공론의 장을 마련하고 개인에서 지역사회로 관심이 확장되면서 개인적인 차원이나 조직적인 차원에서 역량을 강화하고 활동을 확장할 수 있는 가능성을 추구하게 되는 것이다. 여성 스스로 사회변화의 필요성을 인정하고 주체로서 자신을 인식하고 참여를 통해 사회의 리더로 성장하는 것이며 여성들과의 만남과 정서적 연대, 자신의 삶을 나누고 공유할 수 있는 공동체를 통해 여성들은 보람을 느낀다.

여성들은 소모임 안에서 자신과 같은 뜻을 가진 동지들을 만나면서 사회적, 정서적 유대감, 인간관계의 친밀감을 형성하는 것이다(황선영, 2011: 71). 이처럼 여성활동가들은 폭넓은 인간관계 형성, 동료들과의 신뢰관계 속에서 친밀감을 형성하는 것, 또한 주변에서 새로운 여성주의자들이 많이 생기고 있다는 것에 보람을 느끼고 있다.(사례 9)

"여성들과 함께 페미니즘 스터디와 실천 활동을 이어오고 있습니다. 페미니즘 스터디, '메두사의 웃음', 페미니즘 철학 공부, 성 주류화정책 모니터링과 토론회, 페미니즘 글쓰기 모임, 페미니즘 영화보기 모임을 통해 공부하고 실천으로 이어질 때 보람과 만족을 느낍니다."(사례 8, 이경옥)

또한 가정폭력, 성폭력 피해자들이 자신의 피해를 딛고 여성운동 활동가가 되고 여성운동의 동지가 되었을 때"(사례 1)도 보람을 느낀다.

"평소에 여성 문제에 관심을 두지 않던 여성들이 막상 가정에서, 또는 직장에서 차별과 혐오를 경험하고 젠더폭력의 피해 당사자가 되는 경우 여성운동단체의 문을 두드리며 도움을 요청하는 경우가 많다. 문제 해결 과정에서 당사자가 제기한 문제가 개인적인 것이 아니라 사회적 문제임을 인식하게 되고 이슈화함으로써 당사자의 사회변화에 대한 인식전환의 계기가 되고 이후 여성운동을 지지하거나 페미니스트로 거듭나는 사례가 있을 때 여성운동에 대한 기쁨이 생긴다."(사례 3)

여성들은 단체활동에 참여함으로써 상호간의 대화와 협력의 과정을 겪고 이를 통해 서로를 격려하고 지지하며 연대의식을 형성하게 된다. 지지집단을 만나며 공동체적인 삶에 대한 관심과 책임감이 증가한다. 또한 가족 외에 나를 인정해 주는 사람, 나를 지지해 주는 사람을 만나게 되면서 보람을 느낀다. "여성운동을 하면서 함께 여성운동을 하는 여성동지를 만나는 것이 큰 행복감."(사례 6)인 것이다.

> "상근을 시작할 때 심리상담학과 편입하고 공부 중이었는데 여성주의 상담 전문가 과정을 대학 공부 중에 병행하면서 여성을, 그리고 젠더 불평등, 차별 그로 인한 일상과 사회적 불합리함의 규정이 일반적이라고 하는 세상의 지식이나 철학에서와 페미니즘의 철학적 접근과 해석이 판이하게 다름을 알게 되고 겪게 됐습니다. 그러면서 그 철학적 차이를 지식으로가 아닌 체득적으로 알게 되는 사람들을 지지하고 그들과 함께하는 제 모습을 보면서 나만 해방된 게 아니라 다른 이들과 함께 해방되는 경험을 하게 됐을 때 내가 지금 하고 있는 활동, 함께 하는 이들이 있어 다행이다는 깨달음이 있었습니다."(사례 11)

> "여성운동으로 세상을 보다 나아지고 있다고 느끼는 것이 쉽지는 않았다. 하지만, 활동을 지속하면서 개인적인 삶의 방식, 생각이 달라지고 살아갈 힘이 생기게 되고 같은 생각과 말을 할 수 있는 동지를 만날 수 있을 때 만족감을 느끼게 된다. 현재 활동하고 있는 단체(창원여성의전화)에서 여성폭력 피해자를 지원하고, 여성폭력 문제에 대해 알려내는 사업을 하면서 지지하고 함께 하는 사람을 만나게 되는 것."(사례 12)

또한 여성활동가들은 "함께 활동을 통해 서로 지지와 공감을 만들어가는 과정"(사례 8)이 뜻깊다고 보았다.

"내가 바라보는 나의 모습이 부끄럽지 않은 것. 여성주의를 만난 활동가들의 깨어있음과 성장. 언제나 지지하고 신뢰하는 여성주의자들을 만나는 것."(사례 4)

"여성과의 연대성 인식하고 지역 여성들과 울타리를 만들어온 것에 만족과 보람 있음. 여성주의를 알고 실천하려는 후배를 위해 모델이 되고 있는 점."(사례 9)

2. 어려운 점과 애로사항

그렇다면 여성활동가들은 여성운동을 함에 있어서 어떤 고민을 안고 있을까? 먼저 여성운동의 불확실한 미래에 대해서 고민하고 힘든 생활 때문에 괴로워한다. 단체의 조직운영 방식이 권위주의적으로 되고 과중한 일에 시달릴 때도 기진맥진해 한다. 그리고 일을 핑계로 가족에게 소홀한 것이 아닌가, 특히 자녀를 위한 절대 시간이 부족한 것을 괴로워하였다. 또한 여성활동가에 대한 사회적 편견 때문에 좌절을 경험하고 있다.

여성활동가들이 지역사회에서 여성활동가가 된다는 것은 상당한 헌신성이 요구되는데 여성활동가들은 아직까지 여성의 정치적 경제적 지위가 낮아서 여전히 여성이 차별과 폭력을 당하는 현실에 분노한다.(사례 6) 특히 "도시보다 인프라도 부족하고 자각된 여성주의자도 거의 없는 농촌에서의 여성운동은 그 버거움에 지쳐서 만족과 보람을 느끼기도 전에 지치고 포기하는 경우들이 더 많은 것이 안타깝다."(사례 7)고 한다. 여성운동단체에서 활동하면서 겪는 어려움은 개인적인 부분과 운동조직적인 부분, 사회문화적인 부분으로 나누어 볼 수 있다.

1) 개인적인 면

단체활동을 하면서 개인적인 성장을 하는 것이 늘 순탄한 것만은 아니다. 한국사회의 성차별적 문화는 가부장제를 유지하는데 기여하면서 전통적인 성역할을 강화해 왔다. 여성들은 결혼을 함과 동시에 아내, 엄마, 며느리로서의 역할 수행을 자연스럽게 받아들이게 되고 전통적인 가부장적 가치에 근거한 규범을 따를 것을 요구 받아 왔다.

성별 분업 속에서의 여성의 역할을 정당화하는 관념인 가정주부 담론과 모성이데올로기는 여성의 위치는 가정이며 여성이 해야 할 일은 가족구성을 돌보고 이들에게 정서적 안정을 제공하는 것이라는 사회적인 통념을 통해(이혜숙, 2015b) 여성들에게 내적 갈등을 가져오며 가족과의 갈등도 가져온다. 따라서 "계속하기 위해 가족 등 주변사람을 설득해야하는 상황"(사례 12)이 생기면서 갈등이 발생하기도 했다는 것이다.

> "개인적으로는 가족들의 요구와 나의 활동이 우선순위를 겨룰 때 힘이 드는 경우가 많았습니다. 저의 시간을 활동에 더 많이 할애할수록 가족들의 불만은 높아지고 그러면 가족 간의 갈등이 발생하기 때문입니다."(사례2)

> "호주제 폐지 투쟁 당시 부모성 함께 쓰기에 대한 사회적 편견이 가정 내 남편과의 논쟁과 싸움으로 갈등을 겪고 여전히 열악한 임금체계와 일인 다역으로 인한 어려움이 있었음."(사례 9)

이와 더불어 생존과 관련한 경제적인 어려움과 자신이 소진되어가는 느낌이 드는 것이 어려움이다. "여성운동이 발전하려면 여성운동을 할 수 있는 인재를 양성하는 것뿐만 아니라 지속가능한 여성운동을 할 수 있도록 물적 토대(최저임금수준의 생활임금)를 만들어주는 제도개선이 필요"(사례 6)하다는 것이다.

> "여성운동이 여성대중을 보기보다 제도권에 더 많은 시선이 옮겨져 있는 모습. 개인적으로 경제적 애로이다. 많은 시간들이 흘렀는데 손에 잡히는 것이 없이 이렇게 끝을 내야 할 것 같은 두려움."(사례 10)

> "여성운동은 내 자신의 삶이고 일이라고 생각합니다. 하지만 여성운동이 지속가능해야 하나, 비상근활동으론 여성운동을 지속적으로 할 수 없습니다. 인간은 누구나 생존권이 보장이 되어야 살아갈 수 있습니다. 개인적으로 내 생활을 내가 책임져야 하므로, 여성운동으로 생존이 가능할 때는 운동을 할 수 있었습니다. 약간의 여유가 있을 때는 비상근으로 여성운동을 할 수 있었지만 그것 또한 한계에 이르렀고 지속가능한 상태는 아닙니다. 여성운동은 경제적 토대가 있어야 가능하다고 생각합니다."(사례 6)

> "성폭력상담원으로 활동할 때는 (상담원 상근 전에는 미술치료사로 가해자 교육도 했었고, 일반 심리치료상담도 했었습니다.) 비밀유지의 원칙이 활동하는 활동가를 참 힘들게 하는구나! 그리고 외롭게 할 때도 있구나 느끼기도 했습니다. 그리고 그것을 소진이라고 명명하는 것이 스스로도 힘들고 조직적으로도 힘듦을 느끼기도 했습니다."(사례 11)

2) 운동조직적인 면

운동조직적인 면에서는 활동가 재생산 어려움, 활동가 양성의 물적 토대 취약, 활동가 충원 문제를 들 수 있다. "무보수 운동가의 노후대책과 사회적 무배려와 비가시성(직업표시란에 운동가, 혹은 시민운동가 항이 없음. 심지어 여성단체 조차도)"(사례 1)의 문제를 지적하고 있으며 "무보수 운동가, 활동가 급여, 어렵사리 발굴한 활동가라 할지라도 최소한의 급여나 활동비를 지급할 물적 토대 마련이 절실"(사례 7)하다는 것이다.

> "조직에 대한 책임감과, 회원들에 대한 연민(?)이 크다. 물론 스스로의 만족감도 전혀 없지는 않겠지만, 이 운동을 지속하려면 비슷한 생각을 가진 사람들이 모이고 활동할 수 있는 물적 제도적 지원이 기본적으로 있어야 할 것 같다. 그런 토대없이 자체적으로 조직도 만들고 사업도 확대하기에는 활동가의 소진이 너무 많다. 후배 활동가를 양성하고 발굴할 주 객관적 조건이 마련되지 않고 있어서 운동의 지속성에서 불안과 걱정이 많다."(사례 7)

활동가 충원 문제는 재정적 기반이 미약하여 여성주의 활동을 하고자 하는 사람들의 유입이 줄어들기 때문에 나타난다. 여성주의 활동은 그만큼 합당한 보수가 제공되기 보다는, 개인의 열정과 선의에 의존하는 노동으로 여겨지기 때문이다.

> "모체인 법인조직은 갈수록 상근활동가가 없는 조직으로, 경제적 토대가 약해서 여성운동활동가를 배출하기가 힘든 상황에 이르렀습니다. 여성인권운동을 할 수 있는 상근활동가가 필요합니다. 여성가족부 또한 제도권 내에 있는 상담소 등에게 해마다 지원을 하면서 여성운동단체의 운영비 등 지원

을 하지 않는 이유를 모르겠습니다. 최근 가정폭력상담소에 인원 1명을 또 증원한다고 하는데 특별한 업무 요청 없이 재정을 낭비하는 지원을 하는 것 같습니다. 성평등한 한국을 만들기 위해, 여성이 행복한 대한민국을 만들기 위해서는 여성인권운동을 하는 활동가 지원이 절실합니다. 그리고 여성운동활동가를 양성해서 운동할 수 있는 여건을 만들어주어야 합니다." (사례 6)

"여성운동단체들은 대부분 비영리단체로써 운영 수익을 창출할 수가 없다. 여성운동을 지지하는 사람들의 후원금으로 운영하는 구조이기 때문에 여성단체의 재정 상황이 너무 열악하다. 17년 동안 여성운동을 해 온 나는 대표로써 인건비는 차치하고서라도 활동비조차 온전히 받아본 적이 없다. 생계를 책임져야하는 활동가를 여성단체의 대표를 세우기가 힘들어 여성운동 활동과는 다소 거리가 있는 재정적 압박을 받지 않는 여성을 일시적 방편으로 대표를 세우기도 한다. 또한 여성단체는 인건비도 부족한 상황에서 활동가를 채용하기가 쉽지 않다. 채용하더라도 열악한 근무 환경으로 활동가가 장기적으로 활동하는 사례가 적고 이직이 빈번하게 발생한다. 이러한 문제로 요즈음 여성단체는 여성운동을 오랫동안 지속하는 대표나 활동가가 많지 않아 여성운동의 전문성에도 우려되는 점이 많다. 그 어느 때보다 여성운동의 필요성이 요구되지만 여성단체의 재정문제가 해결되지 않는 이상 지금과 같은 방식의 여성운동은 지속성을 담보하기 어렵다. 더 이상 여성운동가의 희생과 봉사를 요구할 수는 없지 않은가? 새로운 여성운동 방식에 대한 고민이 많다."(사례 3)

그 외에 "페미니즘 이론의 분화와 발전에 비하여 여성운동에 대한 이론이나 조사, 연구의 저조함"(사례 1)을 지적하고 있으며 또한 운동내부의 갈등도 지적하고 있다. 현재의 활동가는 예전 시기처럼 운동가로 목적의식적으로 여성운동에 입문하는 과정과 달리 가치 있고 의미 있는 일을 하는 직장으로 입문하고 있다는 것이다(김경영, 2016b: 24).

"운동 내부적으로는, 단체 내에서 혹은 단체들 간에 갈등이 일어나는 것이 어려운 점이라고 생각합니다. 여성단체를 통해서 그나마 조금은 말이 통하는 사람들을 만나는 경험을 하게 되니 가부장제 사회에서 각자 나름 받은 상처들을 서로에게서 풀려고 하는 경우가 나타나기도 하는 것 같습니다. 이해를 받는다는 느낌이 더 큰 이해를 요구하게 되고, 그래서 오히려 서로를 할퀴고 서로에게 상처를 주는 것으로 나타나는 경우가 있는 것으로 보입니다. 물론 이러한 감정적 욕구뿐만 아니라 각각의 사안에 대한 이해의 차이도 페미니스트 내에서의 갈등과 분열을 가져오는 이유이겠지요. 그러나 이해의 차이를 해결해나가는 방식 또한 이러한 감정적 욕구에 큰 영향을 받고 있다고 생각합니다. 서로에게서 완전한 이해에 도달하고자 하는 욕망이 이해의 차이를 해결하는 방식에 영향을 끼친다고 보기 때문입니다."(사례 2)

"여성운동 활동가 내의 갈등이나 배척, 분열상황을 접하는 것도 어려운 지점입니다. 특히 운동의 차이(?)를 인정하지 않고 자신만이 절대선이라고 주장하고 다른 운동을 인정하지 않거나 비난하는 경우를 SNS를 통해 보면 힘이 빠지기도 합니다."(사례 8)

운동내부의 가부장성도 지적된다.

"시민운동하시는 분들이 더 가부장적이거나 성폭력적인 언행 등을 서슴지 않을 때 시민단체 활동을 하시는 여성이라는 정체성임에도 불구하고 여성운동의 맥락을 이해하지 않으려고 할 때 정말 회의감이 느껴집니다."
(사례 13)

물적 기반과 관련한 재정상황과 열악한 인건비 때문에도 어렵다. 활동가 양성의 물적 토대가 취약한 것이다. "인건비 마련 등 재정확보가 가장 큰 애로사항"(사례 5)인 것이다. 이런 열악한 사정으로 지역여성운동이 침체된다고 하겠다.

"여성운동을 하면서 갈등과 애로사항, 어려운 점은 20년이 지난 지금도 여전합니다. 여성운동을 지속할 수 있는 활동가를 양성하고 지원할 수 있는 물적 토대가 없다는 것입니다."(사례 6)

"우리 단체는 보조금을 받지 않고 회비로 운영되는 단체이므로 월세와 운영비를 제외하면 인건비가 나오지 않는 구조입니다. 자원활동가로 운영되는 단체이므로 최소한의 활동비를 책정하지 못하는 재정적인 어려운 점이 있습니다."(사례 8)

"여성운동, 여성주의 관점이 다양해지는 현실에서 여성운동에 대한 고민이 있기는 하지만, 개인적으로 활동을 하면서 어려운 점은, 직업, 생계유지를 위해 여성운동을 하는 것은 아니지만 활동을 지속하면서 경제활동이 활동 초기와 차이가 없거나 오히려 줄어들고 있어 계속하는 것이 맞는지 고민한 적이 있다."(사례 12)

상담소 운영과 관련한 제도화의 부작용도 지적되고 있다. "제도화로 인해 여성운동이 제약받는 느낌이 있고, 그로 인해 활동가를 만들어내지 못하고 있는 한계가 있다"(사례 12)는 것이다.

　　"여성운동의 결과 부설 가정폭력상담소, 성폭력 상담소를 만들었으나 폭력반대뿐 만 아니라 여성에 대한 차별에 반대하는 여성인권운동을 하기 보다는 상담소의 구성원들은 폭력피해자에 대한 상담활동에만 중심을 두고 상담소가 차츰 직장으로서, 직원으로서 여성복지시설로서 기능하게 되었다. 여성운동의 성과로서 제도화된 조직들이 다 제도권 내에서 관을 평계로 삼으면서 자신들만의 직장으로서만 안정화를 꾀합니다. 경력이 오래된 소장과 상담원이 상담소가 만들어진 원래의 목적과 달리 관리능력이 약한 법인의 눈치를 볼 필요 없이 노동자의 권익향상이라는 미명하에 상담소를 사유화하는 경향이 일어나고 있습니다."(사례 6)

　　"육아와 일 가정 양립이 가족 내 평등의식과 사회적 돌봄 체계가 부족한 가운데 어려움을 겪었고 공모사업이나 보조금 사업을 기획하는 과정이나 일회성 사업으로 지속성을 담보하지 못하는 가운데 소모적인 사업방식에 소비되는 것의 어려움 있었음. 또한 당면한 여성문제나 투쟁을 기획하고 지속적인 회원조직이나 회원관리, 회원교육 등을 하는 것이 공모사업 추진하다보니 여력이 없어 하지 못하는 어려움이 많았음. 또한 위탁사업을 추진하면서 기관간의 급여차이, 선출직 대표와 상대적으로 안정적인 시설장인 활동가들에게 법인격의 대표가 고용인이 되어 인사관리, 노무관리 방식을 도입하는 과정에 여성주의가 오히려 종사자인 활동가에게는 자율적인 여성주의방식이 통제가 안 되고 권위를 갖지 못하는 가운데 부설기관의 종류가 상이하고 많은 경우 많은 어려움을 안게 됨."(사례 9)

연대의 어려움도 있다.

"그 어느 운동보다 여성단체끼리 연대가 절실한 듯 하지만 연대가 되지 않는다. 어느새 지역에서 몇 십년의 역사를 지닌 여성운동이 권력화, 사유화가 되어 나 아닌 그 어떤 것도 허용되지 않는 가부장적인 모습을 내포하고 있는 모습을 볼 때 너무 힘들고 부끄럽다."(사례 10)

"함께 여성운동을 하는 것이 매번 새로운 경험이라서 어려운 것 같습니다. 함께 하는 이들도 마찬가지일거라는 생각이 듭니다. 그래서 의견이 다를 때가 있고, 그 의견을 조율해야하고, 조율하면서 눈밭에 새로운 길을 만드는 것처럼 뒤에 오는 이들이 우리의 결정이나 행동으로 혹시 어지럽거나 힘들어지는 것은 아닐는지 항상 염려스럽고 확신할 수 없는 것, 그것이 힘든 것 같습니다. 그리고 지금 합의해서 내리는 결정이 최상은 아닐지 모르지만 최선이라는 위안을 스스로 해야 함이 항시 애로사항인 것 같습니다."(사례 11)

3) 사회문화적인 측면

사회문화적인 측면에서는 페미니즘에 대한 무관심한 사회분위기 때문에 어렵다고 보았다. "전반적으로 변화가 느린 생활문화, 가족문화 속의 가부장적이고 성차별적인 관행과의 타협"(사례 1)이 어려운 것이다.

"사회적으로는 여성문제에 대한 사람들의 무관심, 오해 혹은 '나중에' 해결할 일이라고 보는 시선들이 여성운동을 가로막는 걸림돌이라고 봅니다. 특히 지역에서는 페미니즘에 대한 이해가 넓지 않은 편이어서 운동을 확장해나가는 데에 애로가 많았습니다."(사례 2)

여성혐오, 백래쉬도 어려움을 준다.

여성운동(페미니즘)이나 페미니스트에 대해 사람들이 잘못된 편견(여성 상위론자, 별난 여자, 드센 여자...)을 가지고 평가할 때도 힘들지만 유튜버나 SNS, 페이스북, 트윗 등을 통해 모욕하고 명예훼손 시킬 때가 힘듭니다. 고소할 때도 있지만 해외서버라서 경찰에서 '어쩔 수 없다'라고 하기도 하고 너무 많아서 일일이 신고를 못합니다. 창원 여주인 스토킹 살해사건에 대해 집회와 1인 시위 등을 하면서 트윗에 올린 글에 대해 '정신병원에 가야한다, 사형시켜야 한다' 면서 5만 6천명의 구독자가 있는 20대 남자 유튜버가 영상을 통해 계속 비난하고 있어 고소를 하였습니다. 가해자는 모욕죄로 50만원 약식명령을 받았지만 정식재판과 국민참여재판을 청구했고 올해도 2차례 유튜브 영상을 통해 모욕과 정보통신망법에 의한 명예훼손을 하고 있습니다."(사례 8)

"사회가 변화하지 않는다고 느낄 때, 반복되는 사건들, 유사한 사건들이 계속 반복적으로 일어날 때 정말 사회가 변하는지 의문스럽고 절망스럽다. 가정폭력, 성 접대 사건 등이 계속해서 발생하고 여자, 여성이라서 채용에 불이익을 당하고 코로나19 시대에 돌봄노동으로 과부하에 걸리고 해고 1순위로 내몰리는 상황이 반복 되는 것을 보면 정말 1도 변하지 않은 현실이 안타깝다."(사례 13)

또한 "여성의 일임에도 불구하고 여성들이 더 무관심할 때. 아는 만큼 보이겠지만 민감하게 반응할 때는 함께 개선점을 함께 찾기 위해 노력해야 하는 데 오히려 강 건너 불구경 하듯 할 때"(사례 13) 힘들다고 보았으며 특히 농촌문제는 더 심각하다고 보았다.

"여성운동을 지속하는 것이 몇 몇 흔치 않은 활동가의 헌신이나 부담에 의존하지 않으려면 도시에 집중되고 있는 여성센터(취미모임이나 직업교육에만 국한 된 프로그램 지양)의 기능을 확대 강화한 여성가족센터 등이 필요함. 농촌의 여성관련 조직은 지자체에서 직영하는 여성 능력개발센터, 상담소 정도인데, 다문화 건강가정센터 정도인데, 제 각각 여성이 사회의 한 영역을 주도하는 관점보다는 가정에서의 주부역할, 보조자로서 양육자로서, 수용자, 희생하고 봉사하는 관점으로 사업을 진행하는 경향이 많아서 안타까움을 너머 예산 낭비라는 생각이 들 때도 있다."(사례 7)

3. 여성운동을 지속하는 힘

여성운동을 지속하게 하는 것은 여성활동가로서의 끊임없는 정체성 확인과 물적, 인적 토대라고 할 수 있다. 여성활동가는 왜 여성활동가로 살고 있을까? 이를 지속하게 하는 동력은 무엇일까?

1) 삶의 방식 살아가는 힘

인식의 전환과 자존감 향상, 인정받는 공간의 획득 등 스스로 성장, 변화하는 과정에 대한 즐거움은 운동주체로서 살아가는 데 중요한 동력이 된다(최유란, 2015: 24). 여성활동가들은 여성운동은 이미 '삶의 방식'이 되었으며 '살아가는 힘'이며 '지금의 나를 있게 만들어 준 것'으로 보았다.

"주체적 삶의 주인으로 차별을 거부하고 평등을 만들어가는 삶의 한 방식, 앞서서 투쟁하고 희생한 운동가들 덕분에 그 분들의 시대보다 더 나아진 삶을 지금 누린다면 다음 세대를 위한 오늘의 책무. 하던 일, 가던 길에의 익숙

함."(사례 1)

"저에게 여성운동은 제가 삶을 살아가는 힘입니다. 34년 전 25살에 경남 여성회 회원활동을 시작으로 결혼하고 육아로 몇 년을 쉬었던 적이 있었지만 제 삶에서 여성운동은 친구이자, 동반자로서 함께 해 왔습니다. 선배나 후배, 친구들도 여성운동가들이고 이 틀에서 벗어나지 않고 살고 있고 앞으로도 삶이 끝나는 순간까지 페미니스트로 살아갈 것입니다. 여성운동을 지속하는 힘은 제 삶을 새롭게 만들어주고 지탱해 주기 때문입니다. 제가 성장하고 성찰하는 삶을 살 수 있도록 힘이 되기도 합니다. 저는 아무 이유없이 여자라는 이유로 차별받았고 내 자유를 박탈당한 경험을 가지고 있습니다. 저 뿐만 아니라 주변의 여성들이 당하는 것을 보고 자랐고 대다수의 여성들의 얘기나 삶의 현장을 보면 남성들에 의해 성차별, 폭력을 당한 경험을 얘기합니다. 저와 같은 여성들이 삶을 포기하지 않기를 바라는 마음에서 여성운동을 하고 있습니다. 하루하루 공부와 실천으로 다른 차이를 만들어가다 보면 억압받는 존재자들이 좀 더 나은 삶을 선택할 수 있는 날들이 다가오리라고 봅니다."(사례 8)

"나에게 여성운동은, 활동을 한다는 것 자체가 지금의 모습으로 살 수 있게 만들어주었다. 개인적인 여러 상황으로 심리적으로 어려움을 겪고 있었고, 사회로 나오는 것을 거부하던 중에 여성운동을 만났기 때문에 지금의 나를 있게 만들어 준 것이 여성운동이다. 하지만 그러한 이유로 완전하게 즐기면서 활동을 하지는 못했다. 여성운동을 통해 받은 것이 많기 때문에, 받은 만큼 활동을 지속하고 함께하는 사람들도 할 수 있도록 만드는 것이 앞으로 해야 할 일이라 생각하고, 그것이 여성운동을 지속하는 힘이다."(사례 12)

또한 여성운동을 변화를 위한 도전으로 보았다.

> "여성운동은 나에게 일상이다. 하루아침에 이루어야 할 것이 아니라 더디
> 지만 변화를 위한 나의 도전이기도 합니다. 제발 억울함이 없었으면 좋겠습
> 니다."(사례 13)

2) 신념과 책임감

여성활동가들은 여성주의 정체성을 형성하며 사회변화를 위한 활동에서 강
한 신념과 책임감을 느끼고 있다.

> "차별과 폭력에 시달리는 수많은 여성들의 문제는 이 시대를 사는, 먼저
> 인식한 자들의 책임으로 외면할 수 없음."(사례 1)

> "여성운동은 불모지를 개척하고 씨를 부리는 일로 처음에는 싹이 터지지
> 않는 것이 많지만 시간이 지날수록 많은 씨앗이 싹을 틔우고 다양한 열매를
> 맺는 것. 여성운동은 가치로운 것에 대한 통찰을 통해 나를 깨어있게 하므로
> 현재 모습의 나됨을 기뻐하듯 현재로 만들어진 미래의 나 또한 현재의 모습
> 보다 더 성숙된 나이어야 한다는 의지."(사례 4)

3) 공감과 이해, 연대

공감과 이해, 공유하는 삶, 연대도 여성운동을 지속하게 하는 힘이다.

"모든 사람들이 자기인 채로 평안하게 살 수 있는 세상을 만들어나가야 한다는 생각, 그를 위한 실천방향에 조금이라도 도움이 되었으면 하는 바람, 그리고 저와 다른 여성들의 삶의 상황에 대한 공감과 이해가 여성운동을 지속하는 힘이라고 봅니다. 그리고 사회에 대한 책임도 운동을 지속하는 데에 중요한 지표가 되고 있습니다."(사례 2)

"나의 주변에는 사회변화를 꾀하는 여성운동 동지들이 늘 곁에 있기에 함께 만나 여성운동과 사회 변화에 대해 얘기하고 공부하고 공유하는 삶이 즐겁다. 이 즐거운 삶이 여성운동의 원천이라 여겨진다."(사례 3)

연대활동을 함께 하는 서로 신념이 통하는 동지와 가족지지도 여성운동을 지속하는 힘이다.

"함께 고민하고 싸우고 변화를 모색하는 여성운동을 함께 하는 동지들이 있기에 지속할 수 있었다 생각합니다."(사례 13)

"가족이 여성운동을 지지하고 내가 하는 일에 보람과 긍지를 느끼도록 지원해주는 것 또한 내가 운동을 지속하는 힘이다."(사례 3)

"연대활동을 하면서 그리고 활동의 연차가 쌓이면서 다른 시민사회운동도 마찬가지이겠지만 특히 여성운동은 일상의 사소함으로 치부되던 것을 결코 사소하지 않다고 알리는 것이 저 자신에게도, 많은 사람에게도 가장 중요한 것이고, 그래서 더 함께 해야 됨을 깨닫습니다. 그러다보니 여성운동 활동가로 살기 전에는 나의 문제를 혼자 해결하거나 책임져야 되던 것이 이제는 같이 해결 고민하고, 같이 책임지기도 하는 것이 되어가는 것. 그것이 제게는 계속적으로 활동하게 하는 의미이고 힘인 것 같습니다. 여성운동 활동가로 살지 않았다면 일반사람들처럼 경쟁과 생존의 모든 책임과 역할이 오롯이 제 몫 이었을 텐데 지금은 위로와 지지 그리고 새로운 깨달음을 주는 이들이 함께 하고 있음을 알기에 여성운동 활동가로써도, 제 삶을 살아감에도 힘을 받게 되는 것 같습니다."(사례 11)

4) 함께 성장하는 의미 있는 일

여성운동을 지속하는 힘은 그것이 의미 있는 일이며 함께 성장할 수 있어서이다. 여성운동은 이제 생활 그 자체가 되었다는 것으로 "나의 성찰과 성장을 위해 여성들의 다양한 문제와 해결방식을 찾아가는 의미가 있고 여성운동을 지속하는 힘은 연대와 공부를 통해 함께 성장하는 것이 지속가능한 힘"(사례 9)이라는 것이다.

> "과거에도 현재에도 우리 사회는 성평등 사회로의 변화를 요구하고 있고 이 변화를 주도하는 여성단체의 활동은 의미 있는 일이다. 이 의미 있는 일을 누군가는 지속해야 하는데 그 누군가가 '나'와 주변의 여성운동 활동가들인 것이다. 나 스스로 여성운동을 하면서 사회를 바라보는 관점이 달라지고 주변의 약자에 대한 인식변화를 겪으면서 누구나 여성주의를 알게 되면 나와 같은 변화를 경험하게 되리라는 확신이 생겼다. 여성주의는 삶의 지향점을 알려주고 우리 모두가 함께 살아가는 공동체적 운명임을 알게 된 나의 경험을 많은 사람들이 또한 경험하기를 바라기에 이 운동을 지속한다."(사례 3)

> "나에게 여성운동은 그냥 생활이다. 나는 여성이고, 살아있는 동안은 존

엄한 삶을 살기 위한 선택을 할 것이다. 한 인간으로서, 여성으로서 당당한 주체의식을 갖고 삶의 현장에서 최선의 호혜적 선택을 하며 살 수 있는 세상을 만드는 것이 운동의 목표이기 때문이다. 이를 위해 투사가 되어 일선에 서거나, 피해자를 옹호하거나, 그 싸움의 논리를 개발하거나, 아니면 그 언저리에서 언제든 손잡을 준비를 하고 있거나 이런 모든 것들이 다 운동이다. 한 평생을 투사로 싸울 수 있는 사람도 있겠지만 누구에게나 매 순간을 투사로 살도록 강요할 수는 없다. 나 또한 지금의 운동은 얼마든지 숨고르기가 가능한 속도와 강도로, 주로 서류를 통해 하고 있다. 그러나 울분이 끓어오르는 일 앞에서는 당연히 타오르게 될 것이다. 타고남은 재가 다시 기름이 된다고 했던 시인의 말처럼"(사례 5)

여성활동가가 본 경남지역 여성운동의 방향과 과제

> "여성운동은 새로운 활동가 양성과 세대 간의 단절, 세대 간의 욕구가 다양한 상태에서 단일하고 선명한 이슈파이팅으로 집중되기에는 어려움이 있다"(김경영, 2015: 37).

　지역은 여성운동의 대중화와 저변확대에 있어서 그리고 여성운동의 구체화 과정에서 중요하다. 지역여성운동이란 지역적 경계에 대한 인식과 함께 지역 여성을 활동의 주요 대상으로 설정하는 운동을 의미한다. 지역여성운동이 발전하기 위해서는 기존의 한국이라는 추상적 공간을 전제로 한 이슈와 활동보다는 각각의 특수한 구조를 가진 지역이라는 구체적 공간에 위치 지워진 이슈와 활동이 필수적이다. 그리고 그 구체적인 공간성의 획득은 지역사회 밑바닥에 살아가는 여성들의 구체적인 생활현장과 요구에 대한 탐구와 지역사회 구조와 환경에 대한 인식과 연구를 수반하는 것이어야 한다. 여성운동은 추상적인 구호나 이념으로서 존재하는 것이 아니라 결국 삶의 현장인 지역사회에서 구체적인 변화와 발전을 이루는 것이어야 한다.

실제로 지역 시민사회가 발전하기 위해서는 지역에서 생활영역을 담당하고 있는 여성들이 스스로 생활세계의 문제를 공적인 영역으로 끌고 나와 변화시켜 나감으로써 가능하다. 예를 들면 지역의 여성정책에 대한 모니터링을 실시하여 지역의 여성정책 또는 사업들이 여성의 진정한 삶의 질 향상을 위해 수행되고 있는지? 지역의 인적, 물적 자원이 여성발전을 위해 제대로 쓰여지고 있는지? 성폭력을 당한 여성은 재판과정에서 공정한 재판을 받고 있는지? 의회에서 여성문제에 대한 발언은 얼마나 하고 있는지? 등등. 여성의 생활과 관련되는 정책에 대한 감시와 나아가서는 대안제시가 이루어져야 할 것이다.

지역여성운동은 소모임의 활성화와 다양한 일상활동을 통한 조직 확대와 분화, 물적 자원의 동원과 제도화, 풀뿌리 조직화과정을 거치면서 발전해 왔으며 지역여성운동의 세력화의 가능성을 보여주었다. 이러한 지역여성운동의 양적, 질적인 도약을 이루어내기 위해서는 변화하고 있는 지역현실에 맞춰 보다 다양하고 새로운 실천들을 시도해야 하는데 이를 실현하기 위해서는 인적 자원의 동원과 활동가의 안정적인 충원, 운동리더십이 중요하다.

이러한 배경에서 이 장에서는 경남지역 여성활동가들의 설문지 조사를 토대로 현단계 여성운동의 문제점과 과제, 지역여성운동의 특성과 한계, 지역여성운동단체가 관심을 가져야할 여성문제, 지속가능한 여성운동의 방향에 대해서 살펴보기로 한다.

1. 현단계 여성운동의 문제점과 과제

현단계 지역여성운동의 상황은 "지역여성운동의 전근대적 지형, 지역여성운동의 비전 약화, 지역여성단체 연대의 약화, 지역여성활동가 부족, 지역여성활동가 세대 단절"(신미란, 2014: 99) 등으로 평가된다. 기존 연구의 여성활동가에 대한 심층조사 결과를 보아도 현 상황에서 지역여성운동의 문제로 "활동가의 여성운동비전 담보, 여성운동가로서의 전문성, 활동가의 실무자화·고령화의 어려움, 활동가의 재생산의 어려움, 리더의 역할에 대한 고민"(신미란, 2014: 79) 등을 지적하고 있다. 즉 여성단체의 대중적이지 못한 이미지, 여성운동의 복지서비스화, 제도화로 인한 개별단체와 연합간의 연대의 부족, 활동 영역의 축소화 등의 현실에서 여성단체의 향후 비전을 제대로 읽어나가지 못하는 상황을 보여주고 있다. 전 지구적 규모의 신자유주의와 사회구조적 개인화 특성이 여성운동의 정체와 위기를 가져온 배경이 되고 있다는 평가도 있다(박기남, 2012).

또한 지역여성운동에서 개인의 역량과 요구가 높아진 일반 여성의 요구와 차이를 반영한 운동의 비전과 활동의 방향이 모색되어야 함에도 여전히 전근대적인 모습의 조직, 활동가의 역량, 비전의 새로운 모색 부진, 대중성을 확보하지 못한 활동 등의 양상을 보이고 있다는 점도 지적된다(신미란, 2014: 66-67).[1] 새로운 활동가 양성과 세대간의 단절, 세대간의 욕구가 다양한 상태에서 단일하고 선명한 이슈파이팅으로 집중되기에 어려움이 있는 것이다(김경영, 2016a: 50). 경남여성회 사례로 살펴본 여성운동단체의 발전을 위한 과제로는 다음과 같은 점이 지적되고 있다.

---

[1] 조주현은 후기 근대의 특성인 개별화된 개인의 특징을 반영하여 여성운동의 실천적 대안을 추구하는 아고니즘 정치를 논하고 있다(조주현, 2012, 2020).

<참고자료 10-1>

경남여성회의 발전을 위한 과제

1. 제도화된 부설기구와 여성운동의 조직적 과제
2. 회원 활동 강화와 리더가 발굴이 되고 있는가?
3. 활동가 재생산은 잘 되고 있는가?
4. 회원과 지역여성의 여성주의 의식 강화 및 확대를 하고 있는가?
5. 세대 간의 연계를 위한 방안이 있는가?
6. 지역여성리더와의 관계 확대를 위한 활동이 있는가?
7. 즐거운 여성운동이 되고 있는가?

자료: 김경영(2016b: 12-20)

설문지 조사결과를 토대로 살펴보면 여성활동가들은 현 단계 여성운동의 문제점과 과제를 다음과 같이 보고 있다.

1) 지식인여성 중심 운동의 한계

한국에서 여성주의는 주로 지식인층의 전유물이라는 비판이 제기되곤 한다. 한국의 여성운동이 지식인 중심이라는 것인데 이는 여성주의가 일반 대중과 괴리가 있다는 것을 의미한다. 여성이 운동의 주체가 되기 위해서는 여성 자신의 욕구와 문제를 잘 알아야 하는데 사는 지역, 연령, 경제수준 등 상황에 따라 여성의 욕구와 관심이 다르기 때문이다(김윤자, 2014: 46). 여성활동가들은 이를 극복하기 위해 여성운동의 현장에서 운동의 다양성과 대중화의 필요성을 강조하고 있다.

"지식인여성 중심 여성운동의 성과와 한계 극복해야, 1970년대 말-1980

년대 초에 시작된 한국사회의 진보적 여성운동은 주로 지식인여성 중심이었고(이이효재선생님의 여성학 도입과 개설 등이 큰 영향을 미친 것으로 알고 있음). 이와 함께 군사독재정권에 대한 저항과 민주화운동, 활발한 노동운동에서도 중요한 영향 받음. 이후 근 50여년동안의 지식인여성, 도시 중심의 여성운동은 혁혁한 성과를 이루어서 '여성발전'에서 시작하여 '성평등'으로 그 개념을 발전시키면서 관련 법제도와 많은 장치들을 마련하였음. 이와 함께 여성에 대한 차별과 폭력에 대한 제반 문제들을 사회적 이슈로 부각시키면서 '성평등'을 우리 사회가 해결하고 지향해 나가야 할 과제로 자리잡게 하는 데에 성공하였음. 한편 지식인 여성중심의 운동의 한계가 없을 수 없었음도 살펴보아야 함."(사례 1)

이에 농촌여성을 포함한 다양한 여성들의 욕구, 현장 여성들의 목소리가 중요하다고 보았다.

"성차별과 성폭력(gender violence)이 상대적으로 더 심하고 보편화되어 있는 아직은 남성중심 가부장 문화가 만연한 농촌과 여성농민에 대한 연구, 정책, 운동이 빈약하다고 판단됨. 이와 함께 영세사업장(식당, 편의점 등)의 여성노동자 문제, 여성노인, 여성장애인 문제와 함께 주로 농촌으로 간 이주여성의 문제 등, 기층여성들에 대한 관심이 다른 사안, 미투 같은 전국 공통의 사안에 비하여 약한 것으로 보임. 또한 현장의 여성노동자들이나 농촌 여성농민들과의 이슈 공유나 연대가 매우 약함. 현장 여성들의 생생한 목소리들을 더 끌어내면 보다 힘 있는 운동이 될 것이라고 생각함."(사례 1)

따라서 다양한 여성들의 욕구에 관심을 가져야 하며 여성운동이 여성대중을 보기 보다 제도권에 더 많은 시선이 옮겨져 있는 모습이라는 것을 비판하면서

제10장 여성활동가가 본 경남지역여성운동의 방향과 과제

여성대중에 관심을 가져야 한다고 보았다.

"젠더 화해, 여성혐오와 차별을 줄일 수 있는 다양하고 촘촘한 사업들이 진행되어야 함. 성폭력, 성범죄 없는 여성과 아동이 행복한 사회 안전망 구축. 여성가족부, 도 단위 여성가족 사업 등에 일관된 흐름과 관점이 있어야 함. 세대별, 지역별, 직군별 차별 해소 및 다양한 여성들의 욕구와 생활의제를 담을 수 있는 형식과 내용이 필요함. 여성운동이 여성만의 문제가 아니라는 사회적 인식을 넓히기 위한 유아부터 자연스럽게 받아들일 수 있는 제도권 내, 학교에서의 교육이 필요함."(사례 7)

"절대 다수 여성대중이 처해진 돌봄자로서 노동가치를 어떻게 사회적으로 정당한 노동의 가치로 확보해 나갈 것인가에 대해서도 고민해야 한다고 보았다."(사례 10)

2) 비전과 전략, 방향모색

여성운동의 방향과 비전에 대한 고민이 필요하다고 보았다. 즉 사회 변화를 어떻게 받아들이고 어떻게 운동을 해나갈 것인가에 대한 고민이 필요하다는 것이다.

"우선은 우리 사회가 많이 변화했다는 것, 투쟁 중심의 운동에 대한 거부감과 시민들이 개인적인 관심에 집중하는 경향이 늘어가고 있다는 것과 여성운동, 혹은 여성운동단체들이 이런 현상에 제대로 대응하고 있는가에서 문제점과 한계를 찾을 수 있을 것 같습니다. 물론 사회의 변화 자체가 여성운동을 포함하여 각 부분의 운동을 약화시키는 부분은 분명히 있다고 봅니다.

그럼에도 이러한 변화를 어떻게 받아들이고 어떻게 운동을 해나갈 것인가에 대한 고민이 필요해 보입니다."(사례 2)

"여성운동의 방향과 비전에 대한 고민이 필요하다. 20,30대 새로운 여성 운동세력에 대해 목소리를 들으려 하지 않는다. 운동의 방향이 편향적이다. 관행적으로 또는 기존의 방식대로 여성운동을 해 나가는 것에 대해 고민이 필요하다. 자원활동가로 운영되는 여성단체 또한 새로운 상상력이 필요하다. 새로운 상상력은 그저 오지 않는다."(사례 8)

"20-30년 이상 여성운동을 지속해 온 단체(조직)에서 그 단체의 정체성과 비전, 여성운동을 하는 목적, 현재의 활동(운동방식)에 대해 점검할 필요가 있다. 이때, 지금까지의 여성운동을 바꾸는 것이 아니라 정체성과 운동방향을 다시 한 번 돌아보고 재정비/재정립하는 조직의 논의가 필요하다고 생각한다."(사례 12)

"지역에 거점을 둔 단체들의 경우에는 아직도 여성운동이 특정 영역별로 세분화하고 전문화하는 단계로 가지 못하고 있다고 본다."(사례 5)

"우리 지역의 여성운동도 새로운 변화에 대한 공부와 실천력이 필요하다. 기존의 여성운동을 성찰하면서 본질을 물으면서 변화된 여성운동을 만들어 가야 할 것이다."(사례 8)

3) 연대

여성조직 간의 연대를 중요하다고 보았으며 글로벌 여성운동과의 연계, 연대도 중요하게 보고 있다.

> "여성조직 간의 연대도 중요. 경남지역의 여성운동의 흐름을 크게 둘로 나누어 현재의 경남여성단체연합과 경남여성연대가 주도하는 각각의 운동 방향과 내용의 특성들을 살려나가는 동시에 이 두 광역 조직 간의 연대적 운동도 필요해 보임."(사례 1)

> "지역운동과 글로벌 여성운동과의 연계, 연대 필요. 신자유주의의 심화와 신냉전 체제에서 지구촌 여성들의 삶 또한 많은 영향을 받고 있다고 생각함. 초국적 자본들의 자유로운 이동과 노동, 혹은 노동시장의 유연성으로 소위 제3세계 기층여성들의 삶은 많은 영향을 받고 있고, 이주여성문제, 여성노동자 문제와 함께 여성에 대한 폭력 문제를 증가시키고 있음에 주목하여야 함."(사례 1)

4) 세대와 소통, 활동가 충원

여성활동가들은 공동체적 가치가 사라지고 개인의 파편화와 개별화 현상이 심해지고 있다고 보며 새로운 세대와의 소통을 중요하게 보았다. 20-30대 여성의 다양한 방식의 활동이 증가하였는데 이는 새로운 여성주체의 형성을 의미하며 또한 세대별 혹은 여성의 위치에 따른 이해관계 차이와 그에 따른 다양한 관심이 의제로 생성되고 복잡해지는 여성의 위치에 따라 여성들간 이해관계 충돌 현상도 나타난다는 것이다(박진경. 2016: 53).

> "세대 간의 이어짐이 약하다는 부분을 들 수 있을 것 같습니다. 소위 영페

미와 올드페미 사이에 세대 간의 공백이 있고 그래서 두 집단 사이의 차이를 중재할 힘이 약하다고 볼 수 있지 않을까 싶습니다. 이는 여성단체들의 확장성에서 기인하는 바도 있을 것 같은데요, 전 세대를 아울러 회원을 확장하지 못했던 것이 아닐까 생각합니다. 회원들이 나이를 먹고 여성단체도 더불어 나이를 먹어버렸다는 느낌도 있습니다. 그것이 영페미와 올드페미 사이의 의사소통이 원활하지 못하게 하는 또 하나의 이유도 되는 것 같고요."(사례2)

사회운동의 전략과 네트워크 형성, 자원동원 등 세력화는 조직의 운동리더십에 의해 구체화되어 다양한 형태의 집합적 행위로 표출된다. 실제로 사회운동은 운동을 목표지향적으로 이끌어가기 위한 리더의 전반적 기획과 전략적 능력성에 크게 의존한다. 새로운 인적 자원의 충원이 지속적으로 이루어져야 하며 전문성을 강화하려면 활동가 교육이 더욱 필요한 것이다. 그러나 지역여성운동의 경우 젊은 여성들의 충원이 원활하게 이루어지고 있다고 보기 어렵기 때문에 인적 자원의 기본적인 충원과 활동가 양성을 위한 다양한 방안이 있어야 한다. 오랫동안 여성들은 자신들의 능력과 잠재력을 확인하고 활용할 사회적 기제와 통로가 부족하여 가정에 머무르거나 비조직화된 모습으로 존재해왔다. 회원들의 성향이 점점 다양해지고 개인에 대한 관심과 욕구가 커지고 있는 시점에서(윤나래, 2010: 78; 박기남, 2012) 과거와 같은 개인적인 헌신에 의존해 왔던 여성운동은 어렵게 되었다. 차이에 대한 인정과 다양한 활동을 통한 소통과 연대, 정책역량의 강화를 통해 잠재하고 있는 지역여성의 가능성을 개발하여 여성활동가를 길러내고 리더십을 확보하는 것이 중요하다. 과거 여성운동이 개인적인 헌신이 당연시 되었던 시대를 지나 차이에 대한 인정과 다양한 활동을 통한 확장적인 소통의 필요성을 제기한 것이다. 이러한 소통이 잘 이뤄지는 과정에서 여성활동가를 길러내고 리더십을 계발하여야 한다는 것이다.

> "사회의 변화와 의사소통 수단의 변화가 급격히 이루어졌는데 여성단체
> 는 나이를 먹어서 그에 따라가지 못하고 있는 것이 아닌가 싶습니다. 여성에
> 대한 의제는 여기저기서 폭발적으로 터져 나오고 있는데 여성운동단체들이
> 그에 따라가지 못하고 있다는 생각을 하고 있습니다. 사회의 변화를 제대로
> 짚어내고 거기에 맞는 대응방향을 마련하는 것이 필요하다고 생각합니다."
> (사례 2)

여성활동가들은 세대별 혹은 여성의 위치에 따른 이해관계와 여성내부의 차
이, 그에 따른 다양한 관심 의제가 생성되고 있어 과거의 운동의제나 접근방식
에서 벗어나야 한다고 본다. 여성들이 다양한 방식으로 의제를 제안하고 실천
을 이어가는 상황을 지원하고 여성개인들간에 원활한 소통과 연대가 가능한
운동방식으로 변화할 것을 요구받고 있다는 것이다(박진경, 2016: 55).

> "여성운동가들 사이의 차이로 인해 발생하는 서로 다른 목소리에 대한 논
> 의의 장이 필요함. 여전히 여성이라는 이유로, 착취당하고 억압당하는 여성
> 들은 없는가에 대한 끊임없는 살핌. 이제는 서로를 살피는 일에 대한 가치를
> 공유해야 할 때이다."(사례 4)

여성운동의 주류라고 하는 기존 여성단체들이 포용성이 부족하며 영페미니
스트의 등장과 함께 페미니즘이 이슈로 떠올랐지만 영페미니스들이 대중단체
로 들어와 함께 활동하는 것은 쉽지 않다는 것이다. 이에 기존 여성단체들의
역할 설정이 필요하다고 보아 여성운동의 포용성 부족을 지적하며 다양성을

강조한다.

　　"최근 몇 년을 지나면서 여성운동, 페미니즘이 한편으로는 매우 활발해졌
　　다고 할 수 있지만, 그만큼 내부/외부의 어려움이 생겼다고 생각한다. 여성
　　운동 안에서의 다양한 목소리가 만들어지고 확장되는 것은 중요하고 계속되
　　어야 하지만, 그 안에서 세대간의 갈등, 관점의 차이를 다양함으로 이해하지
　　못하는 한계가 있다고 생각한다. 서로의 목소리를 듣고, 각자 하고자 하는
　　것을 더 잘할 수 있도록 하는 것이 필요한데 그러지 못하고 무엇이든 같이
　　하고, 같은 목소리를 내어야한다는 인식부터 바꿔어야 한다."(사례 12)

　　"다양한 영역에서 여성운동의 모습이 보이고 있는데 서로에 대한 이해가
　　부족해서 각각 별개로 생각하는 경향이 있습니다. 예를 들면 여성 인권이라
　　는 것은 여성농민, 여성노동자도 포함하는 개념인데 여성운동의 범주로 생
　　각하지는 않는 것 같습니다. 모든 여성이 같은 투쟁을 할 수는 없습니다. 하
　　지만 여성이면 함께 연대할 수 있는 활동인데 다들 외면한 채 각각 활동만
　　하다 보니 변화가 더 더딘 것 같습니다."(사례 13)

5) 역차별 정서

　여성주의에 대한 사회의 부정적 인식, 여성운동에 대한 가치 폄하 등 역차별
정서에 대한 문화적 접근이 중요하다고 본다. "현재 우리사회는 여성의 권리와
지위가 많이 향상된 것은 사실이나, 남성의 권리와 지위 수준에는 크게 미치지
못하고 있다. 그럼에도 불구하고 여성의 지위와 권리가 향상되었다는 이유로
여성운동은 많은 시민들로부터 공감을 얻지 못하고 있거나 지지를 받지 못하
고 있다. 그러한 이유로 여성운동에 대한 부정적 시각이 팽배하고 여성운동의

가치는 폄하되고 있다."(사례 3)는 것이다.

1987년 이후의 민주화 과정에서 여성운동은 법과 제도를 통해 국가정책으로 추진될 수 있는 성평등 의제를 제시하였고 이는 성평등 제도개혁이라는 현실적 성과를 낳았다. 그러나 이러한 결과는 아직 실질적 평등의 성취에 이르지는 못하고 있다. 법과 제도가 현실과 괴리를 보이는 한국 사회 곳곳에 아직도 성차별적 관행과 문화가 뿌리 깊게 남아 있으며 남성주의적 편견이 성평등을 위한 실천의 발목을 붙잡고 있다. 여성의 교육수준 향상과 경제활동 증가에도 불구하고 성별분리의 구조가 강고하게 지속되고 있으며 기혼여성들은 출산 후 주변적 일자리로 가거나 경력단절을 겪고 있다. 여성의 돌봄 부담을 덜어주는 실질적 지원은 여전히 부족하며 성별 권력위계 속에서 여성들은 성희롱·성폭력 피해를 겪고 있다.

> "여성폭력 대응, 성차별 및 불평등에 대한 대응은 더디지만 제도, 정책, 법이 변화하고 있고 대응할 때 명분이 있기 때문에 여성단체가 대응하는 것이 언론이나 행정에서 관심이라도 두는 데요, 문화적 접근은 여성단체가 아예 하지도 못하고 있고 시도하는 것의 한계점이 많습니다. 그런데 문화적 접근이 병행되지 않으면 여성단체는 열악한 상황에서 계속 몇몇 대표적인 단체들의 연대적 투쟁으로만 될 한계점이 있다고 생각됩니다. 그래서 이제는 일상의 변화, 삶을 바꾸는 문화적 접근에 대한 방법 모색, 활동 방향을 고민해야 될 것이라 보입니다."(사례 11)

6) 제도화의 부정적 결과

여성정책을 법제화하려는 노력이 30여 년간 있었지만 양극화와 불평등이 심화되는 신자유주의 사회에서 여성들의 삶을 누르는 사회적 배제와 차별, 노동 시장의 성별 분리 등 기득권 구조에 개입할 만한 정책 수단을 여전히 확보하지 못하고 있다. 법과 제도를 개선하는 성과는 역설적으로 성평등 의제를 사회의 다양한 영역으로 확산시키기보다는 관료제적 합리성 안으로 제한하는 의도치 않은 결과를 초래하기도 했다.

재정적으로 여성단체의 활동이 다양한 형태의 공적 지원금에 의존하고 있는 이런 상황은 여성단체들이 정부의 정책에 개입하여 참가의 정치를 실현할 수 있다는 점에서 긍정적으로 볼 수 있겠지만 여성운동의 독립성과 자율성을 훼손하는 것일 수도 있다. 왜냐하면 여성운동단체는 정부의 복지서비스 대행 기관이 아니라 자생적인 기반을 유지, 확보하는 것이 필요하기 때문이다. 제도화 과정 속에서 성평등 사회를 위한 운동을 하는 여성운동의 자율성을 어떻게 확보해 나가야 할 것인가가 중요한 과제이다.

지역여성운동의 제도화와 세력화의 관계는 지금까지는 긍정적인 효과가 좀 더 컸다고도 볼 수 있다. 사실 제도의 성인지적 재구조화를 위해 제도화의 전 과정에 개입하는 것은 여성운동의 주요 목표이자 전략이다. 경남지역의 여성 운동단체들도 이러한 제도화 과정을 통해 많은 여성을 만나고 의식화와 조직 화를 할 수 있었다. 그러나 정부의 복지서비스 실무자로 귀결되는 것이 아니라 자생적인 기반을 유지하고 확보하는 것이 여전히 중요하다는 점을 인식하고 있다. 제도화 과정 속에서 성평등 사회를 위한 운동을 하는 여성운동의 자율성 을 어떻게 확보해 나가야 할 것인가가 과제라 하겠다. 여성활동가들은 제도화 의 부정적 결과에 대한 제도적 보완과 극복을 중요하게 보았다. "부설기구가 갖는 의미는 국가책무성 강화, 여성대중 접근성 강화와 당사자 운동 확장, 여 성운동의 지속가능성 등이라는 보다 근본적 목적을 명확히 할 필요가 있다. 국가 세금으로 인한 위탁을 받는 이상 어느 정도의 행정업무는 부담할 수밖에 없지만 운동역량 저하의 원인이 되는 과도한 간섭이나 운동성(정부비판)의 제한, 업무 과부하의 근본적 원인인 불충분한 지원에 관한 여성운동적 차원에서 적극적으로 거부할 수 있는 제도적 보완이 요구된다"(박진경, 2016: 54)는 것이다.

"또 하나의 어려움은 여성운동단체의 제도권 진입으로 인한 부정적 결과이다. 과거 많은 여성운동단체들이 재정 문제를 해결하고자 상담소나 쉼터 등의 부설기관들을 제도권으로 진입시켰다. 그 결과 제도권 내의 부설기관은 재정적 고민은 덜 수 있었지만 순수 후원만으로 운영하는 법인의 재정 문제는 상대적으로 더 열악한 상황에 놓이면서 활동가간의 갈등이 심화되는 결과를 가져왔다. 끝내 그 갈등을 해결하지 못한 여성단체들은 부설기관을 해소함으로써 여성운동의 반경은 좁아졌고 단체는 그 명맥을 근근이 유지하는 정도로 여성운동은 위축되었다. 현재와 같은 방식의 여성운동은 앞으로는 지속하기가 어렵다고 여겨진다. 특히 코로나 팬데믹을 경험하면서 재난시대를 대비한 여성운동의 방향과 방식에 대한 고민 해결이 우리의 과제이다."(사례 3)

"보조금이 지원되는 상담소나 부설기관에서 일하는 활동가는 좀 더 편하고자 더 임금을 받고자 하는 경향이 있다. 또 관변화 되어가고 있지 않은지 끊임없이 성찰하고 비판해야 한다."(사례 8).

"여성폭력상담소운영 당사자들이 여성운동기관내에 있으면서 여성운동기관(법인)을 울타리로 하면서 여성운동에 참여하지 않고 스스로 하는 일이 여성운동이라는 합리화와 안주, 서비스기관으로 역할에 충실한 점. 회원확대를 위한 사회적 활동 확대가 부족한 점, 마을도서관(위탁시설)=여성운동의 과제나 여성주의를 키워나가려는 의지나 내용 빈약, 공격적인 네트워크로 여성주의를 확산하는 목적의식 부족, 작은 욕구를 이슈화하고 실천해 내는 활동에 대한 두려움."(사례 9)

7) 재정적인 면

재정의 확보는 여성운동을 지속적으로 이끌어 나가기 위한 기본 전제가 된다. 여성활동가들은 재정적인 문제의 해결이 중요하다고 보고 있다.

> "자본주의와 결탁한 물질만능 우선 사회에서 여성운동단체의 열악한 재정적 현실에서 여성운동을 하고자 하는 재원이 부족할 수밖에 없다. 그리하여 대부분의 여성단체는 돈도 없고 사람도 없어 여성운동을 지속하는데 많은 한계에 부딪히고 있다."(사례 3)

8) 여성활동가의 생계 문제

여성활동가의 생계보장은 여성운동을 지속시키기 위한 기본 전제이다. 재정지원을 받는 상담소, 평생학습센터 등을 제외하고 지역여성운동단체 사무국의 상황은 너무 취약하다. 물적 토대가 약하므로 조직의 확대나 운동의 지속성을 유지하기 어렵고, 자원활동가들이 어느 정도 시간을 지나 직업을 찾아 떠나는 구조가 이어진다(이경옥, 2019: 47). 여성활동을 자원봉사로만 소비하지 않도록 지원체계의 변화가 필요하다. 활동가의 노년화와 중간리더십의 부재도 해결해야 할 과제이다. 여성활동가들은 "지속가능한 여성운동활동가의 경제적 토대가 튼튼하지 못합니다. 여성운동활동가를 양성하고 배출할 수 있는 구조가 필요하다."(사례 6)고 보고 있다.

"여성운동을 하는 자신의 삶이 기쁘고 행복해야 하나 일에 매몰되어 있는 활동가들은 행복한가? 경제적인 문제가 해결되지 않는 상황에서 활동의 지속성을 요구할 수 있는가? 젊은 활동가들에게 무조건적 헌신만을 강요할 수 없는 현 상황에서 고령화되는 여성운동의 현실을 어떻게 극복할 것인가? 직장인의 정체성을 더 많이 가지고 있는 활동가들에게 여성운동의 당위성을 어떻게 설명하고 동참하게 할 것인가?"(사례 4)

"지역에서 일어나는, 타지역에서 일어나는 모든 성불평등 의제를 한 두 단체가 안고 가고 있고, 자급적 재정구조를 확립하지 못한 상태에서 상근 활동가를 양성하지도 못하는 단체가 대부분이다. 그나마 상근활동가를 한 두 사람이라도 배치할 수 있는 단체의 경우는 설립역사가 오래되어 관성과 의리로 회비를 내는 회원들이 다수 확보되어 있는 경우이거나, GO의 시설이나 기관을 위탁 운영하여 발생하는 수익 등을 낼 수 있는 경우다. 여성운동조직이 재정적으로 안정되어 실무활동가들이 생계를 보장받을 수 있어야 하고 운동의 전문성을 위한 조직적 개인적 노력이 병행되어야 함. 조직적으로는 전문가와 활동가의 사안별 결합이 원활하도록 유연한 운영이 결의되어야 하고, 개인적으로는 관심 분야의 경력관리가 가능하도록 조직 활동 내용의 공유가 필요하다."(사례 5)

9) 전문화와 운동세력의 약화

여성운동이 영역별로 분화되면서 각 영역 별 운동 세력이 약화되는 측면이 있다는 점이다.

"운동이 세분화되고 전문화한다는 것은 세력이 확대되면서 생겨나는 당연하고 바람직한 현상이다. 예전에는 한 두 단체에서 모든 성불평등 의제를 담아 안고 활동하다보니, 활동가는 실무에 지쳐 소진되고, 단체의 활동 경력이 특정 영역의 전문성으로 인정되지도 않는 구조였다. 이것이 수도권 중심의 메이저 단체들 간에는 운동의 세분화 및 전문화로 상당 정도 개선된 측면이 있다. 반면에 이처럼 세분화하고 전문화하는 것이 문제점을 야기하기도 한다. 여성운동이 영역별로 전문성을 갖고 분화되다보니, 각 영역 별 운동세력이 약화되는 측면이 있다. 이를 해결하기 위해 사안별 연대가 필요한 경우가 자주 발생하는데, 이러한 사안 별 연대를 가동할 인적, 재정적 부담, 주도권 등을 둘러싼 갈등이 야기되기도 한다."(사례 5)

10) 정당과의 관계

여성활동가들은 참가의 정치로 정치권에 진출한 여성이 있으나 실망스럽다고 지적하고 있다.

"여성운동이 정당을 지원하는 하부구조가 아니라 차별과 폭력을 없애는 제도개선을 요구할 수 있는 운동단체로 거듭나야 함."(사례 6)

"여성 활동가가 정치인으로 활동하면서 초심을 잃어 가는 거 같아 안타깝다. 여성할당을 주장하며 여성정치인의 많은 진출을 위해 노력하던 활동가들이 정치인으로 활동하면서 관변화되는 것을 종종 목도한다. 기존 정치인들이 지역 관리하듯 …피해자가 아닌 지인에 더 무게를 두는 활동모습은 실망스럽다."(사례 13)

11) 젠더 거버넌스 구축

여성운동을 함에 있어서 여성활동가들은 지역은 지역을 기반으로 성평등 문화를 바꾸는 것에 더 초점을 맞추고 중앙은 그것을 지원하기 위해 제도와 법을 만들어야 한다고 보고 있다. 일상이 바뀌어야 더 큰 피해와 폭력을 막을 수 있다는 것이며(사례 13) 젠더 거버넌스 구축이 중요하다고 보았다.

> "여성운동을 할 수 있는 활동가 양성과 지원이 필요한 제도를 만들어야 하며 여성정책을 생산하여 국가와 지방자치단체가 받아들일 수 있도록 비판할 뿐만 아니라 거버넌스 구축도 필요함."(사례 6)

중앙에 지역여성들의 참여가 필요하며 그 외 방향과 과제로 "회원가입 확대, 공모사업 의존에서 탈피, 이슈 확대, 상근자 중심의 운동방식 극복, 인건비 중심으로 하는데서 탈피, 반상근, 일부 교통비 받는 활동가 양성"(사례 9)이 필요하다고 보았다.

2. 지역여성운동의 특성과 한계

중앙여성운동과 지역여성운동의 불균형한 관계는 무엇인가? 지역의 여성활동가들은 중앙의 여성운동단체와 어떤 관계를 맺어 왔는가? 지역여성운동의 자율성 모색과 한계는 무엇인가? 지역여성운동은 일상에서 드러나는 직접적이고 실제적인 요구들이 더 많다. 지역은 단지 중심에서 밀려난 주변적인 존재, 혹은 소수들의 공간만으로 취급되기에는 많은 역동성과 다양성을 갖추고 있다. 지역여성운동의 특성과 한계를 살펴본다.

1) 서울중심 중앙중심

지역여성운동의 여성이슈는 일상에서 드러나는 직접적이고 실제적인 요구들이 많기 때문에 단체의 어려움과 한계가 중앙에 비해 더 힘든 위치에 놓여 있으며(신미란, 2014: 8) 지역여성운동이 운동을 수행하는 방식은 지역의 독자적인 이슈보다는 전국 차원의 이슈들을 지역차원에서 대행하는 경우가 더 많았다(주경미, 2006: 149-150). 중앙단체에서 여성운동의 방향과 의제를 설정하여 주도하고 지역단체는 이를 실행하는 차원의 운동방식으로 진행되어 온 것이다.

> "정부기구를 비롯한 정책자체가 총체적으로 서울중심 내지는 중앙정부 중심 체계의 한계. 여성운동뿐이 아니고 모든 시민운동이 서울이나 수도권 중심의 중앙집권체계임. 예를 들면 일본군'위안부'관련 서명운동을 지역 단체들에 제안하면 이미 중앙조직 차원에서 정대협의 서명운동 해야 한다고 함. 이는 노동, 농민, 여성 등 모든 부문의 운동에 해당됨. …행정 역시 중앙정부의 시책 전달이 중요한 업무. 중앙정부에 지역단체의 현실이나 의사 반영 기회가 거의 없거나 매우 부족함."(사례 1)

따라서 다양한 방법과 창의력으로 지역이슈를 전국의제로 만들어야 한다고 보았다. 중앙정부의 정책이나 위원회 등의 기구에 지역여성들이 참여할 수 있어야 하는 것이다.

> "성차별, 성폭력 문제에 대한 여러 국제적 협약들의 이행 등에 대한 개입이 중앙단위 여성단체나 서울의 여성활동가 만의 전유물이 되지 않아야 함. 따라서 중앙정부의 정책이나 위원회 등 기구에 지역여성들이 참여할 수 있어야 함."(사례 1)

"중앙조직이 있는 서울에 비해 여성운동 단체 내 위계나 대표성 문제 또한 갈등이 적습니다. 하지만 지역내 여성의제를 중앙에서 받아주지 않으면 전국적인 문제로 이슈화시키기가 힘들다는 것을 경험했습니다. 그래서 다양한 방법과 창의력으로 전국의제로 만들어가야 합니다."(사례 8)

2) 가부장성과 보수성

지역의 가부장적이고 봉건적인 사고와 관점이 매우 강해 여성운동에 대해 공격하거나 무시하는 경향이 강하다. 이를 극복하는 것이 여성활동가의 어려움으로 보았다(사례 7).

"지역의 분위기에 따라 여성운동단체의 확장성이 좌우되므로 경남과 같이 다른 지역보다도 가부장성이 강하고 페미니즘에 대한 이해가 부족한 지역은 여성운동이 활발하게 이루어지기가 어려운 풍토를 가지고 있습니다. 여성운동의 자원(인력과 재원)을 확보하기에도 어려움이 큽니다. 그럼에도 불구하고 경남의 여성들은 여성운동을 발전시키기 위해 부단히 노력해왔고 다른 지역에 앞서 나아가는 부분도 있다고 봅니다."(사례 2)

"서울이나 수도권 지역에 비해 경남에서의 여성운동은 다소 힘든 부분이 많다고 여겨진다. 경남은 수도권에 비해 가부장성이 더욱 견고하여 여성에 대한 차별이 상대적으로 더 심하고 여성운동에 대한 지지도 상대적으로 낮다. 또한 보수성이 강한 정당이 오랜 기간 경남지역 대부분을 장악하고 있는 터라 여성운동에 대한 거부감이 타 지역보다 더 강하다. 이런 영향으로 17기 지방자치단체장 선거이전에는 진보를 표방하는 여성단체와는 거버넌스가 거의 이루어지지 않았고 공무원들과의 정책 교류의 기회도 거의 없었다. 민선 7기 이후 민주당 출신의 도지사가 당선된 후 여성단체 활동은 상당히 활발하여 졌다고 평가할 수 있으나 공무원이나 의회 의원들의 젠더 문제에 대한 의식은 크게 달라지지 않고 있다. 이런 점이 여성운동하면서 한계에 부딪히는 경우가 많다."(사례 3)

"창원과 같은 대도시는 수도권의 도시에서 활동하는 것은 큰 차이가 없다고 생각한다. 그러나 전문직종 종사자 중 여성 비율이 높지 않고, 회원활동 욕구도 수도권에 비해서는 보수적 입장을 가진 사람들이 많아서, 진보여성운동단체의 활동 회원 확보에는 어려움이 있다고 생각한다. 한편, 군 단위나 인구밀집도가 낮은 지역에서의 활동은 보다 생활밀착형 의제로 접근해야 할 것이다."(사례 5)

"경남은 성평등 지수 최하위 지역으로 서울이나 수도권에 비해 더 보수적입니다. 성별고정관념도 강합니다. 실제로 학교에 성평등 교육을 가보면 아이들조차도 성별고정관념을 강하게 보여 백래쉬가 강하게 오기도 합니다."
(사례 13)

3) 물적, 인적 자원 부족

경치, 경제, 문화적 자원 모두 수도권 집중이 심하다 보니 여성활동가들은 지역의 여성단체들이 정보와 자원(인력과 재원)이 부족하다고 보고 있다.

"중요한 것은 우리나라가 경치, 경제, 문화적 자원 모두 수도권 집중이 심하다 보니 지역의 여성단체들은 정보의 부족, 자원(인력과 재원)의 부족 등으로 많은 어려움을 겪고 있는 실정입니다. 페미니즘의 이슈로 제기되는 많은 행사들, 토론회, 간담회, 시위 등의 행사들마저 거의 서울에서 이루어지는 상황이라 지역에서는 그를 따라가기에 벅찬 경우가 많습니다. 그러지 않아도 부족한 인력과 재원에 서울을 다니느라 시간과 돈을 써야 하고 그렇지 않으면 이슈에 대한 정보 부족을 겪게 되는 실정인 것이지요."(사례 2)

경제적 토대, 물적, 인적 자원도 부족하다. "단체의 중앙기관이 서울, 경기에 몰려있다 보니 연대해야 할 일들이 원활하지 않으며 자료를 구하거나 협의할 일도 원활하지 않습니다. 단체 역량강화나 사건의 이해를 위해 교육을 하고 싶어도 강사, 연구인들이 지방으로 오지 않아 어려움이 있다."(사례 13)는 것이다.

"경남에서의 여성운동이 서울이나 수도권에 비해 경제적 토대뿐만 아니라 인적 토대도 약합니다. 경제적 토대와 인적 토대가 약함에도 불구하고 최대한 여성운동을 경남에서 한다고 생각합니다. 경제적 토대와 함께 여성운동활동가를 양성해서 성평등한 경남을 만들어야 한다고 생각합니다." (사례 6)

"서울지역에 비해 물적ㆍ인적자원이 엄청나게 부족합니다. 또 경남은 성평등지수 하위 수준으로 더 가부장적이고 보수적인 지역입니다. 경남여성회는 지역여성운동단체로 전국에서 최초로 만들어진 단체입니다. 이런 토대가 있어서인지 경남지역이 다른 지역보다 여성운동 조직도 많고 여성운동도 역동적이고 활발하게 활동하고 있습니다."(사례 8)

"한 예로 직영하는 곳과 위탁하는 곳의 사업과 프로그램의 질적인 차이도 검정할 필요가 있음. 대학과 대학원에서 여성학 과정을 마련하여 연구자나 활동가들이 계속 나올 수 있어야 함. 특히 서부 경남은 거점 국립대가 있는데, 교육의 다양성 측면에서도 이런 노력과 시도들이 있어야 함."(사례 7)

"경남에서 여성운동을 하다 보면 학습에 참 많이 목마릅니다. 하지만 괜찮은 많은 교육은 주록 서울과 수도권에서 이루어지고 그리고 그 조건 또한 복잡하고 제한이 많아서 막상 참여하여 듣고 싶어도 수강 자체에 제한을 받아 못 듣는 경우도 있습니다. 경남지역 대학 내에서 여성운동 활동가들을 위한 전문 교육 과정들을 많이 만들어 주면 좋겠습니다."(사례 10)

4) 세대 단절, 활동가 키우기 어려움

세대가 단절되고, 활동가를 키우기가 어렵다는 점이다.

"수도권지역에서 전국여성운동을 이끌어왔던 경우 서울, 수도권 여성운동단체가 실질적인 수혜를 많이 받을 수 있었음. 그러나 중앙단위 여성운동이 아니라 지역별 이슈, 지역별 여성운동의 필요성이 제기 되는 상황에 지역여성운동이 더 열악하다고는 할 수 없을 것임. 다만, 경남에서 여성운동은 1세대 2세대 여성운동 지도자와 새로운 세대 간의 단절 현상이 두드러지고 활동가를 키워내는 것이 너무 힘든 상황인 게 수도권과의 차이점임. 한마디로 부익부빈익빈, 최근 경남지역 여성운동 또한 잠재된 청년층의 활동이 많은데 오프라인 중심의 기존 여성운동과 연결성이 부족한 점이 있기는 하나 수요가 많은 성평등교육, 문화활동 부분에서 의식적으로 인재를 찾고 키우는 것이 필요함. 이는 사회적 선배그룹에서 연대하여 지지하고 지원하는 것이 필요함."(사례 9)

제10장 여성활동가가 본 경남지역여성운동의 방향과 과제

"서울지역의 20, 30대 여성청년들의 페미니스트로서의 성장에 비해 우리 지역은 그렇지 못합니다. 인구수가 적은 부분도 있지만 우리 지역의 일자리 문제나 가부장제 문화를 못 견뎌서 지역을 떠나버린 여성청년들이 꽤 있습니다."(사례 8)

5) 소외된 지역적 특성

경남은 농촌지역이 많은 데 이 부분은 더 열악하다는 점이다.

"경제기반이 다른 농어촌 지역에서의 여성운동은 도시 지역과 다른 접근이 필요할 것으로 생각한다. 내 경우는 대도시 기반 여성운동만 해봤기 때문에 농촌지역이나 인구밀도가 낮은 지역의 여성운동에 대한 생각은 관념적인 수준일 수밖에 없다."(사례 5)

"여성을 지지, 지원하는 단체나 기관들도 상대적으로 많지 않고, 또 그마저도 도시에 집중되어 있음. 접근성 면에서 농촌 지역 여성은 어려움을 겪고 있고, 각종 행사나 프로그램 등, 문화적 갈증 해소마저도 쉽지 않음. 경남 여성대회 등 제도권의 행사도 필요하지만, 각 시군마다 여성센터 등이 있으나, 대부분 지자체 직영으로 운영되고, 여성 인력 (능력) 개발 센터들의 프로그램도 취미, 취업 교육에 집중되어 있다. 명실상부 여성으로서의 주체성을 세울 수 있도록 의무적으로 성폭력, 성평등 교육을 진행해야 함. 사업기관에 대한 전수조사를 통해 직영하는 기관의 프로그램들을 점검할 필요가 있음."(사례 7)

그러나 여성활동가들은 지역여성단체로서 좋은 점도 있다는 점을 지적하고 있다. "지역여성단체가 중앙과 제도적, 정책적으로 연계되는 것은 일방적으로 지속된 현상이라 보기 어렵다. 큰 틀은 여연이 만들어낸다면 지역이 각기 가진 역량으로 지역에서 자체적인 부분들을 만들어내기 때문"(육정미, 2010: 76)이다.

"정보에 대한 접근이나 방법에 대한 차이가 있을 수는 있으나 내용의 면에서는 별다른 차이가 없다고 생각함. 자체에 대한 요구나 언론 노출 등은 오히려 더 적극적으로 이루어질 수 있다고 봄."(사례 4)

"서울에 비해 우리 지역에서 여성운동하기가 쉽지는 않지만 여성운동단체간의 연대와 협력을 기반으로 지역여성운동을 기죽지 않고 당당하게 해나가고 있습니다."(사례 8)

"저는 경기도에서 아동기와 청소년기를 보내고 청년기에는 서울과 경기도에서 생활했습니다. 그런데 여성운동은 경남에 이주 후에 알게 되었고 지금껏 하고 있습니다. 서울, 수도권은 사람이 많고 그래서 인재도 많겠지요. 그리고 정부기관이 서울, 수도권에 많으니 대응 활동도 많이 보이겠지요. 그리고 법이 중앙에서 제정되고 지역에서는 바뀔 수 있는 한계가 있기 때문에 대응해봤자 중앙을 움직이는 데는 한계가 분명히 있지요. 그렇지만 코로나 19 이후에 가시적으로 중앙과 지역이 없음을 확인했다고 보여집니다. 시스템적인 한계는 연대로 풀어 낼 수 있다고 생각합니다. 내가 살고 있는 곳이 중앙이고, 그 곳에서 제도, 정책, 시스템 바꿔내는 것은 내가 사는 것에 맞춰서 바꿔내는 것이라고 생각하기 때문에 역할 분담일 뿐이라고 생각합니다."(사례 11)

"지역의 차이, 지역의 특성은 분명히 있다고 생각한다. 개인이 지역이동

(거주지 변화 등)이 없는 환경에서 경남에서 여성운동을 하는 경우, 종종 활동가 개인의 자유로운 활동이 어려운 경우를 보기도 한다(활동을 하고 싶지만, 가족, 지인 등 지역에서의 환경이 자유로운 활동을 하기 어렵게 하는 경우). 그리고 온라인으로 정보의 편차가 없다고는 하지만, 서울중심의 양극화가 더욱 심화되고 있는 현실에 디지털문화가 일상이 되었고 특히 코로나 이후 많은 것들이 온라인으로 이루어지면서 지역에서 여성운동이 아니라도 언제 어디서든 할 수 있고, 개인의 거주지와 상관없이 관심 있는 활동을 할 수 있게 됨으로써 한편으로는 지역의 편차가 생기고 있고, 다른 한편으로는 이를 효과적으로 활용하여 지역의 여성운동이 확장될 수 있다고 생각한다."(사례 12)

3. 지속가능한 여성운동의 방향

지역여성운동조직들의 활동과 관심은 성인지적인 지방자치의 실현을 위해서 중요하며 지역여성운동의 세력화 목표는 운동조직을 활성화하여 지역사회에 영향력을 행사함으로써 성평등한 사회를 만드는 것에 있다. 경남지역 여성들은 지역의 여성문제와 현안들을 자신의 문제로 인식하고 지역여성운동의 저변을 넓혀 왔다. 지역여성정책의 방향은 지방정부에 영향력을 행사하는 지역여성운동의 역량이나 여성연대, 여성의 정치세력화 등과 밀접한 관련을 가진다. 지방정부의 여성정책의 활성화는 지역여성운동과의 역학관계 속에서 젠더정치의 관점에서 볼 수 있다. 지역여성운동의 역량강화와 세력화가 중요한 이유이다. 지역여성운동은 조직정체성에 기반하여 인적자원의 동원, 운동리더십, 운동의 대중화를 통해 '영향력의 정치'와 '참가의 정치'를 실현하고 세력화를 이루고자 한다.

지역여성운동은 소모임의 활성화와 다양한 일상 활동을 통한 조직 확대와 분화, 물적 자원의 동원과 제도화, 풀뿌리 조직화과정을 거치면서 발전해 왔으며 지역여성운동의 세력화의 가능성을 보여주었다. 일반적으로 운동참여자들의 집합적 정체성은 운동의 연속성을 가능케 하며 운동의 목표를 둘러싸고 형성된 운동조직 참여자들 사이의 결속과 조직간 연대의 구축에 있어 대단히 중요한 요소이다. 즉 여성운동의 다양성과 차이에 따른 지역여성운동의 정체성 찾기, 회원들 간의 소통과 민주적 의사결정, 효율적 의사소통체계 마련, 조직의 확대와 분화에 따른 자율성과 책임성 강화, 장기적인 전망수립의 필요성 등이 과제라 할 수 있다.

　지역여성운동의 양적, 질적인 도약을 이루어내기 위해서는 변화하고 있는 지역현실에 맞춰 보다 다양하고 새로운 실천들을 시도해야 하는데 이를 실현하기 위해서는 인적 자원의 동원과 활동가의 안정적인 충원, 운동리더십이 중요하다. 새로운 인적 자원의 충원이 지속적으로 이루어져야 하며 전문성을 강화하려면 활동가 교육이 더욱 필요한 것이다. 그러나 지역여성운동의 경우 젊은 여성들의 충원이 원활하게 이루어지고 있다고 보기 어렵기 때문에 인적 자원의 기본적인 충원과 활동가 양성을 위한 다양한 방안이 있어야 한다. 차이에 대한 인정과 다양한 활동을 통한 소통과 연대, 정책역량의 강화를 통해 잠재하고 있는 지역여성의 가능성을 개발하여 여성활동가를 길러내고 리더십을 확보하는 것이 중요하다.

　여성운동을 둘러싼 상황을 살펴보면 신자유주의가 확산되고 여성차별이 해소되었다는 착시효과, 제도와 인식의 괴리가 있다. 여성운동의 지속가능성에 대한 기존연구는 새로운 담론의 형성과 이를 실행하고 확장할 수 있는 교육 등 프로그램의 문제, 그리고 이 모든 것을 만들어 갈 운동주체의 재생산에 대한

제10장 여성활동가가 본 경남지역여성운동의 방향과 과제

필요성을 제기하고 있다. 신미란은 지역여성활동가가 보는 여성운동성을 "여성운동가로서의 전문성 고취, 여성주의 가치 실천과 확산, 여성운동의 비전 확립"(신미란, 2014: 101)으로 보고 지속가능한 여성운동의 대안은 "활동가 재생산과 전문성 강화, 여성주의 가치의 담보, 수평적이고 포용적인 소통, 활동가의 생계와 노후보장"(신미란, 2014: 91-98)이라 보고 있다. 이 장에서는 설문지 조사를 토대로 여성활동가들이 보는 경남지역 여성운동의 방향과 과제를 살펴본다.

1) 여성운동가 재생산

여성활동가들은 차세대 활동가에 대한 관심과 청년의제 발굴을 통한 운동가 양성을 중요하게 보고 있다.

> "여성청년 페미니스트들과의 만남과 연대를 통한 여성청년의제 발굴과 지지활동에 관심을 가져야 한다고 봅니다. 페미니스트로서 사회를 이끌고 갈 수 있도록 그들의 목소리를 듣고 경청해야 됩니다."(사례 8)

신자유주의 경제하의 한국사회의 개인화 경향이 여성의 삶의 조건에 어떤 영향을 미치고 있는지, 정체기를 맞고 있는 지역여성운동의 원인과 여성의 삶의 조건을 박기남(2012)은 변화시키고 있는 사회 근저의 큰 흐름인 개인화의 관점에서 새롭게 해석하고 있다. 따라서 헌신과 희생에 기대어 여성단체가 유지되기는 어려운 시대이다.

이처럼 지역여성운동의 경우 젊은 여성들의 충원이 원활하게 이루어지고 있다고 보기 어렵기 때문에 인적 자원의 기본적인 충원과 활동가 양성을 위한 다양한 방안이 있어야 한다. 회원들의 성향이 점점 다양해지고 개인에 대한 관심과 욕구가 커지고 있는 시점에서 과거와 같은 개인적인 헌신에 의존해 왔던 여성운동은 어렵게 되었다. 여성활동가의 생계보장, 차이에 대한 인정과 다양한 활동을 통한 소통과 연대, 정책역량의 강화를 통해 잠재하고 있는 지역여성의 가능성을 개발하여 여성활동가를 길러내고 리더십을 확보하는 것이 중요하다.

"여성운동가와 여성운동의 재생산. 여성운동가로서의 기본적 생계가 보장되지 않는 동시에 여성운동가의 재생산이 어려움. 여성운동 단체의 재정적 기반이 허약한 탓이기도 하고 최근 젊은이들에게는 여성운동의 경력이 스펙으로 인정받기 어려운 현실과도 연결됨. '운동가'로서 보다는 '직원'으로서의 실무활동가 정체성의 문제. 이 문제는 운동의 방향과 내용에 영향을 줄 것임. 여성운동단체의 활동가들이 사회변화 운동의 중요한 존재로서 인정받을 수 있는 현실적인 대안이 필요함."(사례 1)

2) 여성혐오와 백래쉬 문제 대응

취업 경쟁의 심화로 압박감을 느끼는 청년 남성들에게 군 가산점제 위헌판결은 박탈감을 주었고 남성들이 오히려 역차별을 받고 있다는 불만이 표출되었다. 즉 여성정책과 여성가족부를 비난하며 역차별을 문제시하는 담론이 존재한다. 여성혐오와 백래쉬 문제이다(이나영, 2019). 여성이슈를 사회의 중심적 이슈로 제기하고 공감대를 얻기 위해서는 여성운동이 더 이상 여성들만을 위한 운동으로 인식 되어서는 안 될 것이다. 성평등과 여성의 역량강화를 위한 국제기구인 유엔여성(UN Women)은 성평등을 위한 남성들의 목소리를 촉구하는 '그녀를 위한 그(He of She)' 캠페인을 주도하고 있다. 성평등은 보편적인 인권과 민주주의의 실현을 위한 것이라는 공감대 확산이 필요한 시점이다. 역차별 정서 극복에 어떻게 접근할 것인가의 문제는 관심이 필요한 주제이다.

> "한국 페미니즘의 위기에는 백래쉬가 많이 나타나고 있다는 점이 포함될
> 수 있을 것입니다. 특히 젊은 남성들을 중심으로 여성혐오가 커지고 있는 것
> 이 걱정스럽습니다. 페미니즘, 혹은 여성의 삶을 이해하고 함께 개선해나가
> 려는 남성들도 많아지고 있지만, 여성을 혐오하는 남성들은 더 가파르게 증
> 가하고 있는 것으로 느껴집니다. 여기에는 한국의 정치 상황이 보수와 진보
> 로 나뉘어서 일군의 사람들이 극우화되어가는 것도 영향을 끼쳤으리라고 봅
> 니다. 지속가능한 여성운동을 위해 필요한 것이라면 먼저 여성운동 내에서
> 차이와 다양성을 인정하는 것에서 시작해야 할 것이라고 봅니다. 배척이 아
> 니라 이해를 통해서 서로를 끌어안는 노력이 필요합니다. 이런 노력을 통해
> 올드페미와 영페미들과의 연대가 이루어지고 영페미들 간의 연대를 이루어
> 내야 할 것입니다. 그러기 위해서는 페미니스트 각자가 서로에 대해 참고 기
> 다려주는 태도가 필요해 보입니다. 마지막으로 백래시, 특히 젊은 남성들의
> 여성혐오 증가추세를 감소시키려면 우리의 정치지형이 좀 더 건강해지도록
> 노력할 필요가 있다고 보고, 어린 시절부터 인간을 대하는 태도, 여성과 남
> 성이 서로를 대하는 태도, 인권과 평등에 관한 교육이 지속적으로 이루어져
> 야 한다고 봅니다."(사례 2)

3) 운동방식에 대한 변화

2016년 강남역 여성혐오 살인사건을 보면서 많은 여성들은 여성혐오를 자신
의 문제로 공감하고 연대하였다. 젊은 여성들의 페미니즘 동참으로 여성운동
이 다변화되었고 SNS를 통한 여성주의의 실천으로 일상의 변화를 이끌고 있
다(이경옥, 2020: 319). 이는 기존 여성운동 방식의 형식과 내용의 변화를 요구하고

있다. 자신의 삶을 변화시키고 일상에서의 페미니즘을 실천하고 대중들과 함께 하는 여성운동이 필요한 시점인 것이다.

2000년대 이후 개인적 삶과 일상생활에서 체감하는 억압과 성차별을 이야기하는 대중적 페미니즘 담론이 다양한 형태로 확대되었으며 이러한 대중적 페미니즘은 그동안 여성정책이 포괄하지 못한 실질적 성차별과 가부장적 문화에 저항하는 여성운동을 하고자 한다. 온라인 공간과 일상생활에서, 즉 제도 밖에서 확산되는 페미니즘 담론의 저변에는 지금까지 여성운동이 충분히 의제화하지 못한 채 이면에 남겨져 있었던 일상적인 차별의 경험과 개별화되어 있던 분노를 표현하려는 욕구가 자리 잡고 있다

촛불집회에서 여성혐오 발언을 한 사회자가 사과하고 여성혐오 가사를 담은 노래로는 무대에 설 수 없었다. 다양한 여성주체들은 여성운동의 가치와 의제의 생성, 운동방식의 변화, 소통방식의 변화, 운동주체의 변화가 필요하다는 문제의식을 제시하고 있다. 낙태를 둘러싼 여성의 재생산권 의제, 성적 소수자 문제 등도 여성운동의 새로운 의제들이며(나영정, 2018) 2016년 헌법재판소가 성매매특별법에 대해 합헌결정을 했지만 성적 자기결정권, 입법의 정당성, 피해의 최소성, 평등권 침해, 처벌의 실효성 등을 둘러싼 쟁점은 여전하다. 차이와 다양성을 지닌 여성들이 어떻게 연대해 나갈 것인지가 중요한 과제이다. "20대 페미니스트들이 많아졌지만 지역에서는 잘 보이지 않는다. 이들이 온라인으로 SNS를 해 활동하고 있지만 운동 현장에서 만나기 힘들다. 그리고 여성단체 활동가로도 들어오지 않는다. 20대와 어떻게 만나고 활동을 연대할 것인가도 쉽지 않다"(이경옥, 2019: 48)는 지적처럼 새로운 세대를 만나기 위해서는 운동방식에 대한 변화가 필요하다는 것이다.

"현재의 운동 방식과 여성단체 운영 방식은 재정 및 인력의 문제로 머지않아 여성운동의 위기를 초래할 것이다. 2016년 강남역 살인사건과 2018년 #미투 이후 젊은 여성 중심의 폭력 저항 운동은 기존의 여성단체가 행하여 온 여성운동 방식과는 확연히 달랐다. 온라인을 적극 활용한 이슈 공유 및 오프라인에서의 집회 방식 또한 여성단체가 눈여겨 볼만한 대목이었다. 지속가능한 여성운동을 위해 여성운동단체들은 이러한 젊은 여성들과의 연대 및 소통으로 젠더폭력 대응에 대한 운동방식에 대한 변화를 가져와야 할 것이다."(사례 3)

지역여성운동은 여러 가지 교육활동과 프로그램 등을 통하여 풀뿌리 조직운동을 위해 노력하고 있다. 따라서 자신이 살고 있는 지역과 삶의 문제에 대해 스스로가 주체로서 참여하고 해결하고자 하며 대안을 모색하는 풀뿌리 여성운동이 더욱 요구된다. 여성운동의 대중화와 풀뿌리 여성운동과 관련하여 지역여성들에게 보다 가까이 다가가기 위해 지부 및 지회 설립의 필요성 여부, 운영 방식, 이들과의 관계정립 등 풀뿌리 활동이 보다 가능한 조직을 어떻게 만들어 나갈 것인가를 모색해야 한다. 다양한 여성단체들, 잠재력 있는 여성들과 어떻게 함께 갈 것인가가 중요한 과제이다.

4) 젠더 거버넌스의 실행 주체

여성운동의 입장에서는 자신의 정체성을 유지하면서 동등한 파트너로 정책과정에 어떻게 참여할 것인가가 중요하다. 성평등 실현을 위한 성주류화 전략이 성공적으로 작동하기 위해서는 성평등 정책의 주요 행위자인 여성단체, 시민단체의 참여와 협치가 중요한 것이다. 거버넌스란 특정의 사회문제를 해결하는 데 있어 과거와 같이 정부가 중심이 된 일방적이고 위계적이며 하향적 조정양식이 아닌 정부와 시장과 시민사회가 갈등과 협력, 협상에 기반 하여 정책산물을 도출하는 과정을 의미한다(원숙연, 2011: 4-7). 지방자치와 지역사회가 발전하고 지역여성정책이 보다 실효성을 갖기 위해서는 젠더 거버넌스의 활성화가 필요하다(김도희, 2019: 2). 성 주류화가 지역에 정착하는데 있어 여성운동단체의 참여에 기반을 둔 젠더 거버넌스가 중요한 축을 형성하는데 지역별 실행주체의 형성은 다양하게 이루어진다(김경희·나성은, 2017: 168). 성 주류화가 제도적으로 정착하는 과정은 젠더 거버넌스를 중심으로 해석되고 평가될 수 있다. 젠더 거버넌스는 자치단체와 여성단체간의 협치이다.

> "국가와 지방자치단체가 성평등한 사회를 만들기 위해 여성운동단체와 거버넌스를 만드는 것입니다. 여성인권운동단체의 비판과 거버넌스를 받아들일 수 있는 국가와 지방자치단체의 자세가 필요합니다."(사례 6)

지역사업에 대해서 성주류화의 관점에서 개입해야 함을 지적하고 있다.

> "현재는 지역개발차원에서의 인적, 물적 변화가 활발하게 이뤄지고 있음에 주목할 필요는 있다. 예를 들어 도시재생 뉴딜, 지역공동체 활성화 사업, 그린뉴딜과 같은 사업들이다. 이런 사업들은 재정적 투입수준이 엄청난 규모인데 사업수행 과정에 여성 참여의 질적 수준과 실질적 수혜효과는 미미한 수준이다. 각 지역에서 해당 사업들에 여성의 참여에 대한 실질적 가치 및 수혜평가가 이뤄지고 이에 기반한 전략적 참여 모델 개발이 필요할 것 같다."(사례 5)

5) 비전 제시

여성활동가들은 여성운동의 비전제시가 중요하며 정체성과 비전을 논의하는 장이 필요하다고 보았다.

"저는 지금의 여성운동의 위기라고 보지는 않습니다. 2016년 강남역 여성혐오 살해사건으로 오히려 점화되었다고 보여집니다. 물론 백래시도 커졌지만 기득권 세력의 백래시(반동)없는 운동이 어디 있겠습니까. 프랑스 인권운동, 노예해방운동이나 쉽게 성취되지 않았고 지금도 완전히 해방되었다고 볼 수 없습니다. 20,30대 여성청년 페미니스트들과도 끊임없이 소통하고 합의하는 여성의제에 대해서는 서로 연대하고 함께 힘을 합쳐서 가부장제 질서에 도전해야 합니다. 페미니즘 사회, 성평등한 사회 위한 상상을 계속하면서 질문과 논의는 계속되어야 합니다. 누가, 어떤 정답을 가지고 있는 것이 아니며 하나의 방향만이 있는 것이 아니라고 봅니다. 각 여성단체의 구성원들이 함께 고민하고 공부하고 토론해서 공명을 올리는 지점에서 출발하는 것이 필요한 것이라고 봅니다."(사례 8)

"요즘 여성운동뿐만 아니라 모든 NGO의 고민은 같다고 생각합니다. 돈 (운영비, 인건비)이겠지요. '우리의 조직이 지속가능한가?'라는 고민을 계속하고 있습니다. 그런데 질문을 수정해야 될 것 같습니다. '우리는 조직을 지속시킬 것인가? 사람을 지속시킬 것인가?' '우리는 조직을 말하는가? 활동가 개인을 말하는가? 여성운동을 한다고 하지만 시스템은 기업을 운영하는 방식을 조직에서 선택해서 이제껏 운영을 해왔고, 그 속에서 가치는 사람 특히 여성의 이슈를 주력하고 있는데, 이 방식의 오류는 당연한 것이라고 생각됩니다. 물론 법에 단체를 운영하는 방식을 규정하고 있기 때문에 자유롭기에는 한계가 있습니다. 그렇지만 대안을 제언하는 활동을 하는 것이 우리의 목적이라면 단체를 운영하는 방식에 대해서도 스스로 대안을 만들기 위함이 있어야 한다고 생각합니다. 세상을 바꾸려고 하면서 스스로를 바꾸려 하지 않는다면, 이것이 여성운동의 위기일지도 모르겠다는 생각을 합니다."(사례 11)

"지역여성운동단체가 관심 두어야 할 문제, 현 단계의 여성운동, 여성운동의 제도화가 주제별 여성운동의 위기라 생각하다. 결국, 여성운동의 위기는 운동을 하는 이유, 목적이 분명하지 않을 때 생길 수 있다. 여성에 대한 폭력을 근절하고 성평등 사회를 이룬다는 분명한 운동의 목적(비전)이 있지만, 그 목적을 제대로 해석하지 못하면 운동의 방향, 내용이 달라질 수밖에 없다. 현재의 여성운동이 변혁의 시기, 혼란의 시기라는 목소리가 나오고 있기도 하다. 여성운동의 위기가 아닌, 지속가능한 여성운동을 위해 각 여성운동단체, 활동가의 정체성과 비전을 논의하는 장이 필요하다. 운동방향과 별개로, 운동을 지속하기 위한 재정적인 한계 또한 많은 여성운동단체들이 겪고 있는 문제이다. 여성운동을 하는 활동가라는 이유로 계속해서 희생을 강요하고 있는 것은 아닌지 생각해 볼 필요가 있다."(사례 12).

2000년대 이후에는 개인적 삶과 일상생활에서 체감하는 억압과 성차별을 이야기하는 대중적 페미니즘 담론이 다양한 형태로 확대되었으며 이러한 대중적 페미니즘은 그동안 여성정책이 포괄하지 못한 실질적 성차별과 가부장적 문화에 저항하는 여성운동을 하고자 한다. 다양한 여성주체들은 여성운동의 가치와 의제의 생성, 운동방식의 변화, 소통방식의 변화, 운동주체의 변화가 필요하다는 문제의식을 제시하고 있다. 낙태를 둘러싼 여성의 재생산권 의제, 성적 소수자 문제 등은 여성운동의 새로운 의제들인데 지역에서도 차이와 다양성을 지닌 다양한 여성주체들의 목소리를 어떻게 반영할 것인지가 중요한 과제이다.

　　"여성운동의 위기뿐 아니라 제반 사회운동의 위기는 자본주의와 노동, 경제 등의 불평등이 사람들의 삶에 위협적인 요소가 되는 사회 현상과 밀접히 닿아 있다. 코로나 위기로 인한 가계 및 사회의 경제적 어려움은 여성들의 삶에 직격탄으로 나타나고 있다. 직장이나 일에서 밀려나거나 가계의 수입이 현격히 줄어들었고, 가정 내에서 가족의 돌봄을 담당하는 여성들이 직면하는 이중, 삼중의 고통들이 소리 없는 올가미로 작용하고 있다. 돌봄 노동의 사회적 책무성을 강화하고, 여성들의 욕구를 충족할 만한 현실적이고 실질적인 가족 정책, 사회 안전망 등이 우선적으로 마련되어야 함."(사례 7)

　지역여성운동단체들이 "활동영역(여성인권, 성주류화정책, 성평등교육, 여성폭력교육 등)에 전문성을 가지고 활동해야 하며 일시적인 활동이 아니라 의제나 사건이 끝날 때 까지 지속적으로 활동을 해야 성과가 나오므로 지치지 말고 각 단체의 활동목표를 세우고 전념할 필요가 있다."(사례 8)고 보았다.

　　"지역에서 일어나는 여성의제, 여성폭력, 여성혐오, 여성노동 등에 대해 이론적으로도 공부가 되어야 하고 공부를 통해 현장에서도 성평등정책 모니터링과 제안활동, 여성폭력에 대한 이슈파이팅도 함께 병행해야 됩니다. 창원 여주인스토킹 살해사건의 경우도 피해자 가족 지원활동은 물론이고 전국적으로 이슈화시키고 스토킹범죄처벌법 제정운동까지 한 것이 결국 22년만에 국회문턱을 넘게 된 것이라고 봅니다."(사례 8)

　또한 지역여성운동이 주체적 입장에 기반한 정체성 확립이 중요하다고 본다.

"한국사회 대부분의 시민운동이 그러하듯이 보다 지역중심적 운동으로 가기 위해 내재화된 주변성, 중앙종속성 탈피 하면 좋겠음. 지역이 바로 세상의 중심이라는 지역운동 주체적 입장이 세워져야 함. … 지역여성운동 단체들이 차별과 폭력에 대응하기도 바쁘고 힘들겠지만 성주류화(Gender Mainstreaming)를 위한 자기정체성 확립이 시급. 즉, 경남지역의 교육, 환경, 교통, 에너지대안, 나아가 한반도 평화에 대한 공동의 사회운영 책임자로서의 정체성과 전략 필요."(사례 1)

6) 활동가의 재생산과 네트워크

여성활동가들은 여성활동가를 양성할 수 없는 구조를 위기로 보아 지원이 필요하다고 본다.

"여성운동을 할 수 있는 활동가를 양성할 수 없는 구조입니다. 지속가능한 여성운동을 하기 위해 여성운동 활동가 양성, 여성정책 양산할 수 있는 활동가 양성을 위한 지원이 필요합니다."(사례 6)

"지역에서 여성단체의 지속성을 위해서는 적어도 여성단체들이 유지될 수 있도록 공간과 인력을 확보하는 방안이 필요하고 지역여성단체 활동가의 역량강화와 연대의 힘을 키우는 것이 필요하다. 여성운동이 지속되기 위해서는 무엇보다 청년 세대들이 우리 사회의 변화의 필요성을 인식하고 여성운동에 대한 관심을 드높여 여성운동 활동가로 영입하는 것이 필요하다 할 것이다."(사례 3)

"지속적으로 활동할 수 있는 20-30대 활동가의 부족, 기본소득 보장제도 마련을 위한 노력, 여성운동을 지지하고 후원할 조직의 구성, 여성운동의 이슈에 대한 적극적 홍보."(사례 4)

"운동의 의제를 생산할 전문인력 부족, 운동의 동력이 되어야 할 활동가가 양성 체계를 갖추지 못함, 단체 운영에 몰두할 수 있는 인적 재정적 인프라 부족."(사례 5)

"사회는 다양한 영역에서 양극화로 치닫고 인터넷의 발달로 익명성에 기인한 표현들은 (특히 여성혐오) 거침없습니다. 그나마 그러한 익명성에 기반하여 넷상의 페미들의 활동도 활발합니다. 솔직하고 적극적인 대응, 미러링 방식의 대응 다소 급진적이기도 하지만 솔직하고 즉각적이어서 사회를 움직이는 데 많은 영향력을 주고 있다고 생각 한다. 그러나 사람들을 챙기고 모아진 의제를 정리하고 실천할 여성운동단체에는 사람이 없습니다. 지속 가능한 여성운동을 위해서는 여성운동의 연결고리를 가질 수 있는 활동가가 필요합니다. 활동가를 세우기 위해서 활동가를 위한 역량강화, 열정페이가 아닌 현실화된 생계지원금에 대책, 다양한 영역에서의 연대를 통한 실천활동 공간, 단체가 굴러가기 위한 최소한의 지원에 대한 대책 (혹은 공감대)을 현실화 하여 실현시킬 필요가 있습니다."(사례 13)

네트워크는 정책결정에 필요한 자원이 분산되어 있는 경우 그 분산된 자원을 모으는 효과적 기제로 작용하고 공동의 정책문제를 해결하기 위하여 정보를 교환하고 동원하는 역할을 하게 된다. 여성정책네트워크는 여성정책 목표 달성을 위해 정부와 조직화된 사적 단체가 상호 의존하는 연계구조라 할 수 있다. 여성정책네트워크를 통해 여성정책 이슈에 대한 이해를 증진하고 공감대 형성을 통해 상호 협력관계를 구축하며 지역여성정책의 계획과 집행, 평가 과정에 지역여성이 참여함으로써 지역사회의 변화에 민감하게 반응할 수 있다. 지역의 여성정책을 개발하기 위해서는 지역의 여성들이 경험하고 있는 문제들을 파악하여 이를 공적 의제화하는 작업이 필요한데 이러한 여성정책네트워크를 통해 여성들이 경험하고 있는 문제를 여론화하고 공론화 할 수 있기 때문이다. 지역여성정책의 활성화를 위해서 이들 간의 네트워크와 협력체계를 구축하는데 구심점이 되어야 하며 이를 통한 공론의 장을 마련할 수 있어야 한다. 그러기 위해서는 충분한 활동 공간이 제공되어야 한다.

> "여성운동의 위기는 활동가를 지속적으로 만들어낼 부대가 부족한 점. 10대. 20대와 연결될 프로그램을 개발해내는 것, 20대의 고민과 이슈를 제기하는 것이 필요. 그래서 이들과 네트워크가 되어야 함. 물론 연령대, 직업별, 연결고리를 만들어내는 것이 필요한데 여성운동의 핵심대오에서 찾기는 더 어려운 실정임. 가장 중점을 두어야 할 것은 대학이나 중고등학교에서 실천과목을 만들어내도록 하는 것 필요. 개인기가 뛰어난 사람들을 개인 사업자나 정치인으로 만들어 내는 것이 필요."(사례 9)

참고문헌 · 색인

■ 참고문헌

강경란(2013), "여성단체 활동가들의 풀뿌리 여성운동 조직 경험 분석", 성공회대
  학교 NGO대학원 석사논문.

강문순(1997), "진주 삼일유치원 원장의 교사 성추행사건을 겪으면서", 진주여성
  민우회, 『진주여성』, 창간호.

_____(2000), "현지조사보고서", 계명대 여성학대학원 기말보고서.

강수돌(외)(2010), "좌담회: 로컬리티, 글로컬리즘을 재사유하다", 『로컬리티인문
  학』, pp.3-43.

강은주(1997), "민우회 회원이 되면서", 진주여성민우회, 『진주여성』, 창간호.

강이수(2003), "90년대 여성운동과 연대, 그리고 정체성의 문제", 김진균(편), 『저
  항, 연대, 기억의 정치』, 문화과학사, pp.103-128.

_____(2013), "여성주의 연구를 돌아보다: 여성운동, 노동, 가족 연구를 중심
  으로", 『경제와 사회』, 100, pp.229-250.

강인순(1997), "87년 이후 마산지역의 여성운동의 흐름", 『사회연구』, 경남대
  학교, 사회학과 10집.

_____(2007), "마산, 창원 지역 여성운동의 현황과 과제", 『한국여성학』, 제
  23권 4호, pp.177-213.

_____(2011a), "창원지역 시민운동의 대두와 조직화: '87년 6월 민주항쟁'
  이후", 『인문논총』, 제27집, 경남대학교 인문과학연구소, pp.311-358.

_____(2011b), "경남지역 여성운동과 시민운동의 중심적 역할을 한 경남여성회", 경남여성회, 『민주화의 길, 그러나 소외된 Herstory 25년을 열다』, 불휘미디어, pp.28-34.

강정숙(2013), "일본군 성노예제 문제해결을 위한 국제교류와 연대: 아시아연대회의를 중심으로", 『한국 여성의 글로컬 연대와 교류의 성과와 전망: 국가와 지역을 넘어』, 한국여성정책연구원-한국여성사학회 공동 심포지엄 자료집, pp.21-37.

강혜경(2011), "나의 삶에 한 점이 된 경남여성회", 경남여성회, 『민주화의 길, 그러나 소외된 Herstory 25년을 열다』, 불휘미디어, pp.61-66.

경남공감, 2021. 5.

경남도민일보, 2002.2.7, 2002.5.25, 2003.5.21, 2004.3.31, 2006.3.24, 2010.7.1, 2012.4.26, 2013.3.11, 2013.5.1. 2020.1.26. 2020.7.23, 2020.11.4, 2021.3.25, 2021.3.30, 2021.8.4.

경남신문, 2018.6.14, 2019.10.23, 2020.2.19, 2021.1.24, 2021.3.24, 2021.10.28. 2021.11.25.

경남여성단체연합 연도별 정기총회자료집(2002-2021).

경남여성단체연합(2002), 창립총회자료집.

_____(2011), 『2011 성주류화와 국제적 연대형성을 위한 여성활동가 국제교류 자료집』.

_____(2012), 『한국 vs 필리핀 여성정치세력화 확대를 위한 워크숍: 정치참여의 성 평등 강화 워크숍』, 2012 필리핀 여성정치인과 여성단체 리더 초청 국제교류사업 자료집.

_____(2019), 『'지속가능한 상생_경남을 말하다!』, 제2차 경상남도 양성평등정책기본계획(2018-2022), 모니터링 보고 및 토론회 자료집.

경남여성단체연합소속단체 설문지 자료.

경남여성단체연합소속단체 홈페이지(http://www.gwau.

경남여성단체협의회 홈페이지(http://www.gncw.or.kr).

경남여성연대(2008), 『경남여성연대 출범식 자료집』.

_____(2021), "경남여성연대 단체소개서".

경남여성인권특별위원회(2012), 『여성권익증진 국제교류사업을 위한 북해도 도청, NGO 포럼 및 방문』, 자료집.

경남여성정치포럼(2008), "발족선언문".

경남여성정치포럼 · 경상남도선거관리위원회(2018), 『지방선거 여성 진출확대, 지금이다!』, 2018년 제1차 정기포럼 자료집.

경남여성회(1989), 『하나되는 여성』, 제5호, pp.6-7.

_____(2011a), 『경남여성회 제25차 정기총회 자료집』.

_____(2011b), 『민주화의 길, 그러나 소외된 Herstory 25년을 열다』, 불휘미디어.

경남여성회 설문조사 자료(2008, 2009).

경남여성회 연도별 정기총회자료집(2000-2021).

경남일보, 2019.11.19, 2021.7.13, 2021.11.29.

경남 정신대문제 대책을 위한 시민연대모임(1997), 『경남 정신대문제 대책을 위한 시민연대모임 창립대회 및 세미나』 자료집.

경남지역사회연구원(2000), 『진주지역사회지표』.

경상남도(2006), 『2005 경남여성통계연보』.

_____(2007), 『경남 여성정책 중기계획(2008-2012)』.

_____(2012), 『2011 경남여성통계연보』.

_____(2018a), 『경상남도 양성평등정책 기본계획』(2018-2022년)』.

_____(2018b), 『2018 경상남도 성인지통계』.

_____(2020), 『경상남도사』 제7권, 경상남도사편찬위원회.

_____(2014a), "여성인권특별위원회 재구성 추천 현황(16명)", 내부 자료.

_____(2014b), 『2014 경상남도 성인지통계』.

_____(2020), 『경상남도사』, 제7권 경제 · 사회.

경상남도 · 경남세계여성인권대회추진위원회(2008a), 『2008경남세계여성인권대

회: 발표자료집』.

_____(2008b), 『2008경남세계여성인권대
회: 결과보고서』.

경상남도여성가족재단(2021), "경상남도 여성가족정책 플랫폼 구축 및 공동협력을
위한 업무협약서", 『경상남도여성가족재단 1주년 기념식 및 세미나』, 자료집,
p.21.

경상남도 여성정책과(2010), 『여성인권지수 개발사업).

경상남도교육청(2013), 『나를 잊지 마세요!』, 일본군 '위안부' 피해자 김복득 할머
니 일대기.

경상남도아동여성안전지역연대(2014), "경상남도아동여성안전지역연대 구성현황", 내
부자료.

경상남도여성가족재단(2021), 『경남도민 공모 여성가족정책 제안서』, 자료집 2021-01.

경상남도의회(2004), 『여성특별위원회 활동결과보고서』.

경상남도의회 여성특별위원회(2003), 『여성특별위원회 활동계획서』.

_____(2004), 『2004 경남여성통계연보』.

고정갑희(2009), "지역, 액티비즘, 페미니즘: 페미니즘에 기반한 지구지역 액티비
즘", 『여성학연구』, 제19권 제1호, 부산대학교 여성연구소, pp.7-31.

공미혜(2014), "부산지역 여성주의 지식생산의 전개 및 전망: 여성주의 지식의 위
기 또는 쇠퇴?", 『한국여성학』, 제30권 3호, pp.1-44.

권김현영(2017), "영 페미니스트, 넷페미의 새로운 도전: 1990년대 중반부터
2000년대 중반까지", 『대한민국 넷페미史』, 나무연필, pp.11-77.

김경애(2001), 『여성의 정치세력화와 지방자치』, 풀빛.

김경영(2008), "경남여성회 돌다리 두드려보기", 『경남여성회』, 제39호, pp.3-5.

_____(2011), "'지역여성운동의 조직과 연대'에 대한 토론: 지역여성운동단체의
성장 동력과 고민지점을 중심으로", 『여성연대의 가능성과 한계』, 한국여
성학회, 경상대 여성연구소 2011년 2차 학술포럼, pp.66-72.

_____(2012a), "위안부 문제 해결을 위한 경남의 활동 보고", 경남여성인권특

별위원회, 여성권익증진 국제교류사업을 위한 북해도 도청, NGO 포럼 및 방문 자료집, pp.44-50.

_____(2012b), "국내와 일본군 '위안부' 문제해결을 위한 활동 현황과 과제", 『2012 전국여성인권포럼 자료집』(일본군 '위안부' 분과: 제국주의 일본이 자행한 여성에 대한 폭력, 일본군 위안부 문제진단과 해결전망). pp.24-28.

_____(2014), "경남지역여성운동, 왜 같이 하나? 무엇을 얻을 것인가?", 『"여성운동, 활동가의 열정과 나눔으로 북돋우다"』, 2014년 경상남도 사회단체지원사업 여성활동가 캠프 자료집, 경남여성단체연합, pp.91-93.

_____(2015), "양성평등문화 실현의 현장: 경남여성운동의 변화와 방향 중심으로", 『양성평등기본법 시행에 따른 정책패러다임과 지역사회변화』, 제20회 부산여성가족정책포럼·제2차 한국여성학회 학술포럼, 부산여성가족개발원, pp.22-38.

_____(2016a), "경남지역여성운동 30년: 일상에서의 성평등을 위하여", 경상대학교 여성연구소·한국여성학회, 『지역여성사를 묻는다: 현황과 과제』, 2016년 가을 학술포럼, pp.37-53.

_____(2016b), "경남여성회의 지역여성운동의 성과와 과제", 경남여성회, 『경남여성운동 Herstory, 다시 길을 찾다: 지역여성운동 30년의 성과와 과제는 무엇인가?』, 2016년 경상남도 여성단체활동 지원사업 자료집. pp.7-50.

김경주(2017), "지방자치단체 성주류화확산을 위한 연구: 전라북도 여성정책담당기구를 중심으로", 『한국자치행정학보』, 제31권 제4호, pp.45-67.

김경희(2004), "일상의 정치(politics of everyday life)를 통한 여성의 임파워먼트", 『한국심리학회지: 여성』, 제9권 1호, 한국심리학회, pp.163-179.

_____(2007), "법제화 운동을 중심으로 본 한국여성운동의 제도화와 위기론", 『사회과학연구』, 제15권 1호, pp.108-141.

_____(2011), "진보적 대중여성운동의 연속성과 변화: 한국여성민우회 활동을 중심으로", 『기억과 전망』, 민주화기념사업회, pp.184-216.

김경희·나성은(2017), "성 주류화 정책에서의 젠더 거버넌스와 여성운동", 『여성학연구』, 제27권 제3호, pp.149-186.

김경희(외)(2020), 『2020년 국가성평등보고서』, 여성가족부.

김도형(외)(2019), 『경남여성가족정책 연구기관 설립 타당성 연구용역 보고서』, 경상남도.

김도희(2019), "젠더거버넌스 실현의 정책적 시사점과 과제: 울산광역시를 중심으로", 『지방정부연구』, 제23권 2호, pp.1-24.

김리나(2017), "메갈리안들의 '여성' 법주 기획과 연대: 중요한 건 '누가' 아닌 우리의 '계획'이다", 『한국여성학』, 제33권 3호, pp.109-140.

김명희(외)(2019), "경남의 평화비 연대와 일본군 '위안부' 운동: 지역 공공역사의 가능성", 『2019 영남여성학포럼』, 경상대학교 여성연구소 자료집, pp.1-24.

김미덕(2011), "지구화 시대 지역연구 지식의 재구성: 방법에 대한 논의를 중심으로", 『국제 · 지역연구』 제20권 2호, pp.127-154.

_____(2012), "한국 페미니즘이 서구 중심적이라는 비판에 대한 (여성주의적) 고찰, 『민주주의와 인권』 제12권 2호, pp.211-258.

김민정a(2000), "20대 여성학 소모임", 『경남여성회』, pp.16-18.

김민정b(2020), "2015년 이후 한국 여성운동의 새로운 동향", 『정치정보연구』, 제23권 2호, 한국정치정보학회, pp.59-88.

김보명(2018), "페미니즘의 재부상, 그 경로와 특징들", 『경제와 사회』, 통권 제118호, 비판사회학회, pp.99-138.

_____(2019a), "촛불광장 이후의 젠더민주주의를 향한 실천", 『안과 밖』, No. 46, 영미문학연구회, pp.179-202.

_____(2019b), "젠더 갈등과 반페미니즘의 문법", 『비교문화연구』, 제56집, 경희대학교 비교문화연구소, pp.1-25.

김승경 · 이나영(2006), "학제간 학문으로서의 여성학: 여성학(과)의 정체성 및 제도화의 문제를 중심으로", 『한국여성학』 제22권 1호, pp.35-75.

김엘리(2013), "정체성의 정치에서 횡단의 정치로: 「젠더와 민족」", 『아시아여성연구』, 제52권 1호, pp.193-200.

김연우(2000), "모두가 아름다운 여성이기를 꿈꾸며", 진주여성민우회, 『진주여성』 11, p.3.

김영남(2012), "풀뿌리여성운동을 통해 본 여성주의 시민성의 확장에 관한 연구-대전여민회 활동을 중심으로", 성공회대학교 NGO 대학원, 석사논문.

김영선(2010), "한국 여성학 제도화의 궤적과 과제", 『현상과 인식』, 제34권 3호, pp.323-350.

_____(2013), "한국여성학 제도화의 전사기(1960-70년대) 지식생산의 동학: 장소 · 사람 · 프로젝트", 『현상과 인식』 제37권 3호, pp.117-139.

김영화 · 김태일(2012), "'대구경북학'의 모색: 다른 지역학이 주는 함의를 중심으로", 『사과학담론과 정책』, 제5권 1호, pp.117-147.

김영희(2000), "차이와 연대: 여성운동을 중심으로", 『창작과 비평』, 통권 108, 창작과 비평사, pp.6-21.

김용구(2009), "로컬리티의 문화정치학과 비판적 로컬리티 연구" 『로컬리티, 인문학의 새로운 지평』, 혜안, pp.73-113.

김원홍(외)(2004), 『지자체 성주류화 기반분석 및 여성부와의 연계방안』, 여성부.

김윤자(2014), "나와 세상을 바꾸는 열정-NGO", 『"여성운동, 활동가의 열정과 나눔으로 북돋우다"』, 2014년 경상남도 사회단체지원사업 여성활동가 캠프 자료집, 경남여성단체연합, pp.46-49.

_____(2016), "양성평등기금 폐지이후 2015년, 2016년 경상남도 여성정책과 예산 모니터링 보고서", 경남여성단체연합 부설 경남여성정책센터(외), 『양성평등기금 폐지이후 경남여성정책과 예산 모니터링 보고 및 토론회』, pp.3-26.

김은미(2000), "한국 지역정치의 변화와 지역운동의 제도화", 이대 대학원 박사논문.

김종미(1999), "민우회 지역여성운동의 사회운동적 의미와 지도자 역할: 시민권의 성취와 경제세력화, 그리고 가치를 전환을 위한 정치세력화를 위하여", 한국여성민우회, 『지역여성운동의 이론적 정체성을 찾아서』, pp.45-71.

김지훈(2003), "마산, 창원 지역시민운동단체의 내부구조와 조직유형에 관한 사례연구", 경남대학교 대학원 NGO 협동과정 석사논문.

김태수(2007), "집단행동의 사회학: 자원동원 모델의 성과, 한계 및 전망", 한양대학교 제3섹터연구소, 『시민사회와 NGO』, pp.143-281.

김판석(2000), "지방자치단체의 국제교류 발전 방향", 『한국지방자치학회보』, 제12권 4호, 한국지방자치학회, pp.5-31.

김현미(1999), "아시아 여성학과 탈식민주의", 철학문화연구소, 『철학과 현실』 43, pp.209-222.

김현숙(2004), "경남여성회 회원 활동의 전망", 『경남여성회』, 제27호, pp.14-15.

_____(2005), "지역을 바꾸는 힘, 여성!!!", 『경남여성회』, 제31호, pp.12-13.

김현아(2004), "지역여성운동의 세력화와 제도화: 동북여성민우회 사례분석", 이화여자대학교 사회학과 석사논문.

김혜경(1999), "지역여성운동의 성격연구: 경기도 여성단체를 중심으로", 『사회과학연구논총』, pp.197-226.

김혜경 · 남궁명희 · 이순미(2009), "지역에서의 여성학 고유의 현재와 특성: 전북지역 및 전북대학을 중심으로", 『한국여성학』, 제25권 3호, pp.151-193.

김혜순(2007), "성인지성과 지방인지성", 한국사회학회 사회학대회 논문자료집, pp.475-487.

김혜정(2005), "성인지적 관점에서 본 경상남도 여성정책의 현황", 「여성연구논집」, 제16집, 신라대학교 여성문제연구소, pp.63-96.

_____(2019), "경남과 부산의 양성평등정책 현황 및 개선방향", 『지속가능한 상생 _경남을 말하다!』, 제2차 경상남도 양성평등정책기본계획(2018-2022), 모니터링 보고 및 토론회 자료집, pp.67-77.

김희경(2009), "지방자치와 지역여성운동", 『지구화, 지방화 시대의 지역여성과 여성운동』, 2009년 경상대 여성연구소 창립기념 학술대회 자료집, pp.1-15.

_____(2018), "성주류화 전략과 재정민주화의 접점: 성인지예산제도", 경상대학교 여성연구소 초청강연자료.

_____(2020), 『경상남도의회 성인지적 운영 방안 모색을 위한 기초연구: 제11대 경상남도의회 및 지원조직 성인지 평가를 중심으로』, 2020 성평등시민

　　　　재정연구소 연구보고서.

_____(2021), 『경상남도 성평등 정책 체감도 조사: 성평등 정책 추진부서 위탁
　　　　업무 수행기관 및 유관단체 종사자를 대상으로』, 경상남도의회, 2021 성
　　　　평등시민재정연구소 연구보고서.

나영정(2018), "여성운동의 새로운 의제들: 영 페미니즘, 소수자 여성운동, 재생
　　　　산권 등을 중심으로", 글로컬 페미니즘학교 기획, 『액티비즘』, pp.111-138.

노현정(2006), "지역여성운동의 구조와 성격: 사) 전북여성단체연합을 중심으로",
　　　　한국여성학회 제 22차 추계학술대회 자료집, pp.117-134.

뉴스렙, 2020.9.24.

뉴시스, 2020.11.25.

마상열(2013), "수도권·비수도권의 지역격차실태와 완화를 위한 경남의 과제", 『경
　　　　남정책Brief』경남발전연구원. pp.1-16.

머니투데이, 2020.12.30.

멜루치, 알베르토(1980), 『새로운 사회운동에 대한 이론적 접근』, 정수복 편역, 『새
　　　　로운 사회운동과 참여민주주의』, 문학과 지성사, pp.130-161.

문경희·황세실(2012), "경남여성단체연합과 필리핀 여성을 위한 가브리엘라 전국
　　　　연맹 간 국제연대 강화와 여성정치참여 확대를 위한 공동이슈제안", 『한국
　　　　vs 필리핀 여성정치세력화 확대를 위한 워크숍: 정치참여의 성 평등 강화 워
　　　　크숍』, 경남여성단체연합(주최), 2012 필리핀 여성정치인과 여성단체 리더초
　　　　청국제교류사업 자료집. pp.85-89.

문소정(2009), "동아시아 페미니즘 시각에서 본 한국여성평화운동에 관한 연구:
　　　　'평화여성회'의 인지적 실천과 딜레마을 중심으로", 『사회와 역사』, 통권 제
　　　　84집, 한국사회사학회, pp.263-293.

문정희(2021), "경남 성주류화 플랫폼: 경상남도여성가족재단", 『경상남도여성가
　　　　족재단 1주년 기념식 및 세미나』 자료집, 경상남도여성가족재단, pp.12-19.

민가영(2011), "국가횡단적 비교 여성학의 모색: 아시아 여성학에 대한 재검토를
　　　　중심으로", 『역사와 문화』, 문화사학회. pp.81-107.

민경자(2011), "사회변화에 부응하는 경남여성정책의 방향", 경상남도 · 경남발전연구원, 『경남여성정책포럼』 자료집, pp.13-28.

민말순(2011), "1990년대 이후 여성가족정책을 통해 본 경남 여성의 삶", 『경남여성 100년의 삶과 역사』, 경상남도 · 경남여성인권특별위원회(주최), 경상대학교 여성연구소(주관), 경남여성사발간을 위한 학술대회 자료집, pp.127-143.

_____(2012), "성주류화 패러다임 도입과 경남 여성가족정책", 이자성 · 손상락(외)(2012), 『지방자치와 지역발전』, 한울, pp.486-505.

민말순(외)(2003), 『21세기 경남여성정책 마스터 플랜』, 경상남도.

박기남(2011), "차이의 페미니즘의 실천적 모색: 강원지역 여성운동을 중심으로", 『젠더연구』, 제16호, 동덕여자대학교 한국여성연구소, pp.109-130.

_____(2012), "개인화 시대의 여성운동 방향 탐색: 한국여성민우회 회원 인터뷰를 중심으로", 『페미니즘연구』 제12권 1호, pp.73-116.

박기남, 김연순(2007), "여성, 지역을 세상의 중심으로 바꾸다", 『여성운동 새로쓰기』, 한국여성민우회 20년운동사 연구위원회(엮음), 한울, pp.331-376.

박기남 · 신경아(2010), "지역 여성 연구의 현황과 쟁점: '차이의 페미니즘'의 실천적 모색", 『여성주의 지역연구, 어떻게 할 것인가?』, 2010년 한국여성학회 제2차 학술포럼 자료집, pp.23-54.

박명숙, 2012, "2012년 경상남도 여성가족정책방향", 『경남 성평등 수준향상을 위한 정책토론 워크숍』 자료집, pp.35-81.

박영미(2007), "풀뿌리 여성운동 어떻게 할까?", 『경남여성회』, 제37호, pp.6-8.

박인혜(2011), 『여성운동 프레임과 주체의 변화: 여성인권 담론을 중심으로』, 한울.

박진경(2016), "경남여성회, 30년 역사 위에 30년의 희망을 찾다", 경남여성회, 『경남 여성운동 Herstory, 다시 길을 찾다: 지역여성운동 30년의 성과와 과제는 무엇인가?』, pp.53-64.

배선희(2007), 『국가페미니즘의 정치학』, 한국학술정보.

배진숙(2011), "내 인생의 소중한 사람들은 모두 여성회에 있다", 경남여성회, 『민주화의 길, 그러나 소외된 Herstory 25년을 열다』, 불휘미디어, pp.67-70.

사회문화연구소(편)(1993), 『사회운동론』, 사회문화연구소.

서두원(2012), "젠더 제도화의 결과와 한국 여성운동의 동학", 『아세아연구』, 제 55권 1호, pp.162-192.

서미라(2002), "정치적 기회구조의 변화와 '진보적' 여성운동의 제도화: 〈한국여 성단체연합〉을 중심으로, 성공회대학교 시민사회복지대학원 석사논문.

서해숙(2013), "지역여성주의 시각에서 살펴 본 민속문화의 전통과 변화", 『한국 민속학』 57, pp.205-236.

세계일보, 2021.4.15.

손희정(2017), "페미니즘 리부트, 새로운 여성 주체의 등장: 2000년대 중반부터 현재까지", 『대한민국 넷페미史』, 나무연필, pp.79-143.

송도자(2012), "일본군 '위안부' 문제해결을 위한 경남지역 활동과 모색", 『2012 전국 여성인권포럼 자료집』(일본군 '위안부' 분과: 제국주의 일본이 자행한 여성에 대 한 폭력, 일본군 위안부 문제진단과 해결전망). pp.29-39.

_____(2019), "일본군 '위안부', 그 기록과 기억의 장치: 경남지역 일본군 '위안 부' 역사관 건립의 중요성, 경상대 사회과학연구원(외) 주최 및 주관, 『지역에 서 바라본 일본군 성노예제와 과거사 반성: 책임의 자리와 공동체의 윤리』, 2019년 국립대학 육성사업 자료집, pp.59-63.

송호근(1998), "신사회운동 참여자 분석", 서울대학교 사회과학연구원, 『한국사 회과학』, 제 20권 3호, pp.45-74.

_____(2001), "신사회운동 참여자 분석: 누가, 왜, 어떻게 참여하는가?", 송 호근·임현진·권태환, 『신사회운동의 사회학: 세계적 추세와 한국』, 서울대 학교 출판부, pp.223-254.

스코트, 알랜(1990), "새로운 사회운동의 이데올로기와 조직", 정수복 편역 『새로 운 사회운동과 참여민주주의』, 문학과 지성사, pp.217-26.

신미란(2014), "지역여성운동 활동가의 '여성운동성': 경남지역 활동가의 사례를 중심으로", 계명대학교 정책대학원 여성학과 석사논문.

신상숙(2007), "여성폭력추방운동의 역사적 맥락과 제도화 과정의 차이: 미국과

영국의 사례를 중심으로", 『한국여성학』, 제23권 3호, pp.5-42.

_____(2008), "제도화 과정과 갈등적 협력의 동학: 한국의 반(反)성폭력운동
과 국가정책", 『한국여성학』, 제24권 1호, pp.83-119.

_____(2011), "신자유주의 시대의 젠더-거버넌스-국가기구의 제도적 선택성과
여성운동", 『페미니즘연구』, 제11권 2호, 한국여성연구소, pp.153-197.

_____(2016), "3·8세계여성의 날 기념의례의 분석을 통해 본 진보적 여성연
대: 한국여성대회(1985-2016년)를 중심으로", 『기억과 전망』, 35권, 민주
화운동기념사회업회, pp.319-371.

신영숙(2011), "일제 시기 경남 여성의 일상과 여성운동", 『경남여성 100년의 삶과
역사』, 경상남도·경남여성인권특별위원회(주최), 경상대학교 여성연구소(주
관), 경남여성사발간을 위한 학술대회 자료집, pp.1-33.

신영옥(2011), "지역여성운동담론의 변화과정과 성격에 관한 연구: '여성의전화'의
사례를 중심으로", 성공회대학교 NGO 대학원 석사논문.

신혜빈(2016), "온라인 여초 커뮤니티에 나타난 젠더의 재구성과 그 의의: '메갈
리아'를 중심으로", 『ATE』, 이화여자대학교 스크랜튼대학 스크랜튼학부, 제
6권, pp.103-136.

심인선(외)(2007), 『경남 여성정책 중기계획』(2008-2012), 경상남도.

안경주(2015), "지역 여성 활동가들의 행위력이 소환한 미생(未生)의 '여성학'과 지역
현장여성주의의 동학: 광주지역 차세대 과정을 중심으로", 『한국여성학』, 제31
권 4호, 한국여성학회, pp.253-294.

안숙영(2012), "글로벌, 로컬 그리고 젠더: 지구화 시대 공간에 대한 새로운 이해를
위하여", 『여성학연구』, 제22권 제2호, 부산대학교 여성연구소, pp.7-32.

안진(2007), "광주전남지역 여성운동의 성격 변화에 관한 연구: 진보적 여성운동
단체들을 중심으로", 『여성학논집』, 제24집, 1호, 이화여자대학교 한국여성
연구원, pp.73-110.

_____(2013), "광주전남지역 여성운동의 연대를 위한 모색", 『여성과 역사』, 18,
pp.83-135.

여성가족부(2021), 『제2차 양성평등정책 기본계획(2018-2022): 2021년도 시행 계획』, 지방자치단체 I.

여성가족아동국(2021), 『2021년도 주요업무보고』, 경상남도.

여성가족아동국(여성정책과)(2021), 『여성정책과 업무편람』, 경상남도.

연합뉴스, 2021.3.23.

오김숙이(2021), "급진성에 대한 질문-포스트 메갈리안 시대 새로운 여성주체와 한국 여성운동의 계보", 『페미니즘연구』, 제21권 1호, 한국여성연구소, pp.133-160.

오마이뉴스, 2020.7.16, 2021.6.22.

오미란·안진(2015), 『민주장정 100년, 광주·전남지역 사회운동 연구: 여성운동』, 생각쉼표 & (주)휴먼컬처아리랑.

오유석(2010), "여성운동의 변화와 분화: 여성정치세력화를 중심으로", 『거대한 운동에서 차이의 운동들로: 한국 민주화와 분화하는 사회운동들』, 한울, pp.245-288.

원숙연(2011), "젠더-'거버넌스'? '젠더'-거버넌스?" : 서울시의 '여성이 행복한 도시 프로젝트'에 대한 비판적 분석』, 『2011여성학논집』, 제28집 2호, pp.3-36.

유치원 원장 성추행 피해 교사를 위한 대책위원회(1999), 『성추행 사건부터 진주여성 평등 기금까지 종합보고서』.

육정미(2010), "여성단체 활동가의 여성주의 실천에 관한 연구: 대구지역 활동가를 중심으로", 계명대 여성하대학원 석사논문.

윤경순(1998), "1년을 돌아보며", 진주여성민우회, 『진주여성』 3.

윤광제·김태운(2019), "지역 여성정책전문 연구기관에 대한 연구: 지역적 특수성과 협력적 거버넌스를 중심으로", 『한국지방자치연구』, 제21권 제3화 통권 68호, pp.101-120.

윤나래(2010), "주부들의 여성주의 '실천인문학' 공부와 풀뿌리 여성운동의 가능성", 이화여자대학교 대학원 석사논문.

윤미향(2011), "20년간의 수요일: 일본군 '위안부' 문제 해결을 위한 생존자들과 여성들의 연대", 『한국여성신학』, 74(겨울), pp.146-174.

_____(2012), "20년간의 수요일: 일본군 '위안부' 문제 해결을 위한 생존자들과

여성들의 연대", 『한국여성사학』, 한국여신학자협의회, pp.146-174.

윤소영(2019), "성평등 후퇴지역 경남, 지속가능발전모색", 여성신문, 2019.5.2.

윤정숙(2004), "진보적 여성운동의 전환을 위한 모색", 『창작과 비평』, 제125호, pp.55-69.

윤택림(2002), "질적 연구 방법과 젠더: 여성주의 문화기술지(feminist ethnog-raphy)의 정립을 향하여", 『한국여성학』, 제18권 2호, pp.201-229.

윤택림(2010), "여성은 스스로 말 할 수 있는가: 여성 구술 생애사 연구의 쟁점과 방법론적 논의", 『2010 여성학논집』, 제27권 2호, pp77-111.

윤혜린(2007), "지구지역시대 아시아 여성주의 공간의 모색", 『한국여성철학』 8: 115-139.

_____(2010), "토착성에 기반한 아시아 여성주의 연구 시론", 『여성학논집』, 제27권 2호, pp.3-36.

이강실(2002), "격려사", 『경남여연 창립대회자료집』, p.6.

이경옥(2005), "2006년 지방정치 여성이 새롭게 열어 가자!!", 『경남여성회』, 제31호.

_____(2007a), "경남여성회 창립 20주년을 맞이하여", 『경남여성회』, 제35호, pp.3-4.

_____(2007b), "80년대 여성운동 체험과 성찰", 『경남여성회』, 제37호, pp.3-5.

_____(2008), "대선이후 여성운동의 과제", 『경남여성회』, 제38호.

_____(2010), "경남지역 여성정치세력화를 위한 활동과 과제", 『지방자치와 여성의 정치세력화』, 2012년 경상대 여성연구소 학술대회 자료집, pp.32-39. 경상대학교. 2010.4.29.

_____(2014), "경남여성정치세력화 성과와 과제", 『경남의 여성정치세력화, 얼마만큼 왔나』, 2014년 여성주간 기념 6.4지방선거와 여성정치세력화 토론회, pp.83-87.

_____(2011), "지역여성운동과 경남여성단체연합의 역할", 경남여연 신입활동가 교육자료(2011.7.8).

_____(2016), "지역여성운동의 조직적 과제: 경남여성회를 중심으로", 경남여성회, 『경남 여성운동 Herstory, 다시 길을 찾다: 지역여성운동 30년의 성과와

과제는 무엇인가?』, pp.59-64.

_____(2019), "경남지역의 성 평등추진체계 기반확대 운동과 과제: 경남지역
여성운동을 중심으로", 경남여성단체연합, 한국여성학회(외)(2019), 『미투
운동 이후 지역여성운동, 어디까지 왔나』, 자료집, pp.29-55.

_____(2020), "경남지역 여성운동의 흐름과 미래과제", 부마민주항쟁 기념재단 · 부
산대학교, 『부마민주항쟁이후 지역민주화운동과 민주정치의 과제』, 부마민주항
쟁 41주년 기념학술대회, pp.305-327.

이경희(1987), "평범한 여자들이 머리를 맞대고", 『여성문화』, 창간호, p.1.

_____(2018), "창원지역의 일본군 '위안부'운동 돌아보기", 경상대학교 여성연
구소, 『일본군 위안부 운동과 페미니즘 정의 또는 이행기 정의』, 2018년
경상대학교 여성연구소 추계학술대회 자료집, pp.3-12.

_____(2019), "지역에서의 여성인권과 역사정의 운동의 현실과 과제: 창원지역
일본군 '위안부' 운동을 중심으로", 경상대 사회과학연구원(외) 주최 및 주
관, 『지역에서 바라본 일본군 성노예제와 과거사 반성: 책임의 자리와 공
동체의 윤리』, 2019년 국립대학 육성사업 자료집, pp.64-73.

이기원(2021), "풀뿌리여성회의 마을공동체 참여경험을 통한 여성주의 의식화 연
구", 성공회대학교 NGO대학원, 석사논문.

이나영(2011), "한국 '여성학'의 위치성: 미완의 제도화와 기회구조의 변화", 한국
여성학회, 『한국여성학』 제27권 4호, pp.37-81.

_____(2016), "여성혐오와 젠더차별, 페미니즘: '강남역 10번출구'를 중심으로",
『한국문화사회학회, 『문화와 사회』, 제22권, pp.147-186.

_____(2019), "여성혐오와 페미사이드: 성차별에 저항하는 페미니스트 운동 '강
남역 10번출구'", 『누가 여성을 죽이는가: 여성혐오와 페미니즘의 격발』,
김민정(외), 돌베개, pp.17-38.

이명숙(1999), "민우회 이렇게 달라집니다", 진주여성민우회, 『진주여성』 5, p.18.

이미경(1998), "여성운동과 민주화운동: 여연 10년사", 한국여성단체연합(엮음), 『열린
희망 : 한국여성단체연합10년사』, 동덕여자대학교 한국여성연구소, pp.17-44.

이상화(1998), "페미니즘과 차이의 정치학」, 『철학과 현실』, 가을호, 철학과 현실사, pp.181-196.

_____(2004), "지구화시대의 현장 여성주의: 차이의 존재론과 공간성의 사유", 한국여성철학회, 『한국여성철학』 4, pp.79-141.

_____(2007), "지구화 시대의 현장 여성주의: 차이의 존재론과 연대의 실천론", 『지구화 시대의 현장 여성주의』, 이화여자대학교출판부. pp.31-56.

이성애(2003), "2003년 경남여성회 사업목표와 사업내용", 『경남여성회』, 제24호, pp.4-6.

_____(2011), "외할머니댁 같은 경남여성회", 경남여성회, 『민주화의 길, 그러나 소외된 Herstory 25년을 열다』, 불휘미디어, pp.71-74.

이송희(2009), "부산 지역 여성운동의 회고와 전망: 진보 여성단체를 중심으로", 신라대학교 여성문제연구소, 『여성연구논집』20, pp.31-73.

_____(2020a), 『근현대 부산지역 여성의 삶과 활동』, 국학자료원.

_____(2020b), "부마항쟁 이후 부산지역 여성운동의 흐름과 미래과제: 진보 여성운동을 중심으로", 부마민주항쟁 기념재단·부산대학교, 『부마민주항쟁이후 지역민주화운동과 민주정치의 과제』, 부마민주항쟁 41주년 기념학술대회, pp.145-173.

이수정(2000), "'인천여성노동자회'의 조직화와 임파워먼트", 숙명여자대학교 대학원 석사논문.

이숙련(2011), "지역여성운동의 풀뿌리조직화 사례 연구: '토곡좋은엄마모임'을 중심으로』, 부산대학교 NGO학협동과정 석사논문.

이승훈(2005), "한국 사회운동가들의 정체성 형성과정: 사회운동 참여경험을 중심으로", 『경제와사회』, 여름호, 통권, 제66호, pp.12-38.

이승희(1994), 『여성운동과 정치이론』, 녹두.

_____(1999), "한국 여성운동의 흐름과 과제", 『새 여성학강의』, 동녘.

이유정(2018), "지역여성운동의 의제 설정 과정과 지역적 조건: 경남여성회 대중화 사업을 중심으로", 이화여자대학교 대학원 석사논문.

이재인(1999), "민우회의 지역여성운동의 이념과 성격에 대한 연구: 90년대 사회
　　운동의 지형변화를 중심으로", 한국여성민우회, 『지역여성운동의 이론적 정
　　체성을 찾아서』, pp.22-44.

이정희(2021), "설문조사를 통해 본 90년대생 여성노동자의 노동이력과 삶: 경
　　남", (사)마산창원여성노동자회, 『빈곤을 만드는 노동』, 90년대생 여성노동
　　자 실태조사 집담회 자료집, pp.9-61.

이종엽(2012), "여성의 대표성 제고방안", 경상남도, 『경남 성평등 수준향상을 위
　　한 정책토론 워크숍』 자료집, pp.77-86.

이창남(2009), "글로벌 시대의 로컬리티 인문학: 개념과 과제를 중심으로", 부산
　　대학교 한국민족문화연구소, 『로컬리티 인문학』, 창간호, pp75-106.

이현재(2005), "여성주의적 연대의 가능성: 조디 딘의 '반성적 연대'를 중심으로",
　　『한국여성철학』, 제5권, 한국여성철학회, pp.33-54.

　　　　(2007), 『여성의 정체성: 어떤 여성이 될 것인가』, 책세상.

이혜숙(1999), "지역여성운동의 현황과 전망: 경남 진주지역 여성단체의 활동을
　　중심으로", 『한국여성학』, 한국여성학회, 제15권, 1호.

　　　　(1999b), "지역여성운동의 성격과 전개과정", 경상대 사회과학연구소, 『사회
　　과학연구』, 제17권 2호, pp.35-62.

　　　　(2002), "지역여성운동의 형성과 전개: 진주여성민우회를 중심으로", 『한
　　국사회학』, 제36집, 1호, 한국사회학회, pp.195-221.

　　　　(2006), "지방분권과 지역여성의 전망: 경상남도를 중심으로"(2006), 『한
　　국여성학』, 한국여성학회, 제22권 2호, pp.121-165.

　　　　(2008), "지역여성운동의 조직과 성격: 경남여성단체연합을 중심으로", 『한
　　국여성학』, 제24권 4호, pp.175-218.

　　　　(2009), "여성의 지방정치 참여와 지역여성운동: 경상남도를 중심으로", 『2009
　　여성학논집』, 제26집 2호, 이화여자대학교 한국여성연구원, pp.99-140.

　　　　(2011a), "경남여성회 25년 활동을 통해서 본 지역여성운동", 경남여성
　　회, 『민주화의 길, 그러나 소외된 Herstory 25년을 열다』, 불휘미디어,

pp.22-27.

_____(2011b), "지역여성운동의 조직과 연대: 경남여성회를 중심으로", 『여성연대의 가능성과 한계』, 2011년 2차 학술포럼 자료집, 한국여성학회·경상대학교 여성연구소, pp.27-65.

_____(2012a) 『지방자치와 지역여성의 전망: 지역여성운동과 지역여성정, 책의 동학』, 집문당.

_____(2012b), "지역여성운동의 조직과 세력화의 전망: 경남여성회를 중심으로", 『한국여성학』, 제28권 4호, 한국여성학회, pp.39-83.

_____(2013a), "지구화·지방화 시대 지역여성운동과 여성연대의 전망: 경남여성단체연합의 연대활동을 중심으로", 『여성과 역사』, 18집, 한국여성사학회, pp.39-81.

_____(2013b), "일본군 '위안부' 문제와 지역여성운동: 경남지역 활동을 중심으로", 김동노 외. 『한국사회의 사회운동』. 다산출판사. pp.141-151.

_____(2014), "한국여성학과 지역 여성주의의 모색: 경남지역 여성운동을 중심으로", 『페미니즘연구』, 제14권 2호, (사)한국여성연구소, pp.243-280.

_____(2015a), 『여성과 사회』, 다산출판사(3판).

_____(2015b), "가정주부담론과 중년여성의 정체성", 경상대학교 여성연구소(지음), 『한국의 중년 여성과 남성』, 서현사, pp.121-155.

_____(2016a), 『국가와 여성정책』, 다산출판사.

_____(2016b), 『지방자치와 여성의 정치세력화』, 다산출판사.

_____(2018a), "한국의 페미니즘 어디까지 왔나: 민주화 이후 여성운동의 흐름을 중심으로", 『형평문학상 수상작품집』, 형평문학선양사업회, pp.143-157.

_____(2018b), "지방정치 참여 중요성 알리는 지역 여성 조직 필요하다", 여성신문, 2018.2.6.

_____(2019), "경남 성평등 추진체계와 젠더정치: 방향과 과제", 경남여성단체연합·한국여성학회(외)(2019), 『미투운동 이후 지역여성운동, 어디까지 왔나』, 자료집, pp.59-70.

이혜숙·강인순(2015), 『나는 대한민국 경남여성』, 지앤유.

이혜정(2010), "여성의 역량강화를 위한 몇 가지 단상: 주체, 공동체, 연대 그리고 우정의 윤리", 『한국여성철학』, 제14권, pp.65-89.

임국희(2011), "여성주의 정치 패러다임 전환의 이론적 모색: 차이와 연대를 포괄하는 윤리의 정치로", 『페미니즘연구』, 제11권 2호, 한국여성연구소, pp.119-152.

임혜경(2007), "지역여성운동의 정책과정 참여와 '힘갖추기'에 관한 연구: 수원여성회의 보육조례제정운동을 중심으로", 성공회대학교 NGO대학원 석사논문.

잉글하트, 로날드(1977), "새로운 사회운동의 가치, 이데올로기, 그리고 인지적 동원", 박형신(외)(옮김)(1996), 『새로운 사회운동의 도전』, 한울.

임우연(2007), "지역여성의 과소대표성과 집합정체성 연구 – D지역 여성단체의 정치참여를 중심으로", 이화여자대학교 대학원 박사논문.

임원정규(2016), "지속가능하고 대안적인 지역여성운동을 위한 제언-경남여성회 30주년 돌아보고, 내다보며", 경남여성회, 『경남 여성운동 Herstory, 다시 길을 찾다: 지역여성운동 30년의 성과와 과제는 무엇인가?』, 2016년 경상남도 여성단체활동 지원사업 자료집, pp.67-70.

임현진·공석기(1997), "한국의 신사회운동 : 운동조직분석", 서울대학교 사회과학연구원, 『한국사회과학』, 제19집 2호, pp.90-121.

_____(2006), "지구시민사회의 작동원리와 한국 사회운동의 초국적 동원전략", 한국사회학회, 『한국사회학』, 제40권 2호, pp.1-36.

임혜경(2007), "지역여성운동의 정책과정 참여와 '힘갖추기'에 관한 연구: 수원여성회의 보육조례제정운동을 중심으로", 성공회대학교 NGO대학원 석사논문.

임희섭(1999), 『집합행동과 사회운동의 이론』, 고려대학교 출판부.

잉글하트, 로날드(1977), "새로운 사회운동의 가치, 이데올로기, 그리고 인지적 동원", 러셀 J. 달턴·만프레드 퀴흘러(엮음), 박형신·한상필 옮김(1996), 『새로운 사회운동의 도전』, 한울, pp.71-99.

장미경(1999), 『페미니즘의 이론과 정치』, 문화과학사.

_____(2006), 『한국 여성운동과 젠더정치』, 전남대학교 출판부.

장상환(1993), "진주지역의 지역문제와 지역운동", 경상대 민교협 제 2차 토론회 자료, 『최근 한국사회 변화와 지역운동』, pp.47-66.

장윤선·김경희·박수범·김수지·정혜선(2019), 『지방분권과 성평등정책기반 조성 방안』, 2019연구보고서25, 한국여성정책연구원.

장정임(1996), "경남여성회: 조직강화로 전진합시다", 『하나되는 여성』, p.2.

_____(1998), "경남여성들이여, 오늘 조종을 울리고 슬퍼하자: 경남여성정치참 여의 좌절과 각오", 제18호, pp.2-3.

_____(2011), "내 인생의 역할은 구원투수란다", 경남여성회, 『민주화의 길, 그 러나 소외된Herstory 25년을 열다』, 불휘미디어, pp.54-58.

장필화(1999), "변환기에 선 한국의 여성운동"(http://people.ifp.or.kr).

장해성(2011), "21세기 한국 여성주의의 위기와 대안: 근대적 저항에서 새로운 패러다임으로", 가톨릭대학교 성평등연구소, 『성평등연구』, pp.55-84.

전경옥 외(2011), 『한국근현대여성사: 정치·사회 3』, 모티브북.

전희경(2008), 『오빠는 필요없다: 진보의 가부장제에 도전한 여자들 이야기』, 이매진.

정수복(1993), 『새로운 사회운동과 참여민주주의』, 문학과 지성사.

_____(1994), "지방화 시대의 지역 여성운동", 한국사회학회 편, 『국제화 시대 의 한국사회와 지방화』, 나남, pp.399-426.

_____(2001), "여성은 지방화의 주역인가: 지역시민운동과 여성주체 형성", 『2010 한국여성정책 VISION심포지엄 - 차아평등공존』, 한국여성개발원, pp.107-140.

_____(2002), 『시민의식과 시민참여: 문명전환을 꿈꾸는 새로운 시민운동』, 아 르케.

정연보(2015), "'영페미니스트'와 '여성'의 재구성: 웹진 〈달나라딸세포〉를 통해 본 정체성, 차이, 재현에 대한 고민들", 『한국여성학』, 제31권 3호, pp.31-64.

정현백(2006), "한국의 여성운동 60년: 분단과 근대성 사이에서", 『여성과 역 사』, 제4집, pp.1-42.

조대엽(1999), 『한국의 시민운동』, 나남.

조순경(2000), "한국 여성학 지식의 사회적 형성: 지적 식민성 논의를 넘어서", 『경제와 사회』 45(봄), pp.172-197.

_____ (2013), "학술마당을 열며", 이화여대 여성학과. 『여성학, 돌(아)보다』, 이화여대 여성학과 30주년 기념 학술마당, 15-18, 이화여대 LG컨벤션홀, 2013. 2.6.

조옥(2013), "지역화폐운동, 여성주의와 만나다: 한밭레츠의 경험 바라보기", 이화여대 여성학과, 『여성학, 돌(아)보다』, 이화여대 여성학과 30주년 기념 학술마당, pp.287-303.

조은(1998), "여성운동단체의 연대와 균열", 서울대학교 사회과학연구원, 『한국사회과학』, 제20권 3호, pp.75-104.

_____ (2001), "여성운동단체의 연대와 균열", 권태환(외), 『신사회운동의 사회학: 세계적 추세와 한국』, 서울대학교출판부, pp.255-284.

조주현(1996), "여성 정체성의 정치학: 80-90년대 한국의 여성운동을 중심으로", 한국여성학회, 『한국여성학』, 제 12권 1호, pp.138-179.

_____ (2000), "한국여성학 지식생산구조와 향방: 한국여성학을 중심으로", 한국여성학회, 『한국여성학』, 제16권 2호, pp.199-232.

_____ (2020), "청년여성운동과 정치전략: 아고니즘 정치적 대안", 『아시아여성연구』, 제59권 3호, 숙명여자대학교 아시아여성연구원, pp.77-111.

조창래(1994), "진주지역 시민운동의 역사적 경험", 진주YMCA시민사업부 시민포럼자료집, 『진주시민이 만드는 21세기 진주』, pp.23-26.

주경미(2006), "여성정책, 누가 어떻게 결정하는가: 부산지역을 중심으로", 부산대학교 대학원 박사논문.

_____ (2008), "지역여성정책과 민관학 협력관계의 모색", 『여성연구의 제도화와 지역사회』, 경상대학교 사회과학연구소 2008년 국내학술대회자료집, pp.39-45.

_____ (2013), "지역에서 소통하기 어려운 이유들", 이화여대 여성학과, 『여성학, 돌(아)보다』, 이화여대 여성학과 30주년 기념 학술마당, pp.165-170.

주혜진(2011), 『대전여성의 사회참여: 지역공동체운동 사례연구』, 기본연구보고서 2011-12, 대전발전연구원.

지은희·정외영·유옥순·신경혜(1994), 『지역여성조직을 어떻게 만들었는가-3개지역 3년의 역사』, 한국여성사회교육원.

진재문(2003), "지역사회의 정치와 사회복지: 경남지역사례", 『상황과 복지』, 제14호, pp.39-67.

진주 성폭력상담소 개소 주비위(1997), "진주성폭력상담소개소주비위 실무안", 내부자료.

진주YMCA 50년사 편찬위원회(1998), 『진주YMCA 50년사』.

진주시민단체협의회 창립대회 내부자료(1997).

진주여성민우회(2000), 내부자료.

_____(2001), 『제4차 정기총회』 자료집.

_____(2008), 내부자료.

_____ 설문지자료(2000).

진주여성(2000), "현지조사보고서", 계명대 여성학 대학원, 기말보고서.

차경희(2017), "구술생애사를 통해 본 여성활동가들의 여성주의 정체성 형성과정", 전남대 대학원 NGO 협동과정 석사논문.

최갑순(2004), "경남여성회 17년을 돌아보며 진단해 본 우리 시대의 운동방향", 『경남여성회』, 제26호, pp.6-8.

최유란(2015), "여성운동 리더쉽의 지속가능성에 대한 연구-한국여성의전화 지부 대표의 경험을 중심으로", 성공회대학교 NGO 대학원 석사논문.

최지혜(2006), "여성의 '작은 삶' 변화 주목한다: 경남여성회 지역단위 개소… 의미와 활동", 경남도민일보, 2006.10.30일자.

최태룡(1996), "진주시의 사회경제적 환경", 한림대학교 사회조사연구실(편), 『한국사회학평론 3』, 한울, pp.89-114.

태혜숙(2008), 『대항지구화와 '아시아' 여성주의』, 울력.

틸리, 찰스(1978), 『동원에서 혁명으로』, 양길현(외)(역)(1995), 서울프레스.

프리단, 베티(1997), 『여성의 신비』, 김현우 역(2005), 이매진.

하수정(2017), "메갈리아 논쟁에 관한 단상들", 『레프트대구』 12, 민중행동, pp.70-82.

하승수(2007), 『지역, 지방자치, 그리고 민주주의: 한국 풀뿌리민주주의의 현실과 전망』, 후마니타스.

하정화(2010), "부산 여성기자의 젠더 경험과 여성주의 실천 연구: 지역 여성주의의 가능성 모색』, 부산대학교 대학원 박사논문.

한국여성개발원(1995), 『제4차 세계여성회의 북경선언·행동강령, '95 여성관계 자료 301-3.

한국여성단체연합 홈페이지(http://www.women21.or.kr).

한국여성민우회(1999), 『지역여성운동의 이론적 정체성을 찾아서』.

한국여성민우회(엮음)(2016), 『거리에 선 페미니즘: 여성 혐오를 멈추기 위한 8시간, 28800초의 기록』, 고등어 외 41인 발언, 권김현영 해제, 궁리.

한국일보, 2021.8.25.

한정자·함인희·김인순(1999), 『지역 여성단체 활성화 방안 연구』, 한국여성개발원.

한혜영(2019), "여성주의 지역활동가들의 '경계 넘기' 학습 경험 내러티브 탐구: '모두 페미' 여성주의 활동가 사례", 아주대학교 대학원 교육학과 박사논문.

허성우(1997), 『대전지역 여성단체 활성화 방안연구』, '97 대전광역시 여성발전연구위원회 연구사업보고서.

＿＿＿(1998), "지역 여성현실과 한국여성운동의 새 국면", 『사회과학연구』, 제16집 2호, 경상대학교 사회과학연구소, pp.15-42.

＿＿＿(2000), "지역여성운동의 현실과 지역사회 연구", 『공간과 사회』 제14집, pp.270-287.

＿＿＿(2006a), "지구화와 지역여성운동 정치학의 재구성", 『한국여성학』, 제22권 3호, pp.169-198.

＿＿＿(2006b), "포스트 민주화 시기 한국 여성운동의 재지도화, 페미니스트 정치학의 재구성: 지역, 국가, 지구적 수준의 분석", 한국여성학회 22차 춘

계학술대회 발표자료집.

_____(2007), "지역여성운동에서 연대와 소통의 문제", 경기여성단체연합 외 공동주최, 2007년 3.8세계여성의 날 기념 강연(2007.3.8).

_____(2013), "한국 여성학 '위기담론'의 재구성", 한국여성학회, 『한국여성학』, 제29권 4호, pp.41-74.

허윤(2020), "87 이후 광장의 젠더와 계보: 한국여성대회, 장애여성운동, 퀴어문화축제를 중심으로", 『여성문학연구』, No. 49, 한국여성문학학회, pp.232-264.

홍미희(2006), "진보적 여성운동의 조직적 특성", 『페미니즘연구』, 제16호, pp.169-207.

홍미희·윤연숙(2007), 「인천지역 여성단체의 현황과 여성정책과정에서의 역할」, 인천발전연구원, IDI연구보고서 2007-12.

홍성태(2012), "사회운동과 리더십: 운동리더십의 이론화를 위한 시론적 모델", 『한국사회학』, 제46집 2호, pp.1-33.

황선영(2011), "여성운동단체 참여경험이 여성 임파워먼트에 미치는 영향-여성의 전화 지부 회원활동 참여자의 사례를 중심으로", 성공회대학교 NGO대학원 석사논문.

황영주(2006), "지역여성국제교류: 여성연대성의 실현", 『세계지역연구논총』, 제24권 1호, 한국세계지역학회, pp.323-341.

황정미(2006), "한국 여성운동의 의제와 성찰성: '차이의 소통'을 위한 전망", 영미문학연구회, 『안과 밖』 21, pp.10-39.

_____(2009), "'이주의 여성화' 현상과 한국 내 결혼이주에 대한 이론적 고찰", 『페미니즘연구』, 제9권 1호, 한국여성연구소, pp.1-37.

_____(2017), "젠더 관점에서 본 민주화 이후의 민주주의: 공공 페미니즘과 정체성 정치", 『경제와 사회』 통권 제114호, 비판사회학회, pp.17-51.

황희숙(2013), "전문가주의와 젠더문제: 지식과 전문성의 정치학에 대한 비평", 한국여성철학회, 『한국여성철학』 20, pp.5-40.

MBC 경남(2020. 3. 30).

Cohen, J. L.(1985), "Strategy or Identity: New Theoretical Paradigms and Contemporary Social Movement," *Social Research* Vol. 52, No. 4., pp.663-716.

Connell, R. W.(1987), *Gender and Power*, Stanford University Press.

Freeman, J.(ed)(1983), *Social Movement of Sixties and Seventies*, London, Longman.

Jekins, J. C.(1983), "Resource Mobilization Theory and the Study of Social Movements," *Annual Review of Sociology*, 9. pp.527-553.

Klandermans, B. H. Kriesi and S. Tarrow, Greenwitch, Commectricut, JAI Press.

Kroeker, C. J.(1995), "Individual, Organizational and Societal Empowerment: a Study of the Processes in A Nicaraguan Agricultural Cooperative", *American Journal of Community Psychology*, Vol. 23, No. 5, pp.749-764.

McAdam, D.(1982), *Political Process and Development of Black Insurgency*, Chicago : University of Chicago Press.

_____(1988), "Micromobilization Context and Recruitment to Activism", in B. Klandermans, B. H. Kriesi and S. Tarrow(eds), *International Social Movement Research*, Vol. 1, Greenwitch, Commectricut, JAI Press, pp.125-154.

McAdam, D., J. D. McCarthy and M.N. Zald(1996), "Introduction: Opportunities mobilizing structures, and framing processes-toward a synthetic, comparative perspective on social movements", *Comparative Perspectives on Social Movements: Political Opportunities, Mobilizing Structures, and Cultural Framings*, edited by McAdam, D., J. D. McCarthy and M.N. Zald, Cambridge : Cambridge University Press, pp.1-20.

McCarthy, F. D. and Meyer N. Zald(1977), "Resource Mobilation and Social Movement: A Practical Theory", *American Journal of Sociology*, Vo. 82, No. 6, pp. 1212–1241.

Meyer, D. S. and Sidney Tarrow(1998), The Social Movement Society: Contentious Politics for a New Century, Lanham: Rowman and Littlefield Publishers, Inc.

Molyneus, Maxine(1998), "Analysing Women's Movement", *Development and Change*, Vol. 29.

Moon, Kyounghee(2012), "International Women's NGOs and Impowerment of Marriage Migrant Women in Korea: Focusing on the GABRIELA Network from the Philippines", *OMNES :the Journal of Mullticultural Society*, Vol. 3 No. 2, Sookmyung Institute for Multicultural Studies, pp.82–112.

Nira Yuval Davis(1997). *Gender&Nation*. London: Sage Publications.

Tarrow, S.(1994), *Power in Movement: Social Movement, Collective Action and Politics*, Cambridge University Press.

Zimmermann, M. A.(2000), "Empowerment Theory", J. Rappaport & E. Seidman(eds), *Handbook of Community Psychology*, New York: Kluwer Academic.

(ㄱ)